Nießbrauch an privatem und betrieblichem Grundbesitz

Hagener betriebswirtschaftliche Abhandlungen

Herausgegeben von
M. Bitz, G. Fandel, A. Kuß, D. Schneeloch
G. Schreyögg

Norbert Winkeljohann

Nießbrauch an privatem und betrieblichem Grundbesitz

Vorteilhaftigkeitsanalyse und Gestaltungsempfehlungen

Mit 18 Abbildungen

Physica-Verlag Heidelberg

Dipl.-Kfm. Dr. Norbert Winkeljohann
Hauptstraße 24
4553 Voltlage

ISBN 978-3-7908-0369-3 ISBN 978-3-642-52075-4 (eBook)
DOI 10.1007/978-3-642-52075-4

CIP-Kurztitelaufnahme der Deutschen Bibliothek

Winkeljohann, Norbert
Nießbrauch an privatem und betrieblichem Grundbesitz
Vorteilhaftigkeitsanalyse u. Gestaltungsempfehlungen
Norbert Winkeljohann
- Heidelberg: Physica-Verlag, 1987.
(Hagener betriebswirtschaftliche Abhandlungen; 1)

NE: GT

7120/7130-543210

GELEITWORT

Während der sechziger und siebziger Jahre haben Nießbrauchgestaltungen ständig an Bedeutung gewonnen. Für diese Entwicklung waren überwiegend steuerliche Gründe maßgebend. Mit Sachverstand geplant und verwirklicht, führten Nießbrauchgestaltungen an Privat- und Betriebsgrundstücken oft zu hohen steuerlichen Vorteilen. Allen steuersparenden Nießbrauchgestaltungen war gemeinsam, daß sie auf Richterrecht beruhten. Wie in vielen anderen zentralen Fragen des Steuerrechts auch, änderte der Bundesfinanzhof Ende der siebziger und zu Beginn der achtziger Jahre seine bisherige Rechtsprechung. Eine langanhaltende Rechtsunsicherheit war die Folge. An eine fundierte betriebswirtschaftliche Steuerplanung in Nießbrauchangelegenheiten war unter diesen Umständen nicht zu denken.

Es ist meinem ehemaligen Mitarbeiter, Herrn Dr. Winkeljohann, als großes Verdienst anzurechnen, daß er in dieser Situation als erster in systematischer Form eine quantitative Vorteilhaftigkeitsanalyse des Nießbrauchs an privatem und betrieblichem Grundbesitz durchgeführt und Gestaltungsempfehlungen erarbeitet hat. Seine Ausführungen basieren auf dem sich nunmehr abzeichnenden neuen Recht.

Um eine quantitative Analyse überhaupt durchführen zu können, stellt Winkeljohann im ersten Hauptteil seines Buches seinen Untersuchungen in knapper Form eine Analyse des derzeit geltenden Steuerrechts, soweit es den Nießbrauch an Grundstücken betrifft, voran. Soweit wie möglich stützt sich der Autor hierbei auf die neuere Rechtsprechung und die verschiedenen Verlautbarungen der Finanzverwaltung; soweit wie nötig leitet er aber auch aus übergeordneten steuerrechtlichen Prinzipien eigene Behandlungsgrundsätze ab. Die Ausführungen sind für den Fortgang der Untersuchung unerläßlich; sie sind zudem äußerst lesenswert.

Der zweite Hauptteil des Buches enthält umfangreiche Vorteilhaftigkeitsanalysen, und zwar zum einen Vergleiche von Nießbrauchgestaltungen zur Unterlassensalternative, zum anderen von Nießbrauchgestaltungen zu anderen Handlungsalternativen. Der Verfasser bedient sich hierbei eines Simulationsmodells. Die Einzelergebnisse dokumentiert er in einem umfangreichen Anhang. Durch diese Vorgehensweise gelingt es Winkeljohann, den laufenden Text vergleichsweise kurz und prägnant zu formulieren. Die einzelnen Abschnitte dieses Teils schließen jeweils mit einer informativen Zusammenfassung der Ergebnisse. Diese Zusammenfassungen können jedem Steuerplaner nur dringend zur Lektüre empfohlen werden.

Auf den Vorteilhaftigkeitsanalysen aufbauend, enthält der letzte Hauptteil des Buches Gestaltungsempfehlungen. Hier wird das hohe Maß an Praxisbezug des Werkes besonders deutlich.

Ich wünsche diesem für Wissenschaft und Praxis gleichermaßen bedeutsamen Buch, das die Reihe der "Hagener Betriebswirtschaftlichen Abhandlungen" einleitet, eine weite Verbreitung.

Hagen, im Februar 1987

Schneeloch

(Professor Dr. Dieter Schneeloch)
Steuerberater

V O R W O R T

Die vorliegende Arbeit wurde im November 1986 vom Fachbereich Wirtschaftswissenschaft der Fernuniversität Hagen als Dissertation angenommen. Herrn Prof. Dr. Dieter Schneeloch danke ich herzlich für die Förderung der Arbeit, insbesondere für seine jederzeitige Diskussionsbereitschaft und für vielfältige Anregungen. Mein herzlicher Dank gilt auch Herrn Prof. Dr. Günter Fandel für das binnen kurzer Zeit erstattete Zweitgutachten sowie für seine Bemühungen im Zusammenhang mit der Eröffnung der Buchreihe "Hagener Betriebswirtschaftliche Abhandlungen", als deren erster Band diese Arbeit erscheint.

Wertvolle Hilfestellungen bei der Konzeption der Arbeit habe ich von meinen Kollegen am Lehrstuhl für Steuer- und Prüfungswesen der Fernuniversität Hagen erhalten, insbesondere von den Herren Stb. Dr. Wilfried Wittstock, Dipl.-Kfm. Michael Sähn und Dipl.-Kfm. Hans-Dieter Klein. Zahlreiche Anregungen und konstruktive Kritiken nach Durchsicht des Manuskripts erhielt ich ferner von Frau Ref. Phil. Maria Kreimer und Herrn Dipl.-Oec. Dr. Heinz-Hermann Knostmann. Ihnen allen möchte ich dafür an dieser Stelle meinen Dank aussprechen.

Die im Rahmen der Arbeit durchgeführte Vorteilhaftigkeitsanalyse des Nießbrauchs beruht auf einem EDV-Programm, das auf der Grundlage des Nießbrauch-Erlasses vom 15.11.1984 erstellt wurde. Bei der Formulierung dieses Programms haben mir dankenswerter Weise die Herren Dipl.-Oec., Dipl.-Math. Dr. Detlef Steinhausen und Dipl.-Phys. Gerhard Goder vom Rechenzentrum der Universität Münster wertvolle Hinweise gegeben. Darüber hinaus haben sie das Programm kritisch überprüft und damit zum Gelingen der Arbeit beigetragen.

Ein besonderes Wort des Dankes möchte ich schließlich an meine Eltern richten, die mich stets ermutigt und in vieler Hinsicht unterstützt haben.

Norbert Winkeljohann

I N H A L T S V E R Z E I C H N I S

Seite

Seite

I. PROBLEMSTELLUNG UND ABLAUF DER UNTERSUCHUNG

Wenn in den letzten Jahren von Steuersparmodellen die Rede war, standen Bauherrenmodelle oder Berlindarlehen im Vordergrund. Weitgehend unbemerkt vom breiten öffentlichen Interesse, erfreute sich aber auch der Nießbrauch zunehmender Beliebtheit, da er die Möglichkeit bietet, "die Einkünfte zwischen verschiedenen Steuerpflichtigen steuerlich wirksam zu verlagern und sie aus hohen Progressionszonen in niedrig bzw. noch nicht besteuerte Tarifzonen herabzuschleusen"[1]. Der Nießbrauch gilt aber nicht nur als interessanter Ansatzpunkt, wenn sich im Rahmen einkommensteuerlicher Überlegungen die Frage stellt, wie das verfügbare Einkommen (z.B. einer Familie) ohne weitere "Steuerspar-Investitionen"[2] erhöht werden kann, sondern ist auch im Zusammenhang mit vorweggenommenen Erbfolgeregelungen ein beliebtes Instrument zur Ersparnis von Erbschaft- bzw. Schenkungsteuern[3].

Der Steuergesetzgeber hat den Nießbrauch bis heute nicht geregelt. Im Gegensatz dazu erkennt die Rechtsprechung des Reichsfinanzhofs den Nießbrauch jedoch als eigene Einkunftsquelle an[4]. Neben der Übertragung von Beteiligungen aller

---

1) R. STOCKINGER: Einkommensteuerliche und bilanzielle Behandlung des Nießbrauchs an einzelnen Wirtschaftsgütern des Privat- und Betriebsvermögens - Ein Beitrag zur Übertragung von Einkunftsquellen, München 1978, S. III.

2) F. EGGENSIEKER, M. EISENACH, D. SCHÜRNER: Steuerliche Gestaltungsmöglichkeiten innerhalb der Familie durch Grundstücks-Nießbrauch, FR 1981, S. 378 - 383 (379).

3) Vgl. ebenda sowie D. MEYER: Einkommensteuerliche Behandlung des Nießbrauchs und anderer Nutzungsüberlassungen, Herne-Berlin 1984, S. 226; R. PETZOLD: Grundstücksübertragung unter Nießbrauchvorbehalt, Heidelberger Musterverträge, Heft 48, Heidelberg 1983, S. 19 f.

4) Vgl. BFH-Urteil vom 14.4.1943, RStBl 1943, S. 516 sowie Institut "Finanzen und Steuern", Brief 172: Die steuerliche Zurechnung von Einkünften beim Nießbrauch, Bonn 1977, S. 18 sowie M. TROLL: Zum Unterschied zwischen der einkommensteuer-, vermögensteuer- und erbschaftsteuerlichen Behandlung des Nießbrauchs am Grundbesitz, BB 1984, S. 1288 - 1293 (1288).

Art wurde der Nießbrauch dadurch zum "Hauptvehikel der Einkunftsquellenverlagerung"[1]. Seine eigentliche praktische Bedeutung erlangte der Nießbrauch aber erst, seitdem durch die Rechtsprechung des Bundesfinanzhofs auch unentgeltliche Nießbrauchvereinbarungen zwischen gesetzlich Unterhaltsberechtigten anerkannt werden[2].

Allerdings ist festzustellen, daß die Rechtsprechung sich im Laufe der letzten Jahrzehnte nicht einheitlich fortentwickelt hat. Ein wiederholter Auffassungswandel in der einkommensteuerrechtlichen Behandlung des Nießbrauchs gab Veranlassung dazu, "die höchstrichterliche Rechtsprechung zur Zurechnung von Einkünften beim Nießbrauch ... als Zick-Zack-Kurs zu beschreiben"[3]; sie stellte die Beteiligten und ihre Berater immer wieder vor Entscheidungsprobleme[4].

Seit dem Jahr 1976 vertritt der Bundesfinanzhof Thesen, die im Vergleich zur früheren Rechtsauffassung "einen radikalen, geradezu revolutionären Umbruch bedeuteten"[5].

---

1) K. TIPKE: Übertragung von Einkunftsquellen. Zum Thema der Münchener Tagung der Deutschen Steuerjuristischen Gesellschaft, StuW 1977, S. 293 - 301 (293).

2) Vgl. R. MITTELBACH, H. RICHTER: Nießbrauch. Zivilrecht-Steuerrecht, 8. Aufl., Köln 1986, S. V; W. ZENTHÖFER: Nießbrauch, Wohnrecht und obligatorische Nutzungsrechte, FR 1985, S. 114 - 123, 141 - 149 (113) sowie die BFH-Urteile vom 6.7.1966 VI 124/65, BStBl III 1966, S. 584 und VI 111/65, BFHE 86, S. 674.

3) A. UELNER: Aktuelle Fragen des Einkommensteuerrechts, StbJb 1980/81, S. 385 - 422 (404).

4) Vgl. R. SEITHEL: Einkommensteuerrechtliche Behandlung des Nießbrauchs und anderer Nutzungsrechte bei den Einkünften aus Vermietung und Verpachtung und aus Kapitalvermögen, Sonderveröffentlichung des Betriebs-Beraters, 3. Aufl., Heidelberg 1985, S. 70 sowie N. WINKELJOHANN: Zur Rechtsfortbildung im Steuerrecht am Beispiel des Nießbrauchs, DB 1985, S. 1258 - 1263 (1258).

5) R. SEITHEL: Einkommensteuerrechtliche Behandlung, S. 70; vgl. auch BFH-Urteil vom 14.12.1976 VIII R 146/73, BStBl II 1977, S. 115 sowie H.J. BÜLOW: Nießbrauch an Unternehmen und Unternehmensbeteiligungen, Heidelberger Musterverträge, Heft 53, Heidelberg 1982, S. 6 f.

Eine wichtige Weichenstellung erfolgte durch die sogenannten *Mai-Urteile* vom 13.5.1980 und durch zahlreiche Urteile aus der Folgezeit[1]. Nach der neuen Rechtsprechung stellt der Nießbrauch an Grundvermögen keine eigene Einkunftsquelle mehr dar. Dem Nießbraucher sind in Zukunft nur dann die Erträge des nießbrauchbelasteten Gegenstandes zuzurechnen, wenn er den Tatbestand der Einkunftserzielung erfüllt[2]. Weder der Nießbraucher noch der Eigentümer sind berechtigt, die Absetzungen für Abnutzung des Nießbrauchobjekts vorzunehmen[3]. Hat der Eigentümer sonstige Grundstückslasten getragen, kann er nun auch diese nicht mehr steuerlich geltend machen[4].

Angesichts der bestehenden Unklarheiten über die tatsächlichen Folgewirkungen einer Nießbrauchbestellung und der daraus resultierenden Entscheidungsprobleme für den Rechtsanwender will die vorliegende Arbeit einerseits einen Beitrag zur Klärung der steuerrechtlichen Behandlung des Nießbrauchs leisten; andererseits will sie die finanziellen

---

1) Vgl. die BFH-Urteile vom 13.5.1980 VIII R 75/79, BStBl II 1981, S. 297; VIII R 63/79, BStBl II 1981, S. 295 und VIII R 128/78, BStBl II 1981, S. 299 ff.; vom 28.7.1981 VIII R 35/79, BStBl II 1982, S. 380; VIII R 124/76, BStBl II 1982, S. 378 und vom 27.7. 1982 VIII R 176/80, BStBl II 1983, S. 6.

2) Vgl. BFH-Urteil vom 13.5.1980 VIII R 63/79, BStBl II 1981, S. 296; ausführlich dazu: N. WINKELJOHANN: Zur Erhaltung der vollen Absetzungen für Abnutzung bei Gebäuden - Einräumung eines Nutzungsrechtes aufgrund gesicherter Rechtsposition, BB 1984, S. 1545 - 1549 (1545 f.).

3) Die Einschränkung des Werbungskostenabzugs gilt allerdings nur für den bis dahin fast ausschließlich vereinbarten unentgeltlichen Zuwendungsnießbrauch. Zum Begriff des Zuwendungsnießbrauchs vgl. Seite 13 f. dieser Arbeit.

4) Vgl. R. JANSEN, M. JANSEN: Der Nießbrauch im Zivil- und Steuerrecht, 4. erneuerte Aufl., Herne-Berlin 1985, S. 5; R. MITTELBACH: Neue Grundsätze zur ertragsteuerlichen Behandlung des Nießbrauchs, StBp 1984, S. 199 - 205 (199); G. WICHMANN: Herstellung von Rechten - dargestellt am Beispiel des Nießbrauchs und der GmbH-Anteile, BB 1986, S. 28 - 33 (28); F. ALBROD: Aktuelle Fragen der einkommensteuerlichen Behandlung des Nießbrauchs an Grundstücken, StWa 1979, S. 26 - 30, 57 - 60 (26).

Folgewirkungen unterschiedlicher Nießbrauchgestaltungen kalkulierbar machen und Entscheidungshilfen für konkrete Anwendungsfälle geben.

Die Problematik der Nießbrauchbesteuerung und das breite Spektrum möglicher Gestaltungsformen[1] lassen es allerdings nur zu, einen Teilbereich des Nießbrauchs in seinen steuerlichen Auswirkungen zu analysieren: Die Untersuchung beschränkt sich auf den in der Praxis überwiegend vereinbarten Nießbrauch an vermieteten Grundstücken. Probleme, die durch die teilweise oder völlige Selbstnutzung nießbrauchbelasteter Grundstücke entstehen, werden allenfalls am Rande erwähnt[2]. Der Nießbrauch an Kapitalvermögen bleibt unberücksichtigt, da er nach derzeitiger Rechtslage kaum noch steuerliche Vorteile bietet[3].

Den Ausgangspunkt der Untersuchung bildet eine kurze Darstellung wichtiger Nießbrauchbestimmungen im Bürgerlichen Gesetzbuch (*Abschnitt II*). Sie ist insofern bedeutsam für die steuerliche Analyse, als die zivilrechtliche Qualifikation des Nießbrauchs die Behandlung in den verschiedenen Steuerarten mitgeprägt hat[4].

---

1) Vgl. dazu A. MERTENS, H.U. LANG, H. WEILER: Steuerlich anerkannte Nießbrauchgestaltungen - Neue Möglichkeiten der Steuerersparnis durch Umschichtung von Einkünften. Aktuelle Fallbeispiele und Musterverträge unter Berücksichtigung der neuesten Rechtsprechung und Rechtsvorschriften, KISSING ... 1982, Rechtsstand: 1986, Teil 4, Seite 1.

2) Die Selbstnutzung der Nießbrauchobjekte durch den Nießbraucher verliert durch die Abschaffung der Besteuerung des Nutzungswerts selbstgenutzter Wohnungen (§ 21 Abs. 2 Alternative 1 i.V.m. § 21 a EStG *und* § 21 Abs. 2 Alternative 2 EStG) im Zeitablauf an Bedeutung (vgl. Gesetz zur Neuregelung der steuerrechtlichen Förderung des selbstgenutzten Wohneigentums (Wohneigentumsförderungsgesetz) vom 15.5.1986, BGBl I, S. 730); vgl. dazu auch R. STEPHAN: Der Gesetzentwurf zur Besteuerung selbstgenutzter Wohnungen und seine steuerlichen Folgen für Nutzungsrechte an privaten Grundvermögen, DB 1985, S. 1364 - 1367).

3) Vgl. z.B. R. SEITHEL: Einkommensteuerrechtliche Behandlung, S. 67 f.

4) Vgl. R. MITTELBACH: Nießbrauchgestaltung - Zivil- und steuerrechtliche Gestaltungsvorschläge, StKongrRep 1983, S. 291 - 311 (293 f.).

Der erste Hauptteil der Arbeit *(Abschnitt III)* soll dazu dienen, Leitlinien für die *steuerrechtliche* Behandlung des Nießbrauchs an Grundstücken aufzustellen. Es wird der Versuch unternommen, den Nießbrauch an Grundstücken in das System des Einkommensteuerrechts einzuordnen, um auf diese Weise zur Klärung der bestehenden Probleme beizutragen. Besonderes Gewicht ist dabei der steuerrechtlichen Behandlung des Nießbrauchs an Grundstücken im betrieblichen Bereich beizumessen, für die bisher keine bundeseinheitliche Regelung seitens der Finanzverwaltung getroffen wurde.

Im zweiten Hauptteil der Arbeit *(Abschnitt IV)* stehen *betriebswirtschaftliche* Gesichtspunkte im Vordergrund. Bisher erschienene Beiträge zur Nießbrauchbesteuerung beschränken sich weitgehend auf die Darstellung und Interpretation rechtlicher Grundlagen. Gestaltungsempfehlungen werden allenfalls aus kasuistischen Beispielrechnungen abgeleitet, die nur in sehr beschränktem Maße Allgemeingültigkeit beanspruchen können. Mit Hilfe eines im Rahmen der Arbeit zu entwickelnden Rechenmodells *(Anhang I)* sollen daher die finanziellen Folgewirkungen einer möglichst großen Anzahl unterschiedlicher Nießbrauchgestaltungen[1] quantifiziert und einer Beurteilung zugeführt werden. Es soll überprüft werden, inwieweit Pauschalaussagen, nach denen der Nießbrauch weitgehend seines vernünftigen Sinns beraubt worden und "zu einer kaum noch praktikablen Gestaltungsform"[2] degeneriert ist, tatsächlich zutreffen. Stellt sich heraus, daß mit bestimmten Gestaltungsformen des Grundstücksnießbrauchs bestimmte Ziele nicht mehr erreicht werden können, sind andere, dem Nießbrauch weitgehend adäquate Handlungsmöglichkeiten zu erarbeiten.

---

1) Vgl. dazu K. GRATZ: Zur optimalen Verteilung des Familienvermögens aus steuerlicher Sicht, ZfB 1981, S. 780 - 795 (780).

2) R. SEITHEL: Einkommensteuerrechtliche Behandlung, S. 70 m.w.N.

Die gewonnenen Erkenntnisse dienen schließlich der Ableitung von Entscheidungskriterien, die im Zusammenwirken mit Kriterien aus dem außersteuerlichen und nichtfinanziellen Bereich eine umfassende Beurteilung und damit die zieladäquate Auswahl von Gestaltungsmaßnahmen ermöglichen sollen *(Abschnitt V)*.

Die "Erarbeitung von Kriterien und Entscheidungsregeln für rational begründbare einzelwirtschaftliche Gestaltungsmaßnahmen unter Berücksichtigung der Besteuerung" entspricht als "vornehmste Aufgabe der entscheidungsorientierten Betriebswirtschaftlichen Steuerlehre"[1] einerseits dem Interesse der Wissenschaft, welches sich im Laufe der Zeit schwerpunktmäßig von einer rein erklärenden zu einer entscheidungsorientierten Betriebswirtschaftlichen Steuerlehre verlagert hat[2]; die Beratungs- und Gestaltungsfunktion ist zunehmend in den Vordergrund gerückt[3]. Andererseits wird dem Steuerpraktiker damit ein Instrumentarium an die Hand gegeben, welches die Möglichkeit eröffnet, die finanziellen Auswirkungen einer angestrebten Gestaltung unter Berücksichtigung der Besteuerung langfristig im voraus zu planen. Die Untersuchung will dadurch, daß sie diesem Ansatz folgt, einen Beitrag zur quantitativ gestützten Steuerplanung der Familie leisten.

---

1) F. FISCHER, D. SCHNEELOCH, J. SIGLOCH: Betriebswirtschaftliche Steuerlehre - Gedanken zum 60jährigen "Jubiläum" der Betriebswirtschaftlichen Steuerlehre, DStR 1980, S. 699 - 705 (700).

2) Vgl. FISCHER/SCHNEELOCH/SIGLOCH: Steuerlehre, S. 700. Zur Entwicklung der Betriebswirtschaftlichen Steuerlehre vgl. R. ROSE: Steuerberatung und Wissenschaft, StbJb 1969/70, S. 31 - 70 (43 ff.), G. WÖHE: Betriebswirtschaftliche Steuerlehre, Bd. 1, 5. Aufl., München 1978, S. 3 ff.

3) Vgl. FISCHER/SCHNEELOCH/SIGLOCH: Steuerlehre, S. 700 sowie P. WALDEN: Zur Betriebswirtschaftlichen Steuerlehre als einer angewandten Wissenschaftsdisziplin, DB 1984, S. 413 - 416 (413) m.w.N.

II. GRUNDLAGEN

A. Begriff und Charakteristik des Nießbrauchs nach bürgerlichem Recht

Das Bürgerliche Gesetzbuch unterscheidet im Dritten Buch *Sachenrecht* zwischen dem Eigentum als Vollrecht und den beschränkt dinglichen Rechten. Letztere teilen sich auf in Nutzungs-, Pfand- und Erwerbsrechte. Zu den Nutzungsrechten gehören insbesondere der Nießbrauch, die Grunddienstbarkeit, die persönliche Dienstbarkeit und das obligatorisch vereinbarte Nutzungsrecht[1].

Der Nießbrauch ist das durch Vertrag oder letztwillige Verfügung an Sachen oder Rechten bestellte dingliche, höchstpersönliche Recht zur umfassenden Nutzung des mit ihm belasteten Gegenstandes[2]. Seinem Wesen nach ist der Nieß-

---

1) Vgl. M. TROLL: Renten und Nießbrauch im Steuerrecht - Ein Leitfaden durch das neue Recht, Stuttgart-Wiesbaden 1980, S. 18.

2) Zur Begriffsbestimmung des Nießbrauchs vgl. ERMANN: Handkommentar zum Bürgerlichen Gesetzbuch, bearbeitet von R. RONKE u.a., Bd. 2, 7. neubearbeitete Aufl., München 1981, Vorbemerkung 1 ff. zu § 1030 BGB; MÜNCHENER KOMMENTAR: Kommentar zum Bürgerlichen Gesetzbuch, bearbeitet von R. PETZOLDT u.a., Bd. 4, München 1981, Vorbem. 1 ff. zu § 1030 BGB; PALANDT: Bürgerliches Gesetzbuch, Kommentar, bearbeitet von P. BASSENGE u.a., Bd. 7, 45. neubearbeitete Aufl., München 1986, Anm. 1 ff. Einf. v. § 1030 BGB; SOERGEL: Kommentar zum Bürgerlichen Gesetzbuch, bearbeitet von F. BAUER u.a., Bd. 5, 11. neubearbeitete Aufl., Stuttgart 1978, Vorbem. 1 ff. zu § 1030 BGB; STAUDINGER: Kommentar zum Bürgerlichen Gesetzbuch mit Einführungsgesetz und Nebengesetzen, bearbeitet von G. PROMBERGER u.a., Bd. 3, 12, neubearbeitete Aufl., Berlin 1981, Vorbem. 3 ff. zu §§ 1030 ff. BGB; JANSEN/JANSEN: Zivil- und Steuerrecht, S. 27 f.; H. ROSENAU: Der Nießbrauch in rechtlicher und steuerrechtlicher Sicht, Beilage Nr. 3, DB 1969, S. 1.

brauch eine Dienstbarkeit[1]. Er unterscheidet sich von den anderen im Bürgerlichen Gesetzbuch geregelten Dienstbarkeiten dadurch, daß er nicht nur das Recht auf einzelne, bei der Bestellung anzugebende Gebrauchs- und Fruchtziehungsrechte gewährt: Die Rechtsstellung eines Nießbrauchers ist vielmehr dadurch gekennzeichnet, daß er berechtigt ist, grundsätzlich sämtliche Nutzungen des nießbrauchbelasteten Gegenstandes zu ziehen[2].

Der Nießbrauch an Grundstücken wird, wie jede andere dingliche Belastung eines Grundstücks, durch Einigung der Vertragsparteien und Eintragung im Grundbuch bestellt (§§ 873, 1030 BGB)[3]. Schuldrechtliches Grundgeschäft für die Bestellung eines Nießbrauchs kann ein Überlassungsvertrag, eine Verfügung von Todes wegen oder ein kaufähnlicher Vertrag sein[4]. Wollen Eltern ihren geschäftsunfähigen oder ihren beschränkt geschäftsfähigen Kindern ein Nießbrauchrecht einräumen, haben sie durch das Vormundschaftsgericht einen Ergänzungspfleger zu bestellen (§ 1909 BGB), wenn die Nießbrauchbestellung den Kindern nicht nur rechtliche Vorteile gewährt (§ 107 BGB) und die Eltern dadurch an

---

1) Vgl. STAUDINGER/PROMBERGER: Vorbem. 4 zu §§ 1030 ff. BGB.

2) Eine Beschränkung ist weder auf einzelne Nutzungsarten noch auf einzelne Nutzungsrechte möglich. Aus dem Gesamtbereich der Nutzungen können aber bestimmte Nutzungen mit dinglicher Wirkung ausgeschlossen werden, sofern dieses den Gesamtcharakter des Nutzungsrechts nicht beeinträchtigt (vgl. F. BAUR: Lehrbuch des Sachenrechts, 10. neubearbeitete Aufl., München 1978, S. 287; PALANDT/BASSENGE: Anm. 46 zu § 1030 BGB; STAUDINGER/PROMBERGER: Anm. 41 zu § 1030 BGB).

3) Vgl. dazu im einzelnen JANSEN/JANSEN: Zivil- und Steuerrecht, S. 33; H. ROSENAU: Der Nießbrauch, S. 2.

4) Vgl. STAUDINGER/PROMBERGER: Vorbem. 33 f. zu §§ 1030 BGB.

der Vertretung der Kinder nach § 181 BGB gehindert sind (Verbot des Selbstkontrahierens)[1].

Durch die Bestellung des Nießbrauchs entsteht zwischen dem Grundstückseigentümer und dem Nießbraucher ein dingliches Rechtsverhältnis und ein gesetzliches Schuldverhältnis[2]. Das gesetzliche Schuldverhältnis gestaltet den Inhalt des dinglichen Rechts, indem es die Rechte und Pflichten der Beteiligten regelt.

Der Nießbraucher eines Grundstücks ist berechtigt,
- das Grundstück in Besitz zu nehmen (§ 1036 Abs. 1 BGB);
- es unter Aufrechterhaltung seiner wirtschaftlichen Bestimmung[3] nach den Regeln einer ordnungsmäßigen Wirtschaft zu nutzen (§§ 1036 Abs. 2, 1030 Abs. 1 BGB);

---

1) Die Frage, wann ein Geschäft lediglich einen rechtlichen Vorteil zur Folge hat, ist von der Rechtsfolge des Geschäfts abhängig (vgl. BGH-Urteil vom 5.2.1971 V ZR 91/68 LM Nr. 7 zu § 107 BGB). Selbst die unentgeltliche Nießbrauchbestellung zugunsten Minderjähriger führt nach überwiegender Auffassung nicht nur zu rechtlichen Vorteilen (vgl. PALANDT/HEINRICHS: Anm. 2 zu § 107 BGB; MÜNCHENER KOMMENTAR/GITTER: Anm. 24 zu § 107 BGB; G. FELIX: Der Nießbrauch in der Besteuerungspraxis, StKongrRep 1975, S. 405 - 442 (437); G. SAUER: Steuersparender Nießbrauch, BB 1973, S. 77; H. LANGE: Schenkungen an beschränkt Geschäftsfähige und § 107 BGB, NJW 1955, S. 1339 - 1343 (1339) sowie BFH-Urteil vom 13.5.1980 VIII R 75/79, BStBl II 1981, S. 297; FG Düsseldorf - Urteil vom 28.2.1980 III 403/77 E, EFG 1980, S. 439 und vom 26.4.1976 VIII (VII) 84/70 F, EFG 1976, S. 555; FG Münster - Urteil vom 24.7.1974 VII 2143/73 E, EFG 1975, S. 67). Demgegenüber ist Schenkung an Minderjährige unter Nießbrauchvorbehalt lediglich mit rechtlichen Vorteilen i.S. des § 107 BGB verbunden, d.h. ohne Mitwirkung eines Ergänzungspflegers möglich (vgl. BGH-Urteil vom 27.10.1982 V ZR 177/81, NJW 1983, S. 1780; Bay OBLG-Beschluß vom 15.2.1979 2 Z 29/78, Rpflg 1979, S. 179 sowie BFH-Urteil vom 8.8.1978 VII R 125/74, BStBl II 1978, S. 663).

2) Im Ausnahmefall des § 1067 BGB (Nießbrauch an verbrauchbaren Sachen) besteht das Schuldverhältnis zwischen dem Nießbrauchbesteller und dem Nießbraucher, da in diesem Fall der Nießbraucher Eigentümer der verbrauchbaren Sachen wird.

3) Umstritten ist, ob objektive Umstände (vgl. dazu SOERGEL/BAUR: Anm. 3 zu § 1036 BGB) oder der subjektive Wille des Eigentümers (vgl. dazu STAUDINGER/PROMBERGER: Anm. 11 zu § 1036 BGB) die wirtschaftliche Bestimmung festlegen. Für die Berücksichtigung beider Kriterien plädiert Petzold (vgl. MÜNCHENER KOMMENTAR/PETZOLD: Anm. 5 zu § 1036 BGB).

- über die einzelnen Stücke des Inventars zu verfügen (§ 1048 Abs. 1 BGB) und das Eigentumsrecht an den Früchten auszuüben (§ 1039 BGB).

Der Nießbraucher eines Grundstücks ist verpflichtet,
- das Grundstück in seinem wirtschaftlichen Bestand zu erhalten (§ 1041 Abs. 1 BGB);
- Ausbesserungen und Erneuerungen vorzunehmen, soweit sie zum gewöhnlichen Unterhalt des Grundstücks beitragen (§ 1041 Abs. 2 BGB)[1];
- es gegen Brandschäden und sonstige Unfälle zu versichern (§ 1045 Abs. 1 BGB)[2] und
- die auf dem Grundstück ruhenden öffentlichen und privaten Lasten zu tragen (§ 1047 BGB)[3].

---

1) Hierunter sind Maßnahmen zu verstehen, mit denen regelmäßig zu rechnen ist oder die durch Zufall erforderlich werden (vgl. STAUDINGER/PROMBERGER: Anm. 4 ff. zu § 1041 BGB). Da dem Nießbraucher nur der Ertrag nach dem Maßstab einer ordnungsmäßigen Wirtschaft gebührt, soll er zu außergewöhnlichen Erhaltungsmaßnahmen nicht verpflichtet werden, obwohl er berechtigt ist, diese durchzuführen (vgl. § 1043 BGB sowie ERMANN/RONKE: Anm. 1 zu § 1043 BGB).

2) Welche Schadensereignisse eine Versicherungspflicht erfordern, richtet sich danach, was der Eigentümer versichern würde (vgl. STAUDINGER/PROMBERGER: Anm. 3 zu § 1045 BGB; MÜNCHENER KOMMENTAR/PETZOLD: Anm. 6 zu § 1045 BGB).

3) Die Tragung privater Lasten ist auf solche beschränkt, die schon zum Zeitpunkt der Nießbrauchbestellung auf der Sache ruhten. Später entstehende Lasten sind gleichzustellen, wenn der Eigentümer sich dieses in der schuldrechtlichen Vereinbarung vorbehalten hat oder wenn das später entstehende Recht, z.B. aufgrund einer Vormerkung, einen besseren Rang als der Nießbrauch hat (vgl. SOERGEL/BAUR: Anm. 9 zu § 1047 m.w.N.).Bei den vom Nießbraucher zu tragenden Lasten handelt es sich im wesentlichen um Zinsen für Hypothekenforderungen und Grundschulden, aufgrund einer Rentenschuld zu entrichtende Reallasten und Rentenschulden (vgl. PALANDT/BASSENGE: Anm. 4 zu § 1047 BGB). Tilgungsbeiträge, Verzugszinsen für verspätete Kapitalzahlungen und Zinsen für vorgemerkte oder pfandrechtlich gesicherte Forderungen sind nicht vom Nießbraucher zu entrichten. Andernfalls würde während der Nießbrauchdauer eine fortlaufende Bereicherung des Eigentümers auf Kosten des Nießbrauchers stattfinden (vgl. PALANDT/BASSENGE: Anm. 4 a zu § 1047 BGB).

Die dem Nießbraucher zustehenden Rechte und die ihm obliegenden Pflichten korrespondieren mit den Rechten und Pflichten des Eigentümers[1].

Der Nießbraucher ist in der Ausübung seines Rechts frei. Er darf das belastete Grundstück selber nutzen, es vermieten oder verpachten oder einem Dritten unentgeltlich überlassen. Als höchstpersönliches Recht ist der Nießbrauch jedoch an die Person des Nießbrauchers gebunden. Der Nießbrauch kann folglich nicht auf Dritte übertragen, nicht vererbt, belastet und nicht gepfändet werden[2]. Lediglich die Ausübung des Nießbrauchs kann einem anderen überlassen werden (§ 1059 BGB)[3].

Der Nießbrauch erlischt u.a. durch den Ablauf einer vereinbarten Frist[4], durch den Tod des Nießbrauchers (§ 1061 BGB)[5] und durch den völligen Untergang der nießbrauchbelasteten Sache. Der Nießbrauch an einem bebauten Grundstück geht durch die Zerstörung des Gebäudes nicht unter, sondern erstreckt sich ohne weiteres wieder auf das errichtete Gebäude[6].

---

1) Eine gesonderte Behandlung der Rechte und Pflichten des Eigentümers kann somit unterbleiben.

2) Vgl. §§ 1059, 1061, 1069 Abs. 2, 1274 Abs. 2 BGB; §§ 851 Abs. 1 ZPO; Ausnahmen vom Grundsatz der Nichtübertragbarkeit des Nießbrauchs enthalten die §§ 1059 a bis 1059 e BGB.

3) Vgl. PALANDT/BASSENGE: Anm. 2 zu § 1059 BGB sowie BGH-Urteil vom 21.6.1985 V ZR 37/84, BB 1985, S. 1883.

4) Vgl. JANSEN/JANSEN: Zivil- und Steuerrecht, S. 71.

5) Ist der Nießbrauchberechtigte eine juristische Person, endet er mit ihrem Erlöschen (vgl. aber § 1059 a BGB).

6) Vgl. PALANDT/BASSENGE: Anm. 3 b Einf. v. § 1030 BGB.

Besondere Bedeutung für die steuerrechtliche Behandlung des Nießbrauchs haben die zivilrechtlichen Vorschriften über die Verteilung der gewöhnlichen und außergewöhnlichen Grundstückslasten auf die Nießbrauchbeteiligten (§§ 1041, 1045, 1047 BGB). Diese Vorschriften können sowohl bei der Bestellung des Nießbrauchs als auch später mit dinglicher Wirkung[1] geändert oder aufgehoben werden, sofern dadurch nicht gegen das Wesen des Nießbrauchs verstoßen wird[2]. Insbesondere dürfen die begriffswesentlichen Grenzen zwischen Eigentum und Nießbrauch und der Grundsatz der Erhaltung der Substanz der nießbrauchbelasteten Sache nicht verletzt werden[3].

Neben den dinglich wirksam werdenden Änderungen gegenüber dem gesetzlichen Schuldverhältnis können vom gesetzlichen Leitbild stärker abweichende Vereinbarungen auf rein schuldrechtlicher Vereinbarung getroffen werden[4]. Derartige Abreden, die häufig steuerlich motiviert sind, wirken ausschließlich unter den Vertragsbeteiligten und deren Gesamtrechtsnachfolgern[5].

Durch die nicht unbeträchtlichen Gestaltungsmöglichkeiten des gesetzlichen Schuldverhältnisses kann die Stellung des

---

1) D.h. die Änderungen sind in das Grundbuch einzutragen (§ 873, 877 BGB) und werden damit Inhalt des Nießbrauchrechts (vgl. STAUDINGER/PROMBERGER: Vorbem. 4 zu §§ 1030 ff. BGB).

2) Vgl. Bay OBLG-Urteile vom 29.8.1977 2 Z 25/76, Rpflg 1977, S. 251 und vom 29.11.1972 2 Z 61/72, Rpflg 1973, S. 55 sowie PALANDT/BASSENGE: Anm. 1 Einl. v. § 1030 BGB; SOERGEL/BAUR: Vorm. 11 zu § 1030 BGB; STAUDINGER/PROMBERGER: Vorbem. 7 ff. zu §§ 1030 BGB.

3) Vgl. Bay OBLG-Urteile vom 29.3.1977 2 Z 25/76, Rpflg 1977, S. 251 und vom 29.11.1972 2 Z 61/27, Rpflg 1973, S. 55. Im einzelnen vgl. zu den zulässigen Modifikationen des gesetzlichen Schuldverhältnisses die Zusammenstellung bei B. HARTMANN: Testamentsvollstreckung, Nießbrauch und Vorerbschaft zur Sicherung der Nachfolge des Einzelunternehmers im Zivil- und Steuerrecht, unter Mitarbeit von B. ASCHFALK, 2. neubearbeitete und erweiterte Auflage, Köln 1983, S. 64 ff.

4) Vgl. B. HARTMANN: Testamentsvollstreckung, S. 67.

5) Vgl. MÜNCHENER KOMMENTAR/PETZOLD: Vorbem. 17 zu § 1030 BGB.

Nießbrauchers oder des Eigentümers je nach den Bedürfnissen des Einzelfalls wirtschaftlich verstärkt werden. In Grenzfällen kann der Nießbraucher fast eine Eigentümerstellung erlangen oder aber in seinen Befugnissen so stark eingeschränkt sein, daß die Nießbrauchbestellung einer Forderungsabtretung gleichkommt[1)].

B. Grundsätzliche Formen von Nießbrauchvereinbarungen

Losgelöst von der Regelung des Nießbrauchs im Zivilrecht haben sich in der Steuerrechtsprechung und Verwaltungspraxis bestimmte Formen des Nießbrauchs herausgebildet, die inzwischen Allgemeingültigkeit besitzen[2)].

Nach der Art der Nießbrauchbestellung wird im wesentlichen zwischen Zuwendungsnießbrauch und Vorbehaltsnießbrauch unterschieden[3)]. Ein Zuwendungsnießbrauch liegt

---

1) Vgl. R. CHARLIER: Gesichertes und Ungesichertes bei der Einkommensbesteuerung des Nießbrauchs, StbJb 1982/83, S. 229 - 254 (231 m.w.N.).

2) Vgl. dazu BMF-Schreiben vom 23.11.1983 betr. einkommensteuerrechtliche Behandlung des Nießbrauchs bei den Einkünften aus Vermietung und Verpachtung und aus Kapitalvermögen IV B 1 - S 2253 - 90/83, BStBl I 1983, S. 508 (im folgenden: Nießbrauch-Erlaß I) und BMF-Schreiben vom 15.11.1984 betr. einkommensteuerrechtliche Behandlung des Nießbrauchs und anderer Nutzungsrechte bei den Einkünften aus Vermietung und Verpachtung IV B 1 - S 2253 - 139/84, BStBl I 1984, S. 561 (im folgenden: Nießbrauch-Erlaß II) sowie die entsprechenden Kommentierungen der Erlasse: H.B. BRANDENBERG: Nießbrauch an Privatgrundstücken, Betriebsgrundstücken und Kapitalvermögen - Systematische Darstellung mit Problemfällen aus der Praxis, 2. Aufl., Herne-Berlin 1985; R. SEITHEL: Einkommensteuerrechtliche Behandlung; R. STEPHAN: Die ertragsteuerliche Behandlung des Nießbrauchs an Grundstücken des Privatvermögens nach dem Nießbraucherlaß vom 23.11.1983; DB 1984, Beilage Nr. 3/84; derselbe: Der zweite Nießbraucherlaß, DB 1985, Beilage Nr. 3/85; H. RICHTER, K.H. BOVELETH: Der neue Nießbrauch-Erlaß, Steuer-Telex Sonderinformation, 3. Aufl., Köln 1985.

3) Wie noch zu zeigen sein wird, weist die steuerrechtliche Behandlung beider Nießbraucharten erhebliche Unterschiede auf (vgl. Seite 37 ff. dieser Arbeit); A. BORDEWIN (Nießbrauch im Steuerrecht: Neue Aspekte, FR 1982, S. 140 f. (141)) bemerkt dazu, daß die Unterscheidung zwischen Vorbehalts- und Zuwendungsnießbrauch nur die Entstehung des Rechts betrifft und fordert: "Die steuerlichen Konsequenzen sollten ... in beiden Fällen gleich sein." Gleicher Ansicht R. CHARLIER: Einkommensbesteuerung, S. 239.

vor, wenn der Eigentümer (Nießbrauchbesteller) eines Grundstücks einer anderen Person den Nießbrauch daran bestellt. Dem Eigentümer bleibt das Eigentumsrecht, das deshalb noch einen wirtschaftlichen Wert besitzt, weil die Nutzungsbefugnis mit der Beendigung des Nießbrauchs wieder dem Eigentümer zufällt und Wertsteigerungen während der Dauer des Nießbrauchs diesem zukommen. Der Nießbrauchbesteller behält einen Sachwert, gibt aber praktisch alle sonstigen Beziehungen zu dem nießbrauchbelasteten Vermögen auf[1)].

Ein Vorbehaltsnießbrauch besteht dann, wenn bei der Übertragung des Grundstücks gleichzeitig ein Nießbrauchrecht zugunsten des Übertragenden bestellt wird. Der neue Eigentümer (Nießbrauchbesteller) erlangt lediglich das Eigentumsrecht, während der ursprüngliche Eigentümer (nunmehr Nießbraucher) weiterhin die Nutzungen zieht[2)].

Neben diesen grundsätzlichen Nießbraucharten haben weitere Gestaltungsformen des Nießbrauchs Eingang in die Nießbrauchdiskussion gefunden, die aber jeweils der Zuordnung zu den Grundmustern Zuwendungsnießbrauch oder Vorbehaltsnießbrauch bedürfen[3)]. Hinsichtlich des Umfangs einer Nießbrauchbestellung wurden die Begriffe Quotennießbrauch und Bruchteilsnießbrauch geprägt. Ein Quotennießbrauch besteht dann, wenn dem Nießbraucher ein bestimmter Anteil an den Einkünften des Nießbrauchgegenstandes zukommt. Ein Bruchteilsnießbrauch liegt vor, wenn der Nießbrauch an einem Bruchteil des Nießbrauchgegenstandes bestellt wird[4)].

Abweichend von der bürgerlich-rechtlichen Lastenregelung der §§ 1041 ff. BGB besteht die Möglichkeit, eine bestimmte

---

1) H.J. FENDT: Der Nießbrauch in betriebswirtschaftlicher und steuerrechtlicher Sicht, Würzburg 1966, S. 49.

2) Vgl. ebenda.

3) Vgl. H.B. BRANDENBERG: Problemfälle aus der Prqxis, S. 25.

4) Vgl. Nießbrauch-Erlaß II, Tz. 13 und 14.

Lastenaufteilung unter den Nießbrauchbeteiligten zu vereinbaren[1]. Der Begriff des Nettonießbrauchs beschreibt dabei den gesetzlich geregelten Normalfall, nach dem der Nießbraucher für die gewöhnlichen, der Nießbrauchbesteller für außergewöhnliche Lasten aufzukommen hat. Der Begriff des Bruttonießbrauchs umschreibt den Fall, in dem der Nießbrauchbesteller, abweichend von der gesetzlichen Lastentragung, alle auf dem Nießbrauchgegenstand ruhenden öffentlichen und privaten Lasten trägt, so daß dem Nießbraucher die Bruttoerträge aus dem Nießbrauchgegenstand verbleiben[2].

Nach der Höhe der Gegenleistung, die der Nießbraucher für die Einräumung des Nießbrauchs erbringt, wird im Falle des Zuwendungsnießbrauchs zwischen entgeltlicher, teilentgeltlicher und unentgeltlicher Nießbrauchbestellung unterschieden. Von einer vollentgeltlichen Nießbrauchbestellung ist auszugehen, wenn der Wert der Nutzungsüberlassung und der Wert der Gegenleistung "nach wirtschaftlichen Gesichtspunkten ausgewogen sind"[3]. Ist der Wert der Gegenleistung geringer als der Wert der Nutzungen, besteht grundsätzlich ein teilentgeltlich bestellter Zuwendungsnießbrauch. Wird keine Gegenleistung vom Nießbraucher erbracht, handelt es sich um einen unentgeltlichen Zuwendungsnießbrauch[4].

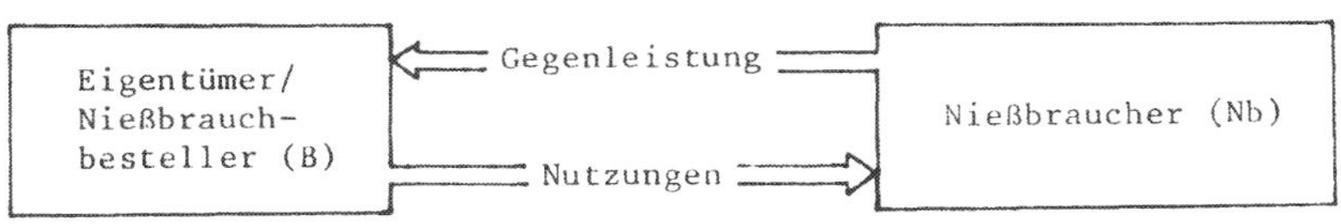

Übersicht 1: Zuwendungsnießbrauch

---

1) Vgl. Seite 12 dieser Arbeit. Für den unentgeltlichen Zuwendungsnießbrauch bestand diese Möglichkeit während der Gültigkeitsdauer des I. Nießbrauch-Erlasses nicht mit steuerlicher Wirkung (vgl. Nießbrauch-Erlasse I und II: jeweils Tz. 21).

2) Vgl. Nießbrauch-Erlaß, Tz. 10.

3) Ebenda. Tz. 8.

4) Im einzelnen wird hierauf im steuerrechtlichen Teil der Arbeit eingegangen (vgl. Seite 36 ff.).

Im Falle des Vorbehaltsnießbrauchs ist die Bestellung des Nießbrauchs keine Gegenleistung für den Erwerb des Nießbrauchgegenstandes, unabhängig davon, ob der Gegenstand veräußert oder unentgeltlich übertragen wird. Der Vorbehaltsnießbraucher behält die Verfügungs- und Nutzungsmöglichkeit, der Erwerber erlangt von vornherein nur das mit dem Nießbrauch belastete Eigentum. Der Vorbehaltsnießbrauch gilt damit als unentgeltlich gewährt[1].

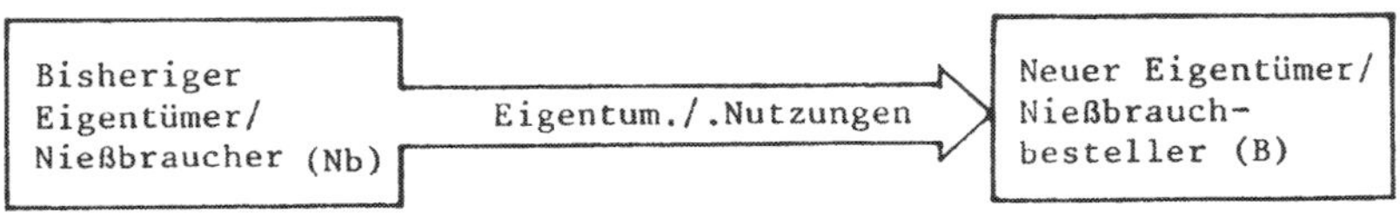

Übersicht 2: Vorbehaltsnießbrauch

Gegenstand der folgenden Ausführungen werden nach dem Vorbild des Nießbrauch-Erlasses der unentgeltliche, teilentgeltliche und entgeltliche Zuwendungsnießbrauch sowie, entsprechend seiner praktischen Bedeutung, der (unentgeltliche) Vorbehaltsnießbrauch sein. Die Übersicht 3 [2] gibt einen Überblick über den für die weitere Analyse relevanten Untersuchungsbereich. Im Mittelpunkt der Analyse stehen Nießbrauchverhältnisse an Privat- und Betriebsgrundstücken, die innerhalb der Familie begründet werden und zu Lebzeiten der Beteiligten wirken.

---

1) Vgl. Nießbrauch-Erlaß II, Tz. 38.

2) Vgl. Seite 17.

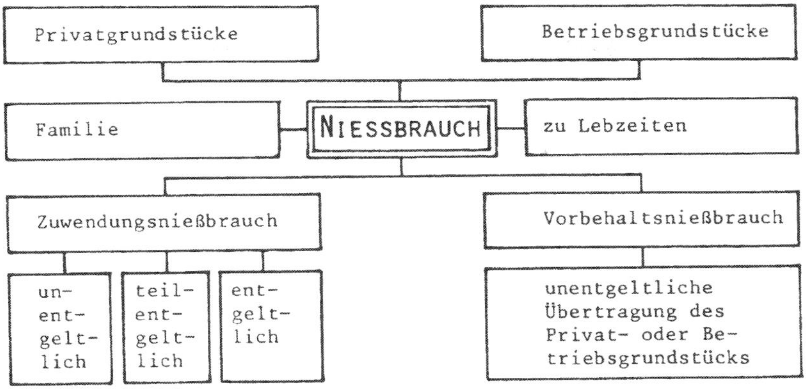

Übersicht 3: Eingrenzung des Untersuchungsbereichs

C. Wirtschaftliche Bedeutung des Nießbrauchs

Von juristischer Seite wird häufig eingewandt, die Ausführlichkeit, mit der der Gesetzgeber das Nießbrauchrecht im Bürgerlichen Gesetzbuch geregelt hat, stehe im umgekehrten Verhältnis zu seiner praktischen Anwendung[1]. Der

---

1) Vgl. hierzu bspw. M. TROLL: Renten und Nießbrauch, S. 18; M. WOLF: Sachenrecht, 3. Aufl., München 1980, S. 281; D. BÖKELMANN: Nutzungen und Gewinn beim Unternehmensnießbrauch. Juristische Schriften, hrsg. von Mitgliedern des Fachbereichs Rechtswissenschaft der Universität Tübingen, Bd. 32, Tübingen 1971, S. 3; H. DIPPEL: Der Nießbrauchvorbehalt bei der Übertragung des OHG-Anteils, Diss. Regensburg 1973 m.w.N.; sowie F. BAUR: Lehrbuch des Sachenrechts, 9. Aufl., München 1977, S. 285, der ausführt: "Die Liebe und Ausführlichkeit, mit der der Gesetzgeber das Nießbrauchrecht geregelt hat, steht im umgekehrten Verhältnis zum Anwendungsbereich in der Praxis: er ist klein beieinander." Diesen Satz verwendet Baur allerdings wegen der zunehmenden Bedeutung des Nießbrauchs in seiner 10. Aufl. n i c h t m e h r (vgl. derselbe: Lehrbuch 1978, S. 285 ff.).

erstrebte Erfolg sei in vielen Fällen auch mit anderen Konstruktionen erreichbar[1]. Dieser Beurteilung kann unter Berücksichtigung steuerlicher Gesichtspunkte keineswegs gefolgt werden[2].

Es wurde bereits einführend darauf hingewiesen[3], daß Nießbrauchvereinbarungen an ertragbringenden Vermögensgegenständen, wie z.B. Mietwohngrundstücken, ein beliebtes Mittel zur Ausnutzung einkommensteuerlicher Progressionsunterschiede sind[4]. Sind Nießbraucher und Nießbrauchbesteller gegenseitig unterhaltsberechtigt bzw. -verpflichtet, schafft der Nießbrauch darüber hinaus die steuerliche Abzugsfähigkeit von Unterhaltsaufwendungen, die ansonsten nicht abzugsfähig sind. Leistungen eines Unterhaltsverpflichteten oder dessen Ehegatten an eine gesetzlich unterhaltsberechtigte Person oder deren Ehegatten sind nach § 12 Nr. 2 EStG

---

1) Je nach Zielsetzung werden z.B. Rente oder Vorerbschaft genannt (vgl. F. FICHTELMANN: Der Nießbrauch an Unternehmen und Beteiligungen, DStR 1974, S. 267 - 277, 299 - 310, 341 - 346 (267 f.)).

2) Vgl. R. FLÖßER: Die Zurechnung der Einkünfte beim Nießbrauch am Anteil einer Personengesellschaft, Bad Honnef 1979, S. 1; C. SCHARFF: Der Nießbrauch an Aktien im Zivil- und Steuerrecht, Köln 1982, S. 1; H. PAULICK: Das Steuerrecht als Teil der Gesamtrechtsordnung und die Rechtsprechung des Bundesfinanzhofs, DStR 1975, S. 564 - 577 (572); C. ZENK: Die Übertragung von Einkunftsquellen als Instrument betrieblicher Steuerpolitik - dargestellt am Beispiel des Nießbrauchs, Ingolstadt 1982, S. 74.

3) Vgl. oben Seite 1 dieser Arbeit.

4) Vgl. J. BEINERT: Rechtstatsächliche Aspekte der Übertragung von Einkunftsquellen, in: Übertragung von Einkunftsquellen im Steuerrecht - Möglichkeiten und Grenzen der Einkommensverlagerung durch Nießbrauch, Beteiligung und Darlehn mit einem rechtsvergleichenden Teil, hrsg. von K. Tipke, 2. unveränderte Aufl., Köln 1979, S. 141 - 154 (146); H. SCHMIDT: Nießbrauch zwischen Eltern und Kindern, Inf 1983, S. 583 - 586 (583 f.); R.D. SCHOLTZ: Die einkommensteuerrechtliche Behandlung des Nießbrauchs aus der Sicht des Bundesfinanzhofs, FR 1983, S. 573 - 580 (574); R. SEITHEL: Einkommensteuerrechtliche Behandlung, S. 5.

weder bei den einzelnen Einkunftsarten, noch als Sonderausgaben gemäß § 10 EStG abzugsfähig[1]. Die Vorschrift des § 12 Nr. 2 EStG greift jedoch dann nicht ein, wenn die unterhaltsberechtigte Person die Nutzungen selbst, d.h. kraft eigenen Rechts, bezieht. Die dazu erforderliche Rechtsposition erhält der Nutzende durch den Nießbrauch[2]. Es werden also einkommensteuerliche Folgen gezogen, wie sie bei einer anderen Form der Zuwendung, z.B. bei laufenden Schenkungen oder Leibrenten, nicht möglich wären[3].

Die dargestellten Folgewirkungen des Nießbrauchs treten allerdings nur bei der Gestaltung eines Zuwendungsnießbrauchs ein. Da der Vorbehaltsnießbrauch im Gegensatz zum Zuwendungsnießbrauch nicht zu einer Änderung der Einkünftezurechnung führt[4], kann die einkommensteuerliche Belastung der Familie durch eine Grundstücksübertragung unter

---

1) Unter den besonderen Voraussetzungen der §§ 33, 33 a EStG kann jedoch ggf. ein Abzug von Unterhaltsaufwendungen in Betracht kommen (vgl. D. SCHNEELOCH: Besteuerung und betriebliche Steuerpolitik, Band 1: Besteuerung. Hagener Universitätstexte, München 1986, S. 51).

2) Die dingliche Rechtsnatur des Nießbrauchs verschafft dem Berechtigten eine g e s i c h e r t e R e c h t s p o s i t i o n, die ihm für eine festgelegte Zeit nicht mehr entzogen werden kann. Nach neuerer Auffassung des Bundesfinanzhofs (vgl. BFH-Urteile vom 29.11.1983 VIII R 215/79, BStBl II 1984, S. 366 sowie VIII R 184/83, BStBl II 1984, S. 371) wird eine derartig gesicherte Rechtsposition sowohl durch die Einräumung eines dinglichen als auch durch die Einräumung eines schuldrechtlichen Nutzungsrechts erlangt, so daß auch die zivilrechtlich weitaus schwächer ausgestatteten obligatorischen Nutzungsrechte die Ausschaltung des § 12 Nr. 2 EStG bewirken können (vgl. dazu N. WINKELJOHANN: Gesicherte Rechtsposition, S. 1545 ff.).

3) Vgl. F. FICHTELMANN: Nießbrauch an Unternehmen, S. 268 m.w.N.

4) Vgl. z.B. R. STOCKINGER: Einkommensteuerliche und bilanzielle Behandlung, S. II f.; EGGENSIECKER/EISENACH/SCHÜRNER: Steuerliche Gestaltungsmöglichkeiten, S. 379.

Nießbrauchvorbehalt nur dann eine Minderung erfahren, wenn es sich bei dem übertragenen Grundstück um teilweise oder völlig selbstgenutztes Wohneigentum handelt[1]. Für die im Rahmen dieser Arbeit zu untersuchenden Nießbrauchgestaltungen an Mietwohngrundstücken beschränkt sich der steuerliche Ersparniseffekt des Vorbehaltsnießbrauchs auf den Bereich der Erbschaft- bzw. Schenkungsteuer.

Die Grundstücksübertragung unter Nießbrauchvorbehalt kann im Vergleich zur Vererbung eines Grundstücks beim Tode seines Eigentümers erhebliche erbschaft- bzw. schenkungsteuerliche Vorteile versprechen, da der Wert des Nießbrauchs bei der Bemessung der Steuer Berücksichtigung zu finden hat[2]. Erbschaft- bzw. schenkungsteuerliche Vorteile sind auch dann zu erzielen, wenn das unter Nießbrauchvorbehalt frühzeitig übertragene Grundstück größere Wertsteigerungen verspricht[3].

Nießbrauchgestaltungen werden jedoch nicht in jedem Fall ausschließlich unter steuerlichen Aspekten durchgeführt. Ein Vermögensinhaber, der die Verantwortung für sein Vermögen in jüngere Hände legen möchte, findet im Nießbrauch ein Mittel, sich sukzessiv der Verantwortung für das Vermögen zu entledigen oder von einem bestimmten Zeitpunkt an

---

1) Vgl. z.B. J. BEINERT: Rechtstatsächliche Aspekte, S. 145. In diesem Fall kann die Übertragung eines Teils des selbstgenutzten Wohneigentums dazu führen, daß die Pauschalversteuerung gemäß § 21 a EStG vermieden wird.

2) Vgl. Gleichlautende Erlasse der obersten Finanzbehörden der Länder vom 10.2.1983 zur schenkungsteuerrechtlichen Behandlung von gemischten Schenkungen sowie Schenkungen unter einer Auflage, BStBl I 1983, S. 238 f. sowie M. TROLL: Erbschaftsteuerliche Behandlung, S. 1290; D. SCHULZE ZUR WIESCHE: Vereinbarungen unter Familienangehörigen und ihre steuerlichen Folgen, 4. erweiterte Aufl., Köln 1984, S. 206 m.w.N.

3) Vgl. T. MICHEL: Schenkungsteuer beim Zuwendungsnießbrauch mit nachfolgendem Erwerb des Substanzvermögens und beim Nießbrauchvorbehalt mit nachfolgendem Verzicht auf den Nießbrauch, DStR 1986, S. 462 - 468 (462 ff.).

alles in jüngere Hände zu legen. Dabei ist keineswegs zwingend, daß mit der teilweisen oder völligen Herausgabe des Vermögens lediglich finanzielle Nachteile verbunden sind. Vielfach werden den (unvermeidbaren) vermögensmäßigen Nachteilen einkommensmäßige Vorteile gegenüberstehen, die weitaus höher zu bewerten sind.

Als Mittel zur Vermögensverteilung wird der Nießbrauch primär den Zielen

- der Sicherstellung der eigenen Versorgung,
- der Versorgung Familienangehöriger und
- der Nachfolgeregelung

gerecht.

Die Zuwendung eines Nießbrauchrechts entspricht dabei dem Ziel der Versorgung Familienangehöriger. Da eine derartige Gestaltung keinen unmittelbaren Einfluß auf die Vermögensverhältnisse der Beteiligten hat, ist sie nicht zur Lösung erbrechtlicher und erbschaftsteuerlicher Probleme[1] und nur bedingt zur Lösung nachfolgemäßiger Probleme geeignet[2]. Dem Ziel der eigenen Versorgung des Vermögensinhabers wird gleichzeitig entsprochen, wenn der Nießbraucher für die Bestellung des Rechts ein (einmaliges oder laufendes) Entgelt entrichtet[3].

Die Übertragung von Vermögen unter Nießbrauchvorbehalt bietet dem Vermögensinhaber die Möglichkeit, seine eigene Versorgung zu sichern und sich zudem lästiger Verwaltungsaufgaben zu entledigen, die mit der Eigentümerstellung an dem betreffenden Vermögen verbunden sind. Gleichzeitig ist

---

1) Vgl. H. KUSSMAUL: Unternehmerkinder: Ihre zivil- und steuerrechtliche Berücksichtigung im personenbezogenen, mittelständischen Familienunternehmen, Köln 1983, S. 332.

2) Der Zuwendungsnießbrauch kann zur Lösung nachfolgemäßiger Probleme beitragen, wenn er bestellt wird, um die Eignung des Vermögensnachfolgers zu überprüfen, bevor das gesamte Vermögen übertragen wird.

3) W. KAHRS (Steuerliche Behandlung typischer Nießbrauchfälle nach der neuen BFH-Rechtsprechung, DB 1981, S. 2196- 2200 (2198)) sieht den einzigen wirtschaftlichen Grund für eine vollentgeltliche Nießbrauchbestellung unter Fremden darin, daß der Eigentümer die Nießbrauchsache nicht mehr verwalten möchte.

der Vorbehaltsnießbrauch geeignet, die Vermögensnachfolge zu regeln[1)].

D. Notwendigkeit einer Familiensteuerplanung und Grenzen der Steuerbeeinflussung durch Nießbrauchgestaltungen

Die Besonderheit des Nießbrauchs liegt darin, daß steuerliche Bemessungsgrundlagen bzw. -teile, die sich auf die Nutzungen oder auf die Substanz des nießbrauchbelasteten Vermögens beziehen, je nach Art der Nießbrauchbestellung auf andere, an der Nießbrauchgestaltung beteiligte Personen übergehen[2)]. Eindeutige Aussagen über die finanziellen Folgewirkungen bestimmter Nießbrauchgestaltungen können mithin nur getroffen werden, wenn die dadurch beim Nießbraucher und Nießbrauchbesteller hervorgerufenen Vorteile oder Nachteile gemeinsam im Rahmen *eines* Steuerbelastungsvergleichs quantifiziert werden, der grundsätzlich alle Steuerarten zu berücksichtigen hat[3)].

Da eine Nießbrauchbestellung, sei es als unentgeltlicher oder teilentgeltlicher Zuwendungsnießbrauch oder als Vorbehaltsnießbrauch regelmäßig auch schenkungsteuerlich relevant ist, die Entrichtung dieser Steuer einmalig oder laufend sowie durch Nießbraucher oder Nießbrauchbesteller vorgenommen werden kann, ist zudem eine Erfassung der Steuerwirkungen nach unterschiedlichen Modalitäten über einen längeren Zeitraum erforderlich. Ein derartiger den Familiennießbrauch betreffender Steuerbelastungsvergleich

---

1) Im einzelnen vgl. F.J. FENDT: Betriebswirtschaftliche und steuerrechtliche Sicht, S. 50; H. FICHTELMANN: Nießbrauch am Unternehmen, S. 269; H. KUSSMAUL: Unternehmerkinder, S. 333.

2) Vgl. G. DÖLLERER: Leitgedanken der Nießbrauchbesteuerung bei den Einkünften aus Vermietung und Verpachtung und des Kapitalvermögens, StbJb 1984/85, S. 55 - 79 (79).

3) Vgl. S. SPIEGELBERGER: Hinweise und Formulierungsvorschläge für Nießbrauchanpassungen, KÖSDI 1985, S. 5843 - 5850 (5843).

hat folglich im Sinne einer längerfristigen Familiensteuerplanung stattzufinden.

Die materielle Grundlage einer jeden Steuerplanung ist die Feststellung, daß die instrumentale Anwendung bestimmter Gestaltungsfreiheiten zum Zwecke der Steuerminimierung auch von der Rechtsprechung als rechtmäßig angesehen wird[1]. Nach dem Grundsatzurteil des Bundesfinanzhofs vom 22.8.1951 kann es nicht als Mißbrauch bürgerlich-rechtlicher Gestaltungsmöglichkeiten angesehen werden, wenn ein Steuerpflichtiger zur Einsparung von Steuern die für ihn günstigste Gestaltungsform wählt[2]. In einem weiteren Urteil wird bestätigt, daß nicht nur die bürgerlich-rechtliche, sondern auch die steuerliche Rechtsordnung dem Steuerpflichtigen grundsätzlich die Möglichkeit gibt, "zwischen mehreren Rechtsinstituten und verschiedenartigen rechtlichen Gestaltungen seine Verhältnisse zu wählen, um einen bestimmten Erfolg zu erreichen"[3].

Derartige *Gestaltungsangebote* dürfen jedoch hinsichtlich des Ziels der Steuereinsparung nicht unkritisch in Anspruch genommen werden. Es ist stets zu prüfen, ob neben steuerlichen Wirkungen möglicherweise noch andere, außersteuerliche Folgewirkungen mit bestimmten Gestaltungsmaßnahmen verbunden sein können, die in den Kalkül einzubeziehen sind.

Die Entscheidung für oder gegen eine Nießbrauchgestaltung kann dementsprechend nicht nur unter steuerlichen Aspekten beurteilt werden, selbst dann nicht, wenn ausschließlich

---

1) Vgl. M. EISENACH: Entscheidungsorientierte Steuerplanung - Grundlagen, Instrumente und Konzept zur Planung der Steuerbelastung der Unternehmung mittels dynamischer Teilsteuerrechnung, Wiesbaden 1974, S. 120.

2) Vgl. BFH-Urteil vom 22.8.1951 IV 246/50 S, BStBl III 1951, S. 181.

3) BFH-Urteil vom 8.1.1958 I 131/57 U, BStBl III 1958, S. 97 ff. (99); vgl. dazu auch RFH-Urteil vom 20.1.1944 III 38/43, RStBl 1944, S. 435 (436); bestätigt durch OFH-Urteil vom 9.3.1948 III (IV) 26/47, StuW Teil II 1948, Sp. 45 (46) sowie durch den Beschluß des BVerfG vom 14.4.1959, Bvl 23/57; 1 Bvl 34/57, BStBl I 1959, S. 204 (208).

steuerliche Überlegungen für ihre Durchführung verantwortlich sind. Wird bspw. ein bestehender unentgeltlicher Zuwendungsnießbrauch aus steuerlichen Gründen dahingehend geändert, daß der Nießbraucher neben den gewöhnlichen Lasten, die er bisher zu tragen hatte, nun auch die außergewöhnlichen Lasten übernehmen muß[1] - nach der neueren Rechtsprechung des Bundesfinanzhofs wären diese Lasten ansonsten für die steuerliche Abzugsfähigkeit verloren -, kann dieses einen erheblichen Einschnitt in die wirtschaftlichen Verhältnisse des Nießbrauchers bedeuten. Ein steuerlicher Vorteil auf der einen Seite führt möglicherweise zu nicht tragbaren wirtschaftlichen Nachteilen auf der anderen Seite.

Derartige nichtgewollte Effekte sind zu vermeiden, wenn eine Unterordnung der partiell steuerlich günstigen Gestaltungsbemühungen unter die übrigen wirtschaftlichen Erfordernisse, die mit einer Nießbrauchgestaltung verbunden sein können, erfolgt. Die Gestaltungsfreiheit eines Steuerbürgers zum Zwecke der Steuerersparnis hat also dort ihre Grenze, wo die Maxime der Steuerminimierung mit objektiv, in der Praxis auch subjektiv, höherwertigen Zielvorstellungen kollidiert[2].

Das bedeutet nicht, daß jegliche steuerliche Planung hier ihren Sinn verloren hätte. Im Hinblick auf Nießbrauchgestaltungen kann die Steuerplanung auch dann noch sinnvoll sein, wenn betriebswirtschaftliche, familiäre oder bürgerlich-rechtliche Gründe scheinbar schon die Entscheidungsmöglichkeit genommen haben. Die Steuerplanung leistet in diesem Fall einen Beitrag zur *steuerlichen Schadensbegrenzung*, indem Gestaltungen so vorgenommen werden, daß die zusätzliche Steuerbelastung möglichst gering bleibt.

---

1) Seit der Veröffentlichung des Nießbrauch-Erlasses vom 15.11.1984 ist dieses möglich (vgl. Nießbrauch-Erlaß II, Tz. 21).

2) Vgl. M. EISENACH: Entscheidungsorientierte Steuerplanung, S. 110; die höherwertigen Zielvorstellungen können auch in Sicherheitsaspekten bestehen.

III. BEHANDLUNG DES NIESSBRAUCHS IM STEUERRECHT

Bei dem Bemühen, den Nießbrauch in die Begriffsvorstellungen des Steuerrechts einzuordnen, prägte *Enno Becker* bereits im Jahre 1938 resignierend den vielzitierten Satz: "Mir war immer so, als ob es sich darum handle, die Quadratur des Zirkels zu finden "[1]. Bis in die heutige Zeit hinein ist die Unsicherheit in der steuerlichen Behandlung des Nießbrauchs ein "unerfreulicher Dauerzustand"[2] geblieben.

Da eine materielle positiv-rechtliche Bestimmung des Nießbrauchs in den Steuergesetzen nicht enthalten ist[3] und das Steuerrecht gegenwärtig nicht mehr als Folgerecht des Zivilrechts angesehen werden kann[4], hat sich die Besteuerung von Nießbrauchrechten ausschließlich nach den allgemeinen Grundsätzen des Steuerrechts zu richten. Der Rechtsprechung kommt die Aufgabe zu, die dabei entstehenden Ermessensspielräume durch Entwicklung von Richterrecht [5] auszufüllen.

---

1) E. BECKER: Die Behandlung von Nutznießung, Nießbrauch und Vorerbschaft, StuW 1938, S. 293 - 310 (302).

2) Vgl. H. SCHELLENBERGER: Nießbrauch - eine Standortbestimmung, DStR 1981, S. 395 - 403 (395).

3) Vgl. N. WINKELJOHANN: Rechtsfortbildung, S. 1258.

4) Vgl. H. BEISSE: Die wirtschaftliche Betrachtungsweise bei der Auslegung der Steuergesetze, StuW 1981, S. 1 - 14 (5 ff.); H. SCHELLENBERGER: Standortbestimmung, S. 396; K. TIPKE: Steuerrecht - Ein systematischer Grundriß, 10. völlig überarb. Aufl., Köln 1985, S. 7 u. 107; F. WASSERMEYER: Die Übertragung von Einkunftsquellen zwischen nahestehenden Personen - Ein Beitrag zu den Sachgesetzlichkeiten im Steuerrecht, StuW 1979, S. 209 - 218 (211).

5) "Richterrecht sind alle Normen, welche die Gerichte intra legem (gelegentlich auch contra legem; Anm. d. Verf.) gebildet haben." H.W. KRUSE: Das Richterrecht als Rechtsquelle des innerstaatlichen Rechts, Tübingen 1971, S. 10; vgl. auch G. ROSE: Der Bundesfinanzhof und seine Rechtsprechung. Grundfragen - Grundlagen. Festschrift für Hugo von Wallis, hrsg. von F. Klein und K. Vogel, Bonn 1985, S. 274 - 289 (285).

Im folgenden werden - unter besonderer Berücksichtigung der höchstrichterlichen Rechtsprechung - Behandlungsgrundsätze für den Nießbrauch im Steuerrecht erarbeitet. Wegen der Dominanz der Einkommensteuerregelungen, die auch für andere Steuerarten Bedeutung haben, wird nach einem Überblick über die Entwicklung der Rechtsprechung zum Nießbrauch zunächst die Einordnung des Nießbrauchs in das System des Einkommensteuergesetzes vorgenommen, bevor auf andere Steuerarten Bezug genommen wird. Auf die Behandlung des Nießbrauchs im Gewerbesteuerrecht wird verzichtet, da sich diese aus der Behandlung des Nießbrauchs aufgrund anderer steuerrechtlicher Regelungen ergibt[1]. Die Kirchensteuer bleibt im Rahmen der gesamten Untersuchung unbeachtet.

A. Überblick über die Entwicklung der Rechtsprechung

Die Rechtsprechung des Bundesfinanzhofs zum Nießbrauch hat die steuerliche Behandlung des Nießbrauchs in den letzten Jahren so sehr verändert, daß die dazu veröffentlichte Literatur mit Erscheinungsdatum vor 1980 in zahlreichen Punkten überholt ist[2]. *Julius v. Kirchmann* hat bereits im Jahre 1848 beklagt, daß eine Gesetzesänderung ganze juristische Bibliotheken zur Makulatur mache[3]. Diese resignierende Einsicht gilt in ähnlicher Weise auch für

---

1) Die gewerbeertragsteuerliche Behandlung des Nießbrauchs ergibt sich im wesentlichen aus der Behandlung im Einkommensteuerrecht (vgl. § 7 GewStG). Grundlage für die gewerbekapitalsteuerliche Behandlung des Nießbrauchs ist die Wertbestimmung nach dem Bewertungsgesetz. Letztere wird im Rahmen der schenkungsteuerlichen Behandlung des Nießbrauchs erörtert (vgl. Seite 73 ff. dieser Arbeit).

2) Eine Auswahl von Veröffentlichungen faßt R.D. SCHOLTZ (Nießbrauch aus der Sicht des Bundesfinanzhofs, S. 573) zusammen. Nach H. SCHELLENBERGER (Standortbestimmung, S. 395) sind allein in der Zeit von 1966 bis 1981 etwa 120 Publikationen zum Nießbrauch erschienen.

3) Zitiert bei S. SPIEGELBERGER: Nießbrauch, Reallast und andere Rechte in Abt. II des Grundbuchs, Darmstadt 1984, S. 183.

die Nießbrauchrechtsprechung des Bundesfinanzhofs, die, ohne daß hierfür eine Gesetzesänderung Anlaß gegeben hätte, "nahezu jede denkgesetzlich mögliche Position eingenommen und wieder aufgegeben hat"[1].

Die bisherige Rechtsentwicklung wird im folgenden anhand spezifischer Problemstellungen nachvollzogen:

- Zurechnung von Einkünften

  Nach der Rechtsprechung des Reichsfinanzhofs und der älteren Rechtsprechung des Bundesfinanzhofs führt die Bestellung eines Nießbrauchs dazu, daß der Nießbraucher unmittelbar kraft eigenen Rechts Einkünfte aus der zur Nutzung überlassenen Einkunftsquelle erwirbt[2]. Nur wenn das Nießbrauchrecht unentgeltlich zwischen unterhaltsberechtigten Personen bestellt wird, soll es nicht zu einer Einkunftsquellenübertragung kommen. Nach Ansicht des Bundesfinanzhofs stellt sich die Situation so dar, "als ob ein Nießbrauch nicht bestellt worden ist, sondern ein Besteller zunächst die Einkünfte selbst bezieht und sie dann an den Berechtigten weiterleitet"[3].

---

1) S. SPIEGELBERGER: Handbuch, S. 183.

2) Vgl. RFH-Urteile vom 16.1.1935 VI A 228, StuW 1935, Sp. 329; vom 13.7.1939 IV 125, StuW 1939, Sp. 831; vom 31.7.1941 IV 130/41; RStBl 1941, S. 861; vom 14.4.1943 IV 422/42, RStBl 1943, S. 516 sowie die BFH-Urteile vom 2.3.1951 IV 149/50 U, BStBl III 1951, S. 87; vom 11.1.1957 VI 5/54 U, BStBl III 1957, S. 68; vom 8.2.1957 VI 27/56 U, BStBl III 1957, S. 207 f.; vom 15.11.1957 VI 79/55 U, BStBl III 1958, S. 103; vom 2.10.1959 VI 64/57 U, BStBl III 1960, S. 36 (37); vom 30.8.1963 VI 216/62 U, BStBl III 1964, S. 59; vom 7.8.1964 VI 165/63 U, BStBl III 1964, S. 576 (577).

3) BFH-Urteil vom 8.2.1957 VI 27/56 U, BStBl III 1957, S. 208.

Auch nach 1966 vertritt der Bundesfinanzhof in ständiger Rechtsprechung die Auffassung, "daß der Nießbrauch z.B. an einem Grundstück eine eigene Einkunftsquelle des Nießbrauchers darstellt mit der einkommensteuerrechtlichen Folge, daß z.B. Einnahmen aufgrund eines Mietvertrages über das Grundstück dem Nießbraucher als eigene Einnahmen aus Vermietung und Verpachtung zuzurechnen sind"[1]. In den sogenannten *Mai-Urteilen* vom 13.5.1980 nimmt der Bundesfinanzhof nicht mehr auf den vielfach durchbrochenen Grundsatz Bezug, nach dem die Bestellung des Nießbrauchs unter bestimmten Voraussetzungen zur Einkunftsquellenverlagerung führt[2]. Er stellt nunmehr, unter Verzicht auf den im Einkommensteuergesetz vergeblich gesuchten

---

1) BFH-Urteil vom 11.3.1976 VI R 119/72, BStBl II 1976, S. 421 (422) mit Hinweis auf das grundlegende BFH-Urteil vom 6.7.1966 IV 124/65, BStBl III 1966, S. 584.

2) Der Grundsatz findet sich in den BFH-Urteilen vom 6.7.1966 VI 148/65, BStBl III 1966, S. 622; vom 6.7.1966 124/65, BStBl III 1966, S. 585; vom 24.11.1967 VI R 274/66, BStBl III 1968, S. 260; vom 8.8.1969 VI R 299/67, BStBl II 1969, S. 683 (683 f.); vom 12.9.1969 VI R 333/67, BStBl II 1969, S. 706 (707); vom 12.9.1969 VI R 336/67, BStBl II 1969, S. 727 (727 f.); vom 26.3.1971 VI R 131 - 135/68, BStBl II 1971, S. 478 (479 f.); vom 15.9.1971 I R 166/68, BStBl II 1972, S. 174 (175); vom 1.2.1972 VIII R 118/71, BStBl II 1972, S. 347; vom 7.2.1973 I R 215/72, BStBl II 1973, S. 493 (493 f.); vom 13.3.1974 I R 180/72, BStBl II 1974, S. 423 (423 f.); vom 26.3.1974 VIII R 210/72, BStBl II 1975, S. 6 (7); vom 11.3.1976 VI R 119/72, BStBl 1976, S. 422; vom 11.3.1976 VIII R 225/71, BStBl II 1976, S. 613 (614), n i c h t j e d o c h in den BFH-Urteilen vom 14.11.1979 I R 123/76, BStBl II 1980, S. 432 (433) sowie vom 13.5.1980 VIII R 75/79, BStBl II 1981, S. 297; VIII R 63/79 BStBl II 1981, S. 295 und VIII R 128/78, BStBl II 1981, S. 299 ff.

Begriff der Einkunftsquelle darauf ab, wer den Tatbestand der Einkunftserzielung erfüllt[1].

- Abzugsverbot des § 12 Nr. 2 EStG

  Von jeher nehmen Nießbrauchvereinbarungen als häufige Beziehungen zwischen nahen Angehörigen, Verwandten, in aller Regel zwischen Eltern und Kindern, in der Finanzrechtsprechung einen breiten Raum ein, da die wirtschaftliche Betrachtung derartiger Beziehungen häufig durch die Vorschrift des § 12 Nr. 2 EStG mitbestimmt wird[2]. So vertritt der Reichsfinanzhof bspw. im Urteil vom 14.4.1943 die Auffassung, § 12 Nr. 2 EStG sei auch bei Einräumung eines Nießbrauchs anzuwenden, weil Einnahmen nicht demjenigen zufließen, der sie erhält, sondern demjenigen, der sie überläßt[3].

  Der Bundesfinanzhof folgt zunächst dieser Ansicht. In seiner Grundsatzentscheidung vom 8.2.1957 führt er u.a. aus, daß es steuerlich nicht mit § 12 Nr. 2 EStG zu vereinbaren ist, Zuwendungen an unterhaltsberechtigte Personen durch die Bestellung eines Nießbrauchs abzugsfähig zu machen[4]. Wie bereits erwähnt, wendet sich der Bundesfinanzhof aber im Urteil vom 6.7.1966 von seiner bisherigen Rechtsprechung ab und sieht seitdem

---

1) Vgl. BFH-Urteile vom 13.5.1980 VIII R 75/79; VIII R 63/79; VIII R 128/78, BStBl II 1981, S. 295 ff.

2) Vgl. R. CHARLIER: Einkommensbesteuerung, S. 237 f.

3) Vgl. RFH-Urteile vom 14.4.1943 VI 434/12, S. 516 f.; L. SCHMIDT (Anmerkung zu den BFH-Urteilen VIII R 137/74 und VIII R 170/74 vom 3.11.1976, FR 1977, S. 74 f. (76) bemerkt hierzu: "Wir müssen mit der Erkenntnis leben, daß das geltende ESt-Recht Unterhaltslasten und ihre Erfüllung grundsätzlich nicht als Minderung der zu besteuernden wirtschaftlichen Leistungsfähigkeit wertet."

4) Vgl. BFH-Urteile vom 8.2.1957 IV 27/56 U, BStBl 1957, S. 207 f. sowie BFH-Urteile vom 11.3.1976 VIII R 225/71, BStBl II 1976, S. 614.

die Einkünfte auch unterhaltsberechtigter Nießbraucher als diesen unmittelbar aus eigenem dinglichen Recht zufließende Einkünfte an[1].

Mit dieser Entwicklung stellt sich nach *Schellenberger* zur rechten Zeit das richtige Ergebnis ein[2]. Nachdem das Bundesverfassungsgericht die Zusammenveranlagung von Kindern mit ihren Eltern (Familiensplitting) für verfassungswidrig erklärt hat[3], liegt nun ein besonderer Anreiz darin, bei minderjährigen Kindern originäre Einkünfte entstehen zu lassen, die von diesen niedriger oder gar nicht zu versteuern sind. Steuerpflichtige können also den Nießbrauch als Instrument einsetzen, um die Einkünfte innerhalb der Familie so zu verteilen, daß dem einkommensteuerlichen Progressionseffekt weitgehend die Wirkung entzogen wird (unechtes Familiensplitting)[4]. Auch die Unterhaltslast gegenüber dem geschiedenen oder getrenntlebenden Ehegatten läßt sich nun durch die Einräumung eines Nießbrauchs mildern.

Die Diskussion um die Anwendbarkeit des § 12 Nr. 2 EStG wird durch das Urteil vom 27.6.1978 noch einmal neu entfacht[5]. Ein erheblicher Teil des Schrifttums gelangt zu der Auffassung, die unentgeltliche Zuwendung eines dinglichen Nutzungsrechts (Nießbrauch) sei eine Zuwendung i.S. des § 12 Nr. 2 EStG und ändere damit die

---

1) Vgl. BFH-Urteil vom 6.7.1966 VI 124/65, BStBl III 1966, S. 584 f.

2) Vgl. H. SCHELLENBERGER: Standortbestimmung, S. 396.

3) Vgl. BVerfG-Urteil vom 30.6.1964 1 BvL 16 - 25/62, BStBl I 1964, S. 488 (488 f.).

4) Vgl. K. TIPKE: Einkunftsquellen, S. 298.

5) Vgl. BFH-Urteil vom 27.6.1978 VIII R 54/74, BStBl II 1979, S. 332 (332 f.).

Zurechnung der Einkünfte nicht[1]. Diese Auffassung erweist sich bald als haltlos[2] und veranlaßt den Bundesfinanzhof in den Urteilen vom 29.11.1983 zu einer eindeutigen Stellungnahme gegen die Anwendbarkeit des § 12 Nr. 2 EStG im Zusammenhang mit der Besteuerung von Nießbrauchrechten[3].

- Werbungskosten und Betriebsausgaben

Zum Abzug von Werbungskosten und Betriebsausgaben beim Nießbrauch wird vom Bundesfinanzhof ursprünglich die Auffassung vertreten, der Eigentümer eines nießbrauchbelasteten Gegenstandes könne trotz fehlender Einnahmen die von ihm getragenen Aufwendungen steuerlich geltend machen, da er diese in Erwartung der ihm in späteren Jahren zufließenden Einnahmen aufwendet[4]. Von dieser Ansicht weicht der Bundesfinanzhof später ab. Der Eigentümer ist nur noch im Falle des entgeltlichen bzw. teilentgeltlich

---

1) Vgl. z.B. T. EHMCKE, M. RICHTER: Der Grundstücksnießbrauch - Aufgabe der bisherigen ständigen Rechtsprechung? Inf 1979, S. 73 - 81 (74); H. HOYER: Der Nießbrauch - Einige ertragsteuerliche Konsequenzen der jüngsten Rechtsprechung des Bundesfinanzhofs, StBp 1979, S. 175 - 178 (1975); C. LOHSE: Rechtsprechungsänderungen des BFH bei Einkommensteuer, Umsatzsteuer, Investitionszulage und Gewerbesteuer, DStR 1980, S. 303 - 311 (307); H. SCHELLENBERGER: Streitfragen bei Abschreibungen und Absetzungen, FR 1980, S. 25 - 34 (28); H. SCHMIDT: Einkommensteuerliche Behandlung eines einem gesetzlich unterhaltsberechtigten Angehörigen eingeräumten Nießbrauchs an einer Wohnung, DStR 1980, S. 226 - 228 (226); A. UELNER: Aktuelle Fragen aus dem Ertragsteuerrecht unter besonderer Berücksichtigung der steuerlichen Probleme des Nießbrauchs, StKongrRep 1979, S. 99 - 127 (112).

2) Vgl. BFH-Urteile vom 13.5.1980 VIII R 79/79; VIII R 63/79; VIII R 128/78, BStBl II 1981, S. 295 ff.

3) Vgl. BFH-Urteile vom 29.11.1983 VIII R 215/79, BStBl II 1984, S. 366 und VIII 184/83, BStBl II 1984, S. 371.

4) Vgl. BFH-Urteil vom 5.7.1957 VI 74/55 U, BStBl III 1957, S. 393 (393 f.).

bestellten Zuwendungsnießbrauchs zum (vollständigen oder anteiligen) Werbungskostenabzug berechtigt[1].

In entsprechender Weise bricht der Bundesfinanzhof mit seiner ständigen Rechtsprechung zur Berechtigung des Eigentümers, Absetzungen für Abnutzung auf das Nießbrauchobjekt vornehmen zu können. Der Reichsfinanzhof, und ihm folgend der Bundesfinanzhof, hatten zuvor die Abschreibungen nach den §§ 7 und 9 Abs. 1 Nr. 7 EStG dem Eigentümer mit der Begründung zugebilligt, daß dieser den Wertverzehr des Gebäudes zu tragen habe[2]. Gleiches galt für erhöhte Absetzungen sowie Sonderabschreibungen[3]. Nach geltender Rechtslage ist hinsichtlich der Berechtigung, Abschreibungen auf das Nießbrauchobjekt vorzunehmen, zwischen entgeltlichem, unentgeltlichem und teilentgeltlichem Zuwendungsnießbrauch und Vorbehaltsnießbrauch zu unterscheiden.

B. Einkommensteuerrechtliche Behandlung des Nießbrauchs nach geltendem Recht

1. Voraussetzungen für die steuerrechtliche Anerkennung

Die wirksame Bestellung des Nießbrauchs ist Voraussetzung dafür, daß die Einkünfte aus dem nießbrauchbelasteten Gegenstand dem Nutzungsberechtigten steuerlich wirksam zugerechnet werden. Die Bestellung bewirkt jedoch von sich aus noch keine Einkünftezurechnung beim

---

1) Vgl. BFH-Urteil vom 13.5.1980 VIII R 128/78, BStBl II 1981, S. 300 f.

2) Vgl. RFH-Urteil vom 21.8.1941 IV 119/41, RStBl 1941, S. 862 (862 f.); BFH-Urteile vom 5.7.1957 VI 74/75 U, BStBl III 1957, S. 393 f.; vom 6.7.1966 VI 124/65, BStBl III 1966, S. 585; vom 21.2.1967 IX 263/65, BStBl III 1967, S. 311 (311 f.).

3) Vgl. JANSEN/JANSEN: Zivil- und Steuerrecht, S. 118 m.w.N.

Nießbraucher[1]. Die einkommensteuerrechtliche Zurechnung von Einkünften erfordert, daß der Steuerpflichtige, bei dem sie erfaßt werden sollen, in seiner Person die gesetzlichen Voraussetzungen des § 2 Abs. 1 in Verbindung mit den §§ 13 bis 24 EStG erfüllt[2]. Der Steuerpflichtige muß die ihm zuzurechnenden Einkünfte erwirtschaften, indem er selbst oder durch eine Hilfsperson wirtschaftliche Chancen nutzt, Leistungen erbringt, ändert oder verweigert, wobei ihn Erfolg oder Mißerfolg dieses Handelns treffen (Bewirtschaftungs- und Dispositionsbefugnis im eigenen Namen und auf eigenes Risiko)[3].

Einkünfte aus Vermietung und Verpachtung i.S. des § 21 Abs. 1 EStG erzielt derjenige, der mit den Rechten und Pflichten eines Vermieters Sachen und Rechte an andere gegen Entgelt zur Nutzung überläßt[4]. Einkünfte aus

---

1) Vgl. H. RICHTER: Handbuch der Rentenbesteuerung - Renten, Raten, wiederkehrende Bezüge, Nießbrauch, Nutzungsrechte. Unter Mitarbeit von K.H. Boveleth, Köln 1985, Rechtsstand 1986, Fach 8, Rdnr. 11.

2) Vgl. BFH-Urteile vom 13.5.1980 VIII R 63/79, BStBl II 1981, S. 295; VIII R 128/78, BStBl II 1981, S. 300; BFH-Urteile vom 22.6.1977 I R 185/75, BStBl II 1977, S. 836 sowie A. BORDEWIN: Nießbrauch am Grundvermögen und Nießbrauch am Kapitalvermögen bei der Einkommensteuer, DStR 1981, S. 519 - 523 (519); R. PHILIPOWSKI: Möglichkeiten und Grenzen der Einkunftsverlagerung durch Bestellung eines Nießbrauchs an vermieteten Sachen, verzinslichen Forderungen und Wertpapieren, StuW 1979, S. 113 - 128 (113 f.); H.G. RUPPE: Möglichkeiten und Grenzen der Übertragung von Einkunftsquellen als Problem der Zurechnung, in: Übertragung von Einkunftsquellen im Steuerrecht, hrsg. von K. TIPKE, 2. unveränderte Aufl., Köln 1979, S. 7 - 40 (7 ff.; 38 ff.); L. SCHMIDT: Subjektive Zurechnung von Einkünften, StbJb 1980/81, S. 155 - 166 (117 f.); G. SÖFFING: Der Nießbrauch - eine selbständige Einkunftsquelle? DStZ 1981, S. 199 - 203 (200 f.); K. TIPKE: Über "erwirtschaftete" Einkünfte und Einkünfteerzielungsabsicht, FR 1983, S. 580 - 582 (580 f.); F. WASSERMEYER: Übertragung von Einkunftsquellen, S. 209 ff.

3) Vgl. Nießbrauch-Erlaß II, Tz. 1.

4) Vgl. BFH-Urteil vom 26.4.1983 VIII R 205/80, BStBl II 1983, S. 502.

Vermietung und Verpachtung i.S. des § 21 Abs. 2 EStG kann derjenige erzielen, dem eine Wohnung ganz oder teilweise unentgeltlich überlassen wird, wenn er die Wohnung aufgrund einer gesicherten Rechtsposition innehat[1].

Auch bei Nießbrauchvereinbarungen zwischen Unterhaltsberechtigten kommt es für die Einkünftezurechnung darauf an, wer den Tatbestand der Einkunftserzielung erfüllt[2]. Der Bundesfinanzhof hat in den Urteilen vom 29.11.1983 klargestellt, daß die Regelung des § 12 Nr. 2 EStG im Rahmen der Prüfung, wem Einkünfte zuzurechnen sind, keine Bedeutung mehr erlangt. Die Regelung des § 12 Nr. 2 EStG sei eine Vorschrift der Einkommensverwendung, die Einkommenserzielung voraussetze[3].

Die Finanzverwaltung rechnet dem Nießbrauchberechtigten die Einkünfte aus dem nießbrauchbelasteten Gegenstand zu, wenn die Voraussetzungen der zivilrechtlich wirksamen Bestellung[4]

---

1) Vgl. BFH-Urteile vom 29.11.1983 VIII R 215/79, BStBl II 1984, S. 366 ff.; VIII R 17/82, BStBl II 1984, S. 371 ff.; vgl. dazu auch B. MEYER: Zum Kriterium der gesicherten Rechtsposition bei unentgeltlicher Wohnungsüberlassung, insbesondere zugunsten naher Angehöriger, DB 1986, S. 80 - 82 (80 f.).

2) Vgl. H.B. BRANDENBERG: Problemfälle aus der Praxis, S. 29.

3) Vgl. BFH-Urteile vom 29.11.1983 VIII R 215/79, BStBl II 1984, S. 368; VIII R 184/83, BStB II 1984, S. 373 sowie dazu B. MEYER: Werbungskosten bei unentgeltlicher Überlassung einer Wohnung im eigenen Haus - Anmerkung zum BFH-Urteil vom 29.11.1983 VIII R 184/83, DStR 1984, S. 432 f.; R. PLÜCKEBAUM: Gleiche bzw. unterschiedliche einkommensteuerliche Rechtsfolgen bei dinglichen und obligatorischen Nutzungsrechten an Grundstücken, FR 1984, S. 496 - 498; H. STADIE: Der Nutzungswert der unentgeltlich überlassenen Wohnung - zugleich Anmerkungen zu den BFH-Urteilen vom 29.11.1983 VIII R 215/79 und VIII R 184/83, FR 1985, S. 171 - 178 (171 f.); N. WINKELJOHANN: Gesicherte Rechtsposition, S. 1547.

4) Vgl. oben, Seite 8 f.

und der tatsächlichen Durchführung der getroffenen Vereinbarungen erfüllt sind[1].

Während unter fremden Personen ein bürgerlich-rechtlicher Formmangel und damit die bürgerlich-rechtliche Unwirksamkeit eines Nießbrauchs nach § 41 Abs. 1 AO steuerrechtlich unbeachtlich ist[2], wenn die Beteiligten die Verträge als gültig ansehen und daraus alle Folgerungen ziehen, führt die zivilrechtliche Unwirksamkeit einer Nießbrauchvereinbarung unter nahen Angehörigen zur steuerrechtlichen Nichtanerkennung der Gestaltung[3]. Die Rechtsprechung des Bundesfinanzhofs sieht bei Vereinbarungen zwischen nahen Angehörigen in der zivilrechtlichen Wirksamkeit ein Indiz für die Ernsthaftigkeit der vertraglichen Abreden[4].

Von der tatsächlichen Durchführung der getroffenen Vereinbarungen ist auszugehen, wenn aus der zivilrechtlich wirksamen Nießbrauchbestellung alle Konsequenzen gezogen werden. Im Fall der Fremdvermietung des Nießbrauchobjekts hat der Nießbraucher tatsächlich als Vermieter aufzutreten.

---

1) Eine Mindestlaufzeit ist als Voraussetzung für die steuerliche Anerkennung nur noch bei unentgeltlich obligatorischen Nutzungsrechten (Leihe gem. § 598 BGB) erforderlich (vgl. Nießbrauch-Erlaß I, Tz. 9 und Nießbrauch-Erlaß II, TZ. 53). Da an die steuerliche Wirksamkeit des Nießbrauchs keine höheren Anforderungen als an obligatorische Nutzungsrechte gestellt werden, bedarf es hier keiner Mindestfrist. Bei realistischer Betrachtung wird aber schon aus Kostengründen eine geringere Laufzeit als ein Jahr in der Praxis nicht vorkommen (vgl. G. STUHRMANN: Einkommensteuerrechtliche Behandlung des Nießbrauchs und obligatorischen Nutzungsrechts bei den Einkünften aus Vermietung und Verpachtung, DStR 1984, S. 741 - 745 (742)).

2) Vgl. H.B. BRANDENBERG: Problemfälle aus der Praxis, S. 29 f.; RICHTER/HdR: Fach 8, Rdnr. 12.

3) Vgl. Nießbrauch-Erlaß, Tz. 2.

4) Vgl. BFH-Urteile vom 19.9.1974 IV R 95/73, BStBl II 1975, S. 141 (141 ff.); vom 19.12.1979 I R 176/77, BStBl II 1980, S. 242 (243). Der BFH begründet seine Auffassung unter Hinweis auf das Bundesverfassungsgericht (BVerfG-Urteil vom 24.1.1962 I bvL 32/57, BStBl I 1962, S. 492 (499)) damit, daß an Verträge zwischen nahen Angehörigen besondere Anforderungen gestellt werden dürfen.

Er darf im Innenverhältnis nicht daran gehindert sein, durch Abschluß oder Kündigung von Mietverträgen das nießbrauchbelastete Grundstück nach eigenen Vorstellungen ertragswirksam zu nutzen[1]. Mietverträge zwischen dem Nießbraucher und dem Eigentümer (Rückvermietung) sind dabei nicht grundsätzlich abzulehnen[2]. In der Rückvermietung kann jedoch, nach Lage des Einzelfalls, eine Rückgängigmachung des Nießbrauchs oder ein Mißbrauch rechtlicher Gestaltungsmöglichkeiten nach § 42 AO gesehen werden[3].

2. Nießbrauch an Grundstücken des Privatvermögens[4]

Die Rechtsfolgen einer steuerlich anzuerkennenden Nießbrauchbestellung hängen in erheblichem Maße davon ab, ob ein entgeltlich, teilweise entgeltlich oder unentgeltlich bestellter Zuwendungsnießbrauch vorliegt oder ob ein Nießbrauchrecht gegen Übertragung eines Grundstücks vorbehalten wird. Für die grundsätzlichen Arten des Nießbrauchs an Privatgrundstücken werden im folgenden Behandlungsgrundsätze aufgestellt und in Form von Schaubildern zusammengefaßt.

---

1) Vgl. BFH-Urteil vom 11.3.1976 VIII R 225/71, BStBl II 1976, S. 613.

2) Vgl. BFH-Urteile vom 30.7.1985 VIII R 71/81, BStBl II 1986, S. 327 (328); vom 24.3.1976 I R 138/73, BStBl II 1976, S. 537 (537 f.); vom 17.1.1975 III R 114/73, BStBl III 1975, S. 402; vom 8.8.1969 VI R 299/67, BStBl II 1969, S. 683.

3) Vgl. Nießbrauch-Erlaß II, Tz. 23.

4) Unter Grundstücken werden im Rahmen dieser Arbeit grundsätzlich bebaute Grundstücke verstanden.

a) Entgeltliche und teilentgeltliche Zuwendung eines Nießbrauchrechts

(1) Behandlung beim Eigentümer

Im Falle einer entgeltlichen oder teilentgeltlichen Nießbrauchbestellung hat der Eigentümer das für die Nießbrauchbestellung erhaltene Entgelt gemäß § 21 Abs. 1 Nr. 1 EStG als Einnahmen aus Vermietung und Verpachtung zu versteuern[1]. Nach dem Zuflußprinzip des § 11 EStG ist das Nießbrauchentgelt einkommensteuerrechtlich in dem Jahr zu erfassen, in dem es dem steuerpflichtigen Eigentümer zufließt. Die Verwaltung läßt allerdings - aus Billigkeitsgründen - auch eine gleichmäßige Verteilung des Nießbrauchentgelts auf die Dauer des Nießbrauchs, höchstens aber auf 10 Jahre, zu, wenn das gesamte Entgelt innerhalb eines Kalenderjahres entrichtet wird[2].

Da dem Eigentümer Einnahmen aus Vermietung und Verpachtung zuzurechnen sind, ist er grundsätzlich zur Vornahme der Absetzungen für Abnutzung und zu erhöhten Absetzungen auf das der Nießbrauchbestellung zugrundeliegende Gebäude berechtigt[3]. Voraussetzung hierfür ist, "daß Anschaffungs- oder Herstellungskosten entstanden sind, und zwar bei demjenigen Steuerpflichtigen, dem die Einkünfte zuzurechnen sind, bei deren Ermittlung die Absetzungen für Abnutzung

---

1) Das Begriffspaar Vermietung und Verpachtung geht damit über die zivilrechtlichen Tatbestände hinaus und erfaßt auch vergleichbare Vorgänge (vgl. B. MEYER: Verteilung des Erhaltungsaufwandes bei Nießbrauchbestellung, BB 1982, S. 854 - 859 (856) und das BFH-Urteil vom 27.6.1978 VIII R 54/74, BStBl II 1979, S. 332 sowie dazu: H. HOYER: Der Nießbrauch am Grundbesitz im Privatvermögen, BB 1981, S. 230 - 235 (231 f.); EHMCKE/RICHTER: Der Grundstücksnießbrauch, S. 74 f.).

2) Vgl. Nießbrauch-Erlaß II, Tz. 32.

3) Vgl. Nießbrauch-Erlaß II, Tz. 33.

abzuziehen sind"[1]. Dieses trifft für den Eigentümer zu, weil er vor der Nießbrauchbestellung die Anschaffungs- oder Herstellungskosten für das betreffende Grundstück getragen hat.

Der Eigentümer kann grundsätzlich auch die Grundstücksaufwendungen als Werbungskosten geltend machen, die er im Rahmen der Nießbrauchbestellung vertraglich übernommen hat[2]. Sofern eine entsprechende Vereinbarung fehlt, gilt die gesetzliche Lastenverteilung des Bürgerlichen Gesetzbuches (§§ 1041 ff. BGB)[3]. Die Werbungskosten können für die gesamte Nießbrauchdauer geltend gemacht werden, auch wenn der Eigentümer das für den Nießbrauch vereinnahmte Entgelt in einer Summe im Jahr der Bestellung vereinnahmt. Die Vorschrift des § 9 EStG setzt nicht voraus, daß im Jahr der Verausgabung der Aufwendungen Einnahmen erzielt werden müssen[4].

Im Falle eines vollentgeltlichen Zuwendungsnießbrauchs entspricht das Entgelt für die Nießbrauchbestellung dem kapitalisierten Wert des Nießbrauchs. Übernimmt der Nieß-

---

1) G. DÖLLERER: Leitgedanken, S. 69.

2) Vorher hatte die Verwaltung dem Zuwendungsnießbraucher den Werbungskostenabzug nur im Rahmen der gesetzlichen Lastenverteilungsregelung (§§ 1041, 1045, 1047 BGB) zugebilligt (vgl. R. SEITHEL: Einkommensteuerliche Behandlung des Nießbrauchs und obligatorischer Nutzungsrechte bei den Einkünften aus Vermietung und Verpachtung, BB 1985, S. 182 - 184 (184)).Seit der Überarbeitung des Nießbrauch-Erlasses vom 23.11.1983 (Nießbrauch-Erlaß I) gilt der Grundsatz, daß der Nutzungsberechtigte die von ihm tatsächlich getragenen Aufwendungen als Werbungskosten abziehen kann, wenn er sie im Rahmen der Bestellung des Nutzungsrechts vertraglich übernommen hat (vgl. Nießbrauch-Erlaß II vom 15.11.1984, Tz. 21, 29, 40, 54 b).

3) Übernimmt der Eigentümer Aufwendungen, ohne hierzu vertraglich oder gesetzlich verpflichtet zu sein, und macht er auch keinen Ersatzanspruch gegen den Nießbraucher geltend, liegen Zuwendungen i.S. des § 12 Nr. 2 EStG vor (vgl. BFH-Urteil vom 19.10.1976 VIII R 65/73, BStBl II 1977, S. 72 (72 f.) sowie R. MITTELBACH: Neue Grundsätze zur ertragsteuerlichen Behandlung des Nießbrauchs, StBp 1984, S. 199 - 205 (201 f.)).

4) Vgl. RICHTER/BOVELETH: Neuer Nießbrauch-Erlaß, S. 35 f. mit Hinweis auf die BFH-Rechtsprechung zu den vorweggenommenen Werbungskosten.

braucher aufgrund vertraglicher Verpflichtung alle anfallenden Grundstückslasten, wird dadurch der Wert des Nießbrauchs und damit die Höhe des von ihm zu entrichtenden Entgelts gemindert. Werden sämtliche Grundstückslasten hingegen aufgrund vertraglicher Verpflichtung vom Eigentümer getragen, entspricht der Wert des Nießbrauchs dem Wert der kapitalisierten Bruttomiete.

Entrichtet der Nießbraucher als Gegenleistung für die Nießbrauchbestellung nicht den vollen Wert des Nießbrauchs, ist grundsätzlich von einer teilentgeltlichen Nießbrauchbestellung auszugehen. Die Finanzverwaltung hat im Nießbraucherlaß nicht näher ausgeführt, ob bereits geringe Abweichungen zwischen dem Wert des Nießbrauchs und dem Wert der Gegenleistung die Annahme eines teilentgeltlichen Nießbrauchs rechtfertigen. *Seithel* vertritt dazu die Auffassung, daß - schon um kleinliche Beanstandungen zu vermeiden - auch dann noch von einem vollentgeltlichen Nießbrauch ausgegangen werden sollte, wenn die Abweichung zwischen dem tatsächlich gezahlten und dem objektiv erzielbaren Nießbrauchentgelt nicht mehr als 10 bis 20 v.H. beträgt[1]. Dieser Auffassung ist zuzustimmen.

Die Annahme eines teilweise entgeltlichen Nießbrauchs führt dazu, daß der Eigentümer auch nur insoweit Werbungskosten, insbesondere Absetzungen für Abnutzung auf Gebäude, geltend machen kann, als ein entgeltliches Geschäft vorliegt[2], d.h. in Höhe des Entgeltverhältnisses. Die Nießbrauchbestellung ist also aufzuteilen in eine entgeltliche und in eine unentgeltliche Bestellung[3].

---

1) Vgl. R. SEITHEL: Einkommensteuerrechtliche Behandlung, S. 13.

2) Vgl. Nießbrauch-Erlaß II, Tz. 35 a.

3) Vgl. D. SCHULZE ZUR WIESCHE: Teilentgeltliche Rechtsgeschäfte im Ertragsteuerrecht, FR 1984, S. 213 - 223 (219).

(2) Behandlung beim Nießbraucher

Der Nießbraucher erzielt, sofern er den Tatbestand der Einkunftserzielung erfüllt, im Falle der Fremdvermietung des Nießbrauchobjekts Einkünfte aus Vermietung und Verpachtung i.S. des § 21 Abs. 1 Nr. 1 EStG[1].

Wird die nießbrauchbelastete Wohnung bzw. das nießbrauchbelastete Gebäude vom Nießbraucher selbst genutzt, ist kein Nutzungswert nach § 21 Abs. 2 EStG anzusetzen. Das Recht eines Nießbrauchers ist nach neuerer Auffassung des Bundesfinanzhofs seinem Inhalt nach eher dem Recht eines Mieters vergleichbar, eine fremde Sache zu nutzen, als dem Vollrecht eines Eigentümers, mit der eigenen Sache nach Belieben zu verfahren[2]. Der Nießbraucher nutzt demnach weder eine Wohnung im eigenen Haus (§ 21 Abs. 2 Alternative 1 EStG), noch aufgrund unentgeltlicher Überlassung (§ 21 Abs. 2 Alternative 2 EStG)[3].

Der Nießbraucher kann Absetzungen für Abnutzung auf das nießbrauchbelastete Gebäude nicht in Anspruch nehmen, da er keine Anschaffungs- oder Herstellungskosten dafür getragen hat[4]. Er ist jedoch berechtigt, nach der Dauer des Nießbrauchs bemessene Absetzungen für Abnutzung gemäß § 7 Abs. 1 EStG auf das entgeltlich erworbene Nießbrauch-

---

1) Vgl. Nießbrauch-Erlaß II, Tz. 10.

2) Vgl. BFH-Urteil vom 27.6.1978 VIII R 54/74, BStBl II 1979, S. 332 f.

3) Es entfällt damit auch der Ansatz eines Nutzungswertes, wenn der Nießbraucher das Gebäude oder die Wohnung einer unterhaltsberechtigten Person oder freiwillig oder aufgrund freiwillig begründeter Rechtspflicht einer nicht unterhaltsberechtigten Person unentgeltlich zur Nutzung überläßt (vgl. Nießbrauch-Erlaß II, Tz. 27 sowie H.B. BRANDENBERG: Problemfälle aus der Praxis, S. 94).

4) Vgl. J. WOLFF-DIEPENBROCK: Zur AfA-Berechtigung bei unentgeltlichem Nießbrauch - Die Urteile des Bundesfinanzhofs vom 28. Juli 1981, DStZ 1982, S. 331 - 339 (339 f.).

recht vorzunehmen[1]. Der Nießbrauch-Erlaß erblickt in der entgeltlichen Nießbrauchbestellung den entgeltlichen Erwerb eines Wirtschaftsgutes *Nießbrauchrecht*[2].

Bei laufenden gleichmäßigen Zahlungen des Entgelts kann der Nießbraucher aus Vereinfachungsgründen die Zahlungen als Werbungskosten absetzen[3]. Sonstige Werbungskosten sind vom Nießbraucher geltend zu machen, wenn er sie im Rahmen der Nießbrauchbestellung vertraglich übernommen und auch tatsächlich getragen hat.

Nutzt der Nießbraucher das belastete Grundstück für eigene Wohnzwecke, darf er keine Werbungskosten abziehen, da er insoweit keine Einnahmen aus Vermietung und Verpachtung erzielt. Abschreibungen auf das Nießbrauchrecht kommen in diesem Fall auch nicht in Betracht. Der Nießbraucher steht einem Mieter gleich, der Miete zahlt[4].

Für den teilweise entgeltlich bestellten Nießbrauch gelten die dargelegten Grundsätze insoweit, als der Nießbrauch entgeltlich bestellt wurde. Der Nießbraucher ist im Falle der Fremdvermietung zur Vornahme von Absetzungen für Abnutzung auf das (teilweise) erworbene Nutzungsrecht berechtigt. Sonstige Werbungskosten kann er unabhängig von der

---

1) Das Nießbrauchrecht unterliegt infolge des Zeitablaufs einem Wertverzehr (vgl. BFH-Urteile vom 27.6.1978 VIII R 12/72, BStBl II 1979, S. 38 f.; vom 11.10.1983 VIII R 61/81, BStBl II 1984, S. 267 (269)).

2) Vgl. Nießbrauch-Erlaß II, Tz. 28 sowie R. SEITHEL: Einkommensteuerrechtliche Behandlung, S. 28; F. WASSERMEYER: Das Nießbrauchrecht im Einkommensteuerrecht, FR 1983, S. 157 - 164 (166). Bedenken gegen die Auffassung, daß das in einem Betrag oder in wiederkehrenden Beträgen zu entrichtende Nießbrauchentgelt Anschaffungskosten für das Nießbrauchrecht darstellen, die der Abschreibung unterliegen, äußern C. TRZASKALIK: Nutzungsrechte im Einkommensteuerrecht, StuW 1983, S. 126 - 135 (128 ff.); M. GROH: Nutzungseinlagen im Handels- und Steuerrecht, BB 1982, S. 133 - 142 (139) mit Hinweis auf das BFH-Urteil vom 20.11.1980 VI R 126/78, BStBl II 1981, S. 398.

3) Vgl. Nießbrauch-Erlaß II, Tz. 28.

4) Vgl. BFH-Urteil vom 27.6.1978 VIII R 54/74, BStBl II 1979, S. 333.

Höhe des Entgeltverhältnisses absetzen, denn auch im Falle eines unentgeltlich bestellten Nießbrauchs wäre er zum Abzug dieser Werbungskosten berechtigt[1].

Wird der nießbrauchbelastete Gegenstand vom Nießbraucher selbst genutzt, ist ihm in Höhe des Unterschiedsbetrages zwischen der ortsüblichen Miete und dem gezahlten Entgelt ein Nutzungswert gemäß § 21 Abs. 2 Alternative 2 EStG zuzurechnen[2]. Der Nießbraucher ist berechtigt, für den unentgeltlich bestellten Teil des Nießbrauchs Werbungskosten, die er aufgrund gesetzlicher oder vertraglicher Verpflichtungen getragen hat, abzuziehen[3]. Absetzungen für Abnutzung auf das Nießbrauchrecht kann der Nießbraucher nicht vornehmen.

---

1) Vgl. Nießbrauch-Erlaß II, Tz. 21.

2) Vgl. ebenda, Tz. 35 a i.V.m. Tz. 54 a; dieses gilt nur, soweit die Nutzungswertbesteuerung noch Anwendung findet.

3) Vgl. Nießbrauch-Erlaß II, Tz. 21.

(3) Übersicht

EINNAHMEN	EIGENTÜMER	NIESSBRAUCHER
1. Entgelt für Nießbrauchbestellung (§ 21 Abs. 1 Nr. 1 EStG) Verteilung auf max. 10 Jahre möglich	X	-
2. Mieteinnahmen (§ 21 Abs. 1 Nr. 1 EStG)	-	X

WERBUNGSKOSTEN	EIGENTÜMER	NIESSBRAUCHER
1. gewöhnliche Grundstückslasten (§§ 1041, 1045, 1047 BGB) soweit aufgrund gesetzlicher *oder* vertraglicher Verpflichtung übernommen	X *und* soweit entgeltlich bestellt	X
2. außergewöhnliche Grundstückslasten soweit aufgrund gesetzlicher *oder* vertraglicher Verpflichtung übernommen	X *und* soweit entgeltlich bestellt	X
3. AfA auf das Gebäude	X soweit entgeltlich bestellt	-
4. AfA auf das Nutzungsrecht	-	X

Übersicht 4: Einnahmen und Werbungskosten beim ENTGELTLICHEN und TEILENTGELTLICHEN ZUWENDUNGSNIESSBRAUCH an vermieteten Grundstücken.

b) Unentgeltliche Zuwendung eines Nießbrauchrechts - Übersicht

Im Falle eines bürgerlich-rechtlich wirksam bestellten und tatsächlich vollzogenen unentgeltlichen Zuwendungsnießbrauchs sind dem Eigentümer keine Einkünfte aus dem nießbrauchbelasteten Grundstück zuzurechnen. Der Eigentümer kann demzufolge weder Absetzungen für Abnutzung noch Grundstücksaufwendungen, die er getragen hat, als Werbungskosten geltend machen[1]. Übernimmt er Aufwendungen, die aufgrund gesetzlicher oder vertraglicher Regelung dem Nießbraucher obliegen, steht dem Abzug dieser Aufwendungen § 12 Nr. 2 EStG entgegen, da die Aufwendungen dem zur Kostentragung verpflichteten Nießbraucher unentgeltlich zugewendet werden[2].

Erfüllt der Nießbraucher den Tatbestand der Einkunftserzielung gemäß § 21 Abs. 1 Nr. 1 EStG durch Vermietung, hat er die entsprechenden Einkünfte zu versteuern. Nutzt der Nießbraucher das Nießbrauchobjekt selbst zu Wohnzwecken, ist ihm ein Nutzungswert nach § 21 Abs. 2 Alternative 2 EStG zuzurechnen[3], d.h. der Nutzungswert ist mit der ortsüblichen mittleren Miete für Wohnungen vergleichbarer Art, Lage und Ausstattung anzusetzen. Handelt es sich bei dem nießbrauchbelasteten Grundstück um ein Einfamilienhaus i.S. des § 21 a EStG, das der Nießbraucher selbst bewohnt, so wird auch in diesem Fall der Nutzungswert des Hauses nach § 21 Abs. 2 Alternative 2 EStG ermittelt. Eine Zurechnung des Nutzungswertes nach § 21 Abs. 2 Alternative 1

---

1) Vgl. BFH-Urteil VIII R 128/78 BStBl II 1981, S. 299 f.

2) Vgl. BFH-Urteil vom 19.10.1976 VIII R 65/73, BStBl II 1977, S. 72 f. sowie G. STUHRMANN: Zum Werbungskostenabzug bei unentgeltlich eingeräumtem Nießbrauch an einem Gebäude, FR 1980, S. 41 f. (42).

3) Vgl. BFH-Urteile vom 28.7.1981 VIII R 141/77, BStBl II 1982, S. 454 (455), vom 29.11.1983 VIII R 215/79 und VIII R 184/83, BStBl II 1984, S. 367 f. und 372 f. sowie U. HUTTER: Zur Zurechnung des Nutzungswerts einer unentgeltlich überlassenen Wohnung, die der Nutzungsberechtigte selbst bewohnt, DStR 1984, S. 409 - 413 (409 f.).

in Verbindung mit § 21 a EStG (Pauschalversteuerung) kommt nicht in Betracht, da der Nießbraucher keine Wohnung im *eigenen* Haus nutzt[1].

Weder im Falle der Fremdvermietung noch im Falle der Selbstnutzung kann der Nießbraucher Absetzungen für Abnutzung auf das nießbrauchbelastete Grundstück (Gebäudeteil) oder auf das unentgeltlich erworbene Nutzungsrecht steuerlich geltend machen[2]. Ein Abzug kommt auch nicht unter dem Gesichtspunkt der analogen Anwendung des § 11 d EStDV in Betracht, denn der Nießbraucher ist nicht Rechtsnachfolger des Eigentümers[3]. Hat der Nießbraucher Anschaffungs- und Herstellungskosten für Anlagen und Einrichtungen getragen, die in das nießbrauchbelastete Gebäude eingebaut wurden, sind die darauf entfallenden Abschreibungen absetzbar[4].

Andere Werbungskosten darf der Nießbraucher von den Einnahmen aus dem Nießbrauchobjekt abziehen, soweit sie nach vertraglichen oder gesetzlichen Regelungen tatsächlich

---

1) Bei Vereinbarung eines Zuwendungsnießbrauchs zwischen Ehegatten am selbstgenutzten Einfamilienhaus sind die Einkünfte des nießbrauchberechtigten Ehegatten aus Vermietung und Verpachtung nach Ansicht des Hessischen Finanzgerichts (Urteil vom 9.7.1985 II 155/81, EFG 1985, S. 611) gemäß § 21 a EStG zu ermitteln.

2) Die Absetzungen für Abnutzung auf das Gebäude stehen dem Nießbraucher zu, wenn er wirtschaftlicher Eigentümer ist. Beim Zuwendungsnießbrauch ist der Nießbraucher jedoch nur ausnahmsweise wirtschaftlicher Eigentümer (vgl. H.B. BRANDENBERG: Problemfälle aus der Praxis, S. 66).

3) Vgl. BFH-Urteil vom 28.7.1981 VIII R 171/77, BStBl II 1982, S. 456. Anderer Ansicht hinsichtlich der Abschreibungen auf das Nutzungsrecht: U. HUTTER: Zur steuerlichen Behandlung von Nutzungsrechten an vermieteten Grundstücken, DStZ 1981, S. 47 - 53 (52); kritisch äußert sich hierzu G. RÖSSLER: Nießbrauch und Tatbestand der Einkunftserzielung - Eine Erwiderung auf die Ausführungen Hutters in DStZ 1981, S. 47 zu den BFH-Urteilen vom 13.5.1980 VIII R 63/79; VIII R 5/79 und VIII R 128/78, DStZ 1981, S. 274 - 278 (277 f.).

4) Derartige Scheinbestandteile werden nach § 95 Abs. 1 Satz 2 BGB nicht zu Bestandteilen des Grundstücks, auf die sich das Eigentum des Grundstückseigentümers erstreckt (vgl. H.B. BRANDENBERG: Problemfälle aus der Praxis, S. 73 f.).

von ihm getragen wurden[1]. Hat der Nießbraucher größeren Erhaltungsaufwand gemäß § 82 b EStDV auf mehrere Jahre verteilt und endet der Nießbrauch vor Ablauf des Verteilungszeitraumes, so kann der noch nicht berücksichtigte Teil des Erhaltungsaufwandes nur noch im Jahr der Beendigung des Nießbrauchs abgezogen werden[2]. Da der Nießbraucher die Aufwendungen des Eigentümers für das nießbrauchbelastete Objekt nicht abziehen kann, sind sämtliche Aufwendungen, die der Nießbraucher nicht trägt, für die steuerliche Abzugsfähigkeit verloren[3].

---

1) Vgl. dazu auch BFH-Urteil vom 23.10.1984 IX R 48/80, BStBl II 1985, S. 453 (453 f.).

2) Vgl. Nießbrauch-Erlaß II, Tz. 22.

3) Vgl. H. HOYER: Nießbrauch am Grundbesitz, S. 232; B. KNOBBE-KEUCK: Die steuerliche Behandlung von Nutzungsrechten, StuW 1979, S. 305 - 313 (311 f.); E. LITTMANN: Unentgeltliche Nutzungsüberlassung von Wirtschaftsgütern und Absetzung für Abnutzung, DB 1980, S. 1040 - 1043 (1040); G. MIHATSCH: Der Nießbrauch an Grundbesitz und Kapitalvermögen, FR 1979, S. 601 - 607 (605 f.); A. SCHMIDT-LIEBIG: Nießbrauch, wirtschaftliches Eigentum und Gebäudeabschreibung, FR 1978, S. 77 - 83 (78 ff.).

EINNAHMEN	EIGENTÜMER	NIESSBRAUCHER
Mieteinnahmen (§ 21 Abs. 1 Nr. 1 EStG)	-	X

WERBUNGSKOSTEN	EIGENTÜMER	NIESSBRAUCHER
1. gewöhnliche Grundstückslasten (§§ 1041, 0145, 1047 BGB) soweit aufgrund gesetzlicher *oder* vertraglicher Verpflichtung übernommen	-	X
2. außergewöhnliche Grundstückslasten soweit aufgrund gesetzlicher *oder* vertraglicher Verpflichtung übernommen	-	X
3. AfA auf das Gebäude	-	-
4. AfA auf das Nutzungsrecht	-	-

Übersicht 5: Einnahmen und Werbungskosten beim UNENTGELTLICHEN ZUWENDUNGSNIESSBRAUCH an vermieteten Grundstücken

c) Übertragung eines Grundstücks unter Nießbrauchvorbehalt

(1) Behandlung beim Eigentümer

Die unentgeltliche Übertragung eines Grundstücks des Privatvermögens unter Nießbrauchvorbehalt löst grundsätzlich keine Einkommensteuer aus. Ein (derartiger) einmaliger Vermögensanfall infolge einer Schenkung fällt unter keine Einkunftsart des Einkommensteuergesetzes[1]. Während der Dauer des Vorbehaltsnießbrauchs sind jedoch einkommensteuerliche Auswirkungen zu erwarten, die nach dem Willen des Bundesfinanzhofs teilweise den einkommensteuerlichen Auswirkungen des Zuwendungsnießbrauchs entsprechen, teilweise aber bedeutend davon abweichen[2].

Gegen die Ungleichbehandlung von Zuwendungsnießbrauch und Vorbehaltsnießbrauch wurde im Schrifttum zunächst eingewandt, beide Nießbraucharten hätten rechtlich den gleichen Inhalt und müßten deshalb gleich behandelt werden. Diese auf rein zivilrechtlichen Regelungen gestützte Auffassung hat jedoch mehrheitlich keine Anerkennung gefunden[3].

Sowohl bei der entgeltlichen als auch bei der unentgeltlichen Übertragung eines Grundstücks unter Nießbrauchvorbehalt besteht die Besonderheit des Vorbehaltsnießbrauchs

---

1) Vgl. D. SCHNEELOCH: Besteuerung, S. 49.

2) Vgl. BFH-Urteile vom 28.7.1981 VIII R 124/76 und VIII R 35/79, BStBl II 1981, S. 378 und S. 380.

3) Vgl. z.B. A. BORDEWIN: Neue Aspekte, S. 140; G. FLORSCHÜTZ: Nießbrauch am Grundbesitz, S. 78 ff. sowie J. WOLFF-DIEPENBROCK: AfA-Berechtigung, S. 331, der die AfA-Berechtigung des Vorbehaltsnießbrauchs verteidigt und auf eine gesetzliche Grundlage zu stellen versucht. F. WASSERMANN (Nießbrauch im Einkommensteuerrecht, S. 163) hält demgegenüber eine AfA-Berechtigung des Nießbrauchs nur dann für gegeben, wenn er weiterhin den Wertverzehr trägt, was wirtschaftliches Eigentum des Nießbrauchers voraussetzt. Er geht insoweit von einer Gleichbehandlung des Zuwendungs- und Vorbehaltsnießbrauchs aus.

wirtschaftlich gesehen darin, daß die damit bezeichnete Verfügungs- und Nutzungsmöglichkeit beim Veräußerer verbleibt[1]. Da der Erwerber von vornherein nur das mit dem Nießbrauch belastete Eigentum an dem Grundstück erwirbt und der Veräußerer mit dem Nießbrauch die Nutzungsmöglichkeit zurückbehält, die ihm zuvor als Eigentümer zustand, ist in der Bestellung des Nießbrauchs keine (Gegen-)Leistung des Erwerbers zu sehen[2].

Dem neuen Eigentümer des Nießbrauchobjekts sind keine Einnahmen aus dem nießbrauchbelasteten Grundstück zuzurechnen. Er darf daher weder die Abschreibungen auf das Nießbrauchobjekt, noch sonstige Werbungskosten zum Abzug bringen. Selbst wenn der Eigentümer eigene zusätzliche Herstellungskosten aufgewendet hat, kann er dafür keine Abschreibungen geltend machen[3].

(2) Behandlung beim Nießbraucher

Im Gegensatz zu dem Nießbrauch-Erlaß vom 23.11.1983 enthält der (überarbeitete) Nießbrauch-Erlaß vom 15.11.1984 keinen Hinweis mehr auf den Fall, daß der bisherige Eigentümer (Vorbehaltsnießbraucher) nach der Nießbrauchbestellung wirtschaftlichen Eigentümer geblieben ist[4].

---

1) Vgl. BFH-Urteil vom 28.7.1981 VIII R 124/76, BStBl II 1982, S. 379 sowie H.B. BRANDENBERG: Problemfälle aus der Praxis, S. 107.

2) Vgl. BFH-Urteil vom 28.7.1981 VIII R 124/76, BStBl II 1982, S. 379 sowie H.B. BRANDENBERG: Problemfälle aus der Praxis, S. 107; FG Baden-Württemberg-Urteil vom 23.10.1984 I 378/82, EFG 1985, S. 284, ausführlich dazu: R. STEPHAN: Die steuerliche Behandlung des Nießbrauchs bei entgeltlichem Erwerb des nutzungsbelasteten Grundstücks - zugleich Besprechung des Urteils des Finanzgerichts Baden-Württemberg vom 23.10.1984 - DB 1985, S. 2218 - 2221.

3) Vgl. Nießbrauch-Erlaß II, Tz. 44.

4) Vgl. Nießbrauch-Erlaß I, Tz. 37 u. 38 und Nießbrauch-Erlaß II.

Die Verwaltung trägt damit dem Umstand Rechnung, daß nach der neueren Rechtsprechung des Bundesfinanzhofs wirtschaftliches Eigentum des Vorbehaltsnießbrauchers nur noch ausnahmsweise anzunehmen ist[1]. Seit der Neukonzeption der Nießbrauchbesteuerung hat die Frage des wirtschaftlichen Eigentums nur noch Bedeutung für die Beurteilung von Ablösezahlungen, für Vorbehalts-Nießbrauchgestaltungen im betrieblichen Bereich und für die Zurechnung des Nießbrauchobjekts bei der Vermögensteuer[2].

Im Regelfall, in dem der Vorbehaltsnießbraucher nach der Nießbrauchbestellung nicht als wirtschaftlicher Eigentümer des Grundstücks anzusehen ist[3], hat dieser die Mieteinnahmen gemäß § 21 Abs. 1 Nr. 1 EStG zu versteuern, wenn er das Grundstück durch Vermietung nutzt und die Rechte und Pflichten eines Vermieters erfüllt[4]. Nutzt der Nießbraucher das Grundstück zu eigenen Wohnzwecken, ist der Nutzungswert gemäß § 21 Abs. 2 Alternative 1 bzw. bei Vorliegen der Voraussetzungen gemäß § 21 a EStG vom Vorbehaltsnießbraucher zu versteuern[5]. Der Vorbehaltsnießbraucher ist insoweit einem Eigentümer gleichgestellt.

---

1) Vgl. BFH-Urteile vom 21.2.1967 VI 263/65, BStBl II 1967, S. 311 (311); vom 8.7.1981 VIII R 141/77, BStBl II 1982, S. 454 (455) sowie TIPKE/KRUSE: Tz. 24 zu § 39 AO; C. HERRMANN, G. HEUER, A. RAUPACH: Einkommensteuer- und Körperschaftsteuergesetz mit Nebengesetzen, Kommentar, Köln 1950/82, Rechtsstand 1986, Anm. 40 e zu § 2 EStG, Stichwort: Nießbrauch.

2) Vgl. H.B. BRANDENBERG: Problemfälle aus der Praxis, S. 111.

3) So auch U. LEY: Steuerrechtliche Zurechnung von Nießbrauchgegenständen, DStR 1984, S. 676 - 680 (678 f.); G. SÖFFING: Zur einkommensteuerlichen Behandlung des Nießbrauchs, Teil I u. II, FR 1975, S. 361 - 368, 414 - 420 (415 f.).

4) Vgl. J. WOLF-DIEPENBROCK: Der Vorbehaltsnießbrauch in der neuen Rechtsprechung des BFH, Teil I u. II, DStR 1983, S. 250 - 255, 291 - 298 (252).

5) Vgl. BFH-Urteil vom 7.12.1982 VIII R 153/81, BStBl II 1982, S. 627; eingehend befaßt sich mit diesem Urteil R.W. MEYER: Ist der Vorbehaltsnießbraucher tatsächlich uneingeschränkt AfA-befugt? Eine kritische Anmerkung zum Urteil des BFH vom 7.12.1982 VIII R 153/81, FR 1983, S. 604 - 607 (604 ff.).

Der Vorbehaltsnießbraucher ist berechtigt, Absetzungen für Abnutzung auf das vormals von ihm angeschaffte bzw. hergestellte Nießbrauchobjekt geltend zu machen, da der Zusammenhang zwischen den auf die Nutzungsdauer des Gebäudes zu verteilenden Anschaffungs- und Herstellungskosten einerseits und der Nutzung des Gebäudes zur Erzielung von Einkünften andererseits nicht unterbrochen worden ist[1]. Hierdurch wird die Stellung des Vorbehaltsnießbrauchers als *Quasi-Eigentümer* nochmals unterstrichen[2]. Abschreibungen auf das Nutzungsrecht kommen nicht in Betracht, da der Nießbraucher nichts dafür aufgewendet hat.

Wie der Zuwendungsnießbraucher, so ist auch der Vorbehaltsnießbraucher berechtigt, die von ihm getragenen Grundstücksaufwendungen als Werbungskosten abzuziehen, soweit er sie vertraglich übernommen hat[3]. Erzielt der Vorbehaltsnießbraucher nicht aus dem gesamten Nießbrauchgegenstand Einnahmen aus Vermietung und Verpachtung, so ist er nach Verwaltungsauffassung nur zu einem anteiligen Werbungskostenabzug befugt[4]. Die Finanzverwaltung folgt damit zwar nicht der im Urteil des Bundesfinanzhofs vom 29.11.1983 zum Ausdruck kommenden These, daß die vollen

---

1) Vgl. BFH-Urteil vom 24.9.1985 IX 62/83, BStBl II 1986, S. 12 (13); vom 28.7.1981 VIII R 35/79, BStBl II 1982, S. 380 f., vom 27.7.1982 VIII R 176/80, BStBl II 1983, S. 6 (6 f.) sowie Nießbrauch-Erlaß II, Tz. 41.

2) Der Bundesminister der Finanzen (BMF-Schreiben vom 22.6.1982 betr. einkommensteuerrechtliche Behandlung des Nießbrauchs IV B 1 - S. 2253, 72/82, BStBl I 1982, S. 629) hatte die vom Bundesfinanzhof in den Urteilen vom 28.7.1981 (vgl. Fußnote 1) entwickelten Grundsätze zur Behandlung des Vorbehaltsnießbrauchs zunächst u.a. wegen der problematischen Auswirkungen hinsichtlich der AfA-Befugnis des Vorbehaltsnießbrauchs bei entgeltlicher Grundstücksübertragung ausgesetzt (vgl. dazu auch B. MEYER: Die Rechsprechung des BFH zum Vorbehaltsnießbrauch und ihre Nichtanwendung durch die Verwaltung, DB 1983, S. 1118 - 1123 (1119)).

3) Vgl. Nießbrauch-Erlaß II, Tz. 40.

4) Vgl. BFH-Urteil vom 29.11.1983 VIII R 184/83, BStBl II 1984, S. 371 sowie Nießbrauch-Erlaß II, Tz. 41 i.V.m. Tz. 24 a.

Absetzungen für Abnutzung auf das Gebäude und die vollen sonstigen Gebäudeaufwendungen auch dann geltend gemacht werden können, wenn der Vorbehaltsnießbraucher nur anteilig Einnahmen aus dem Gebäude erzielt[1]. Sie steht jedoch im Einklang mit dem Urteil des Bundesfinanzhofs vom 30.7. 1985, in dem der VIII. Senat seine Auffassung vom 29.11. 1983 revidiert und einem anteiligen Werbungskostenabzug den Vorzug gibt[2].

---

1) Dieses wurde kurz nach Veröffentlichung der BFH-Urteile vom 29.11. 1983 VIII R 215/79 und VIII R 184/83, BStBl II 1984, S. 366 und 371 aus den darin verkündeten Rechtsgrundsätzen vom Verfasser geschlossen (vgl. N. WINKELJOHANN: Gesicherte Rechtsposition, S. 1545 ff.). Angezweifelt wurde diese Ansicht von G. DÖLLERER: Leitgedanken, S. 68 f.; B. MEYER: Einkommensteuerliche Behandlung obligatorischer Nutzungsrechte nach dem BMF-Schreiben vom 15.11. 1984, FR 1985, S. 453 - 458 (453, 455); derselbe: Die einkommensteuerrechtliche Behandlung der Ablösung von Nießbrauchrechten, Teile I und II, DB 1984, S. 2214 - 2219, 2265 - 2271 (2214); kritisch dazu: J. COSTEDE: Grundfragen der Absetzungsbefugnis wegen Abnutzung - betrachtet am Beispiel von Nutzungsrechten an Grundbesitz - StuW 1986, S. 44 - 52 (49); LITTMANN/BITZ/MEINCKE: Anm. 39 zu § 21 EStG; L. SCHMIDT: Einkommensteuergesetz. Kommentar, erl. von L. Schmidt, W. Drenseck, W. Heinicke u. S. Seeger, 5. völlig neubearbeitete Aufl., München 1986, Anm. 3 a zu § 7 EStG.

2) Vgl. BFH-Urteil vom 30.7.1985 VIII R 71/81, BStBl II 1986, S. 327 (332). Die gleiche Ansicht wird vertreten im BFH-Urteil vom 23.4. 1985 IX R 39/81, BStBl II 1985, S. 720 (721); vgl. auch die Anmerkung zu diesem Urteil von W. DRENSECK (FR 1986, S. 17). Wegen der Abweichung bedurfte es nicht der Anrufung des Großen Senats des Bundesfinanzhofs, weil die Zuständigkeit des VIII. Senats auf den IX. Senat übergegangen ist. Der abweichenden Behandlung dieser Rechtsfrage im Urteil des VIII. Senats vom 30.7.1985 hatte der IX. Senat zugestimmt.

(3) Übersicht

EINNAHMEN	EIGENTÜMER	NIESSBRAUCHER
Mieteinnahmen (§ 21 Abs. 1 Nr. 1 EStG)	-	X

WERBUNGSKOSTEN	EIGENTÜMER	NIESSBRAUCHER
1. gewöhnliche Grundstückslasten (§§ 1041, 1045, 1047 BGB) soweit aufgrund gesetzlicher *oder* vertraglicher Verpflichtung übernommen	-	X
2. außergewöhnliche Grundstückslasten soweit aufgrund gesetzlicher *oder* vertraglicher Verpflichtung übernommen	-	X
3. AfA auf das Gebäude	-	X
4. AfA auf das Nutzungsrecht	-	-

Übersicht 6: Einnahmen und Werbungskosten beim VORBEHALTSNIESSBRAUCH an vermieteten Grundstücken

d) Schlußfolgerungen

1. Die Zurechnung von Einkünften erfolgt bei demjenigen, der den Tatbestand der Einkunftserzielung erfüllt.

2. Die Vorschrift des § 12 Nr. 2 EStG greift bei der Entscheidung, wem Einkünfte aus Vermietung oder Verpachtung zuzurechnen sind, nicht ein.

3. Der Zuwendungs- oder Vorbehaltsnießbraucher ist nur wirtschaftlicher Eigentümer des nießbrauchbelasteten Grundstücks, wenn er durch besondere Umstände in eine Rechtsposition hineinwächst, die über die eines normalen Nießbrauchers hinausgeht.

4. Werbungskosten können von demjenigen abgezogen werden, der sie getragen hat, wenn ihm Einkünfte im Zusammenhang mit dem Nießbrauch zuzurechnen sind.

5. Absetzungen für Abnutzung auf Wirtschaftsgüter, die zur Erzielung von Überschußeinkünften genutzt werden, kann derjenige steuerlich geltend machen, der entsprechende Anschaffungs- oder Herstellungskosten getragen hat.

6. Der Zuwendungsnießbrauch hat grundsätzlich eine andere steuerrechtliche Behandlung zu erfahren als der Vorbehaltsnießbrauch.

3. Nießbrauch an Grundstücken im betrieblichen Bereich[1]

Der von der Finanzverwaltung herausgegebene bundeseinheitliche Erlaß zur Regelung des Nießbrauchs an Privatgrundstücken erlangt zwar in Teilbereichen auch grundsätzliche

1) Den folgenden Ausführungen liegt ein Aufsatz des Verfassers (N. WINKELJOHANN: Der Nießbrauch an Grundstücken im betrieblichen Bereich, DStR 1985, S. 227 - 232) zugrunde, in dem allgemeine Behandlungsgrundsätze für den Nießbrauch an Grundstücken im betrieblichen Bereich entwickelt wurden.

Bedeutung für Nießbrauchvereinbarungen an Grundstücken im betrieblichen Bereich. Die in letzter Zeit diskutierten Fragen zur Einlage, Entnahme und Bewertung von Nutzungen, Nutzungsrechten bzw. Grundstücken des Betriebsvermögens, die mit einem Nutzungsrecht belastet sind, deuten jedoch auf die Dringlichkeit einer bundeseinheitlichen Regelung auch für den Nießbrauch an Grundstücken im betrieblichen Bereich hin[1].

a) Einlage- und Entnahmetatbestände

Die Berücksichtigung von Einlagen und Entnahmen bei der Ermittlung des steuerpflichtigen Gewinns nach § 4 Abs. 1 bzw. § 5 EStG[2] verfolgt das Ziel, durch außerbetriebliche Vorgänge verursachte Werterhöhungen bzw. -minderungen des Betriebsvermögens zu neutralisieren, so daß der Gewinn nur von betrieblichen Geschäftsvorfällen beeinflußt wird[3]. Gleichzeitig wird damit verhindert, daß in der Privatsphäre entstandene i.d.R. steuerfreie Wertsteigerungen in den betrieblichen Bereich verlagert werden und der Besteuerung unterliegen bzw. im betrieblichen Bereich entstandene stille Reserven beim Ausscheiden eines Wirtschaftsgutes aus dem Betriebsvermögen der Besteuerung entzogen werden.

---

1) Vgl. dazu G. DÖLLERER: Zur Bilanzierung dinglicher Rechtsverhältnisse, BB 1984, S. 2034 - 2039 (2035 ff.); G. GRAUER: Nießbrauchgestaltung - aus ertragsteuerlicher Sicht, SteuerKongrRep 1983, S. 313 - 342, jeweils mit weiteren Nachweisen; D.E. MEYER: Zur Einlagefähigkeit unentgeltlich eingeräumter Nutzungsrechte, DB 1984, S. 2429 - 2433; R. MITTELBACH: Neue Grundsätze, StBp 1984, S. 199 - 205 (203 f.); H. STADIE: Zur Einlage von Nutzungsrechten in das Betriebsvermögen, DB 1984, S. 578 - 582; K. TIEDKE: Entnahme und Entnahmegewinn bei der Schenkung eines Betriebsgrundstücks unter Vorbehalt des Nießbrauchs, BB 1984, S. 759 - 763.

2) Die Begriffsbestimmung des Gewinns in § 4 Abs. 3 Satz 1 EStG enthält keine Verweisung auf Einlage- und Entnahmevorschriften; grundsätzlich wird der Gewinn aber auch hier um den Wert der Einlagen und Entnahmen korrigiert (vgl. SCHMIDT/HEINICKE: Anm. 56 zu § 4 EStG).

3) Vgl. E. BIERGANS: Einkommensteuer, S. 413 ff.

Grundsätzlich können im Zusammenhang mit Nießbrauchgestaltungen im betrieblichen Bereich die laufenden Nutzungen eines nießbrauchbelasteten Wirtschaftsgutes, das Nießbrauchrecht oder das nießbrauchbelastete Wirtschaftsgut selbst Gegenstand von Entnahmen bzw. Einlagen sein.

Wird einem fremden Dritten der Nießbrauch *an* einem Betriebsgrundstück bestellt oder kommt es zu einer Übertragung des Grundstücks unter Nießbrauchvorbehalt, stellt sich die Frage, welches entnahmefähige Wirtschaftsgut des Betriebsvermögens zu betriebsfremden Zwecken durch eindeutige Entnahmehandlung aus dem Betrieb ausgeschieden ist (Tatbestandsmerkmale für Entnahmen gemäß § 4 Abs. 1 Satz 2 EStG).

Steht demgegenüber der Nießbrauch an einem nicht zum Unternehmen gehörenden Grundstück *für* Unternehmenszwecke zur Verfügung, gilt es zu klären, ob es zu einer Einlage eines Nutzungsrechts gekommen ist.

Ein Nutzungsrecht liegt nach Ansicht des Bundesfinanzhofs vor, wenn der Eigentümer einer Sache einem anderen die Nutzung in der Weise gestattet, daß dieser eine rechtlich gesicherte Position erlangt, die ihm gegen seinen Willen nicht entzogen werden kann[1]. Die Einlagefähigkeit unentgeltlich erworbener Nutzungsrechte wurde vom Bundesfinanzhof in mehreren Urteilen einheitlich anerkannt[2]. Hinsicht-

---

1) Vgl. BFH-Urteile vom 16.11.1977 I R 83/75, BStBl II 1978, S. 386 (386 f.), vom 31.10.1978 VIII R 196/77, BStBl II 1979, S. 401 (403); vom 22.1.1980 VIII R 74/77, BStBl II 1980, S. 244 (246); vom 20.11.1980 VI R 117/79, BStBl II 1981, S. 68 (69); vom 2.8.1983 VIII R 15/80, BStBl II 1983, S. 736 (737).

2) BFH-Urteile vom 28.2.1974 IV R 60/69, BStBl II 1974, S. 481 (481 f.); vom 16.11.1977 I R 83/75, BStBl II 1978, S. 386; vom 31.10.1978 VIII R 196/77, BStBl II 1979, S. 401; vom 22.1.1980 VIII R 74/77, BStBl II 1980, S. 246; vom 20.11.1980 VI R 117/79, BStBl II 1981, S. 68; vom 26.5.1982 I R 104/81, BStBl II 1982, S. 594; vom 2.8.1983 VIII R 170/78, BStBl II 1983, S. 735; vom 2.8.1983 VIII R 57/80, BStBl II 1983, S. 739; vom 8.12.1983 IV R 20/82, BStBl II 1984, S. 202; N u t z u n g s r e c h t e können demnach eingelegt werden, wenn sie die Eigenschaft eines Wirtschaftsgutes besitzen, d.h. einen wirtschaftlichen Wert haben.

lich der Bewertung solcher Nutzungsrechte besteht indes Uneinigkeit[1].

b) Entgeltliche und teilentgeltliche Zuwendung eines Nießbrauchrechts

(1) Behandlung beim Eigentümer

Wird an einem zum Betriebsvermögen gehörenden Grundstück ein Nießbrauchrecht gegen Entgelt bestellt, ist regelmäßig davon auszugehen, daß die Bestellung betrieblich bedingt ist. Durch die Entgeltlichkeit der Überlassung besteht weiterhin ein gewisser objektiver Zusammenhang des Grundstücks zum Betrieb. Es findet daher weder eine Entnahme des Grundstücks noch eine Entnahme des Nutzungsrechts oder eine Entnahme von Nutzungen statt[2]. Das Grundstück stiftet dem Unternehmen - wie bei einer Vermietung oder Verpachtung - weiterhin Nutzen[3].

Das zwischen Eigentümer und Nießbraucher vereinbarte Entgelt ist vom Eigentümer, wie im Falle der entgeltlichen Bestellung eines Nießbrauchs an Privatgrundstücken, als

---

1) Vgl. BFH-Urteile vom 20.11.1980 VI 117/79, BStBl II 1981, S. 70; vom 2.8.1983 VIII R 57/80, BStBl II 1983, S. 739; anders dagegen BFH-Urteil vom 2.8.1983 VIII R 170/78, BStBl II 1983, S. 735 (736); kritisch dazu E. BIERGANS: Einkommensteuer, S. 873; D.E. MEYER: Einlagefähigkeit, S. 2429 ff.; H. STADIE: Nutzungsrechte, S. 583.

2) So auch E. BIERGANS: Einkommensteuer, S. 385; H.B. BRANDENBERG: Problemfälle aus der Praxis, S. 95 ff.; G. GRAUER: Nießbrauchgestaltung, S. 324; R. MITTELBACH: Nießbrauch, S. 150 f.; anderer Ansicht: SCHMIDT/HEINICKE: Anm. 59 zu § 4 EStG, der von einer Nutzungsentnahme ausgeht.

3) Vgl. D. SCHULZE ZUR WIESCHE: Der Nießbrauch an Betriebsvermögen, FR 1979, S. 273 - 279 (276 ff.); derselbe, Nießbrauchbestellung und Nießbrauchvorbehalt an Betriebsgrundstücken als Entnahmetatbestand, DB 1975, S. 612 - 614 (613).

(Betriebs)Einnahme zu erfassen[1]. Der Eigentümer hat das nießbrauchbelastete Grundstück weiterhin in seiner Bilanz auszuweisen. Da Wertminderungen der nießbrauchbelasteten Sache gemäß § 1050 BGB grundsätzlich den Eigentümer treffen, kann er nach den Grundsätzen ordnungsmäßiger Bilanzierung Abschreibungen, ggf. auch Teilwert-Abschreibungen, vornehmen. Außerdem ist der Eigentümer berechtigt, Aufwendungen, die er aufgrund gesetzlicher oder vertraglicher Verpflichtung für das Betriebsgrundstück getragen hat, als Betriebsausgaben abzusetzen[2].

Entrichtet der Nießbraucher als Gegenleistung für die Nießbrauchbestellung einen Betrag, der unter dem Wert des Nießbrauchs liegt[3], ist der Eigentümer nur insoweit berechtigt, Absetzungen für Abnutzung auf das Gebäude und von ihm getragene Grundstückslasten als Betriebsausgaben abzuziehen, als der Nießbrauch entgeltlich bestellt wurde[4].

1) Aus Billigkeitsgründen kann das in einem Einmalbetrag gezahlte Entgelt auf Antrag über die Laufzeit des Nießbrauchs, längstens über einen Zeitraum von 10 Jahren, gleichmäßig verteilt werden. Bei bilanzieller Gewinnermittlung ist ein passiver Rechnungsabgrenzungsposten zu bilden, der entsprechend der Laufzeit des Nießbrauchs, längstens über einen Zeitraum von 10 Jahren, ertragswirksam aufzulösen ist. Zahlt der Nießbraucher das Nutzungsentgelt in laufenden Beträgen, ist es aus Vereinfachungsgründen nicht zu beanstanden, wenn der Eigentümer die laufenden Zahlungen als Betriebsausgaben behandelt (vgl. Nießbrauch-Erlaß II, Tz. 31 f. sowie R. STOCKINGER: Einkommensteuerliche und bilanzielle Behandlung, S. 264 f.).

2) Vgl. R. STOCKINGER: Einkommensteuerliche und bilanzielle Behandlung, S. 264 f.

3) Das Entgeltverhältnis wird dabei definiert als Verhältnis des Werts des Nießbrauchs (nach den Vorschriften des Bewertungsgesetzes ermittelter Wert des Nießbrauchs unter Außerachtlassung des § 16 BewG) zum Wert der Gegenleistung (Entgelt).

4) Vgl. Nießbrauch-Erlaß II, Tz. 35 a.

(2) Behandlung beim Nießbraucher

Die entgeltliche Nießbrauchbestellung an Betriebsgrundstücken ist für den Nießbraucher grundsätzlich mit den gleichen Konsequenzen verbunden, wie eine entgeltliche Nießbrauchbestellung an Privatgrundstücken[1]. Nutzt der Nießbraucher das Nießbrauchrecht im Rahmen seines Privatvermögens, so hat er im Falle der Grundstücksvermietung Einkünfte i.S.d. § 21 EStG zu versteuern. Aufwendungen für das Nießbrauchrecht (Entgelt) und von ihm aufgrund gesetzlicher oder vertraglicher Verpflichtung getragene Grundstückslasten kann der Nießbraucher als Werbungskosten geltend machen[2]. Nutzt der Nießbraucher das überlassene Betriebsgrundstück selbst für private Wohnzwecke, unterbleibt der Ansatz eines Nutzungswertes. Folglich können keine Werbungskosten einschließlich Absetzungen für Abnutzung auf das Nutzungsrecht zum Abzug gebracht werden[3].

Der Nießbraucher hat das Nutzungsrecht im Rahmen seines Betriebsvermögens zu aktivieren, wenn er das nießbrauchbelastete Grundstück im Rahmen seines Unternehmens nutzt. Die Aktivierung erfolgt in Höhe der Anschaffungskosten[4], die der Nießbraucher zur Erlangung des Nutzungsrechts getragen hat. Das Wirtschaftsgut Nutzungsrecht unterliegt gemäß § 7 Abs. 1 EStG beim Nießbraucher der Absetzung

---

1) Vgl. H.B. BRANDENBERG: Problemfälle aus der Praxis, S. 97.

2) Vgl. Nießbrauch-Erlaß II, Tz. 28 ff.

3) Vgl. ebenda, Tz. 27 u. 30.

4) Hierbei handelt es sich um den kapitalisierten Wert der zukünftigen (nach Abzug der vom Nießbraucher getragenen Lasten verbleibenden) Nutzungen, die das nießbrauchbelastete Wirtschaftsgut über die Dauer des Nießbrauchs stiftet, gemäß §§ 13 bis 15 BewG.

für Abnutzung[1]. Darüber hinaus ist der Nießbraucher berechtigt, aufgrund gesetzlicher oder vertraglicher Verpflichtung getragene Grundstückslasten steuerlich geltend zu machen.

Soweit der Nießbrauch gegen Entrichtung eines *Teilentgelts* bestellt wurde, sind die dargelegten Grundsätze nur auf den Anteil des Nießbrauchs anzuwenden, der entgeltlich bestellt wurde. Die Anschaffungskosten und damit die Abschreibungen bzw. die laufenden Aufwendungen für das Nutzungsrecht sind in diesem Falle niedriger. Laufende Grundstückslasten, die der Nießbraucher getragen hat, können nur entsprechend dem Entgeltverhältnis berücksichtigt werden.

c) Unentgeltliche Zuwendung eines Nießbrauchrechts

(1) Grundsätzliches

Die Frage, ob und in welchem Umfang es bei der unentgeltlichen Bestellung eines Nießbrauchs an Betriebsgrundstükken zu einer Entnahme kommt, wird kontrovers diskutiert[2]. Im Hinblick auf das von der Finanzverwaltung vorgesehene generelle Wahlrecht des Eigentümers, den nießbrauchbelasteten Gegenstand als entnommen zu behandeln[3], ist

---

1) Vgl. Nießbrauch-Erlaß II, Tz. 28 sowie BFH-Urteil vom 25.1.1979 IV R 21/75, BStBl II 1979, S. 369 (370 f.). Entrichtet der Nießbraucher die Zahlungen für das Nutzungsrecht laufend, sind diese Beträge aus Vereinfachungsgründen im Jahr der Zahlung als Betriebsausgaben abziehbar. Der Bundesfinanzhof hat diese Art der steuerlichen Behandlung von Anschaffungskosten beim Erwerb von Wirtschaftsgütern des abnutzbaren Anlagevermögens anerkannt (vgl. JANSEN/JANSEN: Zivil- und Steuerrecht, S. 122 f. m.w.N.).

2) Vgl. E. BIERGANS: Einkommensteuer, S. 884 mit zahlreichen Hinweisen auf die unterschiedlichen Ansichten.

3) Vgl. Gleichlautende Verfügung der OFD'en Freiburg, Karlsruhe, Stuttgart vom 14.10.1981 zur einkommensteuerlichen Behandlung des Nießbrauchs an Grundstücken und an Kapitalvermögen, Inf 1982, S. 28 (35).

Biergans in seiner Feststellung zuzustimmen, daß es für das Vorliegen einer Entnahme ausschließlich auf die Erfüllung gesetzlicher Tatbestandsmerkmale (§ 4 Abs. 1 EStG) und nicht auf den Willen eines Steuerpflichtigen ankommt[1]. Die unentgeltliche regelmäßig aus privaten Gründen zugunsten einer nicht am Unternehmen beteiligten Person vorgenommene Bestellung des Nießbrauchs an einem Betriebsgrundstück führt zu einer Entnahme, wenn ein entnahmefähiges Wirtschaftsgut des Betriebsvermögens durch Entnahmehandlung zu betriebsfremden Zwecken dem Betrieb entnommen wird (§ 4 Abs. 1 Satz 2 EStG)[2].

Der Tatbestand der Entnahmehandlung kann deshalb als gegeben angesehen werden, da die *originäre* Nutzung des Betriebsgrundstücks für die Dauer des Nießbrauchs nicht mehr oder nur noch unerheblich für betriebliche Zwecke offensteht. Es ist mithin eine Nutzungsänderung eingetreten, durch die das Betriebsgrundstück seinen wirtschaftlichen Wert für den Betrieb und damit seine Aktivierungsfähigkeit verloren hat[3]. Von einer Entnahme ist dagegen nicht zwingend auszugehen, wenn der Betrieb das nießbrauchbelastete Grundstück weiterhin, z.B. aufgrund eines mit dem Nießbraucher abgeschlossenen Miet- oder Pachtvertrages nutzt. In diesem

---

1) Vgl. E. BIERGANS: Einkommensteuer, S. 884.

2) Vgl. E. BIERGANS: Einkommensteuer, S. 413 f.; R. MITTELBACH: Nießbrauch, S. 152 f.; a.A. K. KORN: Umsatz- und einkommensteuerliche Probleme bei Grundstücken und Baumaßnahmen, StKongrRep 1977, S. 153 - 190 (185).

3) Vgl. E. BIERGANS: Einkommensteuer, S. 885; Steuerberater-Handbuch 1985, S. 1141; R. STOCKINGER: Einkommensteuerliche und bilanzielle Behandlung, S. 276 f. In der betriebswirtschaftlichen Literatur werden für die Aktivierungsfähigkeit eines Wirtschaftsgutes dessen Verkehrsfähigkeit, dessen selbständige Bewertungsfähigkeit (diese Kriterien können hinsichtlich eines nießbrauchbelasteten Wirtschaftsguts als gegeben angesehen werden) und das Vorhandensein eines wirtschaftlichen Werts genannt (vgl. W. FREERICKS, Bilanzierungsfähigkeit und Bilanzierungspflicht, in: Handels- und Steuerbilanz, Köln ... 1976, S. 141 ff.).

Fall ist zu überprüfen, ob nicht Gründe für eine Beibehaltung des Grundstücks als (gewillkürtes) Betriebsvermögen sprechen[1].

Im Falle eines teilentgeltlich bestellten Nießbrauchs verbleibt dem Unternehmen insoweit eine anteilige Nutzungsmöglichkeit, als der Nießbrauch entgeltlich bestellt wurde. Da nun nicht mehr von einer ausschließlich privaten Nutzung ausgegangen werden kann, die zur Entnahme führt, ist die Zuordnung des nießbrauchbelasteten Grundstücks gemäß Abschnitt 14 EStR zu bestimmen[2]. Das Grundstück ist nun ggf. im Betriebsvermögen zu belassen. Eine Belassung im Betriebsvermögen kommt darüber hinaus in Betracht, wenn die Unentgeltlichkeit der Nießbrauchbestellung - ausnahmsweise - betrieblich motiviert ist[3].

(2) Behandlung beim Eigentümer

Die Entnahme des nießbrauchbelasteten Betriebsgrundstücks schlägt sich in der buch- und bilanzmäßigen Behandlung in der Weise nieder, daß der Eigentümer einen Entnahmegewinn in Höhe der Differenz zwischen dem Teilwert und dem Buchwert als laufenden Gewinn zu versteuern hat. Die weitere steuerliche Behandlung der Nießbrauchbestellung an Betriebsgrundstücken richtet sich nach den für Nießbrauchbestellungen an Privatgrundstücken geltenden Bestimmungen[4].

---

1) Vgl. D. SCHULZE ZUR WIESCHE: Betriebsvermögen, S. 227 f.; derselbe, Betriebsgrundstücke, S. 613; R. MITTELBACH: Neue Grundsätze, S. 203.

2) Vgl. Abschnitt 14 Abs. 4 EStR.

3) Vgl. E. BIERGANS: Einkommensteuer, S. 885. Dieses kann z.B. der Fall sein, wenn zugunsten eines Mitgesellschafters oder eines neu aufgenommenen Gesellschafters der Nießbrauch unentgeltlich bestellt wird und das nießbrauchbelastete Wirtschaftsgut der Mitunternehmerschaft weiterhin zur Nutzung zur Verfügung steht (siehe dazu BFH-Urteile vom 31.1.1964 VI R 337/625, BStBl III 1964, S. 240 f. und vom 28.8.1974 I R 18/73, BStBl II 1975, S. 166 f.).

4) Vgl. Nießbrauch-Erlaß II, Tz. 23 ff.; H.B. BRANDENBERG: Problemfälle aus der Praxis, S. 96 f.; R. MITTELBACH: Nießbrauch, S. 155 sowie oben, Seite 37 ff.

Da dem Eigentümer keine Einnahmen aus dem nießbrauchbelasteten Grundstück zufließen, kann er weder Aufwendungen, die er im Zusammenhang mit dem Grundstück getragen hat, noch Absetzungen für Abnutzung steuerlich geltend machen. Wird das entnommene Grundstück an den Eigentümer zurückvermietet[1], stellen lediglich angemessene Mietzahlungen Betriebsausgaben dar. Nur in dem Fall, in dem das Grundstück als Betriebsvermögen weiterbehandelt werden kann, stehen dem Nießbraucher die Abschreibungen auf das Grundstück (Gebäudewertanteil) zu[2].

Bei teilentgeltlich bestelltem Nießbrauch ist nach der überwiegenden Nutzung zu entscheiden, ob das Betriebsgrundstück entnommen wird[3]. Unabhängig von der Betriebsvermögenseigenschaft des Grundstücks gilt jedoch: Soweit der Nießbrauch unentgeltlich bestellt wurde, sind die vorstehenden Grundsätze entsprechend anzuwenden. In Höhe des entgeltlich bestellten Anteils des Nießbrauchs kann der Eigentümer laufende Aufwendungen und Absetzungen für Abnutzung als Betriebsausgaben abziehen, da das vom Nießbraucher gezahlte Entgelt zu Betriebseinnahmen führt. Die Aufteilung erfolgt wiederum nach dem Verhältnis des vereinbarten Entgelts zu der nach wirtschaftlichen Gesichtspunkten ausgewogenen Gegenleistung[4].

(3) Behandlung beim Nießbraucher

Nutzt der Nießbraucher das ihm überlassene Grundstück durch Fremdvermietung bzw. Rückvermietung an den Eigentümer, erzielt er Einkünfte aus Vermietung und Verpachtung i.S. des § 21 Abs. 1 Nr. 1 EStG.

---

1) Auf die Erhaltung der zivil- und steuerrechtlichen Anerkennungsvoraussetzungen ist hier besonders zu achten (vgl. z.B. Tz. 15 des Nießbrauch-Erlasses II).

2) Vgl. dazu das BFH-Urteil zum Vorbehaltsnießbrauch vom 15.5.1986 III R 190/82 BStBl II 1986, S. 714 (716).

3) Vgl. Abschnitt 14 EStR.

4) Vgl. Nießbrauch-Erlaß II, Tz. 35 a.

Wird das Grundstück zu privaten Wohnzwecken genutzt, ist dem Nießbraucher der Nutzungswert gemäß § 21 Abs. 2 Alternative 2 EStG zuzurechnen. Laufende Grundstückslasten, die er getragen hat, kann er als Werbungskosten geltend machen[1]. Dagegen gehen Absetzungen für Abnutzung auf das Grundstück bzw. auf das Nutzungsrecht für die steuerliche Abzugsfähigkeit verloren[2].

Soll das Grundstück vom Nießbraucher dagegen betrieblich genutzt werden, hat er das Nutzungsrecht an dem Grundstück in sein Betriebsvermögen einzulegen[3]. Nutzungsrechte sind einlegbar, wenn sie einen feststellbaren wirtschaftlichen Wert haben, es sich also um ein Wirtschaftsgut handelt, das nach den handelsrechtlichen Grundsätzen ordnungsmäßiger Bilanzierung angesetzt werden darf[4].

Nach § 5 Abs. 2 EStG (§ 248 Abs. 2 HGB) ist für immaterielle Wirtschaftsgüter des Anlagevermögens ein Aktivposten aber nur anzusetzen, wenn sie entgeltlich erworben wurden; dieses gilt auch für die Gewinnermittlung nach § 4 Abs. 1 bzw. § 5 und § 4 Abs. 3 EStG. Die Aktivierung eines unentgeltlich erworbenen Nutzungsrechts kommt hier dennoch in Betracht: Die Aktivierungspflicht für unentgeltlich erworbene immaterielle Wirtschaftsgüter des Anlagevermögens resultiert aus den Vorschriften über Einlagen (§ 4 Abs. 1 Satz 5; § 6 Abs. 1 Nr. 5 EStG), die als Sonderbestimmungen zur Trennung des privaten und betrieblichen Bereichs Vorrang vor dem Aktivierungsverbot unentgeltlich erworbener Anlagewerte haben[5].

---

1) Vgl. Nießbrauch-Erlaß II, Tz. 21, unter Beachtung von Tz. 15.

2) Vgl. ebenda, Tz. 19, 20.

3) Vgl. BFH-Urteile vom 22.1.1980 VIII R 74/77, BStBl II 1980, S. 244 f., vom 20.1.1980 VIII R 117/79, BStBl II 1981, S. 69, vom 2.8.1983 VIII R 170/78, BStBl II 1983, S. 736 sowie VIII R 57/180, BStBl II 1983, S. 740.

4) Vgl. BFH-Urteile vom 16.11.1977, I R 83/75, BStBl II 1978, S. 386 f. und vom 22.1.1980 VIII R 74/77, BStBl II 1980, S. 246.

5) Vgl. BFH-Urteil vom 22.1.1980 VIII R 74/77. BStBl 1980, S. 246.

Die Bewertung des eingelegten Nutzungsrechts hat mit dem Teilwert zum Zeitpunkt der Bewirkung der Einlage zu erfolgen (§ 6 Abs. 1 Nr. 5 EStG). Teilwert ist in diesem Fall der Wert, den ein Erwerber des ganzen Betriebes im Rahmen des Gesamtkaufpreises für das Nutzungsrecht ansetzen würde (§ 6 Abs. 1 Nr. 1 Satz 3 EStG).

Nach Ansicht des VIII. Senats des Bundesfinanzhofs - vertreten im Urteil VIII R 57/80 vom 2.8.1983 - würde ein Erwerber des Betriebes, in dessen Betriebsvermögen sich ein Nutzungsrecht befindet, nur den Wert der durch das Vorhandensein des Nutzungsrechts ersparten Aufwendungen ersetzen, da er den darüber hinausgehenden Ertrag des Nutzungsrechts selber ziehen will. Der Ansatz eines Ertragswertes des Nutzungsrechts scheidet dieser Ansicht zufolge aus[1]. In einem weiteren Urteil - es betrifft die teilweise Nutzung eines im Miteigentum einer Ehefrau stehenden Einfamilienhauses durch den Ehemann für seine augenärztliche Praxis - hat der IV. Senat des Bundesfinanzhofs den Teilwert des Nutzungsrechts nach den Aufwendungen der Ehefrau auf den dem Ehemann unentgeltlich zur Verfügung gestellten Gebäudeteil bemessen. Diese stimmten mit den Absetzungen für Abnutzung überein. Da die Legaldefinition des Teilwerts von einer Fortführung des Betriebes durch den Erwerber ausgeht (§ 6 Abs. 1 Nr. 1 Satz 3 EStG), im vorliegenden Fall das Nutzungsrecht nur auf den Ehemann zugeschnitten war und für einen Erwerb nicht zur Verfügung stand, hielt der Bundesfinanzhof eine Modifizierung der Legaldefinition des Teilwertes, die grundsätzlich von der Fortführung des Betriebes durch den Erwerber ausgeht (§ 6 Abs. 1 Nr. 1 Satz 3 EStG), für geboten und setzte voraus, daß das Nutzungsrecht im Falle der Fortführung des Betriebes durch einen Erwerber bestehen bliebe[2].

---

1) Vgl. BFH-Urteil vom 2.8.1983 VIII R 57/80, BStBl II 1983, S. 739 f. sowie BFH-Urteil vom 22.1.1980 VIII R 74/77, BStBl II 1980, S. 246.

2) Vgl. BFH-Urteil vom 20.11.1980 IV R 117/79, BStBl II 1981, S. 68 f.

Der Einlagewert eines unentgeltlich zugewandten Nießbrauchrechts, das der Nießbraucher in sein Betriebsvermögen einlegt, ist demzufolge nach der Summe der Abschreibungsbeträge zu bemessen, die der Eigentümer innerhalb der Nutzungszeit für das zur Nutzung überlassene Wirtschaftsgut hätte geltend machen können[1]. Dem Nutzungsberechtigten wird damit die bisherige Abschreibungsbefugnis des Eigentümers übertragen[2]. Sofern das überlassene Wirtschaftsgut bereits abgeschrieben ist, kann der Nutzungsberechtigte keine Abschreibungen mehr vornehmen. "Im Ergebnis schreibt der Nutzungsberechtigte nicht sein Nutzungsrecht, sondern den Nutzungsgegenstand ab"[3].

Ist das Nutzungsrecht in das Betriebsvermögen eingelegt worden, kann der Nießbraucher die aufgrund gesetzlicher oder vertraglicher Verpflichtung getragenen Grundstückslasten und die Abschreibungen auf das Nutzungsrecht als Betriebsausgaben[4] abziehen. Hinsichtlich der Höhe der Abschreibungen in den einzelnen Perioden bindet der Bundesfinanzhof den Nießbraucher nicht an die für immaterielle Wirtschaftsgüter des Anlagevermögens gebotene Regelung des § 7 Abs. 1 EStG. Zulässig sind vielmehr die Abschrei-

---

1) Vgl. BFH-Urteil vom 22.1.1980 VIII R 74/77, BStBl II 1980, S. 739 f.; vom 20.11.1980 VI R 117/79, BStBl II 1981, S. 68 f. und vom 2.8.1983 VIII R 57/80, BStBl II 1983, S. 739 f. Im Falle lebenslänglicher Nießbrauchdauer sind bei der Ermittlung des Teilwertes die §§ 14 bis 16 BewG zu berücksichtigen.

2) Vgl. Steuerberater-Handbuch 1985, S. 1141.

3) D. MEYER: Nießbrauch und Nutzungsüberlassungen, S. 286.

4) Der BFH hatte im Urteil vom 28.2.1974 IV R 60/69, BStBl II 1974, S. 481 die Auffassung vertreten, das in das Betriebsvermögen eingelegte Nutzungsrecht unterliege keiner AfA. Diese Auffassung ist jedoch revidiert worden in den BFH-Urteilen vom 16.11.1977 I R 83/75, BStBl II 1978, S. 386 f.; vom 27.6.1978 VIII R 12/72, BStBl II 1979, S. 38 und vom 20.11.1980, BStBl II 1981, S. 68 f. A. BORDEWIN (Zurechnung von Einkünften und AfA-Befugnis bei Nutzung fremder Wirtschaftsgüter, DStZ 1986, S. 55 - 62 (62)) weist in diesem Zusammenhang auf die Ungleichbehandlung gegenüber einer Nutzung des Nießbrauchobjekts im Privatvermögen hin, die zum Verlust der Absetzungen für Abnutzung führt.

bungsbeträge, die der Grundstückseigentümer hätte geltend machen können, wenn er das Gebäude zur Erzielung eigener Einkünfte genutzt hätte. Dieses schließt auch Abschreibungen nach § 7 Abs. 5 und § 7 b EStG ein. Die im Rahmen eines Zuwendungsnießbrauchs an Betriebsgrundstücken entstandenen Nutzungsrechte sind demnach zwar selbständige Wirtschaftsgüter, ihre Behandlung ist jedoch notwendigerweise eng mit dem Wirtschaftsgut verknüpft, dessen Nutzungen sie verkörpern.

Im Falle der teilentgeltlichen Zuwendung eines Nießbrauchrechts an Betriebsgrundstücken kann der Nießbraucher - sofern er das Grundstück für private Zwecke nutzt - die laufenden Grundstückslasten, die er aufgrund gesetzlicher oder vertraglicher Verpflichtung getragen hat, sowohl für den entgeltlich als auch für den unentgeltlich bestellten Anteil des Nießbrauchs steuerlich geltend machen. Soweit der Nießbraucher Aufwendungen für den Erwerb des Nutzungsrechts getätigt hat, werden diese bzw. die darauf entfallenden Abschreibungen steuerlich wirksam.

Bei betrieblicher Nutzung des Grundstücks durch den Nießbraucher können dagegen die Abschreibungen auf den vollen Wert des Nießbrauchrechts steuerlich berücksichtigt werden. Der Einlagewert (Teilwert) des Nutzungsrechts bemißt sich für den entgeltlichen Teil nach dem Entgelt, das der Nießbraucher zur Erlangung des Rechts aufgewendet hat, für den unentgeltlichen Teil nach den anteiligen Abschreibungen, die der Eigentümer auf das Grundstück hätte vornehmen können.

d) Übertragung eines Betriebsgrundstücks unter Nießbrauchvorbehalt

Die unentgeltliche privat veranlaßte Übertragung des Eigentums an einem Grundstück des Betriebsvermögens unter dem Vorbehalt des Nießbrauchs wirft die Frage auf, ob und ggf. mit welchem Wert das Grundstück als entnommen gilt[1]. Nach Auffassung des Bundesfinanzhofs stellt die unentgeltliche Übertragung eines Wirtschaftsguts unter Nießbrauchvorbehalt eine Schenkung unter Auflage[2] dar, die als vorweggenommene erbrechtliche Regelung nur als Vorgang in der Privatsphäre angesehen werden kann[3]. Im Regelfall der Übertragung eines Betriebsgrundstücks unter Nießbrauchvorbehalt ist das Grundstück daher zu entnehmen. Vollzieht sich die Grundstücksübertragung unter Nießbrauchvorbehalt in der Privatsphäre, so hat die Nießbrauchbestellung folglich auf die Entnahme und die Höhe eines möglicherweise entstehenden Entnahmegewinns keinen Einfluß. Die Grundstücksentnahme erfolgt mit dem vollen Teilwert[4].

Mit der Nießbrauchbestellung entsteht im privaten Vermögensbereich des ursprünglichen Eigentümers ein Nutzungsrecht, das nach Ansicht des Bundesfinanzhofs nicht als zurückbehaltener Teil des Eigentumsrechts angesehen werden kann[5], sondern als neuentstandenes *selbständiges Wirtschaftsgut* zu qualifizieren ist[6]. Das Nießbrauchrecht wird durch die weitere betriebliche Nutzung des entnommenen Grundstücks mit dem Teilwert gemäß § 6 Abs. 1 Nr. 5 EStG in das Betriebsvermögen des Nießbrauchers eingelegt. Es tritt an die Stelle des Eigentums und ist auf die voraussichtliche Dauer des Nießbrauchs abzuschreiben[7].

---

1) Vgl. E. BIERGANS: Einkommensteuer, S. 885.

2) Vgl. H. MEGOW, T. MICHEL: Erbschaft- und Schenkungsteuergesetz, Kommentar, 6. Aufl., München 1974, Anm. 14 zu § 7 ErbStG.

3) "Die Schenkung ist ein privater Vorgang, der nur im außerbetrieblichen Bereich vollzogen werden kann." BFH-Urteile vom 14.4.1967 VI 9/69, BStBl II 1967, S. 391 sowie vom 2.8.1983 VIII R 170/78, BStBl II 1983, S. 735.

4) Vgl. E. BIERGANS: Einkommensteuer, S. 885.

5) Vgl. BFH-Urteil vom 28.7.1981 VIII R 124/76, BStBl II 1982, S. 378.

6) Vgl. BFH-Urteil vom 2.8.1983 VIII R 170/78, BStBl II 1983, S. 735 und vom 4.11.1980 VIII R 55/77, BStBl II 1981, S. 396 (397).

7) Vgl. BFH-Urteil vom 2.8.1983 VIII R 170/78, BStBl II 1983, S. 736.

Nach Ansicht des Bundesfinanzhofs kann ein Vorbehaltsnießbraucher, der seinen Gewinn durch Vermögensvergleich[1] ermittelt (§§ 4 ff. EStG). Absetzungen für Abnutzung nur auf solche Wirtschaftsgüter in Anspruch nehmen, die zu seinem Betriebsvermögen gehören. Demgegenüber sei für die Berechtigung eines Vorbehaltsnießbrauchers, der ein ihm zur Nutzung überlassenes Grundstück zur Erzielung von Überschußeinkünften (§§ 2 Abs. 2 Nr. 2; 8 und 9 EStG) nutze, Voraussetzung, um Abschreibungen vornehmen zu können, daß er Anschaffungs- oder Herstellungskosten getragen habe[2].

Nicht eindeutig geklärt ist bisher, ob der Teilwert eines eingelegten Vorbehaltsnutzungsrechts in gleicher Weise wie der Teilwert eines zugewendeten Nutzungsrechts mit der Summe der Abschreibungsbeträge anzusetzen ist, die der Eigentümer während der Dauer des Nießbrauchs für das nießbrauchbelastete Wirtschaftsgut hätte geltend machen können[3]. Das Nießbrauchrecht eines Vorbehaltsnießbrauchers verkörpert - im Gegensatz zum Nießbrauchrecht eines Zuwendungsnießbrauchers - durch den Wert der Anschaffungs- oder Herstellungskosten, die der Vorbehaltsnießbraucher vormals für das Betriebsgrundstück aufgewendet hat, ein Abschreibungsvolumen. Ein fiktiver Erwerber des Betriebes des Vorbehaltsnießbrauchers würde, um dem Vorbehaltsnießbraucher hinsichtlich der Ausübung seiner Rechte gleichgestellt zu sein, für das Nießbrauchrecht nicht lediglich die entgangenen Abschreibungen ersetzen, sondern den Betrag, den der Vorbehaltsnießbraucher aufwenden müßte, wenn ihm das Nutzungsrecht entgeltlich von einem Dritten eingeräumt würde[4].

---

1) Entsprechendes gilt für die Einnahmen-Überschußrechnung nach § 4 Abs. 3 EStG.

2) Vgl. ebenda.

3) Vgl. Seite 66 dieser Arbeit sowie BMF-Schreiben vom 10.7.1984 betr. Bewertung von Nutzungsrechten an Grundstücken bei Einlage in das Betriebsvermögen IV B 2 - S 2178 - 1/84, BStBl I 1984, S. 460.

4) Vgl. BFH-Urteil vom 2.8.1983 VIII R 170/82, BStBl II 1983, S. 736.

Das Nutzungsrecht des Vorbehaltsnießbrauchers ist hinsichtlich seines Teilwertes und der Absetzungen für Abnutzung unabhängig von dem Wirtschaftsgut, an dessen Stelle es getreten ist[1]. Deshalb kommt für den Ansatz des Teilwertes auch nicht der Wert der entgangenen Absetzungen für Abnutzung des Vorbehaltsnießbrauchers auf das entnommene Grundstück in Frage[2]. Es ist vielmehr der Verkehrswert des Nießbrauchs zu ermitteln[3]. Dieser ist als Einlagewert in der Bilanz des Vorbehaltsnießbrauchers zu aktivieren und nach § 7 Abs. 1 EStG über die voraussichtliche Nießbrauchdauer abzuschreiben[4].

"Anders als beim Zuwendungsnießbrauch, den der Nießbraucher unentgeltlich erlangt hat, kann der Ansatz des Vorbehaltsnießbrauchs mit dem Teilwert nicht zu einer wirtschaftlich ungerechtfertigten Aufblähung des AfA-Volumens führen, denn die stillen Reserven sind zuvor aufgelöst worden"[5]. In den Wert des Nießbrauchs fließt über den Ansatz der erwarteten Nutzungen nicht nur die Nutzung des Gebäudes, sondern auch die Nutzung des zugehörigen Grund und Bodens ein. Daß sich dahinter "eine mittelbare AfA auf Wirtschaftsgüter, die keiner AfA unterliegen"[6] ver-

---

1) So auch R.D. SCHOLTZ: Nießbrauch aus der Sicht des Bundesfinanzhofs, S. 580 mit Hinweis auf das BFH-Urteil vom 2.8.1983 VIII R 170/78, BStBl II 1983, S. 736.

2) Anderer Ansicht: M. PREISSER: Die betriebliche Nutzung von Wirtschaftsgütern des Nicht-Unternehmer-Ehegatten (Angehörigen), insbesondere die sog. Nutzungsrechtseinlage, DStR 1985, S. 498 - 505 (503).

3) Es handelt sich dabei um den kapitalisierten Wert der zukünftigen Nutzungen, die das nießbrauchbelastete Wirtschaftsgut über die Dauer des Nießbrauchs stiftet (vgl. BFH-Urteil vom 8.12.1983 IV R 20/82, BStBl II 1984, S. 20).

4) So auch Steuerberater-Handbuch 1985, S. 1141.

5) J. WOLFF-DIEPENBROCK: Vorbehaltsnießbrauch, S. 297.

6) L. SCHMIDT: Anmerkung zum BFH-Urteil VIII R 170/78 vom 2.8.1983, FR 1983, S. 618; vgl. dazu auch H. STADIE: Nutzungsrechte, S. 581 f. sowie B. MEYER: Gewinnrealisierung und Gewinnverlagerung durch Übertragung von Betriebsgrundstücken unter Vorbehalt des Nießbrauchs, BB 1985, S. 2230 - 2236 (insbesondere 2231 f.).

bergen kann, ist unerheblich, denn abgeschrieben wird ein selbständiges neues Wirtschaftsgut *Nutzungsrecht*.

Neben den Abschreibungen auf das Nießbrauchrecht kann der Nießbraucher Grundstückslasten, die er im Zusammenhang mit dem nießbrauchbelasteten Grundstück getragen hat, als Betriebsausgaben geltend machen. Der neue Eigentümer erzielt nach der Nießbrauchbestellung keine Einnahmen aus dem Grundstück; ein Abzug von Werbungskosten entfällt folglich.

Abweichend von dem bisher behandelten Regelfall, in dem der Vorbehaltsnießbraucher nicht die Stellung eines wirtschaftlichen Eigentümers an dem unter Nießbrauchvorbehalt übertragenen Grundstücks erlangt, kann der Fall eintreten, daß der Vorbehaltsnießbraucher wirtschaftlicher Eigentümer des Grundstücks bleibt, so daß eine Entnahme nicht in Betracht kommt[1]. Ist der Empfänger des Grundstücks bspw. Mitunternehmer in dem Betrieb, aus dem das übertragene Grundstück stammt, und verbleibt das Grundstück auch nach der Übertragung in der Betriebssphäre, ist in der Grundstücksübertragung keine gewinnrealisierende Entnahme zu sehen; der Buchwert des Betriebsgrundstücks ist fortzuführen[2]. Wie bei der Übertragung eines Privatgrundstücks unter Nießbrauchvorbehalt hat der Vorbehaltsnießbraucher als *Quasi-Eigentümer* die auf das Grundstück entfallenden Abschreibungen für die Dauer des Nießbrauchs fortzuführen[3].

e) Schlußfolgerungen

1. Die entgeltliche Zuwendung eines Nießbrauchrechts an einem Grundstück des Betriebsvermögens erfolgt regelmäßig aus betrieblichen Gründen. Nutzt der Nießbraucher

1) Vgl. dazu H.B. BRANDENBERG: Problemfälle aus der Praxis, S. 64.

2) Vgl. BFH-Urteil vom 28.8.1974 I R 18/73, BStBl II 1975, S. 166 f.; vom 31.1.1964 VI R 337/62 S, BStBl III 1964, S. 240 f.

3) Vgl. E. BIERGANS: Einkommensteuer, S. 886 sowie S. 64.

das Grundstück betrieblich, hat er das Nutzungsrecht mit den Anschaffungskosten zu aktivieren.

2. Die unentgeltliche Zuwendung eines Nießbrauchrechts an einem Betriebsgrundstück erfolgt regelmäßig aus privaten Gründen und führt daher überwiegend zur Entnahme des Grundstücks durch den Eigentümer. Nutzt der Nießbraucher das Grundstück betrieblich, hat er das Nutzungsrecht mit dem Teilwert in sein Betriebsvermögen einzulegen. Der Teilwert des unentgeltlich zugewendeten Nutzungsrechts bemißt sich nach der Summe der Abschreibungsbeträge, die der Eigentümer innerhalb der Nutzungszeit für das Grundstück hätte geltend machen können.

3. Bei der teilentgeltlichen Zuwendung eines Nießbrauchrechts an einem Betriebsgrundstück ist die Zuordnung des nießbrauchbelasteten Grundstücks zum Betriebs- bzw. Privatvermögen nach der überwiegenden Nutzung zu bestimmen. Unabhängig von dieser Zuordnung werden sowohl die Behandlungsgrundsätze für den entgeltlich bestellten Nießbrauch als auch die für den unentgeltlich bestellten Nießbrauch entsprechend dem Entgeltverhältnis wirksam. Entgeltverhältnis ist das nach wirtschaftlichen Gesichtspunkten ausgewogene Verhältnis des Werts des Nießbrauchs zum Wert der Gegenleistung.

4. Die Schenkung eines Betriebsgrundstücks unter Nießbrauchvorbehalt führt zu einer Entnahme des Betriebsgrundstücks. An die Stelle des Betriebsgrundstücks tritt ein neues, in der Privatsphäre entstandenes Wirtschaftsgut *Nutzungsrecht*, welches mit dem Teilwert in das Betriebsvermögen des Vorbehaltsnießbrauchers einzulegen ist. Der Teilwert bemißt sich nach dem Wert, den der Vorbehaltsnießbraucher aufwenden müßte, wenn ihm das Nutzungsrecht entgeltlich von einem Dritten eingeräumt würde (Verkehrswert).

5. Nutzungsrechte sind selbständige Wirtschaftsgüter. Das im Rahmen eines Zuwendungsnießbrauchs an einem Betriebsgrundstück entstandene Nutzungsrecht ist hinsichtlich Bewertung und Abschreibung eng mit dem Wirtschaftsgut verknüpft, dessen Nutzungen es verkörpert. Das im Rahmen eines Vorbehaltsnießbrauchs an einem Betriebsgrundstück entstandene Nutzungsrecht ist dagegen hinsichtlich Bewertung und Abschreibung unabhängig von dem Wirtschaftsgut, an dessen Stelle es getreten ist.

C. Erbschaft- bzw. schenkungsteuerliche Behandlung des Nießbrauchs

Die Zuwendung eines Nießbrauchrechts und die Grundstücksübertragung unter Nießbrauchvorbehalt können zur Erbschaft- bzw. Schenkungsteuerpflicht führen, wenn der Bedachte dadurch auf Kosten des Zuwendenden bereichert wird. Der Bereicherungstatbestand tritt regelmäßig mit dem Tod des Erblassers bzw. bei Schenkungen unter Lebenden mit der Ausführung der Schenkung ein[1]. Da sich die erbschaft- bzw. schenkungsteuerlichen Folgen des Nießbrauchs danach richten, ob ein Erwerb von Todes wegen i.S. des § 3 ErbStG oder eine Schenkung unter Lebenden i.S. des § 7 ErbStG vorliegt[2], der Gegenstandsbereich der Arbeit aber nur Nießbrauchverhältnisse berücksichtigt, die zu Lebzeiten der Nießbrauchbeteiligten begründet werden, soll im folgenden nur von den schenkungsteuerlichen Wirkungen des Nießbrauchs die Rede sein.

1) Vgl. R. KAPP: Inkonsequente Rechtsprechung zur Stichtagsbewertung im Erbschaftsteuerrecht, DStR 1985, S. 174 - 176 (174).

2) Unterschiede ergeben sich z.B. im Hinblick auf § 25 ErbStG, der nur bei Erbfällen Anwendung findet
beit).

Bemessungsgrundlage für die Schenkungsteuer ist der steuerpflichtige Erwerb, der sich gemäß § 10 Abs. 1 Satz 1 ErbStG nach der Bereicherung der Erwerber bestimmt. Für die Höhe der Bereicherung kommt es darauf an, ob mit der Nießbrauchbestellung eine reine Schenkung, eine gemischte Schenkung oder eine Schenkung unter Auflage verbunden ist.

Während in der unentgeltlichen Zuwendung eines Nießbrauchrechts eine reine Schenkung zu sehen ist, stellt die teilweise entgeltliche Nießbrauchbestellung eine gemischte Schenkung dar. Im letzteren Fall ist mit der Schenkung eine Gegenleistung verbunden. Da zwischen Leistung und Gegenleistung ein Mißverhältnis besteht, kann davon ausgegangen werden, daß nach dem Parteiwillen bezüglich des Mehrwerts die Schenkung gewollt ist[1].

Der Nießbraucher erfährt im Falle der Zuwendung eines Nießbrauchrechts in Höhe des Wertes des Nießbrauchs eine Bereicherung. Entgeltzahlungen durch den Nießbraucher für die Einräumung des Nießbrauchrechts sind in Abzug zu bringen. Die Bewertung des Nießbrauchs erfolgt nach den Vorschriften der §§ 13 bis 16 BewG mit dem Kapitalwert der Jahreswerte der Nutzungen, die aus dem Nießbrauchobjekt während der Laufzeit des Nießbrauchs zu erwarten sind[2]. Bei der Ermittlung der Jahreswerte ist vom Nettoprinzip auszugehen[3], d.h. es sind grundsätzlich alle Aufwendungen abzuziehen, die dem Nießbraucher im Zusammenhang mit dem nießbrauchbelasteten Wirtschaftsgut entstehen und die er aus dem Ertrag selbst zu decken hat[4].

Obwohl das Nießbrauchrecht ein selbständiges dingliches Recht darstellt, steht es bewertungsrechtlich in einem Abhängigkeitsverhältnis zu dem nießbrauchbelasteten

---

1) Vgl. PALANDT/PUTZO: Anm. 7 zu § 516 BGB und Anm. 1 zu § 525 BGB.

2) Vgl. dazu auch M. TROLL: Renten und Nießbrauch im Steuerrecht, Wiesbaden 1980, S. 246 ff.

3) MERTENS/LANG/WEILER: Teil 7, Kapitel 3.5, Seite 15.

4) Nicht abzuziehen ist die persönliche Einkommensteuer des Nießbrauchers (vgl. JANSEN/JANSEN: Zivil- und Steuerrecht, S. 153).

Wirtschaftsgut[1]. Der Jahreswert, von dem bei der Ermittlung des Kapitalwerts auszugehen ist, darf nach § 16 BewG mit keinem höheren Betrag als dem achtzehnten Teil des Werts angesetzt werden, der sich nach den Vorschriften des Bewertungsgesetzes für das gesamte Wirtschaftsgut ergibt[2]. Die Höchstbetragsregelung soll verhindern, daß der Nießbrauch einen höheren Steuerwert hat, als das belastete Grundstück selbst[3]. Der Wert von Grundstücken (§ 70 BewG) und den wie Grundvermögen bewerteten Betriebsgrundstücken (§ 99 Abs. 1 Nr. 1 BewG) ermittelt sich gemäß § 121 a BewG mit 140 v.H. ihres Einheitswertes vor Abzug von Schulden und Lasten[4].

Bei der Berechnung des Kapitalwerts des Nießbrauchs ist zu unterscheiden, ob die Dauer des Nießbrauchs auf einen bestimmten Zeitraum beschränkt oder der Nießbrauch lebenslänglich bestellt worden ist. Ist die Laufzeit des Nießbrauchs beschränkt, bestimmt sich der Kapitalwert wie bei einer Zeitrente aus der Summe der einzelnen Jahreswerte abzüglich von Zwischenzinsen unter Berücksichtigung von Zinseszinsen nach § 13 Abs. 1 Satz 1 ErbStG. Dabei ist von einem Zinssatz von 5,5 v.H. auszugehen (§ 13 Abs. 1 Satz 2 BewG). Der so ermittelte Kapitalwert darf das Achtzehnfache des Jahreswerts des Nießbrauchs nicht übersteigen (§ 13 Abs. 1 Satz 3 BewG)[5]. Die konkrete Berechnung der auf bestimmte Zeit beschränkten Nießbrauchrechte erfolgt

---

1) Vgl. MERTENS/LANG/WEILER: Teil 7, Kapitel 3.4, Seite 5.

2) Vgl. BFH-Urteile vom 21.7.1983 II R 221/81, BStBl II 1983, S. 740 (741); und vom 4.6.1980 II R 22/78, BStBl II 1980, S. 608.

3) Vgl. M. TROLL: Erbschaftsteuerliche Behandlung, S. 1289.

4) Vgl. Abschnitt 63 Satz 3 VStR.

5) Neben der Begrenzung der Höhe der Jahreswerte auf den achtzehnten Teil des Werts, der sich für das genutzte Wirtschaftsgut ergibt, ist somit auch die Höhe des Kapitalisierungsfaktors, der den Wert achtzehn nicht übersteigen darf, als zweite Berechnungskomponente zur Bestimmung des Kapitalwertes des Nießbrauchs begrenzt.

anhand der in Hilfstafel 2 des Bewertungsgesetzes zusammengestellten Kapitalisierungsfaktoren[1].

Hängt die Dauer des Nießbrauchs vom Leben einer Person ab, wird der Kapitalwert, wie bei einer Leibrente, nach § 14 Abs. 1 BewG ermittelt. Auf den Jahreswert der Nutzungen sind die Vervielfältiger der Anlage 9 zum BewG, die sich nach dem Lebensalter des Nießbrauchers richten, anzuwenden[2].

Der Kapitalwert des Nießbrauchs (Steuerwert) stellt im Falle der unentgeltlichen Zuwendung eines Nießbrauchs nach Berücksichtigung der Freibeträge (§§ 16 und 17 ErbStG) unmittelbar die Bemessungsgrundlage für die Ermittlung der Schenkungsteuer dar.

Entrichtet der Nießbraucher, unabhängig von der Übernahme laufender Bewirtschaftungskosten, die schon bei der Ermittlung des Jahreswerts des Nießbrauchs Berücksichtigung gefunden haben, ein Entgelt für die Einräumung des Nießbrauchs, hat dieses eine Aufteilung des Steuerwerts zur Folge[3]. Übersteigt der Verkehrswert des Nießbrauchs - dieser entspricht dem Kapitalwert des Nießbrauchs, wenn die Begrenzung des Jahreswerts nach § 16 BewG außer acht bleibt[4] - das für die Nießbrauchbestellung gezahlte Entgelt, liegt eine gemischte Schenkung vor. Die Differenz zwischen dem Verkehrswert der Zuwendung (Nießbrauch) und

---

1) Vgl. Hilfstafel 2 zu § 13 Abs. 1 BewG über den gegenwärtigen Kapitalwert einer Rente, Nutzung oder Leistung im Jahreswert von 1 DM auf eine bestimmte Anzahl von Jahren.

2) Vgl.Anlage 9 zu § 14 BewG: Kapitalwert einer lebenslänglichen Nutzung oder Leistung im Jahreswert von einer Deutschen Mark. Soweit die Dauer des Nießbrauchs auf die Lebenszeit mehrerer Personen abstellt, ist das Lebensalter des Jüngsten maßgebend, wenn der Nießbrauch mit dem Tode des zuerst Sterbenden erlischt (vgl. § 14 Abs. 3 BewG).

3) Vgl. BFH-Urteil vom 21.10.1981 II R 176/78, BStBl II 1982, S. 83 sowie Gleichlautende Erlasse der Obersten Finanzbehörden vom 10.2.1983, S. 238.

4) Vgl. Erlaß Hessischer Finanzminister vom 14.8.1985 betr. Ermittlung der Verkehrswerte bei gemischten Schenkungen und Schenkungen unter einer Auflage S 3800 A - 38 - II B 32, DStR 1985, S. 601.

dem Verkehrswert der Gegenleistung entspricht dem unentgeltlichen Teil der Schenkung, der jedoch nicht der Schenkungsteuer zu unterwerfen ist. Der Differenzbetrag ist vielmehr in Relation zum Verkehrswert der Zuwendung zu setzen. Der dem Vomhundertsatz dieser Relation entsprechende Anteil des Steuerwerts der Zuwendung, also des unter Beachtung des § 16 BewG ermittelten Werts, ist schenkungsteuerpflichtig[1)]. Stehen sich der Verkehrswert des Nießbrauchs und das gezahlte Entgelt gleichwertig gegenüber (vollentgeltlicher Zuwendungsnießbrauch), bleibt der Vorgang schenkungsteuerlich neutral[2)].

Der zur Zahlung der Schenkungsteuer verpflichtete Zuwendungsnießbraucher kann nach § 23 Abs. 1 ErbStG wählen, die Steuer einmalig vom Kapitalwert des Nießbrauchs oder jährlich vom Jahreswert der Nutzungen zu entrichten[3)]. Im Falle jährlicher Entrichtung der Schenkungsteuer wird die Steuer nach dem Steuersatz erhoben, der sich für den gesamten Erwerb ergibt. Da die Steuer über die Dauer des Nießbrauchs zu entrichten ist, kann die Schenkungsteuer eines lebenslänglich Berechtigten, dessen Lebensdauer die geschätzte Lebensdauer übersteigt, höher sein als die Steuer, die sich bei Zahlung nach dem Kapitalwert ergeben würde. Der Nießbraucher ist im Falle der laufenden Zahlung der Steuer berechtigt, die jährlichen Zahlungen als Sonderausgaben i.S. des § 10 Abs. 1 Nr. 1 a EStG abzuziehen[4)].

---

1) Vgl. M. TROLL: Erbschaftsteuerliche Behandlung, S. 1290 sowie die Formalisierung dieser Ausführungen im Anhang 1, Seite 280 ff. (291) dieser Arbeit.

2) Vgl. ebenda.

3) Vgl. hierzu allgemein: D. MOENCH: Die Jahres-Erbschaftsteuer beim Erwerb von Renten und Nießbrauchrechten, DStR 1985, S. 259 - 262; S. MARTIN: Zusammentreffen von § 25 und § 23 ErbStG, Inf 1981, S. 157 - 159; R. MITTELBACH: Nießbrauch, S. 176.

4) Vgl. H.D. POHLMANN: Erbschaft- und Schenkungsteuer, Sammlung Der Steuersparer, Bd. 19, hrsg. von H.D. Pohlmann, 3. Aufl., Bonn 1984, S. 710.

Außerdem hat er die Möglichkeit, die Jahressteuer zum jeweils nächsten Fälligkeitstermin mit ihrem Kapitalwert abzulösen[1].

Die unentgeltliche Übertragung eines Grundstücks unter Nießbrauch*vorbehalt* stellt eine Schenkung unter Auflage dar. Die Schenkung enthält in diesem Fall eine Bestimmung, die den Beschenkten zu einer Leistung verpflichtet, die aus dem Wert der Schenkung entrichtet wird[2]. Bei einer Grundstücksübertragung unter Nießbrauchvorbehalt tritt die Bereicherung regelmäßig beim Nießbrauch*besteller* ein. Der steuerpflichtige Erwerb bemißt sich nach dem Einheitswert des übertragenen Grundstücks unter anteiligem Abzug des Werts des Nießbrauchs[3].

Nach dem bis zum 31.12.1973 geltenden Erbschaftsteuergesetz bot die Übertragung von Vermögen unter Nießbrauchvorbehalt im Zusammenhang mit vorweggenommenen Erbfolgeregelungen erhebliche Ersparnisse bei der Schenkungsteuer, weil der steuerlich maßgebende Wert der Zuwendung um den Wert des Nießbrauchs gemindert wurde[4]. Seit der Erbschaftsteuerreform 1974 erfolgt die Besteuerung unter Berufung auf § 25 Abs. 1 ErbStG a.F. ohne Berücksichtigung der Nießbrauchbelastung. Allerdings konnte der Steuerpflichtige beantragen, daß die Versteuerung bis zum Erlöschen des Nießbrauchs ganz bzw. im Verhältnis der Ertragsminderung ausgesetzt blieb oder sofort nach den Verhält-

---

1) Vgl. R. JANSEN, M. JANSEN: Zivil- und Steuerrecht, S. 157 f.

2) Vgl. MEGOW/MICHEL: Anm. 14 zu § 7 ErbStG.

3) Die in der Grundstücksübertragung unter Nießbrauchvorbehalt zu sehende Schenkung unter Auflage wird in diesem Fall also wie eine gemischte Schenkung behandelt (vgl. Seite 79 dieser Arbeit).

4) Beim Tod des Schenkers, durch den der Nießbrauch erlischt, entstand in der Regel keine weitere Steuerpflicht, so daß der Erbe sowohl die Vermögenssubstanz als auch deren Nutzung besaß, obwohl er nur für die belastete Substanz Erbschaftsteuer entrichten mußte (vgl. M. JAHRMARKT: Steuervorteile durch Steuergestaltung, 5. vollständig überarb. Aufl., Freiburg i. Br. 1981, S. 287).

nissen zur Zeit der Vermögensübertragung ohne Berücksichtigung der Nießbrauchbelastung durchgeführt wurde, wobei in diesem Fall die auf die Belastung entfallende Steuer zinslos bis zum Erlöschen zu stunden war[1].

Durch das Änderungsgesetz vom 18.8.1980 hat § 25 ErbStG eine völlig neue Fassung erhalten[2]: Nießbrauchbelastete Erwerbe, die dem Erblasser bzw. Schenker zustehen, werden ohne Berücksichtigung der Belastung besteuert. Die Steuer, die auf den Kapitalwert der Belastung entfällt, ist bis zu ihrem Erlöschen zu stunden. Die gestundete Steuer kann auf Antrag jederzeit mit ihrem Barwert nach § 12 Abs. 3 BewG abgelöst werden[3].

Aufgrund einer Rechtsprechungsänderung wird bei *Schenkungen* unter Lebenden nunmehr die Gegenleistung des Beschenkten bzw. der Wert der Auflage bei der Ermittlung der Bereicherung in Abzug gebracht, so daß § 25 ErbStG n.F. nur noch in *Erbfällen* Anwendung findet[4]. Die (unentgeltliche) Übertragung eines Vermögensgegenstandes unter Nießbrauchvorbehalt, die schenkungsteuerlich eine Schenkung unter Auflage darstellt, wird demzufolge wie eine gemischte Schenkung behandelt[5].

Der Steuerwert der Zuwendung, d.h. des übertragenen Grundstücks, ist, wie im Falle des Zuwendungsnießbrauchs, aufzuteilen. Der Differenzbetrag zwischen dem Verkehrswert

---

1) Vgl. dazu auch J. SIGLOCH; K. MAYR: Die Behandlung der Zuwendungen unter Nießbrauchvorbehalt im Erbschaft- und Schenkungsteuerrecht, Teil I u. II, FR 1974, S. 569 - 574, 595 - 599.

2) Vgl. Artikel 7 des Gesetzes zur Änderung und Vereinfachung des Einkommensteuerrechts und anderer Gesetze vom 18.8.1980, BGBl I 1980, S. 1537.

3) Vgl. dazu auch § 25 ErbStG in den jeweils gültigen Fassungen; ausführlich dazu M. JAHRMARKT: Steuervorteile, S. 286 f.

4) Vgl. BFH-Urteil vom 21.10.1981, II R 176/78, BStBl II 1982, S. 83 (83 ff.) und vom 14.7.1982, II R 125/79, BStBl II 1982, S. 714 (714 f.).

5) Vgl. Gleichlautende Erlasse der Obersten Finanzbehörden vom 10.2.1983, S. 238.

des Nießbrauchobjekts und dem Verkehrswert des Nießbrauchs wird in Relation zum Verkehrswert des Nießbrauchobjekts gesetzt. Steuerpflichtig ist der dieser Relation entsprechende Vomhundertsatz des Steuerwerts des übertragenen Grundstücks (1,4-fache des Einheitswerts gemäß § 121 a BewG)[1].

D. Behandlung des Nießbrauchs in anderen Steuerarten

Die Bestellung von Nießbrauchrechten ist nicht nur einkommen- und schenkungsteuerlich relevant, sondern sie kann grundsätzlich auch mit vermögensteuerlichen, umsatzsteuerlichen oder grunderwerbsteuerlichen Konsequenzen verbunden sein. Wie den folgenden Ausführungen zu entnehmen ist, erlangen die im Rahmen dieser Arbeit zu beurteilenden Nießbrauchverhältnisse an Grundstücken unter nahen Angehörigen im Bereich der Vermögen-, Umsatz- und Grunderwerbsteuer aber nur eine untergeordnete Bedeutung. Auf eine ausführliche Behandlung des Nießbrauchs in diesen Steuerarten wird daher verzichtet.

Die Bestellung eines Nießbrauchs kann zu Einsparungen im Bereich der *Vermögensteuer* führen, da der Wert des nießbrauchbelasteten Grundstücks und der Kapitalwert des Nießbrauchs verschiedenen Personen zugeordnet werden und dadurch jeweils die Ausnutzung eines vermögensteuerlichen Freibetrages (§ 6 VStG) möglich machen. Die doppelte Ausnutzung vermögensteuerlicher Freibeträge wird allerdings nur in den wenigsten Fällen zu einer tatsächlichen Steuerersparnis führen: Zum einen werden ausschließlich Nießbrauchverhältnisse unter nahen Angehörigen betrachtet, vorwiegend zwischen Eltern und Kindern oder Ehegatten, von denen ein großer Teil nach § 14 Abs. 1 und 2 VStG zusammenveranlagt wird. Eine Ausnutzung zusätzlicher Freibeträge

---

1) Vgl. auch Anhang 1, Seite 291.

unterbleibt somit. Zum anderen kann von den nicht zusammen veranlagten Personen z.T. angenommen werden, daß ihnen ein eigenes Vermögen zuzurechnen ist, so daß die ihnen zustehenden Freibeträge nicht mehr voll zum Ausgleich zur Verfügung stehen.

Im Bereich der *Umsatzsteuer* löst die Nießbrauchbestellung an Grundstücken unter nahen Angehörigen keine Steuerfolgen aus. Die Bestellung des Nießbrauchs ist zwar eine sonstige Leistung nach § 3 Abs. 9 UStG[1], wird der Nießbrauch aber unentgeltlich bestellt, ist die Umsatzsteuerbarkeit der Nießbrauchbestellung zu verneinen, da kein Entgelt gezahlt wird. Im Falle der entgeltlichen oder teilentgeltlichen Nießbrauchbestellung kann dagegen unterstellt werden, daß die Voraussetzungen für die Umsatzsteuerbarkeit nach § 1 Nr. 1 UStG erfüllt sind[2]. Die steuerbare Leistung des Nießbrauchbestellers ist allerdings nicht steuerpflichtig, da seit dem 1.1.1985 die Bestellung, die Übertragung und die Überlassung der Ausübung von dinglichen Nutzungsrechten an Grundstücken nach § 4 Nr. 12 c UStG steuerbefreit ist. Die Steuerbefreiungsvorschrift des § 4 Nr. 12 c UStG a.F., die sich

---

1) Vgl. JANSEN/JANSEN: Zivil- und Steuerrecht, S. 164.

2) Der Nießbrauchbesteller wird durch die Bestellung des Nießbrauchs zum Unternehmer im umsatzsteuerlichen Sinne (§ 2 UStG). Es ist davon auszugehen, daß er selbständig tätig geworden ist und seine Tätigkeit nachhaltig zur Erzielung von Einnahmen im Rahmen seines Unternehmens ausgeübt hat. Die Nachhaltigkeit seiner Tätigkeit ist zu bejahen, weil mit der Nießbrauchbestellung ein Dauerzustand zur Erzielung von Einnahmen geschaffen wird. Nicht die Bestellung des Nießbrauchs selbst ist also die für Besteuerung relevante Leistung (vgl. BFH-Urteil vom 16.12.1971 VI 41,68, BStBl II 1972, S. 238 (238 f.) sowie K. PLÜCKEBAUM, H. MALITZKY: Umsatzsteuergesetz (Mehrwertsteuer) mit Nebengesetzen und Verordnungen. Kommentar, Köln ..., 10. völlig neubearbeitete Aufl. 1967/68, Rechtsstand 1986, Rz. 55 zu §§ 1 - 3 UStG; H. MALITZKY: Die Umsatzbesteuerung anläßlich der Überlassung dinglicher Nutzungsrechte an Grundstücken, UStR 1972, S. 6 - 11 (6 ff.); RICHTER/HdR: Fach 8, Rdnr. 6).

lediglich auf die Bestellung und Veräußerung von Dauerwohnrechten und Dauernutzungsrechten bezog, wurde durch das Steuerbereinigungsgesetz 1985 auf alle dinglichen Nutzungsrechte ausgedehnt[1].

Bestellt ein gewerblicher Unternehmer an einem im Rahmen seines Unternehmens vermieteten Grundstück einem Dritten unentgeltlich ein Nießbrauchrecht, liegt darin umsatzsteuerlich eine Entnahme. Der Nießbrauchbesteller hat das Grundstück seinem Unternehmen für Zwecke entnommen, die außerhalb des Unternehmens liegen und damit den Tatbestand des Eigenverbrauchs nach § 1 Abs. 1 Nr. 2 a UStG erfüllt[2]. Die Entnahme ist jedoch nach § 4 Nr. 9 a UStG steuerfrei, weil der Vorgang bei entgeltlicher Übertragung des Grundstücks an Dritte der Grunderwerbsteuer unterläge[3].

Behält sich ein Unternehmer angesichts der Übertragung eines im Rahmen seines Unternehmens vermieteten Grundstücks den Nießbrauch vor, ist in der Übernahme der Nießbrauchlast durch den neuen Eigentümer umsatzsteuerrechtlich eine Gegenleistung zu sehen. Es liegt daher keine unentgeltliche Lieferung vor, die zu einem steuerfreien Entnahme-Eigenverbrauch führen könnte, sondern ein tauschähnlicher Umsatz i.S. des § 3 Abs. 12 Satz 2 UStG[4].

---

1) Vgl. Steuerbereinigungsgesetz 1985 vom 14.12.1984; BGBl I 1984, S. 1493, Artikel 17 Nr. 3; BMF-Schreiben vom 4.3.1985 betr. Umsatzsteuerbefreiung für die Bestellung von dinglichen Nutzungsrechten an Grundstücken (§ 4 Nr. 12 c UStG) IV A 3 - S 7168 - 2185, BStBl I 1985, S. 108 sowie H.G. CHRISTOFFEL: Vorsteuerkorrektur durch die Steuerfreistellung von dinglichen Nutzungsrechten an Grundstücken, DB 1985, S. 309 - 311 (309); W. ZIMMERMANN: Änderung des UStG durch das Steuerbereinigungsgesetz 1985, DB 1985, S. 195 f. (195).

2) Vgl. P. NOWAK: Aktuelle Fragen aus der Praxis der Außenprüfung, StBp 1984, S. 89 - 92 (90); RICHTER/HdR: Fach 8, Rdnr. 18.

3) Vgl. P. NOWAK: Aktuelle Fragen, S. 89; JANSEN/JANSEN: Zivil- und Steuerrecht, S. 165.

4) Vgl. P. NOWAK: Aktuelle Fragen, S. 91.

Der ursprüngliche Eigentümer erbringt mit der unentgeltlichen Grundstücksübertragung einen steuerbaren, allerdings nach § 4 Nr. 9 a UStG steuerfreien Umsatz. Entrichtet der Erwerber zusätzlich ein Entgelt für die Grundstückslieferung, handelt es sich um einen tauschähnlichen Umsatz mit Baraufgabe. Der Lieferung des Grundstücks steht nun die Duldungsleistung und die Kaufpreiszahlung gegenüber[1]. Auch hier ist die Lieferung steuerbefreit.

Die Übertragung eines Grundstücks unter Nießbrauchvorbehalt kann der *Grunderwerbsteuer* unterliegen[2]. Wird das Grundstück unentgeltlich übertragen, unterliegt nur der Anteil am Wert des Grundstücks der Grunderwerbsteuer, der dem Wert des Nießbrauchs entspricht[3]. Von der Grunderwerbsteuer befreit ist allerdings der Grundstückserwerb durch Ehegatten des Veräußerers (§ 3 Nr. 4 GrEStG) und der Grundstückserwerb durch Personen, die mit dem Veräußerer in gerader Linie verwandt sind (§ 3 Nr. 6 GrEStG)[4].

E. Zusammenfassung und Rechtskritik

Mit der Anerkennung dinglicher Nutzungsrechte geht steuerlich die Möglichkeit der Vermehrung von Wirtschaftsgütern einher, aus der die Möglichkeit der Vermehrung von Absetzungen für Abnutzung und allgemein die Möglichkeit der Vermehrung von Einkünften entspringt[5]. Fast zwangsläufig

---

1) Vgl. RICHTER/HdR: Fach 8, Rdnr. 10; P. NOWAK: Aktuelle Fragen, S. 90 f.

2) Vgl. R. MITTELBACH: Nießbrauch, S. 178.

3) Vgl. BFH-Urteile vom 20.4.1977 II R 48/76, BStBl II 1977, S. 676 (676) und vom 17.9.1975 II R 42/72, BStBl II 1976, S, 126 (126) sowie JANSEN/JANSEN: Zivil- und Steuerrecht, S. 162.

4) Vgl. R. MITTELBACH: Nießbrauch, S. 178 sowie K. MÜLLER: Steuerliche Behandlung des Nießbrauchs an Grundstücken, DB 1983, S. 1463 - 1466 (1466).

5) Vgl. dazu G. DÖLLERER: Leitgedanken, S. 79.

damit verbunden sind häufig schwer zu durchschauende Überschneidungen und Abgrenzungsfragen.

Wesentliche Streitfragen, die in den letzten Jahren die Rechtsprechung und Literatur zum Thema Nießbrauch bewegten, waren die Zurechnung von Einkünften aus dem Nießbrauchobjekt, die Absetzungen für Abnutzung auf das Nießbrauchobjekt bzw. auf das Nießbrauchrecht und der Abzug sonstiger Werbungskosten. Die Rechtsprechung des Bundesfinanzhofs hat diesbezüglich neue Akzente gesetzt. Für den Bereich des Nießbrauchs an Privatgrundstücken ist festzustellen, daß der schwierige und immer wieder durch Nicht-Anwendungs-Erlasse[1)] der Finanzverwaltung gestörte Prozeß der Rechtsfortbildung auf diesem Gebiet gegenwärtig zu einem - wenn auch unbefriedigenden - Abschluß gekommen ist[2)]. Die neuen Behandlungsgrundsätze des Nießbrauchs[3)] zielen im Vergleich zur früheren Rechtslage darauf ab zu verhindern, daß aufgrund des Nießbrauchs beim Eigentümer ein Verlustverrechnungspotential entsteht, während der i.d.R. einkommensteuerlich geringer belastete Nießbraucher die Brutto-Einnahmen zu versteuern hat.

An der geänderten Rechtsprechung wurde sowohl aus der Sicht der Steuerpflichtigen als auch von seiten des Bundesfinanzministeriums massive Kritik geübt[4)]. Der Rechtsprechung

---

1) "Mit solchen sog. Nichtanwendungsverfügungen werden höchstrichterliche Judikate ... mehr oder weniger lapidar für alle weiteren Steuerfälle außer Vollzug gebracht." W. JAKOB, B. JÜPTNER: Zur Problematik sogenannter Nichtanwendungsverfügungen im Steuerrecht - Ein Beitrag zum Verhältnis von Finanzgerichtsbarkeit und Finanzverwaltung, StuW 1984, S. 148 - 165 (148).

2) So auch R.D. SCHOLTZ: Nießbrauch aus der Sicht des Bundesfinanzhofs, S. 580.

3) Vgl. dazu oben, Seite 53 und Seite 74 ff. dieser Arbeit.

4) Letztere spiegelt sich insbesondere in sog. Nicht-Anwendungs-Erlassen der Finanzverwaltung wider (vgl. z.B. BMF-Schreiben vom 21.7.1978 betr. Übergangsregelung bei Bestellung eines unentgeltlichen Nießbrauchs IV B 4 - S 2252 - 112/78, BStBl I 1978, S. 315; BMF-Schreiben vom 25.5.1981 betr. Einkommensteuerrechtliche Behandlung des Nießbrauchs - Übergangsregelung IV B 4 - S 2113 - 28/81, BStBl I 1981, S. 335; BMF-Schreiben vom 31.1.1983 betr. Einkommensteuerrechtliche Behandlung der Nießbrauch-Anwendung des BFH-Urteils vom 27. Juli 1982 VIII R 176/80, BStBl 1983 II, S. 6 IV B 1 - S 2253 - 11/83, BStBl I 1983, S. 100).

muß zugestanden werden, daß die Kritik insoweit ins Leere geht, als sie lediglich auf die nachteiligen finanziellen Folgen des Nießbrauchs gerichtet ist. Auch das Bemühen des Bundesfinanzhofs, den Begriff der Einkunftsquelle, der vergeblich im Einkommensteuergesetz gesucht wird und zudem unterschiedlich ausgelegt wird, aus der Behandlung des Nießbrauchs herauszulösen sowie die Klärung der Frage, inwieweit die Vorschrift des § 12 Nr. 2 EStG, die ein Abzugsverbot für Zuwendungen an Unterhaltsberechtigte enthält, bei der Einräumung dinglicher oder obligatorischer Nutzungsrechte zu beachten ist, verdient Anerkennung. Dennoch kann nicht uneingeschränkt der Ansicht gefolgt werden, daß eine Widersprüchlichkeit in der Rechtsprechung zum Nießbrauch nicht bestehe, sondern diese von überzeugenden Grundaussagen getragen werde[1].

Ein Beispiel für eine wenig überzeugende Grundaussage des Bundesfinanzhofs ist die Versagung des Werbungskostenabzugs beim Eigentümer im Falle des unentgeltlichen Zuwendungsnießbrauchs oder des Vorbehaltsnießbrauchs[2]. Hat der Eigentümer eines mit einem befristeten Nießbrauch belasteten Grundstücks außergewöhnliche Erhaltungsmaßnahmen, z.B. eine Dacherneuerung, vorgenommen, die nicht nur die Einkünfte des Nießbrauchers aus dem Grundstück, sondern auch seine eigenen Einkünfte nach Ablauf des Nießbrauchs sichern, so kommt es einer Strafbesteuerung gleich, wenn dem Eigentümer der Abzug von Werbungskosten abgesprochen wird, weil sie (zufällig) während der Dauer des Nießbrauchs erbracht wurden[3].

Ebensowenig überzeugend ist die Berechtigung des Vorbehaltsnießbrauchers, als Quasi-Eigentümer Abschreibungen

---

1) Vgl. B. MEYER: Nochmals: Zur "Abschaffung" des Nießbrauchs, FR 1983, S. 451 - 453 (452); J. WOLFF-DIEPENBROCK: Vorbehaltsnießbrauch, S. 250.

2) Vgl. Übersicht 5 und 6, Seite 47 und 53.

3) Vgl. S. SPIEGELBERGER: Handbuch, S. 206 f. sowie W. ZENTHÖFER: Private Grundstücke, S. 118.

auf das Nießbrauchobjekt vornehmen zu dürfen, während dem Zuwendungsnießbraucher[1] dieses versagt ist. Neben dem rechtlichen und wirtschaftlichen Eigentum wird damit eine dritte Eigentumskategorie in das Steuerrecht hineingetragen, die zur Verwirrung beiträgt.

Auch die Tatsache, daß für den Vorbehaltsnießbraucher, bei Vorliegen der übrigen Voraussetzungen, die Pauschalierung des Nutzungswertes der selbstgenutzten Wohnung im eigenen Haus nach § 21 a EStG zur Anwendung kommt, obwohl das Eigentum an dem vom Vorbehaltsnießbraucher genutzten Objekt auf den Nießbrauchbesteller übergegangen ist, dem auch der Einheitswert des betreffenden Grundstücks zuzurechnen ist, ist unbefriedigend[2]. Im Hinblick auf die Einheit der Rechtsordnung wäre mindestens innerhalb des Steuerrechts Einheitlichkeit in der Beurteilung angebracht[3]. Dennoch werden gleichgelagerte Nießbrauchsachverhalte innerhalb verschiedener Steuergesetze abweichend voneinander behandelt.

Die Beispiele zeigen, welche Problematik der Rechtsprechung des Bundesfinanzhofs zum Nießbrauch anhaftet: Die Rechtsprechung ist zur Rechts(fort)bildung gezwungen, da explizite steuerrechtliche Regelungen zum Nießbrauch fehlen. Jede einzelne Entscheidung bezieht sich naturgemäß in erster Linie auf den zugrunde liegenden Streitfall, für den zu entscheiden ist. Zwangsläufig bleibt eine Anzahl klärungsbedürftiger Fragen, die von allgemeinem Interesse sind, offen. Ein geschlossenes Rechtssystem entwickelt sich folglich nur schwerfällig durch eine Vielzahl von Einzelfallentscheidungen über einen langen Zeitraum. Gerade dieses führt jedoch zur Verbreitung von Rechtsunsicherheit[4].

---

1) Soweit der Nießbrauch unentgeltlich bestellt wird.

2) Vgl. Nießbrauch-Erlaß II, Tz. 39.

3) Vgl. dazu G. ROSE: Der Bundesfinanzhof, S. 286 f.

4) Vgl. K. TIPKE, H.W. KRUSE: Abgabenordnung, Finanzgerichtsordnung. Kommentar zur AO 1977 und FGO (ohne Steuerstrafrecht), 11. Aufl., Köln 1975/83, Rechtsstand 1986, Tz. 107 zu § 4 AO.

Solange die Rechtsprechung nicht bereit ist, bei gravierenden Rechtsänderungen, über die Belange einer einzelnen Entscheidung hinaus, wenigstens Tendenzen über das sich aus mehreren Entscheidungen schließlich entwickelnde Rechtsgefüge erkennen zu lassen, wird sie sich weiterhin als Herd der Rechtsunsicherheit darstellen lassen müssen. Die Verwaltung wird weiterhin den Eindruck einer unklaren Linienführung in der Rechtsprechung verstärken, indem sie Nicht-Anwendungs-Erlasse verfügt und dadurch zusätzliche Rechtsunsicherheit in die Praxis hineinträgt.

IV. VORTEILHAFTIGKEITSANALYSE DES NIESSBRAUCHS UNTER BERÜCKSICHTIGUNG ALTERNATIVER SACHVERHALTSGESTALTUNGEN

A. Einführung und Konkretisierung der Entscheidungssituation

Die bisherige Untersuchung hat zur Ableitung von Grundsätzen für die steuerrechtliche Behandlung des Nießbrauchs an Privat- und Betriebsgrundstücken geführt. Aufbauend auf dieser Grundlage ist das Ziel der Ausführungen dieses Abschnitts, die finanziellen Folgewirkungen für ein breites Spektrum konkreter Anwendungsfälle transparent zu machen und einer Analyse zuzuführen. Das Hauptinteresse gilt der Frage, ob und ggf. in welchem Ausmaß die an einer Nießbrauchgestaltung beteiligten Personen ihre gemeinsame Steuerlast in den vom Zivil- und Steuerrecht festgelegten Grenzen minimieren können[1]. Sofern bestimmte Nießbrauchgestaltungen unter finanziellen Gesichtspunkten nicht mehr als vorteilhaft eingestuft werden können - in vielen Fällen wird die

---

1) Vgl. dazu auch M. MASSMANN: Gestaltungsfreiheit und Gestaltungsprivilegien in der Besteuerung und Grundsätze gerechter und ökonomisch rationaler Steuerpolitik, Münster 1980, S. 7.

geänderte Rechtslage zum Nießbrauch für derartige Ergebnisse ursächlich sein -, sind Handlungsalternativen zum Nießbrauch zu überprüfen.

Die Erarbeitung von Ansätzen für die Durchführung konkreter Berechnungen erfordert zunächst die Klärung der Entscheidungssituation der Gestaltungsbeteiligten. Sie erfolgt in der Weise, daß die im Zusammenhang mit der Bestellung von Nießbrauchrechten an Grundstücken bestehenden Entscheidungsprobleme auf das sogenannte *Grundmodell* der Entscheidungstheorie[1] zurückgeführt werden, welches sich aus den Bausteinen Zielfunktion, Aktionsfeld, Umweltzustände und Ergebnisraum zusammensetzt. Diese Grundstruktur hat sich als zweckmäßig erwiesen, um komplexe Entscheidungsprobleme auf lösbare Entscheidungsmodelle zu reduzieren.

Die Untersuchung geht von zwei grundlegenden Situationen aus: Einerseits stehen die Entscheidungsträger vor der Entscheidung, eine Gestaltung durchzuführen. Andererseits sollen sich die Beteiligten bereits in der Durchführung einer Nießbrauchgestaltung befinden. Die Entscheidenden suchen in diesem Fall nach Regeln, die angeben, ob die Gestaltung weiterzuführen, zu ersetzen oder abzulösen ist.

Rationale Entscheidungen für oder gegen bestimmte Gestaltungen können nur getroffen werden, wenn Zielvorstellungen existieren, mit deren Hilfe die in Frage kommenden Handlungsalternativen hinsichtlich ihrer Konsequenzen miteinander verglichen werden[2]. Ein Vergleich der Alternativen

---

1) Zum Grundmodell der Entscheidungstheorie vgl. M. BITZ: Strukturierung ökonomischer Entscheidungsmodelle, Wiesbaden 1977, S. 65 ff.; G. MENGES: Grundmodelle wirtschaftlicher Entscheidungen, Einführung in moderne Entscheidungstheorien unter besonderer Berücksichtigung volks- und betriebswirtschaftlicher Anwendungen, 2. erw. Aufl., Opladen 1974, S. 86 ff.; H. SCHNEEWEISS: Entscheidungskriterien bei Risiko, Berlin-Heidelberg-New York 1967.

2) Vgl. H. LAUX: Entscheidungstheorie-Grundlagen, Berlin-Heidelberg-New York 1982, S. 25.

wird aber erst möglich, wenn die Zielvorstellungen des Entscheiders möglichst exakt durch die mathematische Formulierung einer *Zielfunktion* abgebildet werden[1]. Die Zielfunktion muß so gewählt werden, daß sie "als hinlänglich repräsentativ für die konkreten Handlungsmotive und -bestrebungen der realen Akteure angesehen werden kann"[2]. Ungenauigkeiten ergeben sich dabei deshalb, weil eine völlige Isomorphie infolge mangelnder Quantifizierbarkeit einzelner, insbesondere nichtfinanzieller Ziele, nicht erreichbar ist[3].

Eine weitere Schwierigkeit resultiert daraus, daß detaillierte Aussagen niemals über die gesamte Breite eines Entscheidungsproblems möglich sind; erforderlich ist deshalb die Auswahl eines Problemausschnitts. Aus Formulierungs- und Lösungsgründen, aber auch aus Wirtschaftlichkeitsgründen, wird daher mit Partialmodellen gearbeitet, die nur einen Teil des Entscheidungsfeldes explizit darstellen. Auch die Zielfunktion kann folglich nur einen Ausschnitt aus der "komplexen Fülle menschlicher Zielvorstellungen in vereinfachter Form abbilden"[4]. Dabei ist die Zielfunktion des Modellbereichs mit der Zielfunktion des gesamten Entscheidungsfeldes in Übereinstimmung zu bringen[5]. Bewertungsprobleme sind dort zu lösen, wo Auswirkungen der im Modell ausdrücklich erfaßten Aktivitäten auf den nicht explizit dargestellten Teil des Entscheidungsfeldes und damit auf das Gesamtziel (bewertungsmäßig) in der Zielfunktion oder in einer Nebenbedingung berücksichtigt werden müssen[6].

---

1) Vgl. H. LAUX: Entscheidungstheorie-Grundlagen, S. 26 sowie M. BITZ: Entscheidungstheorie, Hagener Universitätstexte, München 1981, S. 33.

2) M. BITZ: Strukturierung, S. 227 m.w.N.

3) Vgl. L. HABERSTOCK: Zur Integrierung der Ertragsbesteuerung in die simultane Produktions-, Investitions- und Finanzierungsplanung mit Hilfe der linearen Programmierung, Köln ... 1971, S. 26 f.

4) M. BITZ: Strukturierung, S. 227.

5) Vgl. L. HABERSTOCK: Integrierung der Ertragsbesteuerung, S. 27.

6) Vgl. H. HAX: Bewertungsprobleme bei der Formulierung von Zielfunktionen für Entscheidungsmodelle, ZfbF 1967, S. 741-761 (749).

Im Rahmen der Untersuchung wird das Entscheidungsproblem, vor das sich Familienmitglieder gestellt sehen, die eine Nießbrauchgestaltung erwägen oder bereits durchführen, zunächst auf finanzielle Fragestellungen begrenzt. Nießbrauchgestaltungen werden nur dann durch- bzw. weitergeführt, wenn sie finanziell für attraktiv oder für vertretbar gehalten werden. Eine entsprechend zu bildende finanzielle Zielfunktion hält damit einer mathematischen Zielformulierung stand.

Ohne die Vernachlässigung nichtfinanzieller Zielsetzungen würde die Lösung des Entscheidungsproblems nicht den hier angestrebten Allgemeingültigkeitsgrad erreichen können. Selbst wenn die Berücksichtigung nichtfinanzieller Zielsetzungen gelänge, würde der damit verbundene Arbeitsaufwand diese nur für den Einzelfall zulassen, da die Präferenzen, die einzelne Entscheidungsträger nichtfinanziellen Zielen einräumen, erhebliche Unterschiede aufweisen. Hier werden deshalb für den finanziellen Bereich des Entscheidungsproblems zunächst allgemeingültige Problemlösungen erarbeitet, die im konkreten Einzelfall unter Berücksichtigung nichtfinanzieller Zielsetzungen schließlich zur Entscheidung führen.

Für die durchzuführende Vorteilhaftigkeitsanalyse, die eine Ermittlung der finanziellen Folgewirkungen unterschiedlich ausgestalteter Nießbrauchverhältnisse im Vergleich zur Unterlassensalternative vorsieht[1)], wird folgender Ansatzpunkt gewählt: Innerhalb der Familie herrsche überwiegend ein stark ausgeprägtes Vertrauensverhältnis, das zu Interessenidentität bzw. Interessengleichlauf führt[2)].

---

1) Vgl. Seite 93 und 97.

2) E. BIERGANS (Einkommensteuer, S. 808) spricht gleichzeitig von "gekoppelten Beziehungen", die nach Ansicht der Finanzverwaltung und -rechtsprechung insbesondere bei Familienpersonengesellschaften, der GmbH & Co KG, Arbeitsverhältnissen zwischen nahen Angehörigen und Nießbrauchbestellungen unter nahen Angehörigen zu finden sind. Allgemein vgl. dazu K.H. NOLTE: Zum Problemkreis: Besteuerung bei Interessengleichlauf, DB 1981, S. 908 - 913.

Die individuellen Ziele der Familienangehörigen können folglich im Hinblick auf die Durchführung einer Nießbrauchgestaltung als originäres gemeinsames Ziel der Familie formuliert werden[1].

Ausschlaggebend für die Bestellung von Nießbrauchrechten sei das Einkommensmotiv[2]: Sowohl die Zuwendung eines Nießbrauchrechts als auch die Übertragung eines Grundstücks unter Nießbrauchvorbehalt soll für die Nießbrauchbeteiligten im Vergleich zur Unterlassensalternative grundsätzlich eine Verbesserung ihrer Einkommensposition zur Folge haben[3]. Aus dem Einkommensmotiv sind die finanziellen Ziele Vermögens-, Konsum- und - als Kombination aus beiden Zielen - Wohlstandsstreben ableitbar[4]. Im ersten Fall strebt der Handelnde danach, bei vorgegebener jährlicher Konsumentnahme sein Vermögen am Ende des Planungszeitraumes zu maximieren. Im zweiten Fall möchte er während des Planung-

---

1) Verfolgen die Familienangehörigen - abweichend davon - unterschiedliche Ziele, müssen die individuellen Präferenzen zunächst in einem Zielbildungsprozeß zu einer kollektiven Zielfunktion aggregiert werden (vgl. K. GRATZ: Grundprobleme individueller und kollektiver Steuerplanung - Anwendungsbereiche und Lösungsverfahren unternehmerischer Steuergestaltung. Betriebswirtschaftliche Studien, Bd. 43, Berlin 1982, S. 103). Zur Durchführung multipersonaler, konfliktärer Zielbildungsprozesse vgl. J. BILDINGMAIER: Entscheidungsprozeß, Studienreihe Betrieb und Markt, Bd. 11, hrsg. von H.C. Behrens, Wiesbaden 1968, S. 82 f.

2) Als weitere Handlungsmotive einer Person nennt D. SCHNEIDER (Investition und Finanzierung, 5. neubearbeitete Aufl., Wiesbaden 1980, S. 50) noch das Pflicht- und Prestigemotiv. Diese Motive spielen hier keine Rolle, da nicht ersichtlich ist, in welcher Weise Entscheidungen über die Durchführung von Nießbrauchgestaltungen davon getragen sein können.

3) Vgl. dazu aber Seite 186 f. dieser Arbeit.

4) Vgl. D. SCHNEIDER: Investition und Finanzierung, S. 161; Schneider nennt das Konsumstreben allerdings Einkommensstreben.

zeitraumes seine Konsumentnahmen maximieren, wobei er von einem vorgegebenen Endvermögen am Planungshorizont ausgeht[1].

Die Vor- und Nachteile einzelner Zielsetzungen sollen hier nicht erörtert werden[2], da die Entscheidung für eine dieser Varianten weitgehend von den individuellen Präferenzen der Beteiligten abhängt[3]. Außerdem sind Vermögens-, Konsum- und Wohlstandsstreben bei entsprechender Formulierung ineinander überführbar. Bei Vorliegen bestimmter Kapitalmarktprämissen führen die Zielsetzungen zu denselben Entscheidungen[4].

Die folgende Vorteilhaftigkeitsanalyse geht davon aus, daß die Nießbrauchbeteiligten nach einem maximalen Endvermögen am Planungshorizont streben. Da die explizite Erfassung von Einzeldispositionen im vorliegenden Problembereich nicht möglich ist, kann der Konsumbereich der Nießbrauchbeteiligten hier nur global durch Ausgestaltung einer Präferenzfunktion Berücksichtigung finden[5]. Eine derartige

---

1) Vgl. D. SCHNEELOCH: Steuerbelastungsvergleiche - Einzelwirtschaftliche Analysen ausgewählter Steuergestaltungsmöglichkeiten im Einpersonen- und im Ehegattenfall, Berlin 1975, S. 18; H. BIEG: Die Verfahren der Investitionsrechnung und ihre Verwendung in der Praxis, Das Steuerberater-Seminar, Betriebswirtschaftliche Steuerberatungspraxis in Einzeldarstellungen, Teil I. und II., Der Steuerberater 1985, S. 16 - 29, 60 - 77 (17 f.).

2) Vgl. zu dieser Frage insbes. H. LAUX, G. FRANKE: Der Erfolg im betriebswirtschaftlichen Entscheidungsmodell, ZfB 1970, S. 31 - 52 (38 ff.).

3) Vgl. D. SCHNEIDER: Investition und Finanzierung, S. 171; L. KRUSCHWITZ, J. FISCHER: Entscheidungen über Investitionsalternativen bei detaillierter Berücksichtigung von Gewinnsteuern, DWB 1979, S. 443 - 457 (448); dieselben: Untersuchung über Voraussetzungen, Wahrscheinlichkeit und Bedeutung von Konflikten zwischen den Zielsetzungen "Endwert- und Entnahmemaximierung" in der Investitionsplanung, Berlin 1977, S. 1.

4) Vgl. D. SCHNEIDER: Investition und Finanzierung, S. 171.

5) In betriebswirtschaftlichen Entscheidungsmodellen wird die Abgrenzung des Konsumbereichs häufig als unvermeidlich angesehen, weil das Wahlproblem sonst zu komplex würde (vgl. F.W. WAGNER, H. DIRRIGL: Die Steuerplanung der Unternehmung, Stuttgart - New York 1980, S. 12 sowie H. HABERSTOCK: Integrierung der Ertragsbesteuerung, S. 25 ff.).

Abgrenzung des Konsumbereichs[1] führt dazu, daß der Gesamtbereich denkbarer steuerlicher Individualprobleme auf die Einkommenserzielung eingeschränkt wird und die steuerliche Gestaltung des Konsumausgabenstroms unterbleibt.

Das *Aktionsfeld* der vorliegenden Untersuchung umfaßt zunächst die Handlungsalternativen Nießbrauchgestaltung und Unterlassung. "Die Möglichkeit, sich (scheinbar) vor einer Entscheidung zu drücken und gar nichts zu tun, wird also selbst zu einer in das Aktionsfeld einzubeziehenden Alternative"[2]. Die Handlungsalternative Nießbrauchgestaltung steht für eine Vielzahl weiterer Alternativen. Ausgehend von den Nießbraucharten Zuwendungsnießbrauch und Vorbehaltsnießbrauch kann das Aktionsfeld unter Berücksichtigung unterschiedlicher Modalitäten zu einer Fülle sich ausschließender Nießbrauchgestaltungen ausgedehnt werden. Im weiteren Verlauf der Untersuchung erfährt das Entscheidungsfeld eine Erweiterung um andere Handlungsalternativen. Die Vereinbarung obligatorischer Nutzungsrechte und die Vereinbarung von Renten und rentenähnlichen Leistungen werden als Handlungsalternativen zum Nießbrauch in das Aktionsfeld aufgenommen[3].

Welches Ergebnis bei der Wahl einer bestimmten Gestaltungsalternative erzielt wird, hängt auch von Größen ab, die der Entscheidungsträger nicht beeinflussen kann[4]. Solche als Daten bezeichneten Größen stammen einerseits aus dem Familienbereich der Beteiligten, andererseits ergeben sie sich aus der Art der Nießbrauchobjekte. Einander ausschließende Konstellationen von Ausprägungen entscheidungsrelevanter Daten werden als *Umweltzustände* bezeichnet[5].

---

1) Im einzelnen vgl. dazu LAUX/FRANKE: Der Erfolg, S. 38 ff.

2) M. BITZ: Strukturierung, S. 70.

3) Vgl. Seite 234 ff.

4) Vgl. H. LAUX: Entscheidungstheorie - Grundlagen, S. 23 f.

5) Vgl. ebenda, S. 24.

Alle für die Zielerreichung als relevant erachteten Konsequenzen, welche in Abhängigkeit von der gewählten Alternative und vom betreffenden Umweltzustand eintreten, werden im *Ergebnisraum* zusammengefaßt. Dieser enthält zunächst nur eine Konsequenz bzw. Zielgröße, nämlich die finanzielle Auswirkung einer bestimmten Nießbrauchgestaltung im Vergleich zur Unterlassensalternative als quantitative Wertgröße. Nach der Einbeziehung anderer Handlungsalternativen und Erweiterung des Zielsystems um nichtfinanzielle Zielsetzungen, entspricht jedes Ergebnis einer Wertkonstellation mehrerer Zielgrößen. Die Ergebnisse sind dann Vektoren von Zielgrößenausprägungen[1].

Im Rahmen dieser Arbeit werden ausschließlich deterministische Modelle behandelt, d.h. es gilt die Prämisse einer eindeutig bestimmten Umweltsituation. Dieses ist sinnvoll, weil die Einbeziehung der Unsicherheit nichts an der zu erörternden steuerlichen Gestaltungsproblematik des Nießbrauchs ändern würde[2].

B. Nießbrauchgestaltungen im Vergleich zur Unterlassensalternative

1. Nießbrauch an Grundstücken des Privatvermögens

a) Modellbildung

Im folgenden ist ein Rechenmodell zu formulieren, das Nießbrauchverhältnisse an Grundstücken des Privatvermögens möglichst realitätsgerecht abbildet. Die Modellbildung wird hier nur in ihren Grundzügen dargelegt, da diese für das Verständnis der Vorteilhaftigkeitsanalyse ausrei-

1) Vgl. H. LAUX: Entscheidungstheorie - Grundlagen, S. 23.

2) Vgl. dazu ausführlich L. HABERSTOCK: Integrierung der Ertragsbesteuerung, S. 16 f. m.w.N.

chen. Detaillierte re Ausführungen zur Entwicklung des im Rahmen dieser Arbeit verwandten EDV-Programms müssen aus Raumgründen unterbleiben[1]. Die formelmäßige Erfassung der finanziellen Folgewirkungen des Nießbrauchs bis hin zur Bildung der Ziel*größe* ist im Anhang 1) der Arbeit dokumentiert.

(1) Grundsätzliche Vorgehensweise

Ein vergleichsweise einfach zu handhabendes Verfahren, um aus der Fülle möglicher Ausgestaltungen eines Nießbrauchverhältnisses die bestmögliche auszuwählen, stellt das Verfahren der Optimierung dar: Nach der mathematischen Formulierung eines Lösungsansatzes erfolgt (mit Hilfe der EDV) die Bewertung der möglichen Lösungen durch die Zielfunktion[2]. Als Ergebnis präsentiert sich der für den betrachteten Einzelfall optimale Einsatz der Gestaltungsparameter mit dem erzielbaren finanziellen Erfolg.

Ein solches Verfahren wirft jedoch - sowohl aus methodischer als auch aus praktischer Sicht - Probleme auf: Da stets mehrere Gestaltungsparameter des Nießbrauchs gleichzeitig bestimmt werden, ist eine Interpretation der jeweils gefundenen Lösung hinsichtlich des Einflusses, den einzelne Parameter auf das finanzielle Ziel ausüben, nicht möglich. Gerade daran besteht aber ein besonderes Interesse.

In der Praxis werden die Gestaltungsparameter des Nießbrauchs vielfach im Rahmen eines Verhandlungsprozesses

---

1) Das Programm ist im Anhang der Arbeit abgedruckt, vgl. Anhang 1, Seite 280 ff.

2) Vgl. dazu T. ELLINGER: Operations Research. Eine Einführung, Berlin ... 1984, S. 2 ff.; A. NIESWANDT: Operations Research, Herne-Berlin 1977, S. 16 ff.

festgelegt. Dieses bedeutet, daß die Nießbrauchbeteiligten - abweichend von der hier (aus untersuchungstechnischen Gründen) getroffenen Annahme, nur solche Ausgestaltungen zu wählen, die dem Ziel der Endvermögensmaximierung entsprechen - u.U. suboptimale Lösungen bevorzugen können, die dafür ihren individuellen wirtschaftlichen oder persönlichen Verhältnissen eher gerecht werden. Für derartige Entscheidungssituationen können nur dann geeignete Handlungsempfehlungen gegeben werden, wenn die Wirkungsweise einzelner Gestaltungsparameter des Nießbrauchs bekannt ist. Neben der Optimierung der Gestaltungsparameter insgesamt, ergibt sich daher die Notwendigkeit, die Auswirkungen von Parameterveränderungen auf das finanzielle Ziel zu untersuchen[1].

Den Ausführungen zur steuerrechtlichen Behandlung des Nießbrauchs kann bereits andeutungsweise entnommen werden, daß die Erfassung der finanziellen Folgewirkungen des Nießbrauchs ein umfangreiches Rechenmodell erfordert. Die im Anhang 1) dieser Arbeit vorgenommene Formalisierung der einzelnen Gestaltungsvarianten des Zuwendungs- und Vorbehaltsnießbrauchs läßt darüber hinaus erkennen, daß die Darstellung der Nießbrauchproblematik als ein geschlossen lösbares Formalproblem nicht möglich ist[2]. Das entstehende mathematische Modell erreicht einen derartig hohen Kompliziertheitsgrad, daß auf eine analytische Lösung i.S. einer direkten Optimierung hier verzichtet werden muß. Die Vorteilhaftigkeitsanalyse des Nießbrauchs wird daher im folgenden mit Hilfe eines Simulationsmodells durchgeführt[3].

---

1) Eine solche Wirkungsanalyse kann grundsätzlich mit Hilfe der Parametrischen Programmierung durchgeführt werden (vgl. T. ELLINGER: Einführung, S. 137).

2) Vgl. Seite 280 ff.

3) Zum Verfahren der Simulation vgl. T. ELLINGER: Einführung, S. 12; A. NIESWANDT: Operations Research, S. 222 ff.

Mit Hilfe der Simulation werden Problemlösungen durch zielgerichtetes Experimentieren an Modellen, die der Wirklichkeit nachgebildet sind, gefunden[1]. In einem solchen "Berechnungsexperiment wird ... das Entscheidungsmodell *nicht unmittelbar* (Hervorh. d. Verf.) im Sinne einer Optimierung gelöst, sondern unter alternativen Bedingungen betrieben"[2]. Übertragen auf die Simulation von Nießbrauchverhältnissen bedeutet dieses: unterschiedliche Entscheidungssituationen werden durch die Variation einzelner Gestaltungsparameter des Nießbrauchs simuliert, so daß eine sukzessive Annäherung an die Optimallösung erfolgt. Das finanzielle Ergebnis bleibt damit hinsichtlich des Einflusses einzelner Parameter erklärbar.

Die Abbildung der tatsächlichen Gegebenheiten der Nießbrauchverhältnisse soll in der Weise erfolgen, daß sämtliche im Zusammenhang mit dem Nießbrauch anfallenden steuerlichen und nichtsteuerlichen Zahlungen jeweils für den Nießbraucher und Nießbrauchbesteller und darüber hinaus, getrennt nach Unterlassens- und Handlungsalternative, erfaßt und zu einem Vermögensendwert verdichtet werden.

Durch die getrennte Ermittlung der Vermögensendwerte der Nießbrauchbeteiligten werden einerseits Schwierigkeiten vermieden, die sich aus der personenbezogenen Aufteilung der Ergebnisse des ökonomischen Handelns ergeben. Steuerliche Vorteile bzw. Nachteile werden demjenigen zugerechnet, bei dem sie anfallen. Andererseits wird den Nießbrauchbeteiligten (da *alle* nießbrauchrelevanten Zahlungen erfaßt werden) bekannt, welche Vermögenszunahme bzw. -abnahme sie im Einzelfall aufgrund der Durchführung des Nießbrauchs zu erwarten haben.

---

1) Vgl. T. ELLINGER: Einführung, S. 12 m.w.N.

2) H. KOLLER: Simulation in der Betriebswirtschaftslehre, in: HWB, hrsg. von E. Grochla und W. Wittmann, 4. völlig neu gestaltete Auflage, Bd. 3, Stuttgart 1976, Sp. 3536 - 3545 (3540).

Die Differenz zwischen den Vermögensendwerten der Unterlassens- und Handlungsalternative stellt den Beitrag (positiv oder negativ) dar, den die zu beurteilende Nießbrauchgestaltung zur Maximierung des Endvermögens leistet. Das Vorteilskriterium ist somit auf den Effekt, den die Nießbrauchgestaltung verursacht, beschränkt.

Die Bestimmung der auf die Nießbrauchbeteiligten im Falle der Unterlassens- und Handlungsalternative entfallenden Steuerbelastung erfolgt im Wege der *Veranlagungssimulation*[1] Die Teilsteuerrechnung kann im Rahmen dieser Analyse nicht zur Anwendung kommen[2]. Die Vorzüge der Teilsteuerrechnung[3] ließen sich für eine Steuerwirkungsanalyse im Progressionsbereich nur mit dem Ziel einer Näherungslösung nutzen[4]. Denn im Falle des Zuwendungsnießbrauchs und im Falle des Vorbehaltsnießbrauchs werden sich die Nießbrauchbeteiligten mit ihrem zu versteuernden Einkommen häufig im Progressionsbereich befinden. Möglicherweise beziehen Nießbraucher und Nießbrauchbesteller neben den Einkünften,

---

1) D.h. es werden die steuerlichen Veranlagungen, wie sie bei einer Realisierung der verschiedenen Entscheidungsalternativen durchgeführt werden, simuliert (vgl. G. ROSE: Die Steuerbelastung der Unternehmung - Grundzüge der Teilsteuerrechnung, Wiesbaden 1973, S. 47 f. m.w.N.).

2) Bei der Veranlagungssimulation kommt es auf Steuerarten, deren Bemessungsgrundlagen und deren Tarife an (vgl. G. ROSE: Die Steuerbelastung, S. 54), was für die hier durchzuführenden Berechnungen ausreichend ist. Es soll jedoch nicht unerwähnt bleiben, daß die Veranlagungssimulation keine Möglichkeit bietet, Beziehungen zwischen Steuerbelastungen und ökonomischen Kategorien herzustellen. Für eine derartige Zielsetzung ist die Teilsteuerrechnung das geeignete Verfahren.

3) Zur Teilsteuerrechnung vgl. z.B. G. ROSE: Einführung in die Teilsteuerrechnung, BFuP 1979, S. 293 - 308; F. EGGENSIECKER: Zur praktischen Handhabung der Teilsteuerrechnung, FR 1972, S. 279 - 281 (279); M. EISENACH: Entscheidungsorientierte Steuerplanung, S. 136 ff.; T. SIEGEL: Steuerwirkungen und Steuerpolitik in der Unternehmung, Würzburg-Wien 1982, S. 37 ff.; WAGNER/DIRRIGL: Steuerplanung, S. 154 ff.

4) Vgl. E. SCHULT: Teilsteuersätze durch Veranlagungssimulation - ein BASIC-Programm -, Essener Diskussionsbeiträge zum Rechnungs-, Steuer- und Prüfungswesen, hrsg. von E. Schult und T. Siegel, Essen 1985, S. 2 sowie T. Siegel: Steuerwirkungen, S. 62 f.

die mit dem Nießbrauchobjekt im Zusammenhang stehen, weitere Einkünfte aus anderen ökonomischen Aktivitäten, so daß zur Isolierung der steuerlichen (und sonstigen) finanziellen Wirkungen des Nießbrauchs eine Differenzbetrachtung notwendig und sinnvoll ist. Die Aufgabe der Teilsteuerrechnung wäre es hier, die auf die Nießbrauchbestellung entfallenden Steuerbelastungen des Nießbrauchers und des Nießbrauchbestellers für jede Periode des Planungszeitraums zu quantifizieren[1]. Der unvermeidbare Einsatz der Veranlagungssimulation zur Berechnung der Teilsteuersätze führt nun zu einem gewissen Widerspruch, denn mit Hilfe der Veranlagungssimulation wird direkt die gesuchte Steuerbelastungsdifferenz berechnet[2]. Es wird offensichtlich das Gegenteil einer Arbeitserleichterung erreicht, wenn die Steuersätze nur gebraucht werden, um durch Multiplikation mit den Bemessungsgrundlagenänderungen die schon ermittelte Steueränderung anzugeben[3].

Die Ergebnisse der durchzuführenden Vorteilhaftigkeitsanalyse bilden die Grundlage für Planungsüberlegungen innerhalb der Familie, die in erster Linie auf die steuerlichen Folgen des Nießbrauchs gerichtet sein werden. Da im Rahmen des Rechenmodells auch nichtsteuerliche Zahlungsgrößen Berücksichtigung finden, die Untersuchung sich mithin nicht auf eine steuerliche Partialplanung beschränkt, steht den Nießbrauchbeteiligten damit die Möglichkeit offen, die finanziellen Folgewirkungen des Nießbrauchs i.S. einer

---

1) Durch die Zahlung der Schenkungsteuer und des Nießbrauchentgelts, in jedem Fall aber durch Zinseffekte, nimmt die Höhe der Einkünfte, die mit dem Nießbrauchobjekt im Zusammenhang stehen, in jeder Periode eine andere Höhe an.

2) So auch T. SIEGEL: Steuerwirkungen, S. 62 f. und E. SCHULT: Teilsteuersätze und Veranlagungssimulation, S. 2 f.

3) Vgl. E. SCHULT: Teilsteuersätze und Veranlagungssimulation, S. 2 f.

betriebswirtschaftlichen Planung mit Berücksichtigung der Steuern, zu planen[1].

(2) Auswahl und Beschreibung der Nießbrauchobjekte

Im folgenden werden Nießbrauchbestellungen an vermieteten Grundstücken[2] untersucht. Auf der Grundlage der Einteilung der bebauten Grundstücke nach § 75 BewG werden der Analyse

- Einfamilienhäuser und Eigentumswohnungen,
- Zweifamilienhäuser,
- Mehrfamilienhäuser (Mietwohngrundstücke)[3]

zugrunde gelegt.

Den Ausgangspunkt für die quantitative Beschreibung der Nießbrauchobjekte bildet der *Jahresrohertrag*. Der Rohertrag umfaßt alle Einnahmen aus dem Grundstück, die bei ordnungsmäßiger Bewirtschaftung unter Beachtung der allgemeinen Anforderungen an gesunde Wohn- und Arbeitsverhältnisse nachhaltig erzielbar sind, insbesondere also Mieten und Pachten einschließlich Umlagen für Vergütungen, soweit

---

1) Vgl. R. ROSE: Der Bundesfinanzhof, S. 275 f.; F.W. WAGNER: Zum gegenwärtigen Forschungsprogramm der betriebswirtschaftlichen Steuerlehre, DB 1974, S. 393 - 398 (394). Zur unterschiedlich weiten Begriffsdefinition der Steuerplanung vgl. M. EISENACH: Entscheidungsorientierte Steuerplanung, S. 18 ff.; M. HEINOLD: Betriebliche Steuerplanung mit quantitativen Methoden, München 1979, S. 16 ff.; H.G. MELCHER: Planungskonzepte für die betriebliche Steuerpolitik, DB 1971, S. 108 - 111 (108); J. WEHMEYER: Die steuerliche Planung der Unternehmung, Düsseldorf 1967, S. 7 ff.

2) Grundstücke sind: Unbebaute Grundstücke, bebaute Grundstücke, Gebäude auf fremdem Grund und Boden (vgl. dazu §§ 70 ff. BewG sowie H.L. DORNBUSCH, L.T. JASPER, D. PLITZ: Steuervorteile durch privaten Haus- und Grundbesitz - Anschaffung - Besitz - Veräußerung. Beck-Rechtsberater, 2. völlig überarbeitete Aufl., München 1984, S. 221 ff.).

3) Mietwohngrundstücke sind Grundstücke, die zu mehr als achtzig vom Hundert, berechnet nach der Jahresrohmiete, Wohnzwecken dienen, mit Ausnahme der Ein- und Zweifamilienhäuser (vgl. § 75 Abs. 1 BewG).

sie die zulässige Nutzung des Grundstücks und seine baulichen Anlagen betreffen (Leerraum-Kaltmiete)[1].

In Anlehnung an die Ermittlung des Verkehrswertes von Grundstücken ist im weiteren Verlauf der Arbeit ein Wertverhältnis zwischen dem Rohertrag und dem Verkehrswert der Nießbrauchobjekte zu ermitteln. Dabei ergibt sich das Problem, daß diesbezüglich kein einheitlich linearer Zusammenhang für die verschiedenen Grundstücksarten festzustellen ist.

Der Begriff *Verkehrswert* ist mit dem im Steuerrecht verwandten Begriff des gemeinen Wertes (§ 9 Abs. 2 BewG) identisch[2]. "Der Verkehrswert ist nach dem Preis zu bestimmen, der am Wertermittlungsstichtag im gewöhnlichen Geschäftsverkehr nach dem Zustand des Grundstücks ohne Rücksicht auf ungewöhnliche oder persönliche Verhältnisse zu erzielen wäre"[3]. Die Verkehrswertermittlung wird als Versuch bezeichnet, den wahren oder wirklichen Wert einer Immobilie zu ermitteln[4].

Für die Verkehrswertermittlung stehen drei Verfahren zur Verfügung: Vergleichswert-Verfahren, Sachwert-Verfahren, Ertragswert-Verfahren, die jedoch jeweils eine Fülle von Vorinformationen benötigen, bevor sie einsetzbar sind[5].

---

1) Vgl. § 10 der Verordnung über Grundsätze für die Ermittlung des Verkehrswerts von Grundstücken (Wertermittlungsverordnung 1972) in der Fassung vom 15. August 1972, BGBl I, S. 1409 ff.

2) Vgl. K. NÜSING: Die Ermittlung des Verkehrswertes von Mietwohngrundstücken, Wpg 1978, S. 508 - 517 (509).

3) § 3 Abs. 1 WertV. H.J. METZ (Entscheidungsorientierte Wertermittlung von Grundstücken, Berlin 1979, S. 31) leitet den Begriff des Verkehrswertes aus entscheidungstheoretischen Überlegungen her: "Gesucht wird der Wert eines Grundstücks, der sich bei rationalem Verhalten der Entscheidungssubjekte unter Berücksichtigung der Marktbedingungen des Grundstücks ergeben würde".

4) Vgl. G. WEYERS: Verkehrswert und Beleihungswert - Gegensatz und Synthese? Der langfristige Kredit, Heft 2, 1981, S. 44 - 46 (45).

5) Vgl. § 3 Abs. 2 WertV. sowie im einzelnen: STANNIGEL/KREMER/WEYERS: Beleihungsgrundsätze für Sparkassen. Kommentar und Handbuch für die Beleihungspraxis, Stuttgart 1984, S. 152 ff.; M. VOGELS: Grundstücks- und Gebäudebewertung - marktgerecht, 2. neu bearb. und erw. Aufl., Wiesbaden-Berlin 1982, S. 174 ff.; G. WEYERS: Verkehrswert, S. 44 f.; K. NÜSING: Verkehrswertermittlung, S. 511 ff.; T. GERADY: Praxis der Grundstücksbewertung, München 1975, S. 210 ff.

Hier soll deshalb ein vereinfachtes Verahren zur Ableitung des Verkehrswertes von Grundstücken aus dem Jahresrohertrag herangezogen werden.

Die Ermittlung des Verkehrswertes von Mietwohngrundstücken wird häufig nach der sogenannten Makler-Methode vorgenommen, nach der der Jahresrohertrag des zu bewertenden Grundstücks (Kaltmiete) mit einem Vervielfältiger multipliziert den Verkehrswert ergibt[1]. Der Vervielfältiger beruht auf einem mixtum compositum aus Durchschnittsverzinsung des Eigenkapitals, Alter des Objekts, Verwaltungskosten und Risiko. Für Mietwohngrundstücke werden, je nach Alter der Objekte, Vervielfältiger für die Jahresrohmiete *zwischen 9 und 15* angegeben[2].

Das Makler-Verfahren ist nur bei Grundstücken mit normaler baulicher Ausführung anwendbar[3], wie sie auch dieser Arbeit zugrunde liegen sollen. Da es hier zur Herleitung realistischer Fallgestaltungen lediglich auf die richtige Bestimmung des Verhältnisses zwischen Jahresrohertrag und Verkehrswert ankommt, kann dieses Verfahren - nach Bestimmung zutreffender Vervielfältiger[4] - auch für die Verkehrswertermittlung von Eigentumswohnungen, Einfamilien- und Zweifamilienhäuser Anwendung finden[5].

---

1) Vgl. STANNIGEL/KREMER/WEYERS: Beleihungsgrundsätze, S. 168 f.; K. NÜSING: Verkehrswert, S. 516.

2) Vgl. STANNIGEL/KREMER/WEYERS: Beleihungsgrundsätze, S. 168 f.

3) Vgl. ebenda.

4) Vgl. hierzu Anhang 1, Seite 281 ff.

5) Auch die Anwendung des Vergleichswert-, Sachwert- oder Ertragswertverfahrens führen nicht zu exakten Ergebnissen: "Der Verkehrswert von Grundstücken ist keine mathematisch genau feststellbare Größe. Erfahrene Sachverständige haben ..., bestätigt, daß Abweichungen in der Bewertungshöhe um 10 % nach oben oder unten auch bei sorgfältigsten Feststellungen gar nicht zu vermeiden wären. Häufig ist der Ungenauigkeitsbereich noch größer" (Landgericht Hamburg im Urteil vom 31.10.1960 I 100/60 Baul, BBauBl 1961, S. 376).

Die Höhe der gewöhnlichen und außergewöhnlichen *Grundstückslasten*, die entweder entsprechend einer Vereinbarung oder nach Regelung des Bürgerlichen Gesetzbuches von den Nießbrauchbeteiligten zu tragen sind[1], soll, ähnlich wie die Höhe der Bewirtschaftungskosten, bei der Anwendung des Ertragswertverfahrens zur Verkehrswertermittlung in Abhängigkeit vom Rohertrag geschätzt werden[2]. Eine Übernahme der in der Verordnung über wohnwirtschaftliche Berechnungen enthaltenen Richtwerte ist nicht möglich, da die Bewirtschaftungskosten auch Abschreibungen enthalten, nicht hingegen bspw. Hypothekenforderungen und Grundschulden, die schon zur Zeit der Nießbrauchbestellung auf dem Objekt lasteten.

Ein weiteres Problem, das zur abschließenden Beschreibung der Nießbrauchobjekte zu lösen ist, betrifft die *Einheitswert*ermittlung. Dem Einheitswert kommt für die Ermittlung der schenkungsteuerlichen Bemessungsgrundlage im Zusammenhang mit dem unentgeltlichen bzw. teilentgeltlichen Zuwendungsnießbrauch[3] und dem Vorbehaltsnießbrauch besondere Bedeutung zu. Der Einheitswert soll in Abhängigkeit vom Verkehrswert angenommen werden. Über dieses Verhältnis sind weder statistische Angaben vorhanden, noch existieren verläßliche Methoden zur Erstellung einer solchen Beziehung[4]. Die Schätzung muß hier auf Ausführungen in der Fachliteratur gestützt werden; eine gesonderte empirische

---

1) Vgl. Nießbrauch-Erlaß II, Tz. 21, 29, 35 a, 40 sowie §§ 1041 ff.

2) Vgl. § 11 WertV. und § 24 ff. der Verordnung über wohnwirtschaftliche Berechnungen (Zweite Berechnungsverordnung) in der Fassung vom 18.7.1979, BGB I, S. 1077 sowie STANNIGEL/KREMER/WEYERS: Beleihungsgrundsätze, S. 78 ff.

3) Die besondere Bedeutung erwächst hier aus der Höchstbetragsregelung des § 16 BewG.

4) Vgl. STANNIGEL/KREMER/WEYERS: Beleihungsgrundsätze, S. 167 f.

Untersuchung würde den Rahmen dieser Arbeit sprengen[1].

(3) Ökonomische Aktivitäten und persönliche Daten der nießbrauchbeteiligten Entscheidungsträger

Der finanzielle Erfolg bestimmter Nießbrauchgestaltungen ist in hohem Maße von der wirtschaftlichen und persönlichen Situation der beteiligten Personen abhängig. Kennzeichnend für die wirtschaftliche Situation sind vor allem die ökonomischen Aktivitäten der Nießbrauchbeteiligten.

Im Rahmen der ökonomischen Aktivitäten kommt der Höhe der Einkünfte, die aus einem Nießbrauchobjekt zu erzielen sind, besondere Bedeutung für die Vorteilhaftigkeit der Gestaltung zu. Der entscheidende Einfluß geht jedoch, wie im einzelnen zu zeigen sein wird, wegen des progressiven Einkommensteuertarifs von der Höhe des sonstigen Einkommens der Nießbrauchbeteiligten aus. Das sonstige Einkommen wird hier als Einkommen verstanden, das den Nießbrauchbeteiligten aufgrund von Aktivitäten zufließt, die nicht mit dem Nießbrauch im Zusammenhang stehen.

Weitere Einflüsse folgen aus der persönlichen Situation der Nießbrauchbeteiligten. Der Familienstand des Nießbrauchers und Nießbrauchbestellers ist bestimmend für die Anwendung des einkommensteuerrechtlichen Grund- oder Splittingtarifs. Das Alter des Nießbrauchers beeinflußt den Wert des Nießbrauchs und hat damit möglicherweise Auswirkungen auf das Ausmaß der Schenkungsteuerbelastung[2].

---

1) Vgl. dazu auch A. UELNER: Die Problematik der Einheitsbewertung, in: Werte und Wertermittlung im Steuerrecht: Steuerbilanz, Einheitsbewertung, Einzelsteuern und Unternehmensbewertung, hrsg. im Auftrag der Deutschen Steuerjuristischen Gesellschaft e.V. von A. RAUPACH, Köln 1984, S. 275 - 292 (284); M. TROLL: Zur Aussetzung der Vollziehung von Einheitswertbescheiden, DStR 1981, S. 123 - 131 (124 ff.); M. TROLL, J. SIMON: Wertermittlung bei Geschäfts- und Fabrikgrundstücken, München 1980, S. 315; STANNIGEL/KREMER/WEYERS: Beleihungsgrundsätze, S. 168.

2) Dieses gilt allerdings nur im Falle lebenslänglich vereinbarten Nießbrauchs.

Die verwandtschaftliche Beziehung zwischen Nießbraucher und Nießbrauchbesteller und die Richtung der durch die Nießbrauchbestellung (ggf.) vollzogenen Schenkung[1] bestimmen die Steuerklasse des progressiv verlaufenden Schenkungsteuertarifs[2] und die Höhe schenkungsteuerlicher Freibeträge.

Zur wirtschaftlichen Situation der Nießbrauchbeteiligten zählt im weiteren Sinne auch das Anfallen bisheriger Schenkungen. Bereits vor der Nießbrauchbestellung erfolgte Schenkungen können eine Erhöhung der Schenkungsteuerbelastung herbeiführen, da innerhalb von 10 Jahren derselben Person zugewendete Vermögensvorteile nach § 14 ErbStG zusammengerechnet werden. Es wird jedoch hier die Annahme zugrunde gelegt, daß bisherige Schenkungen nicht erfolgt sind.

Im weiteren Verlauf der Analyse werden die ökonomischen Aktivitäten der Nießbrauchbeteiligten, ausgedrückt durch die Höhe ihrer Einkommen, und die persönlichen Daten weitgehend variabel gehalten. Zur systematischen Erfassung des Untersuchungsraumes ist zunächst allerdings eine Festlegung auf bestimmte Grundfälle erforderlich. Aus Vereinfachungsgründen erfolgt dabei eine Festlegung auf Vater(Mutter)-Kind-Verhältnisse (Übersicht 7)[3].

---

1) Die Richtung der Schenkung gibt an, ob bspw. ein Vater seinem Sohn (absteigende Linie) oder ein Sohn seinem Vater (aufsteigende Linie) den Nießbrauch bestellt.

2) Mit abnehmendem Verwandtschaftsgrad zwischen Nießbraucher und Nießbrauchbesteller kann der Steuersatz, je nach Wert der Schenkung, zwischen 3 v.H. und 70 v.H. liegen (§ 19 ErbStG).

3) Vgl. Seite 106.

Eigentümer des Nießbrauchobjekts vor Nießbrauchbestellung	Vater vermögend, hohes Einkommen	Kind vermögend, hohes Einkommen	Vater vermögend, geringes/kein sonstiges Einkommen	Kind vermögend, geringes/kein sonstiges Einkommen
Nießbrauchbeteiligter	Kind geringes/kein Einkommen	Vater geringes/kein Einkommen	Kind	Vater
	Der Vater (das Kind) bestellt dem Kind (dem Vater) den Nießbrauch; das Kind (der Vater) kann dafür - je nach Ausgestaltung - eine Gegenleistung erbringen		Der Vater (das Kind) überträgt das Nießbrauchobjekt (unentgeltlich) auf das Kind (den Vater) und behält sich das Recht vor, die Nutzungen weiterhin zu ziehen	
	unentgeltlicher/teilentgeltlicher/ entgeltlicher Zuwendungsnießbrauch		Vorbehaltsnießbrauch	
Nießbrauchbesteller und Eigentümer nach Nießbrauchbestellung	Vater	Kind	Kind	Vater
Nießbraucher	Kind	Vater	Vater	Kind

Übersicht 7: Grundfälle des Nießbrauchs

Die Analyse des Zuwendungsnießbrauchs geht von folgendem typischen Fall aus: Der Eigentümer eines Grundstücks sei vermögend. Neben den Einkünften aus dem Grundstück beziehe er höhere bis sehr hohe sonstige Einkünfte[1] aus anderen ökonomischen Aktivitäten. Die Nießbrauchbestellung erfolge zugunsten eines Familienangehörigen, dem dann die Einkünfte aus dem Nießbrauchobjekt zufließen. Im Fall des Vorbehaltsnießbrauchs beziehe der Eigentümer, neben den Einkünften aus dem Grundstück, nur geringe Einkünfte aus anderen ökonomischen Aktivitäten.

1) Letzteres seien Einkünfte oberhalb von 130.000 DM bei Anwendung des Grundtarifs.

(4) Einzubeziehende Steuern und Transaktionskosten

Für die konkret-rechnerische Darstellung der finanziellen, insbesondere der steuerlichen Auswirkungen der zu untersuchenden Nießbrauchgestaltungen ist als nächstes festzulegen, welche Steuerarten überhaupt in die Betrachtungen einzubeziehen sind und in welcher Weise eine Berücksichtigung von Transaktionskosten erfolgen kann.

Grundsätzlich erfordert die Ableitung zutreffender Handlungsempfehlungen die Einbeziehung aller Steuern, die bei den einzelnen Gestaltungsmöglichkeiten entstehen[1]. Kann jedoch im voraus ermittelt werden, daß der Nutzen der Einbeziehung bestimmter Steuerarten mit nur geringem Einfluß in keinem Verhältnis zu dem Aufwand ihrer Erfassung steht, ist es aus wirtschaftlichen Gründen gerechtfertigt, auf deren explizite Erfassung zu verzichten[2].

Wie die Ausführungen zur steuerrechtlichen Behandlung des Nießbrauchs gezeigt haben, sind für den Problembereich des Grundstücksnießbrauchs unter nahen Angehörigen die Einkommensteuer - im Hinblick auf den Nießbrauch an Grundstücken im betrieblichen Bereich auch die Gewerbesteuer - und die Schenkungsteuer von besonderer Bedeutung[3]. Da eine wesentliche Beeinflussung der Vorteilhaftigkeit der zu untersuchenden Nießbrauchgestaltungen durch andere Steuern unterbleibt[4], werden nur die genannten Steuerarten in die Berechnungen einbezogen.

Die Zuwendung eines Nießbrauchrechts sowie die Übertragung eines Grundstücks unter Nießbrauchvorbehalt stellen Rechtsänderungen dar, die der notariellen Beurkundung und der

---

1) Vgl. dazu D. SCHNEELOCH: Steuerbelastungsvergleiche, S. 14.

2) In diesem Fall käme eine pauschale Berücksichtigung in Betracht.

3) Vgl. oben, Seite 80 ff.

4) So auch EGGENSIECKER/EISENACH/SCHÜRNER: Steuerliche Gestaltungsmöglichkeiten, S. 379.

Eintragung in das Grundbuch bedürfen. Die dadurch verursachten Notar- und Gerichtskosten sowie darüber hinaus anfallende Beratungskosten (*Transaktionskosten*) haben als entscheidungsrelevante Kosten grundsätzlich im Rahmen der quantitativen Bestimmung des Nießbrauchs Berücksichtigung zu finden.

Grundlage für die Bemessung der Notarkosten und der Gerichtskosten ist nach § 18 des Gesetzes über die Kostenordnung in Angelegenheiten der freiwilligen Gerichtsbarkeit (Kostenordnung) der Wert, den der Hauptgegenstand des vorzunehmenden Geschäfts zur Zeit der Fälligkeit der Kosten hat (Geschäftswert). Der Wert eines Rechts auf wiederkehrende Nutzungen oder Leistungen errechnet sich nach § 24 KostO aus einem Vielfachen des Jahreswerts der Nutzungen (nach Abzug der vom Nutzenden zu tragenden Grundstückslasten)[1].

Im Einzelfall ermitteln sich die Notar- bzw. Gerichtskosten durch Multiplikation des Geschäftswertes mit einem Gebührensatz, der von der Art der zu beurkundenden bzw. zu beglaubigenden Angelegenheit abhängt[2]. Aus der folgenden Übersicht lassen sich die für die Übertragung eines Grundstücks unter Nießbrauchvorbehalt und die Einräumung eines Nießbrauchrechts relevanten Gebührensätze entnehmen.

---

1) Hypotheken und Grundschuldzinsen werden jedoch nicht abgezogen (vgl. dazu aber oben, Seite 10).

2) Die volle Gebühr bestimmt sich nach § 32 KostO (vgl. auch Anlage zu § 32 KostO; neu gefaßt durch Gesetz vom 20.8.1975, BGBl I, S. 2189).

GESCHÄFTSWERT	NOTARKOSTEN			GERICHTSKOSTEN		
	Gegenstand	KostO	Gebühr	Gegenstand	KostO	Gebühr
Kaufpreis (§ 19 Abs. 1 KostO)	Kaufvertrag	§ 36 Abs. 2	20/10	Eintragung des Eigentums	§ 60 Abs. 1	1/1
Einheitswert bzw. höherer gemeiner Wert (§ 19 Abs. 2 KostO)	Schenkung	§ 36 Abs. 2	20/10		§ 60 Abs. 2	bei Verträgen zwischen Ehegatten oder Abkömmlingen 1/2
Jahreswert · Laufzeitfaktor max. 25 Jahre (§ 24 Abs. 1 KostO) bei lebenslänglicher Bestellung 3 ≤ Laufzeitfaktor ≤ 22 (§ 24 Abs. 2 KostO)	wiederkehrende Nutzungen oder Leistungen	§ 36 Abs. 2 i.V.m. § 44 Abs. 1	im Zsh. mit einer Grundstücksübertragung keine gesonderte Gebühr	Eintragung einer Dienstbarkeit im Zsh. mit Grundstücksübertragung	§ 62 Abs. 2	1/2
bei Bestellung zugunsten Angehöriger Laufzeitfaktor ≤ 5 (§ 24 Abs. 3 KostO)		§ 38 Abs. 2	1/2 Gebühr, wenn lediglich ein Nießbrauchrecht bestellt wird	Eintragung einer Dienstbarkeit	§ 62 Abs. 1	1/1

Übersicht 8: Gebührensätze zur Berechnung von Notar- und Gerichtskosten in bestimmten Angelegenheiten

Die Gebühren des Notars und des Gerichts sind beim Erwerb eines Grundstücks als Teil der Anschaffungskosten zu berücksichtigen[1]. Fraglich ist, welche steuerrechtliche Behandlung die im Zusammenhang mit der Zuwendung eines Nießbrauchrechts oder mit der Übertragung eines Grundstücks unter Nießbrauchvorbehalt entstehenden Transaktionskosten zu erfahren haben.

Erfolgt die Zuwendung eines Nießbrauchrechts gegen Entgelt, erhöhen die Transaktionskosten die Anschaffungskosten für

1) Vgl. HERMANN/HEUER/RAUPACH: Anm. 62 zu § 4 EStG, Stichwort Notarkosten; Anm. 1500 zu § 6 EStG, Stichwort: Beurkundung.

den Erwerb des Nießbrauchrechts[1]. Sie finden im Wege der Absetzung für Abnutzung über die Dauer des Nießbrauchs beim Nießbraucher steuermindernde Berücksichtigung[2].

Wird der Nießbrauch dagegen unentgeltlich eingeräumt, fehlt es an einem Anschaffungsvorgang. Da einmalige Aufwendungen, die im Zusammenhang mit dem Abschluß eines Nießbrauchvertrages an Privatgrundstücken veranlaßt sind, Anschaffungskosten für den Erwerb des Nutzungsrechts darstellen, die nur im Wege der Absetzung für Abnutzung gemäß § 9 Abs. 1 Nr. 7 EStG als Werbungskosten zu berücksichtigen sind[3], käme ein Abzug der Transaktionskosten von der steuerlichen Bemessungsgrundlage des Nießbrauchers nur in Betracht, wenn diese Kosten als eigenständiges Wirtschaftsgut aktivierbar wären[4]. Die für das Vorliegen eines Wirtschaftsguts erforderlichen Voraussetzungen[5] fehlen jedoch, so daß diese Aufwendungen bei unentgeltlicher Zuwendung eines Nießbrauchrechts für die steuerliche Abzugsfähigkeit verlorengehen[6].

---

1) Nach der Rechtsprechung des Bundesfinanzhofs kommen als Anschaffungskosten für den Erwerb eines Nutzungsrechts nur solche einmaligen Aufwendungen in Betracht, die im Zusammenhang mit dem Vertragsabschluß anfallen oder die als Entgelt für das Zustandekommen des Vertrags geleistet werden (vgl. BFH-Urteil vom 11.10.83 VIII R 61/81, BStBl II 1984, S. 267 (269) zu Pachtvorauszahlungen sowie das BFH-Urteil vom 20.1.1983 IV R 158/80, BStBl II 1983, S. 413 (414) zum Erbbaurecht).

2) In entsprechender Weise ist bei der teilentgeltlichen Zuwendung eines Nießbrauchrechts zu verfahren. Die Notar- und Gerichtskosten werden auch hier in voller Höhe steuerlich wirksam.

3) Vgl. dazu BFH-Urteil vom 11.10.1983 VIII R 61/81, BStBl II 1984, S. 269.

4) Vgl. H.B. BRANDENBERG: Problemfälle aus der Praxis, S. 77.

5) Vgl. dazu oben, Seite 61, Fn. 3.

6) Vgl. RICHTER/HdR: Fach 8.2.2., Rdnr. 44.

Im Falle der unentgeltlichen Übertragung eines Grundstücks unter dem Vorbehalt des Nießbrauchs setzt der Eigentümer nach Erlöschen des Nießbrauchs die Absetzungen für Abnutzung des Nießbrauchers in entsprechender Anwendung des § 11 d EStDV fort[1]. Die vom Eigentümer bei der Übertragung des Grundstücks gezahlten Transaktionskosten sind der Bemessungsgrundlage hinzuzurechnen. Ist das Grundstück entgeltlich übertragen worden, sind die Transaktionskosten den Anschaffungskosten des Eigentümers hinzuzurechnen. In beiden Fällen finden die Transaktionskosten somit erst nach Erlöschen des Nießbrauchs steuerliche Berücksichtigung.

Wie sich zeigt, bestehen, je nach Art der Nießbrauchgestaltung, erhebliche Unterschiede in der steuerlichen Behandlung der Transaktionskosten. Wird berücksichtigt, daß über die Notar- und Gerichtskosten hinaus Kosten für die Beratung durch einen Rechtsanwalt oder Steuerberater und ggf. Kosten für die Bestellung eines Ergänzungspflegers bei Nießbrauchbestellungen zugunsten Minderjähriger anfallen können, stößt die Erfassung der Transaktionskosten im Rahmen des hier zu formulierenden Rechenmodells auf erhebliche Schwierigkeiten.

Mit der Einbeziehung der Transaktionskosten in die konkreten Berechnungen würde eine Genauigkeit vorgespiegelt, die im Extremfall aufgrund der im Einzelfall z.T. erheblich differierenden Honoraransprüche der Berater rechenmodellimmanente Fehlentscheidungen zur Folge hätte. Bei Außerachtlassung der Transaktionskosten sind Fehlentscheidungen dagegen nur in solchen Fällen möglich, in denen der finanzielle Erfolg der im einzelnen zu betrachtenden Gestaltungen mit den (entsprechend vergleichbar gemachten) Transaktionskosten übereinstimmt oder geringere Werte annimmt. Auf eine

---

1) Vgl. Nießbrauch-Erlaß II, Tz. 49.

explizite Erfassung der Transaktionskosten wird daher verzichtet[1].

Während die Notar- und Gerichtskosten vollständig eingespart werden können, wenn anstelle eines Zuwendungsnießbrauchs ein obligatorisches Nutzungsrecht vereinbart wird[2], sind bei der Übertragung eines Grundstücks unter Vorbehalt eines obligatorischen Nutzungsrechts anstelle eines Nießbrauchs nur relativ geringe Ersparniswirkungen zu erzielen, denn der überwiegende Teil der Notar- und Gerichtskosten wird durch den Übergang des Eigentums an dem Grundstück verursacht.

(5) Kalkulationszinsfuß

Die Prüfung des Ausmaßes, in dem einzelne Nießbrauchgestaltungen das finanzielle Ziel der Endvermögensmaximierung beeinflussen, setzt voraus, daß sämtliche für den Kalkül relevanten Zahlungen - hier: unmittelbar mit dem Nießbrauchobjekt im Zusammenhang stehende Ein- und Auszahlungen, daraus resultierende Ertragsteuerzahlungen sowie erbschaft- bzw. schenkungsteuerliche Belastungswerte - im Zeitablauf mittels eines geeigneten Bewertungsmaßstabes vergleichbar gemacht und zu einer Gesamtwirkungsziffer aggregiert werden[3]. Hat die ermittelte Wirkungsziffer ein positives

---

1) Einen Eindruck über die Höhe der Notar- und Gerichtskosten bei Durchführung eines Zuwendungs- und Vorbehaltsnießbrauchs vermittelt die Übersicht 14 im Anhang 2, Seite 311 dieser Arbeit.

2) Vgl. dazu Seite 236 ff.

3) Vgl. M. EISENACH: Entscheidungsorientierte Steuerplanung, S. 177 f.; C. SCHILD: Erbschaftsteuer- und Erbschaftsteuerpolitik bei der Unternehmernachfolge, Thun-Frankfurt 1980, S. III; J. SIGLOCH, K. MAYR: Die Behandlung der Zuwendungen unter Nießbrauchvorbehalt im Erbschaft- und Schenkungsteuerrecht, FR 1974, S. 569 - 574, 595 - 599 (572). Zur Bewertungsfunktion des Kalkulationszinsfußes vgl. B. WASSERMANN: Der Zinsfuß als Bewertungsfaktor in der Ertragsteuerbilanz - Ein systematischer Ansatz zur Lösung praktischer Bewertungsprobleme auf der Grundlage des geltenden Bilanzsteuerrechts unter besonderer Berücksichtigung der höchstrichterlichen Finanzrechtsprechung, Köln 1979, S. 17 f.

Vorzeichen, ist die jeweilige Gestaltung der Unterlassensalternative vorzuziehen. Ein negatives Vorzeichen zeigt die Vorteilhaftigkeit der Unterlassensalternative an.

Als Bewertungsmaßstab zur Eliminierung des zeitlichen Moments wird der Kalkulationszinsfuß herangezogen[1]. Die Frage nach der Bestimmung eines allgemein richtigen Zinsfußes soll hier nicht vertieft werden[2], da Kalkulationszinsfüße stets situationsabhängig zu ermitteln sind. *Schneider* zufolge richtet sich die Höhe des Kalkulationszinsfußes nach den Vereinfachungen der jeweils zugrunde liegenden Modellüberlegungen. Für Einzelentscheidungen wird es als ausreichend erachtet, als Kalkulationszinsfuß die Effektivverzinsung langfristiger Kredite zu wählen[3].

Aus der Anlage freiwerdender Mittel resultieren i.d.R. Zinserträge, die das zu versteuernde Einkommen einer Periode erhöhen. Entsprechend mindern die aus einer Mittelaufnahme entstandenen Kapitalkosten das zu versteuernde Einkommen. Die Anlage und Aufnahme von Geldmitteln führt somit zu steuerlichen Effekten, deren Außerachtlassung das Ergebnis verfälschen würde[4]. Derartige steuerliche Effekte können entweder durch explizite Erfassung der positiven bzw. negativen Zinszahlungen im Zahlungsstrom Berücksichtigung finden oder pauschal im Kalkulationszinsfuß[5]. Neben der allgemeinen Problematik, die der pauschalen Er-

---

1) Vgl. B. WASSERMANN: Zinsfuß, S. 46.

2) Dieses schon deshalb nicht, weil es als unmöglich angesehen wird, den allgemein richtigen Kalkulationszinsfuß zu ermitteln (vgl. z.B. M. EISENACH: Entscheidungsorientierte Steuerplanung, S. 273).

3) Vgl. D. SCHNEIDER: Investition und Finanzierung, S. 228 f.

4) Vgl. M. EISENACH: Entscheidungsorientierte Steuerplanung, S. 290 f. sowie D. RÜCKLE: Normative Theorie der Steuerbilanzpolitik, Wien 1983, S. 435 sowie T. SIEGEL: Steuerwirkungen und Steuerpolitik in der Unternehmung, Würzburg-Wien 1982, S. 130 f.

5) Vgl. hierzu G. WÖHE, H. BIEG: Grundzüge der Betriebswirtschaftlichen Steuerlehre, 2. neu bearbeitete Aufl., München 1984, S. 311 f.; D. SCHNEIDER: Investition und Finanzierung, S. 268 ff.; WAGNER/DIRRIGL: Steuerplanung, S. 30 ff.; KRUSCHWITZ/FISCHER: Entscheidungen, S. 443 ff.; F.W. WAGNER: Das Grundmodell der Ertragsteuerwirkungen auf die Investitionsentscheidung, 1979, S. 67 ff.

fassung steuerlicher Wirkungen im Kalkulationszinsfuß anhaftet[1], spricht im Hinblick auf die hier durchzuführende Analyse ein erhöhter Rechenaufwand gegen diese Methode. Die unterschiedlichen Höhen der dem Nießbrauchobjekt in den einzelnen Perioden zuzuordnenden Differenzeinkommen[2] würde es erforderlich machen, in jeder Periode des Planungszeitraums eigene Nettokalkulationszinsfüße für den Nießbraucher und für den Nießbrauchbesteller zu ermitteln. Die Erfassung steuerlicher Zinseffekte erfolgt deshalb explizit im Zahlungsstrom. Es kommt ein Kalkulationszinsfuß vor Steuern zur Anwendung, dessen Höhe im Verlauf der Untersuchung variiert wird.

(6) Planungszeitraum und Dauer des Nießbrauchs

Der planmäßige Einsatz steuerlicher Gestaltungsmaßnahmen i.S. einer aktiven Steuerpolitik erfordert die Kenntnis des Zeitraums, für den geplant werden soll[3]. Nach der Zeitdauer werden im allgemeinen kurzfristige Pläne (bis zu einem Jahr), mittelfristige (bis zu fünf Jahren) und langfristige Pläne unterschieden[4].

Die Bestimmung des geeigneten Planungszeitraums ist insbesondere dann problematisch, wenn nicht sichergestellt ist, daß die für die Planung notwendigen Daten mit hinreichender Sicherheit für die gesamte Wirkungsdauer einer Gestaltungs-

---

1) Vgl. WAGNER/DIRRIGL: Steuerplanung, S. 31 f.

2) Die unterschiedliche Höhe der Differenzeinkommen kann bspw. durch die Zahlung von Schenkungsteuer, durch Zinseffekte oder durch den progressiv verlaufenden Einkommensteuertarif verursacht werden.

3) Vgl. D. SCHNEELOCH: Steuerbelastungsvergleiche, S. 21.

4) Vgl. K. MELLOROWICZ: Planung und Plankostenrechnung, Band I: Betriebliche Planung, 2. Aufl., Freiburg i.Br. 1970, S. 148 ff.

maßnahme prognostizierbar sind[1]. Planungszeitraum und Wirkungsdauer einer Maßnahme können in einem derartigen Fall nicht gleichgesetzt werden.

Nießbrauchverträge werden regelmäßig für einen längeren Zeitraum abgeschlossen. Neben den Schwierigkeiten, die unmittelbaren Objektzahlungen hinreichend sicher zu prognostizieren, können sich - z.T. auch daraus resultierend - erhebliche Unsicherheiten bei der Prognose der steuerlichen Belastungswerte einstellen. Insbesondere die Praxis der Nießbrauchbesteuerung hat gezeigt, auf welch unsicheren Boden derartige Prognosen möglicherweise gestellt sind. Für die folgenden Berechnungen wird unterstellt, daß sowohl die steuerlichen Gegebenheiten als auch die prognostizierten Zahlungsströme während des Planungszeitraumes keinen Veränderungen unterliegen.

Da die rechnerische Analyse des Nießbrauchs auch schenkungsteuerliche Belastungswerte berücksichtigen soll, ist eine längerfristige Planung notwendig. Es wird ein Planungszeitraum von 10 Jahren festgelegt. Zunächst wird davon ausgegangen, daß Planungszeitraum und Wirkungszeitraum übereinstimmen, d.h. der Nießbauch für die Dauer von 10 Jahren bestellt wird. In einem weiteren Analyseabschnitt beträgt die Nießbrauchdauer mehr als 10 Jahre. Zahlungen jenseits des Planungshorizonts von 10 Jahren bleiben dann außer Betracht[2]. Die Entscheidungsträger (Nießbrauchbesteller und Nießbraucher) seien in diesem Fall lediglich daran interessiert, welchen Beitrag eine Nießbrauchgestaltung während des

---

1) Zur allgemeinen Problematik der Festlegung des Planungszeitraumes vgl. H. ALBACH: Investition und Liquidität, Opladen 1962, S. 225 ff.; H. HAX: Investitionstheorie, S. 91 ff.; D. SCHNEIDER: Investition und Finanzierung, S. 42 ff.; P. SWOBODA: Investition und Finanzierung, Göttingen 1971, S. 41 ff.; zu den unterschiedlichen Literaturauffassungen vgl. auch D. SCHNEELOCH: Besteuerung und Investitionsfinanzierung - Eine Analyse bei geplanten Realinvestitionen von Kapitalgesellschaften, Berlin 1972, S. 52 f.; H. STEINHAUER: Steuerpolitik bei der Nachfolgeplanung gewerblicher Einzelunternehmer, Krefeld 1983, S. 48.

2) Zur Problematik des Planungshorizonts vgl. M. BITZ: Zeithorizonte bei der Investitions- und Finanzplanung, ZfB 1978, S. 175 - 193.

Planungszeitraumes von 10 Jahren zur Maximierung ihres Endvermögens leistet.

(7) Bewältigung des Rechenaufwands und Ergebnisdokumentation

Die folgenden Berechnungen laufen als zweistufige Prozesse ab: Zunächst sind die finanziellen Folgewirkungen einer Anzahl unterschiedlich ausgestalteter Nießbrauchverhältnisse als Vermögensendwerte zu erfassen. Die den Berechnungen zugrunde liegenden Nießbrauchverhältnisse werden dabei in der Weise bestimmt, daß die Koeffizienten der beeinflußbaren Entscheidungsvariablen jeweils unter der Annahme bestimmter Konstellationen von nicht beeinflußbaren Umweltzuständen systematisch eine Änderung erfahren. Anschließend sind möglichst allgemeingültige Entscheidungskriterien für die optimale Ausgestaltung von Nießbrauchverhältnissen abzuleiten, indem die Vermögensendwerte mit Blick auf das beste Ergebnis verglichen werden[1].

Da die praktische Durchführung derartiger Berechnungsexperimente mit Hilfe eines Simulationsmodells regelmäßig eine große Anzahl von Berechnungen erfordert, wurde zur quantitativen Erfassung der finanziellen Folgewirkungen von Nießbrauchgestaltungen im Vergleich zur Unterlassensalternative ein Rechenprogramm in der Programmiersprache FORTRAN entwickelt[2], mit dessen Hilfe die gewünschten Werte zeitsparend auf gebräuchlichen Rechnern bestimmt werden können[3].

---

1) Vgl. dazu auch H. KOLLER: Simulation, Sp. 3540 ff.

2) Allgemeine Hinweise zur Programmiersprache FORTRAN finden sich z.B. bei E. KANDER, R. KLETTER, C. ULLRICH: Programmiersprachen im Griff, Bd. 1: FORTRAN, Mannheim 1980; dieselben: Programmiersprachen im Griff, Bd. 7, Übungen und Tests in FORTRAN 77, Mannheim 1984, J. SCHÄRF: FORTRAN für Anfänger, 3. verbesserte Aufl., München-Wien 1980.

3) Das erstellte Programm läuft bei entsprechender Speicherkapazität auch auf einem Taschenrechner. Der Vorteil größerer Rechner liegt darin, daß größere Datenpaletten zunächst eingegeben werden und anschließend in einem Vorgang berechnet werden können.

Im Hinblick auf das Ziel der Arbeit, Gestaltungsempfehlungen für zukünftige Planungsperioden abzugeben, wird den Berechnungen der ab dem Veranlagungszeitraum 1988 anzuwendende Einkommensteuertarif zugrunde gelegt (§ 32 a EStG 1985)[1]. Der ebenso durch das Steuerbereinigungsgesetz 1985 eingeführte Zwischentarif für die Jahre 1986/1987 findet keine Berücksichtigung[2]. Liegt der Entscheidungszeitpunkt im Jahre 1986 bzw. 1987, sind die Ergebnisabweichungen aufgrund dieser relativ kurzen Zeiträume gering und führen nicht zu falschen Empfehlungen, denn Nießbrauchgestaltungen werden regelmäßig für längere Zeiträume vereinbart.

Das folgende Beispiel gibt einen Überblick über die Durchführung der Berechnungen. Ein *vollständiges* Nachvollziehen der Berechnungen setzt die Kenntnis der im Anhang 1) hergeleiteten Zusammenhänge voraus[3].

Ein Sohn wendet seinem 60-jährigen Vater ein lebenslängliches Nießbrauchrecht an einem Mietwohngrundstück zu. Die jährlichen Mieterträge betragen 40.000 DM. Der Rohertragsvervielfältiger zur Bestimmung des Verkehrswerts betrage 14 (Makler-Methode): folglich bestimmt sich der Verkehrswert des Grundstücks mit 40.000 DM · 14 = 560.000 DM. Vater und Sohn seien ledig bzw. verwitwet oder geschieden, unterliegen also dem Grundtarif und beziehen ein sonstiges zu versteuerndes Einkommen von 130.000 DM (Sohn) und 0 DM (Vater). Der Vater soll für die Nießbrauchbestellung ein (Teil-)Entgelt entrichten, das zu 30 v.H. dem Wert des Nießbrauchs entspricht. Nießbraucher und Nießbrauchbesteller tragen die Grundstückslasten zu gleichen Teilen, d.h. zu 50 v.H.

---

1) Vgl. Einkommensteuergesetz 1985 (EStG 1985) in der Fassung vom 12.6.1985 BGBl I 1985, S. 977. Zur Änderung des Einkommensteuertarifs vgl. J. v. PIKARSKI; M. WOSNITZKA: Der neue Einkommensteuertarif im Entwurf des Steuerbereinigungsgesetzes - Reale Entlastung oder Erhöhung? BB 1985, S. 517 - 522.

2) Vgl. Steuerbereinigungsgesetz 1985 vom 14.12.1984, BGBl I 1984, S. 1493.

3) Vgl. Anhang 1, Seite 280 ff.

Es soll weiterhin gelten: Der Planungszeitraum und die Restabschreibungsdauer des auf dem Grundstück stehenden Gebäudes betragen 10 Jahre. Die Schenkungsteuer entrichtet der Nießbraucher zu Beginn der Nießbrauchbestellung, d.h. es findet keine Stundung nach § 23 ErbStG statt. Das vom Vater zu entrichtende Nießbrauchentgelt wird laufend gezahlt und beim Sohn (Nießbrauchbesteller) entsprechend vereinnahmt.

Über das Alter des Nießbrauchers läßt sich mit Hilfe der Sterbetafel für die Bundesrepublik Deutschland 1970/72[1] eine verbleibende Nießbrauchdauer von 15 Jahren bestimmen. Die Nießbrauchdauer ist bei lebenslänglich bestelltem Nießbrauch allerdings nicht relevant, da der Kapitalisierungsfaktor zur Berechnung des Nießbrauchwerts der Anlage 9 zum Bewertungsgesetz (Kapitalwert einer lebenslänglichen Nutzung) entnommen werden kann; er beträgt 9.705. Wie bereits erwähnt, findet der Einkommensteuertarif 1988 Anwendung. Aus der Schenkung Sohn an Vater folgt die Erbschaftsteuerklasse III nach § 15 ErbStG.

Dem Computer-Ausdruck (Übersicht 9)[2] können neben weiteren Detailinformationen die Vermögensendwerte der jeweiligen Perioden des Planungszeitraumes im Falle der Unterlassung und im Falle der Handlung entnommen werden. Als finanzieller Vorteil der Nießbrauchgestaltung gegenüber der Unterlassensalternative ergibt sich ein Endwert in Höhe von 39.851,25 DM. Dieser Betrag ist letztlich auf steuerliche Vorteile zurückzuführen. Würde die Schenkungsteuer jährlich vom Nießbraucher entrichtet (MOD 2 = 1), ergäbe sich ein Endwert von 43.605,83 DM.

---

1) Vgl. Anhang 2 zu den Vermögensteuer-Richtlinien.

2) Vgl. Seite 119.

Die Bedeutung der Symbole ist dem ausklappbaren Verzeichnis am Ende der Arbeit (Seite 394 ff.) zu entnehmen.

```
FILE: AUSG1    DATA     A                               VM/SP CONVERSATIONAL MONITOR S        PAGE 001


ET =      40000.00        R = 14.00
EOB=     130000.00        SPLITB= 0
EON=       4000.00        SPLITN= 0         ERBKL = 3
       A = 0.150          B = 0.100         P1= 0.0800        FNO=  9.705
           1)
MODELL= 4                 N = 0.500         Q = 0.300
       JO= 10     TO= 10    MOD1= 0    MOD2= 0     LAUF= 1     NO= 15     VO= 10    P32A1= 3

          AGT   =          6000.00
          AAT   =          4000.00
          AFAT  =          8960.00

     UNTERLASSUNG:
          EG    =         30000.00

     1    K     =         18206.00
     2    K     =         37052.48
     3    K     =         56589.68
     4    K     =         76812.85
     5    K     =         97746.88
     6    K     =        119418.63
     7    K     =        141856.12
     8    K     =        165060.61
     9    K     =        189093.46
    10    K     =        213959.94

     HANDLUNG:
          SCH   =         59100.00       WN     =       339675.00
        STSCHB  =             0.00       STSCHN =         5401.00    ST.SATZ = 0.110

          ENT   =         10500.00       ANT    =        10500.00
          EGB   =          5500.00       EGN    =        24500.00

     0    KB    =             0.00       KN     =            0.00
     1    KB    =          1962.00       KN     =        13377.00
     2    KB    =          3989.96       KN     =        32891.16
     3    KB    =          6089.16       KN     =        53468.45
     4    KB    =          8266.29       KN     =        75159.93
     5    KB    =         10526.59       KN     =        97980.72
     6    KB    =         12876.72       KN     =       122002.18
     7    KB    =         15293.86       KN     =       147241.36
     8    KB    =         17813.37       KN     =       173754.66
     9    KB    =         20413.44       KN     =       201558.04
    10    KB    =         23101.51       KN     =       230709.68


          UEWB  =        213959.94       UEWN   =            0.00
          HEWB  =         23101.51       HEWN   =       230709.68
          ---------------------------    ---------------------------
          DEWB  =       -190858.43       DEWN   =       230709.68

   VERMOGENSZUNAHME/ABNAHME NACH  10 JAHREN =           39851.25
```

Übersicht 9: Beispiel zur Vermögensendwertberechnung (Computer-Ausdruck)

---

1) Das Programm sieht 8 Nießbrauchmodelle vor (vgl. dazu Übersichten 17 und 18, Seite 290 und 298).

Die auf diese Weise unter Variation einzelner Bestimmungsfaktoren errechneten Endwerte werden schließlich in Tabellenform zusammengefaßt und ausgewertet. In allen Tabellen werden Lastentragung und Roherträge gegeneinander abgetragen, wobei die Felder der Tabelle entsprechend der durchgeführten Variation eine Anzahl untereinander aufgeführter Endwerte enthalten[1].

b) Zuwendungsnießbrauch

Die Analyse des Zuwendungsnießbrauchs erstreckt sich zunächst auf Faktoren, die mit dem Nießbrauchobjekt direkt verbunden sind und von der Rechtsprechung des Bundesfinanzhofs besonders tangiert wurden. Anschließend richtet sie sich auf Daten des persönlichen Bereichs der Nießbrauchbeteiligten sowie auf Möglichkeiten zur Verbesserung der Vorteilhaftigkeit durch steuergestaltende Eingriffe.

(1) Darstellung des Analysefeldes

Die Systematik der Untersuchung sieht vor, zunächst solche Fallgestaltungen zu berechnen, die relativ günstige Ergebnisse erwarten lassen, um davon ausgehend den weiteren Untersuchungsraum zu erschließen. Dabei werden die Fallgestaltungen möglichst einfach und überschaubar gehalten, damit erkennbar bleibt, in welcher Weise sich Parameteränderungen im Ergebnis niederschlagen. Die Festlegung der Gestaltungsparameter des Ausgangsfalls erfolgte aufgrund von Voruntersuchungen, deren Ergebnisse im folgenden nur kurz kommentiert werden können.

---

1) Vgl. Anhang 3: Ergebnistabellen, Seite 312 ff.

Dem ersten Untersuchungsabschnitt liegt folgende Entscheidungssituation zugrunde: Der Eigentümer mehrerer unterschiedlich großer Grundstücke möchte ein Familienmitglied (seinen Sohn) an einem dieser Vermögenswerte teilhaben lassen. Er erwägt die Bestellung eines Nießbrauchs über einen Zeitraum von 10 Jahren zugunsten des Sohnes mit der Konsequenz, daß diesem die Mieterträge aus dem Grundstück zufließen. Alle Voraussetzungen für die zivil- und steuerrechtliche Anerkennung seien im Fall der Durchführung der Nießbrauchgestaltung erfüllt[1]. Der Eigentümer (Vater) sei verwitwet, sein sonstiges zu versteuerndes Einkommen[2] betrage 130.000 DM. Der ledige Sohn habe kein Einkommen. Vater und Sohn sollen Geldmittel zu einem einheitlichen Zinsfuß von 8 v.H. (Bruttokalkulationszinsfuß) aufnehmen bzw. anlegen können (Finanzinvestition). Ein evtl. vom Nießbraucher für das Nießbrauchrecht zu entrichtendes Entgelt werde vorerst jährlich in laufenden Beträgen gezahlt[3]. Sofern Schenkungsteuer anfällt, wird vorläufig angenommen, daß der Nießbraucher diese in einem Einmalbetrag entrichte.

Für die Nießbrauchbeteiligten stellt sich die Frage, welche Vermögenszuwächse unterschiedliche Nießbrauchgestaltungen innerhalb eines Planungszeitraums von 10 Jahren im Vergleich zur Unterlassensalternative ermöglichen und welche Ausgestaltung zu den besten Ergebnissen führt.

Das sonstige zu versteuernde Einkommen des Nießbrauchbestellers wurde mit 130.000 DM, das des Nießbrauchers mit

---

1) Insbesondere sei eine wirksame Bestellung des Nießbrauchs dahingehend erfolgt, daß der Nießbraucher in die rechtliche Stellung des Vermieters eingetreten ist (vgl. Nießbrauch-Erlaß II, Tz. 11).

2) Als sonstiges zu versteuerndes Einkommen ist (hier) das zu versteuernde Einkommen des Vaters unter Außerachtlassung der Einkünfte aus dem Nießbrauchobjekt zu verstehen; § 32 a Abs. 6 EStG findet annahmegemäß keine Anwendung.

3) Die steuerliche Berücksichtigung erfolgt dann den Zahlungen entsprechend (vgl. Nießbrauch-Erlaß II, Tz. 28 und 32).

0 DM angenommen, da bei dieser Konstellation der größtmögliche einkommensteuerliche Progressionseffekt erzielbar ist[1].

Im Falle der Vereinbarung eines teilentgeltlichen oder vollentgeltlichen Zuwendungsnießbrauchs wird laufende Entgeltzahlung unterstellt, da der daraus im Vergleich zur Einmalzahlung des Nießbrauchentgelts resultierende Zinseffekt bei einem Kalkulationszinsfuß von 8 v.H. im Zusammenwirken mit dem progressiven Einkommensteuertarif eine positive Gesamtwirkung erwarten läßt[2].

Der vollentgeltliche Zuwendungsnießbrauch führt allerdings bei laufender Zahlung des Nießbrauchentgelts weder zu Vermögenszunahmen noch zu Vermögensabnahmen[3]; die durch den Nießbrauch bewirkte Verlagerung von Mieteinkünften wird durch Entgeltzahlungen in gleicher Höhe wieder aufgehoben. Bei Einmalzahlung des Nießbrauchentgelts und unterstelltem Kalkulationszinsfuß von 8 v.H. führt der vollentgeltliche Zuwendungsnießbrauch zu ausschließlich negativen Ergebnissen, d.h. es sind Vermögensnachteile in Kauf zu nehmen. Angesichts dieser Ergebnisse stellt sich die Durchführung des vollentgeltlichen Zuwendungsnießbrauchs (zumindest bei einem Kalkulationszinsfuß von 8 v.H.) als wenig vorteilhaft heraus. Auf die Einbeziehung des vollentgeltlichen Zuwendungsnießbrauchs in die Analyse wird daher im ersten Untersuchungsabschnitt verzichtet.

---

1) Das sonstige zu versteuernde Einkommen des Nießbrauchbestellers darf allerdings auch mehr als 130.000 DM betragen, um einen gleichstarken Progressionseffekt zu erzielen.

2) Im einzelnen wird hierauf noch eingegangen (vgl. Seite 162 ff.).

3) Vgl. dazu Seite 162.

Im folgenden wird zunächst der Einfluß unterschiedlicher Verkehrswerte und Werbungskosten auf die Vorteilhaftigkeit des Zuwendungsnießbrauchs untersucht. Die Parametervariation folgt dabei der nachstehenden Übersicht 10[1].

Die Höhe der Verkehrswerte wird durch unterschiedliche, nach der Makler-Methode gebildete, Rohertragsvervielfältiger (R) simuliert. Gegenstand des ersten Untersuchungsschritts sind Eigentumswohnungen (ETW), Einfamilien- und Reihenhäuser (EFH/RH), Zweifamilienhäuser (ZFH) und Mehrfamilienhäuser (MFH). In den weiteren Untersuchungsschritten (Variationen I bis IV) werden den im Mittelpunkt der Analyse stehenden Nießbrauchobjekten alternativ Restabschreibungszeiten von T = 10, 5 und 0 Jahren, gewöhnliche Grundstückslasten von A = 10 v.H., 15 v.H. und 20 v.H. sowie außergewöhnliche Grundstückslasten von B = 5 v.H., 10 v.H. und 15 v.H. der Grundstücks-Roherträge zugeordnet. Die Variation IV simuliert die Nießbrauchbestellung an drei Nießbrauchobjekten zunehmenden Alters, wobei unterstellt wird, daß mit zunehmendem Alter (= abnehmende Restabschreibungszeiten) die Grundstückslasten steigen.

---

1) Vgl. Seite 124.

Variable / Analyseschritt	VERKEHRSWERT über Rohertragsvervielfältiger R				ABSCHREIBUNGEN über Restabschreibungsdauer T	GRUNDSTÜCKSLASTEN über Vomhundertsatz: gewöhnliche A	außergewöhnliche B
	ETW	EFH/RH	ZFH	MFH			
Grundfall	23,0 24,0 25,0	28,0 29,0 30,0	26,0 26,5 27,0	13,0 14,0 15,0	10 Jahre	0,15	0,10
Variation I	MFH 13				10 Jahre 5 Jahre 0 Jahre	0,15	0,10
Variation II	MFH 13				10 Jahre	0,10 0,15 0,20	0,10
Variation III	MFH 13				10 Jahre	0,15	0,05 0,10 0,15
Variation IV	MFH 13				10 Jahre 5 Jahre 0 Jahre	0,10 0,15 0,20	0,05 0,10 0,15

<u>Übersicht 10:</u> Datenbereich für den Grundfall und die Variationen I - IV

(2) Berechnung des Grundfalls und Überprüfung des Einflusses unterschiedlicher Verkehrswerte auf die Vorteilhaftigkeit

(a) Darstellung der Berechnungsergebnisse

Im Grundfall soll überprüft werden, in welchem Maße die durch bestimmte Nießbrauchgestaltungen erzielten Vermögenszunahmen bzw. -abnahmen der Änderung unterliegen, wenn die Höhe der Verkehrswerte der Nießbrauchobjekte variiert wird. Unterschiedliche Verkehrswerte können sowohl durch eine Änderung des Rohertragsvervielfältigers als auch durch eine Änderung der Roherträge bewirkt werden (Verkehrswert = Rohertrag · Rohertragsvervielfältiger).

Der Untersuchungsraum umfaßt gemäß Übersicht 15, Anhang 1)[1]:

Eigentumswohnungen:	Verkehrswerte	92.000	-	200.000 DM,
	Roherträge	4.000	und	8.000 DM;
Einfamilien- und Reihenhäuser:	Verkehrswerte	336.000	-	480.000 DM,
	Roherträge	12.000	und	16.000 DM;
Zweifamilienhäuser:	Verkehrswerte	520.000	-	756.000 DM,
	Roherträge	20.000,	24.000 und	28.000 DM;
Mehrfamilienhäuser:	Verkehrswerte	364.000	-	2.100.000 DM,
	Roherträge	28.000	-	140.000 DM.

Ein Vergleich der für verschiedene Wertkonstellationen berechneten Vermögensendwerte (Tabellen 1 bis 5)[2] führt zu folgenden Resultaten:

Die Bestellung eines unentgeltlichen bzw. teilentgeltlichen Zuwendungsnießbrauchs an Eigentumswohnungen bringt gegenüber der Unterlassensalternative Vermögenszuwächse hervor, die je nach Ausgestaltung von 8.647 bis 25.360 DM reichen (Tabelle 1). Das beste Ergebnis wird durch die Ausgestaltung eines unentgeltlichen Zuwendungsnießbrauchs (Q = 0) mit Übernahme sämtlicher Grundstückslasten durch den Nießbraucher (N = 1) bei einem Rohertrag von ET = 8.000 DM und einem Verkehrswert von VK = 184.000 DM (R = 23) erzielt[3].

Der Vermögensendwert von 25.360 DM setzt sich dabei folgendermaßen zusammen: Dem Vermögensendwert des Nießbrauchbestellers im Falle der Unterlassung (UEWB) in Höhe von

1) Vgl. Seite 282.

2) Hinweise auf Tabellen beziehen sich hier und im folgenden auf den Anhang 3: Ergebnistabellen, Seite 312 dieser Arbeit.

3) Die Höhe der hier und im folgenden zugrundegelegten Rohertragsvervielfältiger ergibt sich aus Übersicht 16, Anhang 1, Seite 282.

50.406 DM steht im Falle der Handlung ein Wert von 0 DM gegenüber. Für den Nießbrauchbesteller ergibt sich aus der Gestaltung mithin eine Vermögensminderung (DEWB) von 50.406 DM. Der Vermögensendwert des Nießbrauchers beträgt im Falle der Unterlassung (UEWN) 0 DM und bei Durchführung der Gestaltung (HEWN) 75.766 DM, so daß sich das Ergebnis der Nießbrauchgestaltung beim Nießbraucher mit einer Vermögenszunahme von 75.766 DM niederschlägt. Bezogen auf das Kollektiv aus Nießbrauchbesteller und Nießbraucher bewirkt die Durchführung des Nießbrauchs im Vergleich zur Unterlassensalternative somit eine Vermögenszunahme von 25.360 DM.

UEWB =	50.406 DM	UEWN =	0 DM
HEWB =	0 DM	HEWN =	75.766 DM
DEWB =	- 50.406 DM	DEWN =	75.766 DM
Vermögenszunahme/abnahme nach 10 Jahren		=	25.360 DM

Der Vermögensendwert des Nießbrauchbestellers nimmt im Falle der Handlung (HEWB) so lange Wert von Null an, wie keine Werbungskosten für die steuerliche Abzugsfähigkeit verlorengehen, d.h. so lange der Nießbraucher alle Grundstückslasten trägt (N = 1). Trägt der Nießbraucher nicht alle Lasten (N < 1 bzw. gesetzliche Lastentragung), wird der Endwert negativ. Den nunmehr vom Nießbrauchbesteller für die Grundstückslasten getätigten Auszahlungen stehen keine Einzahlungen gegenüber.

Die Ausgestaltung als teilentgeltlicher Zuwendungsnießbrauch führt immer dann zu positiven Endwerten beim Nießbrauchbesteller (HEWB), wenn den Auszahlungen für Grundstückslasten höhere Einzahlungen als Gegenleistung für die Einräumung des Nießbrauchrechts entgegenstehen.

Insgesamt kann für den Bereich der Eigentumswohnungen festgestellt werden, daß höhere Roherträge (8.000 DM gegenüber 4.000 DM) auch zu höheren Vermögenszuwächsen führen, steigende Verkehrswerte dagegen, bei jeweils konstanten Roherträgen, sinkende Vermögenszuwächse zur Folge haben.

Eine ähnliche Entwicklung ist im Bereich der Einfamilien- und Reihenhäuser (die Vermögensendwerte schwanken hier zwischen 7.939 und 28.869 DM; Tabelle 2) und im Bereich der Zweifamilienhäuser (mit Vermögensendwerten zwischen -4.263 und 40.717 DM; Tabelle 3) festzustellen. Der höchste Endwert wird auch hier durch die Bestellung eines unentgeltlichen Zuwendungsnießbrauchs mit Übernahme sämtlicher Grundstückslasten durch den Nießbraucher erreicht. Die Tendenz, daß höhere Roherträge innerhalb einer Grundstücksart auch zu höheren Vermögenszuwächsen führen, findet dagegen nur noch für den teilentgeltlichen Nießbrauch (Q = 0,5) durchgehend Bestätigung.

Die bisherigen Erkenntnisse können auf Nießbrauchbestellungen an Mehrfamilienhäusern übertragen werden (Tabellen 4 und 5). Die unentgeltliche Zuwendung eines Nießbrauchrechts an einem Mehrfamilienhaus ermöglicht maximal eine Vermögenszunahme von 95.649 DM bei einem Rohertrag von 50.000 DM. Im Falle der Bestellung eines teilentgeltlichen Nießbrauchs beträgt der höchste Vermögensendwert 96.034 DM; hierfür ist allerdings ein Rohertrag von 110.000 DM erforderlich.

Während der teilentgeltliche Zuwendungsnießbrauch bei allen untersuchten Grundstücksarten zu positiven Vermögensendwerten (Vermögenszunahmen) führt, ergeben sich beim unentgeltlichen Zuwendungsnießbrauch zunehmend negative Endwerte, je mehr Grundstückslasten für die steuerliche Abzugsfähigkeit verlorengehen.

Die Nießbrauchgestaltungen, die aufgrund bestimmter Wertkonstellationen innerhalb der einzelnen Grundstücksarten zu maximalen Vermögensendwerten führen und somit als Optimalfälle erscheinen, erfahren hinsichtlich ihres finanziellen Ergebnisses allerdings eine Relativierung, wenn Renditegesichtspunkte in die Analyse einbezogen werden. Ein Vergleich von Renditeziffern, die aus dem Verhältnis von Vermögenszuwächsen und Verkehrswerten gebildet werden, läßt erkennen: Die Durchführung des unentgeltlichen Zuwendungsnießbrauchs mit Übernahme sämtlicher Grundstückslasten durch den Nießbraucher führt zwar auch unter Renditeaspekten zu den besten Ergebnissen; die höchste Rendite wird jedoch in allen untersuchten Fällen durch Nießbrauchgestaltungen an Grundstücken mit den jeweils niedrigsten der in den Tabellen enthaltenen Roherträgen erreicht.

Die Bestellung des unentgeltlichen Zuwendungsnießbrauchs an einem Mehrfamilienhaus mit einem Verkehrswert von 650.000 DM und einem Rohertrag von 50.000 DM (R = 13), führt über den maximalen Vermögensendwert von 95.649 DM zu einer Renditeziffer von 14,72 v.H. Sofern aus dem Nießbrauchobjekt dagegen nur ein Rohertrag von 28.000 DM fließt (bei gleichem Rohertragsvervielfältiger ergibt sich ein Verkehrswert von 364.000 DM) führt der Nießbrauch über einen Vermögensendwert von 78.654 DM zu einer Renditeziffer von 21,61 v.H.

Diesem Ergebnis folgt der unentgeltliche Zuwendungsnießbrauch an Eigentumswohnungen mit einer Renditeziffer von 19,00 v.H. (Verkehrswert 92.000 DM, Rohertrag 4.000 DM, Vermögensendwert 17.480 DM) gegenüber 13,78 v.H. bei dem maximalen Endwert von 25.360 DM.

Die in entsprechender Weise für Einfamilien- und Reihenhäuser sowie Zweifamilienhäuser ermittelten Renditeziffern betragen 7,45 v.H. bei einem Endwert von 25.050 DM gegenüber 6,44 v.H. bei maximalem Endwert von 28.869 DM bzw. 6,98 v.H. bei einem Endwert von 36.288 DM gegenüber 5,35 v.H. bei maximalem Endwert von 40.417 DM.

Allgemein kann für den unentgeltlichen sowie für den teilentgeltlichen Zuwendungsnießbrauch festgestellt werden[1]: Mit der Abnahme der Verkehrswerte ist ein überproportionales Ansteigen der Renditeziffern zu verzeichnen. Zunehmende

---

1) Die folgende Feststellung erfordert, daß hinsichtlich der Roherträge mehr Zwischenwerte gebildet werden, als in den Tabellen 1 bis 5 vorhanden sind. Aus Platzgründen mußte jedoch auf detaillierte Tabellen verzichtet werden.

Verkehrswerte führen zu degressiv ansteigenden Vermögenszuwächsen, was als Folge des progressiv verlaufenden Einkommensteuertarifs zu werten ist.

(b) Ergebnisanalyse

Für die unterschiedlichen Höhen der in den Tabellen 1 bis 5 dargestellten Vermögensendwerte sind, neben dem einkommensteuerlichen Progressionseffekt, die nachfolgenden Bestimmungsfaktoren verantwortlich, die nun bezüglich ihrer Wirkungen auf die Vermögenszuwächse einer näheren Analyse zu unterziehen sind:

- Höhe des Rohertragsvervielfältigers (R),
- Höhe der Roherträge (ET),
- Lastenverteilung auf Nießbraucher und Nießbrauchbesteller (N),
- Entgeltverhältnis (Q).

Das Produkt aus *Rohertragsvervielfältiger* (R) und Rohertrag (ET) bestimmt die Höhe des Verkehrswertes (VK = ET · R). Die Tatsache, daß die Vermögensendwerte mit steigendem Vervielfältiger (d.h. mit steigendem Verkehrswert bei jeweils konstanten Roherträgen) abnehmen, beruht auf folgendem: Mit zunehmendem Verkehrswert erhöhen sich die Abschreibungen auf das Nießbrauchobjekt. Die damit einhergehende Minderung der Steuerlast läßt den Vermögensendwert der Unterlassensalternative vorteilhafter erscheinen[1] und verursacht schließlich die Minderung der Gesamtwirkungsziffer (Zielgröße).

Sofern die Höchstbetragsregelung des § 16 i.V.m. § 121 a BewG eingreift[2], führt ein höherer Verkehrswert zudem zu

---

1) Die Vermögensendwerte der Handlungsalternative unterliegen dagegen nicht in dem Maße Veränderungen, weil die Abschreibungen auf das Nießbrauchobjekt z.T. oder völlig verlorengehen.

2) Dieses ist regelmäßig der Fall (vgl. dazu oben, Seite 74 ff.).

einer höheren Schenkungsteuerbelastung. Diese bewirkt ein Sinken des Vermögensendwertes des Nießbrauchers im Falle der Handlungsalternative (HEWN), was insgesamt ebenfalls zur Minderung der Gesamtwirkungsziffer beiträgt.

Die Höhe der Roherträge (ET) ist nicht nur bestimmend für den Verkehrswert, sondern auch für die Grundstückslasten ($AGT = A \cdot ET$, $AAT = B \cdot ET$)[1]. Allgemeine Aussagen über die Auswirkungen unterschiedlicher Höhen von Roherträgen auf die Gesamtwirkungsziffer können nur schwer getroffen werden. Die Analyse wird deshalb wiederum anhand der Einzelendwerte vorgenommen.

Eine Veränderung der Roherträge wirkt sich auf den Endwert des Nießbrauchbestellers im Falle der Unterlassensalternative (UEWB) in mehrfacher Hinsicht aus: Steigen die Roherträge, fließen höhere Einzahlungen und Erträge aus dem Nießbrauchobjekt, die durch entsprechend höhere Auszahlungen und Aufwendungen für Grundstückslasten gemindert werden. Bei gleichbleibendem Anteil der Lasten an den Roherträgen (A, B) wird der Endwert der Unterlassensalternative insgesamt positiv beeinflußt.

Da nach den Annahmen des Modells mit höheren Roherträgen auch höhere Verkehrswerte verbunden sind, mindern die damit gestiegenen Abschreibungen auf das Nießbrauchobjekt die steuerliche Bemessungsgrundlage und verstärken den positiven Effekt auf den Endwert der Unterlassensalternative (UEWB steigt).

Der Endwert des Nießbrauchers im Falle der Handlungsalternative (HEWN) erfährt mit der Zunahme der Roherträge ebenfalls eine Steigerung, da diesem in jedem Fall höhere Zahlungen aus dem Nießbrauchobjekt zufließen. Diese Entwicklung wird nicht ins Gegenteil verkehrt, wenn Schenkungsteuer anfällt, die der Nießbraucher zu entrichten hätte (HEWN steigt).

---

1) Vgl. hierzu Anhang 1, Seite 284.

Der Endwert des Nießbrauchbestellers im Falle der Handlungsalternative (HEWB) erfährt bei der Durchführung eines unentgeltlichen Zuwendungsnießbrauchs immer dann durch Ansteigen der Roherträge eine Minderung, wenn dieser Grundstückslasten zu tragen hat, die für die steuerliche Abzugsfähigkeit verlorengehen (HEWB sinkt). Trägt der Nießbraucher alle Grundstückslasten, beträgt der Endwert des Nießbrauchbestellers im Falle der Handlung unverändert 0 DM.

Wird der Nießbrauch als teilentgeltlicher Zuwendungsnießbrauch ausgestaltet, ist mit zunehmenden Roherträgen i.d.R. ein Ansteigen des betreffenden Endwerts zu verzeichnen. Dem Nießbrauchbesteller fließt nunmehr das Nießbrauchentgelt zu, dessen Höhe mit der Rohertragshöhe steigt (HEWB steigt).

Als Ergebnis läßt sich feststellen, daß die Auswirkungen einzelner Parameteränderungen auf das finanzielle Ergebnis z.T. erhebliche Überschneidungen aufweisen, die aber mit Hilfe des hier verwandten Rechenmodells transparent gemacht werden konnten. Ausgehend von der allgemeinen Ermittlungsweise der Gesamtwirkungsziffer (ERG)[1)]

$$ERG = (HEWB - UEWB) + (HEWN - UEWN)$$

lassen die Berechnungen folgende Tendenzen erkennen: Steigende Roherträge führen bei teilentgeltlich bestelltem Zuwendungsnießbrauch zu steigenden Vermögensendwerten. Die positive Wirkung der Rohertragsänderung auf den Endwert der Unterlassensalternative (UEWB) ist geringer als die positive Wirkung auf die Endwerte der Handlungsalternative (HEWB, HEWN). Im Falle des unentgeltlichen Zuwendungsnießbrauchs sind die positiven Auswirkungen einer Erhöhung der Roherträge auf die Endwerte der Handlungsalternative dann geringer als die positiven Wirkungen auf die Endwerte der Unterlassensalternative, wenn große Teile der Grundstücks-

1) Vgl. Anhang 1, Seite 300.

lasten für die steuerliche Abzugsfähigkeit verlorengehen. Eine Erhöhung der Roherträge führt hier nicht immer zu einer Erhöhung der Vermögensendwerte.

(3) Einfluß von Werbungskosten

Die Analyse des Einflusses unterschiedlicher Verkehrswerte auf die finanziellen Folgewirkungen des unentgeltlichen bzw. teilentgeltlichen Zuwendungsnießbrauchs hat u.a. gezeigt, daß die festgestellten Ergebnisse grundsätzlich sowohl für Nießbrauchgestaltungen an Eigentumswohnungen, Einfamilien- und Reihenhäusern sowie Zweifamilienhäusern als auch für Nießbrauchgestaltungen an Mehrfamilienhäusern Gültigkeit erlangen. Da sich an dieser Stelle aus Raumgründen eine weitere Untersuchungsbeschränkung als notwendig erweist, ist es vertretbar, die weitere Analyse auf Nießbrauchgestaltungen an Mehrfamilienhäusern zu beschränken. Die Analyse des Nießbrauchs an Mehrfamilienhäusern läßt im Vergleich zur Analyse von Nießbrauchgestaltungen an anderen Grundstücksarten, insbesondere wegen der größeren Spanne möglicher Grundstücksroherträge, die in die Untersuchung einfließen[1], erheblich fundiertere Ergebnisse erwarten, denen zudem ein hoher Allgemeingültigkeitsgrad beizumessen ist. Entsprechend der Untersuchungssystematik, zunächst Fallgestaltungen zu berechnen, die relativ günstige Ergebnisse erwarten lassen[2], wird der weiteren Analyse ein Rohertragsvervielfältiger zur Bestimmung des Verkehrswerts von Mehrfamilienhäusern von R = 13 zugrunde gelegt[3].

---

1) Vgl. dazu den Aufbau der Tabellen 1 bis 3 und 4 ff., Anhang 3, Seite 319 ff.

2) Vgl. oben, Seite 120.

3) Zur Begründung vgl. oben, Seite 124 ff.

(a) Abschreibungen auf das Nießbrauchobjekt

Im folgenden wird untersucht, in welcher Weise die Abschreibungen auf das Nießbrauchobjekt die Vorteilhaftigkeit einzelner Gestaltungen beeinflussen. Unterschiedliche Abschreibungshöhen werden dadurch erzeugt, daß die für das jeweilige Nießbrauchobjekt noch zur Verfügung stehenden Restabschreibungszeiträume variiert werden. Unterstellt sei ein linearer Abschreibungsverlauf nach § 7 Abs. 4 EStG mit alternativen Restabschreibungszeiträumen von TO = 10 Jahren, 5 Jahren und 0 Jahren. Die weiteren Daten sind der Übersicht 10 (Variation I) zu entnehmen[1]. Die Ergebnistabellen (Tabelle 6 und 7)[2] umfassen weiterhin Roherträge von 28.000 bis 140.000 DM.

Die Annahme, daß nur noch für einen Zeitraum von 5 Jahren bzw. überhaupt keine Absetzungen für Abnutzung auf das Nießbrauchobjekt mehr vorgenommen werden kann, führt sowohl im Falle der Durchführung eines unentgeltlichen Zuwendungsnießbrauchs als auch im Falle der Durchführung eines teilentgeltlichen Zuwendungsnießbrauchs zu erheblichen Vermögenszuwächsen (Tabellen 6 und 7)[3]. Wie der Tabelle 6 zu entnehmen ist, steigt der bisher mit der Einräumung eines unentgeltlichen Zuwendungsnießbrauchs an einem Mehrfamilienhaus mit einem Rohertrag von 50.000 DM und Übernahme sämtlicher Grundstückslasten durch den Nießbraucher (N = 1) erreichte Vermögensendwert durch die Verringerung der Restabschreibungsdauer auf den halben Planungszeitraum von 95.649 DM auf 126.910 DM. Wird das Grundstück als voll abgeschrieben angenommen, steigt der Vermögensendwert auf 164.055 DM. Das Tabellenoptimum bestimmt sich nunmehr aus der Nießbrauchbestellung an einem voll abgeschriebenen Mehrfamilienhaus (Rohertrag 140.000 DM; der

---

1) Vgl. Seite 124.

2) Vgl. Anhang 3, Seite 322.

3) Vgl. Anhang 3, Seite 322; die Vermögensendwerte eines jeden Feldes basieren auf einer Restabschreibungsdauer von 10,5 und 0 Jahren.

Verkehrswert beträgt also VK = ET · R = 140.000 DM · 13 = 1.820.000 DM) mit einem Vermögensendwert in Höhe von 207.140 DM.

Im Falle des teilentgeltlichen Zuwendungsnießbrauchs steigt der bisher mit 96.034 DM höchste Endwert (Verkehrswert 1.430.000 DM, Rohertrag 110.000 DM) durch die Abschreibungsvariation auf 130.431 DM bzw. 171.189 DM[1]. Der optimale Vermögensendwert beträgt in diesem Fall 207.920 DM bei einem Verkehrswert von 3.380.000 DM und einem Rohertrag von 260.000 DM[2].

Insgesamt läßt sich feststellen, daß die Höhe der Abschreibungen einen erheblichen Einfluß auf die Vorteilhaftigkeit ausübt. Dieses ist darauf zurückzuführen, daß aufgrund der neueren Rechtslage zum Nießbrauch die Abschreibungen bei der Durchführung eines unentgeltlichen Zuwendungsnießbrauchs vollständig, bei der Durchführung des teilentgeltlichen Zuwendungsnießbrauchs in Höhe des Entgeltsverhältnisses (Q) für die steuerliche Abzugsfähigkeit verlorengehen[3]. Dem unentgeltlichen Zuwendungsnießbrauch wird daher durch die Erhöhung der Abschreibungen wesentlich mehr von seiner Vorteilhaftigkeit genommen als dem teilentgeltlichen Zuwendungsnießbrauch.

(b) Gewöhnliche und außergewöhnliche Grundstückslasten

Die Höhe der gewöhnlichen und außergewöhnlichen Grundstückslasten beeinflußt die Vorteilhaftigkeit des Nießbrauchs in mehrfacher Hinsicht. Einerseits ändert sich mit der Höhe der Grundstückslasten die steuerliche Bemessungsgrundlage des Nießbrauchbestellers im Falle der Unterlassensalternative, und, je nach vertraglicher Gestaltung, auch die steuerliche Bemessungsgrundlage des Nießbrauchbestellers

---

1) Vgl. Anhang 3, Tabelle 7, Seite 322.

2) Dieses Ergebnis ist nicht explizit in Tabelle 7 enthalten.

3) Vgl. Nießbrauch-Erlaß II, Tz. 19 und Tz. 33 i.V.m. 35 a sowie Übersichten 4 und 5, Seite 43 und 47 dieser Arbeit.

bzw. des Nießbrauchers im Falle der Handlungsalternative. Andererseits wird die Höhe der den Nießbrauchbeteiligten im Falle der Unterlassens- bzw. Handlungsalternative zufließenden Nettozahlungen[1] von der Höhe der Grundstückslasten beeinflußt. Entscheidenden Einfluß auf die Vorteilhaftigkeit gewinnt die Aufteilung der Grundstückslasten auf die Nießbrauchbeteiligten, denn davon hängt ab, welcher Anteil der Grundstückslasten für die steuerliche Abzugsfähigkeit verlorengeht.

Die Überprüfung des Einflusses der gewöhnlichen Grundstückslasten (Variation II)[2] wird für steigende Anteile dieser Lasten an den Roherträgen in Höhe von A = 10 v.H., 15 v.H., 20 v.H. bei konstantem Anteil der außergewöhnlichen Grundstückslasten in Höhe B = 10 v.H. vorgenommen. Der Einfluß der außergewöhnlichen Grundstückslasten (Variation III)[3] wird für Rohertrags-Anteile von B = 5 v.H., 10 v.H., 15 v.H. bei konstantem Anteil der gewöhnlichen Grundstückslasten von A = 15 v.H. überprüft. Die gesamten Grundstückslasten nehmen damit in beiden Analyseschritten gleiche Höhen an (A + B = 20 v.H., 25 v.H., 30 v.H). Wird von vereinbarter Lastenaufteilung ausgegangen (N = C; 05 oder 1,0), üben die gewöhnlichen und außergewöhnlichen Grundstückslasten demzufolge den gleichen Einfluß auf die Vorteilhaftigkeit aus (Tabellen 8 bis 11)[4]. Die Ergebnistabellen 10 und 11 (unentgeltlicher und teilentgeltlicher Zuwendungsnießbrauch bei Variation des Anteils der außergewöhnlichen Lasten) enthalten daher nur noch die Endwerte für den Fall der gesetzlichen Lastentragung.

Im einzelnen ist den Berechnungen zu entnehmen, daß mit der Zunahme der *gewöhnlichen* Grundstückslasten eine Abnahme

---

1) Als Nettozahlungen werden die den Nießbrauchbeteiligten aufgrund der Nießbrauchgestaltung zufließenden Zahlungen (Mietzahlungen, Nießbrauchentgelt) abzüglich zu tragender Grundstückslasten und Steuern bezeichnet.

2) Vgl. Übersicht 10, Seite 124.

3) Vgl. ebenda .

4) Vgl. Anhang 3, Seite 324 f.

der Vermögenszuwächse zu verzeichnen ist. Diese Abnahme ist umso stärker, je weniger Lasten vom Nießbraucher zu tragen sind.

Bei einem Rohertrag von 50.000 verringert sich der Vermögensendwert aufgrund einer Verdoppelung der gewöhnlichen Grundstückslasten (von 5.000 DM auf 10.000 DM) im Falle *gesetzlicher* Lastentragung um 8.509 DM und im Falle vereinbarter Lastentragung mit N = 1, also bei den Gestaltungen, die dem Nießbraucher die *volle* Lastentragung mit entsprechender steuerlicher Wirkung auferlegen, um 10.248 DM[1]. Trägt der Nießbraucher nur die *Hälfte* der Lasten bzw. *keine* gewöhnlichen Grundstückslasten (N = 0,5 bzw. 0), sinkt der Vermögensendwert um 27.380 DM bzw. 46.619 DM (Tabelle 8). Die Folgen der neueren Rechtslage, nach der nicht vom Nießbraucher übernommene Grundstückslasten für die steuerliche Abzugsfähigkeit verlorengehen, werden hier besonders deutlich.

Erheblich geringer fällt die Minderung der Vorteilhaftigkeit aus, wenn ein teilentgeltliches Nießbrauchverhältnis begründet wird, bei dem die nicht vom Nießbraucher getragenen Grundstückslasten in Höhe des Entgeltverhältnisses beim Nießbrauchbesteller steuerliche Berücksichtigung finden. Trägt der Nießbraucher hier nur die *Hälfte* der Lasten bzw. *keine* der gewöhnlichen Grundstückslasten, sinkt der Vermögensendwert für den oben beschriebenen Fall um 12.853 DM (N = 0,5) bzw. 16.488 DM (N = 0) gegenüber 10.499 DM bei *gesetzlicher* Lastentragung und 10.659 DM bei *Voll*übernahme der Lasten durch den Nießbraucher (Tabelle 9).

Die Veränderung der *außergewöhnlichen* Grundstückslasten wirkt sich lediglich bei gesetzlicher Lastenverteilung erheblich stärker auf die Vorteilhaftigkeit aus, als dieses aufgrund einer Änderung der gewöhnlichen Grundstückslasten der Fall ist (Tabellen 10 und 11).

---

1) 100.453 DM - 90.205 DM = 10.248 DM (Tabelle 8).

(c) Abschreibungen und Grundstückslasten bei zunehmendem Alter des Nießbrauchobjekts

Die Variation der Abschreibungen und der Grundstückslasten hat gezeigt, daß zum einen von der Abschreibungshöhe ein stärkerer Einfluß auf die Vorteilhaftigkeit einer Nießbrauchgestaltung ausgeht als von der Höhe der außergewöhnlichen Grundstückslasten, und daß zum anderen der Höhe dieser Lasten wiederum ein stärkeres Gewicht beizumessen ist als der Höhe der gewöhnlichen Grundstückslasten. Nach der Einzelbetrachtung der nießbrauchobjektabhängigen Faktoren soll nun geklärt werden, welche Gesamtwirkung von den Abschreibungen und Grundstückslasten auf die Vorteilhaftigkeit ausgeht.

Es wird unterstellt, mit abnehmendem Restabschreibungszeitraum (TO = 10, 5, 0 Jahre) steigen die gewöhnlichen Grundstückslasten mit A = 10 v.H., 15 v.H., 20 v.H. und die außergewöhnlichen Grundstückslasten mit B = 5 v.H., 10 v.H., 15 v.H. Insgesamt beträgt der Anteil der Grundstückslasten an den Roherträgen somit zwischen 15 und 35 v.H. (Variation IV)[1].

Die Prämisse abnehmender Restabschreibungszeiträume bei zunehmenden Grundstückslasten versucht der Realität insofern nahezukommen, als abnehmende Restabschreibungspotentiale auf ältere Nießbrauchobjekte bzw. auf Objekte mit weiter zurückliegendem Erwerbszeitpunkt hindeuten, die aufgrund ihres zunehmenden Alters einen höheren Erhaltungsaufwand erfordern.

Die Berechnungen lassen erkennen (Tabellen 12 und 13)[2], daß Nießbrauchbestellungen an Objekten mit Restabschreibungszeiträumen, die sich nur noch in geringem Maße mit dem Planungszeitraum überschneiden, trotz (altersbedingter)

---

1) Vgl. Übersicht 10, Seite 124.

2) Vgl. Anhang 3, Seite 325.

Zunahme der Grundstückslasten grundsätzlich vorteilhafter sind als Nießbrauchbestellungen an Objekten mit vergleichsweise niedrigen Grundstückslasten, die noch über den gesamten Planungszeitraum der Absetzung für Abnutzung unterliegen. Die Ausnahme stellen Gestaltungen dar, bei denen dem Nießbrauchbesteller sämtliche Lasten auferlegt (N = 0) werden, die in steuerlicher Hinsicht vollständig verlorengehen.

Mit abnehmender Restabschreibungsdauer führt der unentgeltliche Zuwendungsnießbrauch trotz höherer Grundstückslasten zu erheblich größeren Vermögenszuwächsen als der teilentgeltliche Zuwendungsnießbrauch, wie das nachfolgende Beispiel zeigt. Die größten Vermögenssteigerungen sind wiederum zu verzeichnen, wenn der Nießbraucher sämtliche Lasten trägt (N = 1):

Bei einem Rohertrag von 50.000 DM ermöglicht die Durchführung eines unentgeltlichen Zuwendungsnießbrauchs eine Vermögenssteigerung von 47.960 DM gegenüber 13.270 DM[1] bei Durchführung eines teilentgeltlichen Nießbrauchs, wenn eine Zunahme der Grundstückslasten in Höhe von 20 v.H. = 10.000 DM[2] und ein Fortfall der Abschreibungen in Höhe von 10.400 DM[3] pro Periode des Planungszeitraumes unterstellt wird und der Nießbraucher alle Lasten übernimmt (Tabellen 12 und 13).

Der höchste Vermögensendwert ermittelt sich für den unentgeltlichen Zuwendungsnießbrauch bei einem Rohertrag von 140.000 DM mit 204.315 DM. Im Falle des teilentgeltlichen Zuwendungsnießbrauchs beträgt, bei einem Rohertrag von 280.000 DM, der höchstmögliche Vermögensendwert 204.391 DM[4].

---

1) 152.842 DM - 104.882 DM = 47.960 DM
   96.997 DM - 83.727 DM = 13.270 DM.

2) Dieser Differenzbetrag ermittelt sich wie folgt:
   AGT + AAT = (A + B) · ET → (0,35 - 0,15) · 50.000 DM = 10.000 DM.

3) Die Abschreibungen ermitteln sich wie folgt:
   VK = ET · R = 50.000 DM · 13 = 650.000 DM
   AK = 0,8 · VK = 0,8 · 650.000 DM = 520.000 DM
   AFAT = 0,02 · AK = 0,02 · 520.000 DM = 10.400 DM.

4) Der letzte Wert ist nicht mehr aus der Tabelle 13 ersichtlich.

Als Ergebnis läßt sich festhalten: Die Zunahme der Grundstückslasten wird in ihrer Wirkung auf das Gesamtergebnis durch eine Abnahme der Abschreibungen in hohem Maße überkompensiert. Auch wenn relativ hohe Grundstückslasten zu erwarten sind, läßt die Bestellung eines Nießbrauchs an nahezu völlig abgeschriebenen Objekten gute Ergebnisse erwarten, wenn der Nießbraucher wenigstens einen Teil der Grundstückslasten übernimmt. Die vergleichsweise hohe Reagibilität der Vermögensendwerte auf den teilweisen bzw. völligen Fortfall der Abschreibungen bei der Durchführung eines unentgeltlichen Zuwendungsnießbrauchs ist darauf zurückzuführen, daß die Abschreibungen weder beim Nießbrauchbesteller noch beim Nießbraucher steuerliche Berücksichtigung finden können.

(d) Folgerungen

Wie die Berechnungen gezeigt haben, ist die Ausprägung einzelner nießbrauchobjektabhängiger Daten in hohem Maße für das Ausmaß der Vorteilhaftigkeit von Nießbrauchgestaltungen verantwortlich. Nach neuerer Rechtslage, derzufolge Abschreibungen auf das Nießbrauchobjekt und Grundstückslasten bei vielen Gestaltungsvarianten steuerlich nicht mehr bzw. nur noch teilweise geltend gemacht werden können, führt der unentgeltliche bzw. teilentgeltliche Nießbrauch insbesondere dann nicht zum vollen Gestaltungserfolg, wenn das betreffende Nießbrauchobjekt noch ein Abschreibungspotential verkörpert oder wenn hohe Grundstückslasten vom Nießbrauchbesteller zu tragen sind.

Durch die Ausgestaltung des Nießbrauchverhältnisses als entgeltlicher oder teilentgeltlicher Nießbrauch kann der steuerliche Leerlauf von Werbungskosten zwar ganz bzw. teilweise unterbunden werden, der mit der Nießbrauchbestellung angestrebte Effekt einer Einkunftsverlagerung wird dann jedoch nicht mehr vollends erreicht.

Von den Werbungskosten, die im Falle des unentgeltlichen bzw. teilentgeltlichen Zuwendungsnießbrauchs ggf. keine steuerliche Berücksichtigung finden können, wirken sich die Abschreibungen vergleichsweise stark auf das finanzielle Ziel aus. Dem folgen die außergewöhnlichen Grundstückslasten und schließlich die gewöhnlichen Grundstückslasten mit geringeren negativen Auswirkungen auf die Zielerreichung.

Hinsichtlich der nießbrauch*objekt*abhängigen Faktoren läßt die bisherige Untersuchung folgende Schlüsse zu, die für eine möglichst vorteilhafte Gestaltung von Nießbrauchverhältnissen zu beachten sind:

- Sofern im Hinblick auf eine Nießbrauchgestaltung an Mietwohngrundstücken (Mehrfamilienhäusern) die Wahl zwischen mehreren Grundstücken mit gleich hohen Roherträgen besteht, führt eine Nießbrauchbestellung an demjenigen Mietwohngrundstück zu dem besten Ergebnis, dessen Gebäudewert-Anteil als Bemessungsgrundlage für die Abschreibungen am geringsten ist. Je geringer die Abschreibungen auf das Nießbrauchobjekt sind, desto vorteilhafter ist die Nießbrauchgestaltung.

- Mit dem Ansteigen der Grundstückslasten sinkt die Vorteilhaftigkeit einer Nießbrauchgestaltung. Die Gestaltung eines Bruttonießbrauchs[1] führt häufig zu negativen Vermögensendwerten (Vermögensminderungen). Die höchsten Vermögenszuwächse werden stets erreicht, wenn der Nießbraucher verpflichtet ist, sämtliche Grundstückslasten zu tragen (N = 1).

- Die Bestellung eines unentgeltlichen Zuwendungsnießbrauchs führt bei geringeren Roherträgen tendenziell

1) Diese Gestaltung bot nach früherer Rechtslage die größten Vorteile, da der Nießbrauchbesteller sämtliche Lasten steuerlich geltend machen konnte; zum Begriff vgl. oben, Seite 15.

zu besseren Ergebnissen als die Bestellung eines teilentgeltlichen Zuwendungsnießbrauchs. Bei höheren Roherträgen führt der teilentgeltliche Zuwendungsnießbrauch zu besseren Ergebnissen.

Eine pauschale Aussage zugunsten der Vorteilhaftigkeit des unentgeltlichen bzw. teilentgeltlichen Zuwendungsnießbrauchs ist nicht möglich. Für unterschiedliche Höhen von Roherträgen lassen sich allerdings, je nach Vereinbarung über die Lastentragung, bestimmte Schnittpunkte ausmachen, die angeben, bei welchem Rohertrag der unentgeltliche oder teilentgeltliche Zuwendungsnießbrauch zu den besten Ergebnissen führt (Übersicht 11)[1].

Die Übersicht wurde im wesentlichen aus den Tabellen 4 und 5 zusammengestellt. Den Tabellen 4 und 5 liegt ein Vomhundertsatz für die Grundstückslasten in Abhängigkeit von den Roherträgen in Höhe von 25 v.H. zugrunde. Die Restabschreibungsdauer beträgt TO = 10 Jahre.

Die Bereichsempfehlungen sollen lediglich grobe Richtwerte für entsprechende Nießbrauchgestaltungen darstellen. Sie beziehen sich auf Roherträge von 28.000 bis 140.000 DM. Das starke Ansteigen der Roherträge führt zwangsläufig zu Ungenauigkeiten, die aber bewußt in Kauf genommen werden, da in den wenigsten Fällen die konkreten Datenlandschaften exakt übereinstimmen, wie sie - beschrieben durch eine Vielzahl von Einzelparametern - den hier durchgeführten Berechnungen zugrunde liegen.

---

1) Vgl. Seite 142.

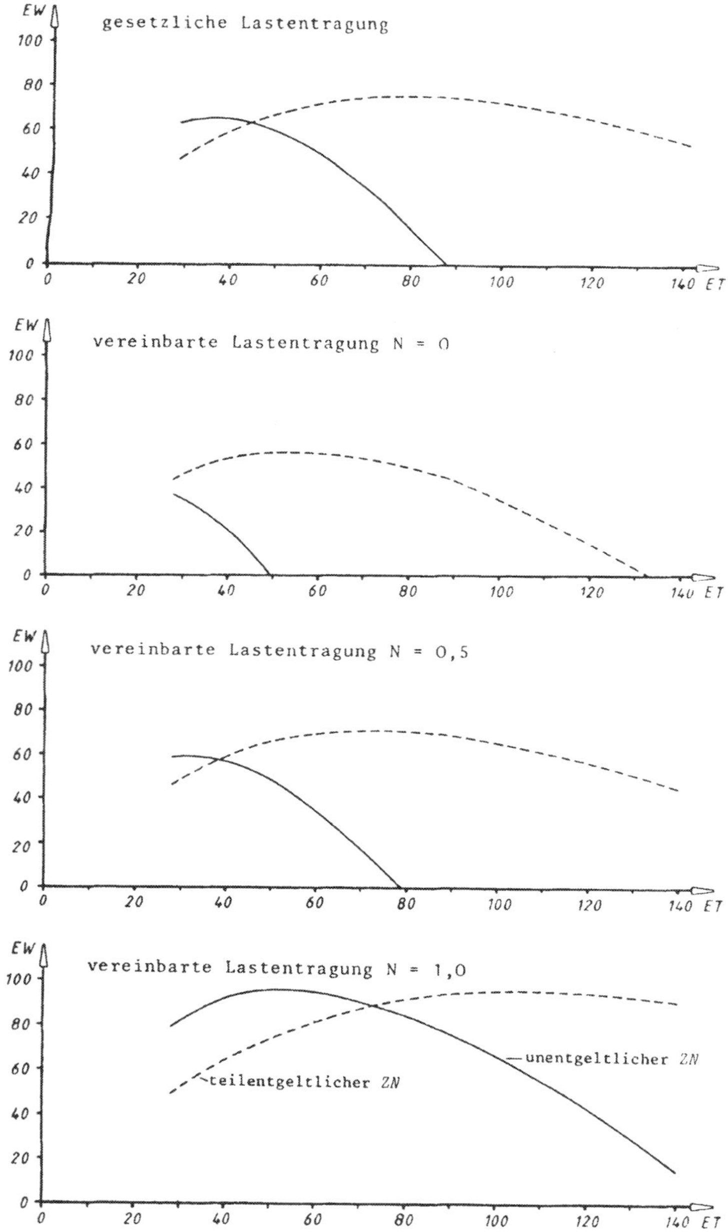

Übersicht 11: Entwicklung der *Vermögensendwerte (EW)* bei Durchführung des unentgeltlichen und teilentgeltlichen *Zuwendungsnießbrauchs (ZN)* in Abhängigkeit vom *Rohertrag (ET)* der Nießbrauchobjekte für unterschiedliche Lastentragungsverhältnisse *in 1.000 DM*

(4) Besonderheiten bei belastetem Grundstück

Die bisherige Untersuchung hat gezeigt, daß steigende Grundstückslasten c.p. den finanziellen Erfolg einer Nießbrauchgestaltung erheblich herabmindern können. Dies gilt im besonderen Maße, wenn der Nießbraucher nicht zum Tragen aller anfallenden Grundstückslasten verpflichtet wird $(N < 1)$[1].

Erfolgt die Nießbrauchbestellung nun an einem *belasteten* Grundstück, hat der Nießbraucher die der Belastung zuzuordnenden Zinsen als gewöhnliche Grundstückslasten zu übernehmen (§ 1047 BGB). Erreichen die Zinsbelastungen des Nießbrauchers zusammen mit den übrigen Grundstückslasten eine bestimmte Höhe, wird die Nießbrauchgestaltung unvorteilhaft.

Die Tabellen 14 und 15[2] verdeutlichen diesen Zusammenhang für den unentgeltlichen und teilentgeltlichen Zuwendungsnießbrauch. Es wird davon ausgegangen, daß die gewöhnlichen Grundstückslasten einschließlich der vom Nießbraucher zu tragenden Zinsen alternativ 10 v.H., 40 v.H. und 90 v.H. der Roherträge erreichen. Die außergewöhnlichen Grundstückslasten betragen in allen Fällen 10 v.H.

Die Tabellen beinhalten lediglich die Vermögensendwerte solcher Gestaltungen, bei denen der Nießbraucher die gesamten Grundstückslasten zu übernehmen hat. Für diese (zunächst vorteilhaftesten) Ausgangsfälle zeigt sich sowohl bei der Bestellung eines unentgeltlichen als auch bei der Bestellung eines teilentgeltlichen Zuwendungsnießbrauchs gleichermaßen, daß das Anfallen von Schuldzinsen in einer Höhe, die in etwa den Roherträgen entspricht,

1) Vgl. dazu Tabelle 8 und 9, Anhang 3, Seite 323.

2) Vgl. Anhang 3, Seite 326.

zu erheblichen Vermögensnachteilen führt. Auf eine Nießbrauchbestellung sollte in derartigen Fällen verzichtet werden, da für eine damit beabsichtigte Einkunftsverlagerung kein Raum mehr bleibt.

(5) Einfluß von Datenänderungen im persönlichen Bereich der Nießbrauchbeteiligten

(a) Sonstiges zu versteuerndes Einkommen

Die Vorteilhaftigkeit des Nießbrauchs hängt auch in hohem Maße von der Höhe des Einkommens ab, welches den Nießbrauchbeteiligten im Falle der Unterlassens- und im Falle der Handlungsalternative aufgrund ihrer sonstigen, nicht mit dem Nießbrauchobjekt im Zusammenhang stehenden, ökonomischen Aktivitäten zufließt. Bisher wurde von der für die Bestellung eines Zuwendungsnießbrauchs günstigen Situation ausgegangen, nach der auf den Vermögensinhaber bzw. Nießbrauchbesteller ein sonstiges zu versteuerndes Einkommen von 130.000 DM und auf den Nießbraucher kein Einkommen entfällt.

Anhand der folgenden Wertkonstellation[1] wird untersucht, welche finanziellen Wirkungen die Gestaltung eines Zuwendungsnießbrauchs hervorruft, wenn sich der Nießbrauchbesteller mit seinem sonstigen zu versteuernden Einkommen nicht mehr im Plafond bewegt und dem Nießbraucher ein sonstiges zu versteuerndes Einkommen zuzurechnen ist, welches der unteren Proportionalzone bzw. der ersten Progressionszone zuzurechnen ist[2].

---

1) Die übrigen Werte entsprechen denen des Grundfalls bei einem Rohertragsvervielfältiger von R = 13.

2) Nach dem hier angewandten Einkommensteuertarif 1988 umfassen die genannten Tarifzonen folgende Werte von zu versteuernden Einkommen:
Untere Proportionalzone 4.537 bis 18.035 DM,
Erste Progressionszone 18.036 bis 80.027 DM.

Wertkonstellation für das sonstige zu versteuernde Einkommen → des Nießbrauchbestellers (EOB)	→ des Nießbrauchers (EON)
130.000 DM	0 DM
100.000 DM	0 DM
130.000 DM	30.000 DM
100.000 DM	30.000 DM

Den Berechnungsergebnissen (Tabellen 16 und 17)[1] ist zu entnehmen, daß die Wertkonstellation EOB = 100.000 DM, EON = 30.000 DM überwiegend zu negativen Vermögensendwerten führt. Positive Endwerte (bis maximal 13.000 DM) sind beim teilentgeltlichen Nießbrauch grundsätzlich nur noch dann möglich, wenn der Nießbraucher alle Grundstückslasten übernimmt (N = 1) und keine Roherträge über 90.000 DM anfallen.

Für die übrigen Wertkonstellationen zeigt sich, daß ein Sinken des sonstigen zu versteuernden Einkommens beim Nießbrauchbesteller von EOB = 130.000 auf EOB = 100.000 c.p. eine negative Wirkung auf die Vermögenszuwächse von maximal 10 v.H. bewirkt. Eine Steigerung des sonstigen zu versteuernden Einkommens beim Nießbraucher um den gleichen Betrag auf EON = 30.000 führt dagegen c.p. zu Abschlägen von bis zu einem Vielfachen der ursprünglichen Vermögensendwerte.

Bei einem Rohertrag von 50.000 DM entstehen im Falle der Ausgestaltung eines unentgeltlichen Zuwendungsnießbrauchs (N = 1) entsprechend der obengenannten Wertkonstellationen Vermögenszunahmen bzw. -abnahmen in Höhe von 95.649 DM, 89.466 DM, 3.384 DM und -2.800 DM.

Die vergleichsweise geringe Minderung der Vermögenszunahme aufgrund einer Minderung des sonstigen zu versteuernden Einkommens des Nießbrauchbestellers auf EOB = 100.000 ist darauf zurückzuführen, daß nach Zusammenrechnung

---

1) Vgl. Anhang 3, Seite 327.

dieses Einkommens mit den Einkünften aus dem Nießbrauchobjekt im Falle der Unterlassung immer noch ein zu versteuerndes Einkommen erreicht wird, welches sich im Plafond bzw. nahezu im Plafond bewegt. Der auf die Einkünfte aus dem Nießbrauchobjekt anzuwendende Differenzsteuersatz erfährt daher nur eine geringe Änderung. Die demgegenüber starke Minderung der Vermögenszuwächse aufgrund einer Erhöhung des sonstigen zu versteuernden Einkommens des Nießbrauchers von EON = 0 auf EON = 30.000 läßt erkennen, daß sich die Einkommenserhöhung nun auch *progressions*erhöhend auf die Einkommensteuer auswirkt. Sämtliche aus dem Nießbrauchobjekt fließenden Einkünfte unterliegen einem entsprechend erhöhten Differenzsteuersatz. Der Vermögensendwert von -2.800 DM spiegelt beide Effekte gemeinsam wider.

Fazit: Im Falle des unentgeltlichen und teilentgeltlichen Zuwendungsnießbrauchs kann bereits ein geringes Einkommen des Nießbrauchers sehr schnell zu finanziellen Nachteilen (negative Vermögensendwerte) führen, während eine gleich hohe (positive oder negative) Veränderung des ansonsten hohen Einkommens des Nießbrauchbestellers die Vorteilhaftigkeit nur in geringem Maße verändert.

(b) Person der Nießbrauchbeteiligten und Richtung der Schenkung

Sobald eine Nießbrauchbestellung nicht vollentgeltlich erfolgt und Schenkungsteuer fällig wird, gewinnt die Person der Nießbrauchbeteiligten und die Richtung der Nießbrauchbestellung im Hinblick auf die finanzielle Zielerreichung an Bedeutung.

Ein Vergleich der Vermögenszuwächse, die sich aufgrund einer Nießbrauchbestellung zwischen einem Elternteil (Vater) und seinem Kind (Sohn) in unterschiedlichen Richtungen ergeben (Tabellen 18 und 19)[1], läßt deutlich werden, daß

1) Vgl. Anhang 3, Seite 328.

die Nießbrauchbestellung in Richtung Vater → Kind vorteilhafter ist als die Nießbrauchbestellung in umgekehrter Richtung. Ein vom Vater unentgeltlich zugunsten seines Sohnes bestellter Zuwendungsnießbrauch bewirkt bspw. bei einem Rohertrag von ET = 140.000 DM und Übernahme sämtlicher Grundstückslasten durch den Sohn (N = 1) einen Vermögenszuwachs von 15.072 DM. Die Schenkungsteuer beträgt 3.472 DM bei einem Steuersatz von 4 v.H.[1]. Wird der Nießbrauch vom Sohn zugunsten des Vaters bestellt, sinkt der Vermögensendwert auf -34.096 DM. Die Schenkungsteuer beträgt nun 30.858 DM bei einem Steuersatz von 18,5 v.H.

Beträgt der Rohertrag 50.000 DM, entsteht im ersten Fall (Schenkung Vater → Sohn) ein Vermögenszuwachs von 95.649 DM (Schenkungsteuer 0 DM) und im zweiten Fall ein Zuwachs von 82.389 DM (Schenkungsteuer 8.800 DM, Steuersatz 12,5 v.H.).

---

1) Die Schenkungsteuer ermittelt sich wie folgt (vgl. Anhang 1, S. 291 ff.):

(1) Jahreswert der Nutzungen	Rohertrag ./. vom Nießbraucher zu tragende Lasten 110.000 DM ./. (0,25 · 110.000 DM)	=	82.500,00 DM
(2) Höchstbetrag § 16 BewG	1/18 des Wertes, der sich für das genutzte Wirtschaftsgut ergibt		
Verkehrswert :	ET · R = 110.000 DM · 13	=	1.430.000,00 DM
Einheitswert:	VK · 0,2	=	286.000,00 DM
§ 121 a BewG:	+40 v.H. Zuschlag	=	400.400,00 DM
	davon 1/18	=	22.244,44 DM
(3) Wert des Nießbrauchs	Niedriger Wert (1) > (2) · Vervielfältiger gemäß Anlage 9 BewG		
	22.244,24 DM · 7,952	=	177.887,82 DM
	./. Freibetrag (Steuerklasse I)		90.000,00 DM
	verbleibender Betrag		86.887,82 DM
	Rundung		86.800,00 DM
(4) Schenkungsteuer	4 v.H.	=	3.472,00 DM

Mit steigendem Rohertrag wirkt sich der progressive Erbschaftsteuertarif über den in gleicher Weise steigenden Wert des Nießbrauchs zunehmend nachteilig auf die Vorteilhaftigkeit des Zuwendungsnießbrauchs aus. Der Höhe des schenkungsteuerlichen Freibetrags kommt dabei eine vergleichsweise geringe Bedeutung zu. Die dargestellten Auswirkungen treffen für den teilentgeltlichen Nießbrauch in entsprechender Weise zu.

(c) Alter des Nießbrauchers

Die bisherigen Berechnungen gehen davon aus, daß der Nießbrauch für eine Dauer von 10 Jahren, also befristet, bestellt wird. Während Alter und Geschlecht des Nießbrauchers bei befristetem Nießbrauch keine Bedeutung erlangen, sind diese Daten bei einem lebenslänglich bestellten Nießbrauch maßgebend für die Höhe des Kapitalisierungsfaktors zur Bestimmung des Wertes des Nießbrauchs[1].

Mit sinkendem Alter des Nießbrauchers steigt der Kapitalisierungsfaktor. Dieses kann im Falle des unentgeltlichen und teilentgeltlichen Zuwendungsnießbrauchs zu einer höheren Schenkungsteuerbelastung führen. Im Falle des teilentgeltlichen und vollentgeltlichen Zuwendungsnießbrauchs beeinflußt der Kapitalisierungsfaktor die Höhe des Nießbrauchentgelts.

Die Berechnungen, die Aufschluß über den Einfluß des Alters des Nießbrauchers auf die Vorteilhaftigkeit geben sollen, werden an späterer Stelle analysiert[2]. Die Prämisse einer vereinbarten Nießbrauchdauer von 10 Jahren wird dann aufgegeben. Der Vergleich findet statt zwischen einer Nießbrauchdauer von 10 Jahren und einem lebenslänglich bestellten Nießbrauch.

---

1) Vgl. Anlage 9 zum BewG.

2) Vgl. Seite 164 ff.

(d) Familienstand der Nießbrauchbeteiligten

Im Rahmen der folgenden Erörterungen ist zu überprüfen, in welchem Ausmaß die Vorteilhaftigkeit einer Nießbrauchgestaltung der Änderung unterliegt, wenn Nießbrauchbesteller oder Nießbraucher verheiratet sind und die Zusammenveranlagung gemäß §§ 26, 26 b i.V.m. § 32 a Abs. 5 EStG wählen. Folgende Konstellationen sind gegenüberzustellen:

→ Nießbrauchbesteller	→ Nießbraucher
ledig	ledig
ledig	verheiratet
verheiratet	ledig
verheiratet	verheiratet

Ein Vergleich der Berechnungsergebnisse (Tabellen 20 und 21)[1] des unentgeltlichen Zuwendungsnießbrauchs mit denen des teilentgeltlichen Zuwendungsnießbrauchs läßt erkennen, daß die Tarifänderungen in beiden Fällen eine gleich*gerichtete* Entwicklung der Vermögenszuwächse zur Folge haben.

Ist der Nießbrauchbesteller unverheiratet (Anwendung des Grundtarifs) und der Nießbraucher verheiratet (Splittingtarif), führt die Nießbrauchbestellung gegenüber der Ursprungssituation, in der beide Nießbrauchbeteiligten unverheiratet sind, zu einem Ansteigen der Vermögensendwerte[2]. Zu einer Vermögensminderung gegenüber der Ausgangssituation kommt es, wenn der Nießbrauchbesteller verheiratet und der Nießbraucher ledig ist.

Das quantitative Ausmaß der Vermögensendwertänderung stellt sich für den Fall des unentgeltlichen Zuwendungsnießbrauchs mit Übernahme sämtlicher Grundstückslasten durch den Nieß-

---

1) Vgl. Anhang 3, Seite 329.

2) Die sonstigen zu versteuernden Einkommen (Nießbrauchbesteller 130.000 DM, Nießbraucher 0 DM) bleiben unverändert.

braucher bei einem Rohertrag von ET = 50.000 DM wie folgt dar: Der Vermögensendwert der Ausgangssituation in Höhe von 95.649 DM steigt, wenn der Nießbraucher verheiratet ist, auf 147.484 DM. Ist nur der Nießbrauchbesteller verheiratet, sinkt der Endwert hingegen auf 66.473 DM. Sind Nießbraucher und Nießbrauchbesteller verheiratet, steigt der Endwert auf 118.308 DM (Tabelle 20).

Die Zusammenhänge seien am Beispiel des unentgeltlichen Zuwendungsnießbrauchs verdeutlicht: Die Anwendung des Splittingtarifs auf das dem Nießbraucher zufließende Einkommen hat zur Folge, daß der Vermögensendwert des Nießbrauchers im Falle der Handlung (HEWN) eine Steigerung erfährt und einen positiven Effekt auf die Gesamtwirkungsziffer ausübt[1]. Demgegenüber führt die Anwendung des Splittingtarifs auf das (annahmegemäß) höhere Einkommen des Nießbrauchbestellers zu einer vergleichsweise stärkeren Erhöhung des Endwerts des Nießbrauchbestellers im Falle der Unterlassensalternative (UEWB). Die Gesamtwirkungsziffer wird damit insgesamt negativ beeinflußt.

Als Ergebnis ist somit festzustellen, daß die Nießbrauchbestellung einer ledigen Person zugunsten einer verheirateten Person die größten Vermögenszuwächse erwarten läßt.

(6) Gestaltungsmöglichkeiten zur Verbesserung der Vorteilhaftigkeit

(a) Überblick

Die weitere Analyse des Zuwendungsnießbrauchs gilt der Frage, ob und in welchem Maße gestaltende Eingriffe seitens

---

1) Der Vermögenszuwachs von 95.649 DM ermittelt sich für die Ausgangssituation wie folgt:

UEWB =	262.179 DM	UEWN =	0 DM
HEWB =	0 DM	HEWN =	357.828 DM
DEWB =	-262.179 DM	DEWN =	357.828 DM
Vermögenszunahme/abnahme nach 10 Jahren		=	95.649 DM

der Nießbrauchbeteiligten die Vorteilhaftigkeit bestimmter Nießbrauchvereinbarungen verbessern können. Als gestaltende Eingriffe sind in erster Linie Vereinbarungen über die Lastentragung und das Entgeltverhältnis anzusehen, die hier keiner *besonderen* Betrachtung bedürfen, da sie in unterschiedlichen Ausprägungen den Rahmen der gesamten Analyse stellen. Weitere von den Nießbrauchbeteiligten zu beeinflussende Gestaltungsgrößen werden im folgenden für den schenkungsteuerlichen und einkommensteuerlichen Bereich getrennt behandelt.

Als Gestaltungsmaßnahmen im schenkungsteuerlichen Bereich sind die laufende Zahlung der Schenkungsteuer durch den Nießbraucher und die Zahlung der Schenkungsteuer durch den Nießbrauchbesteller in ihren Auswirkungen auf die Vorteilhaftigkeit gegenüberzustellen. Weiterhin wird der finanzielle Effekt einer wiederholten Nießbrauchbestellung für aufeinanderfolgende Zeiträume von jeweils 10 Jahren im Vergleich zu einer einmaligen Nießbrauchbestellung über 20 Jahre mit dem Ziel der doppelten Ausnutzung schenkungsteuerlicher Freibeträge überprüft (§ 14 ErbStG).

Im einkommensteuerlichen Bereich erfolgt eine Gegenüberstellung von laufender Zahlung und Einmalzahlung des Nießbrauchentgelts. Erstmals soll dabei der vollentgeltliche Zuwendungsnießbrauch (Q = 1) in die Berechnungen einbezogen werden.

Die Prämisse einer 10-jährigen Nießbrauchdauer ist aufzugeben, um festzustellen, welchen Einfluß die Vereinbarung eines lebenslänglichen Nießbrauchs im Vergleich zu einem auf 10 Jahre befristeten Nießbrauch auf die Vorteilhaftigkeit ausübt. Den Berechnungen liegt die Annahme zugrunde, daß ein Vater seinem 20-jährigen Sohn den lebenslänglichen Nießbrauch bestellt. Nach der "Allgemeinen Sterbetafel für die Bundesrepublik Deutschland 1970/72"[1] hat der Sohn noch eine Lebenserwartung von 50 Jahren, so daß in diesem Fall der lebenslängliche Nießbrauch in etwa einem befristeten Nießbrauch über 50 Jahre entspricht[2].

Schließlich wird auf den umgekehrten Fall der lebenslänglichen Nießbrauchbestellung eines Sohnes zugunsten seines 60-jährigen Vaters eingegangen. Dieses entspricht einem befristeten Nießbrauch von etwa 15 Jahren. Den Berechnungen werden dort, wo die Höhe des Kalkulationszinsfußes problemspezifisch ist, unterschiedliche Kalkulationszinsfüße zugrunde gelegt.

(b) Gestaltende Eingriffe im Bereich der Schenkungsteuer

(aa) Laufende Zahlung der Schenkungsteuer durch den Beschenkten

Das Optionsrecht des § 23 Abs. 1 ErbStG erlaubt dem Nießbraucher, seine schenkungsteuerlichen Zahlungsverpflichtungen anstatt in einer Einmalzahlung in Jahresbeträgen zu entrichten, so daß die einzelnen Jahreswerte des Nieß-

---

1) Ein Auszug aus der "Allgemeinen Sterbetafel für die Bundesrepublik Deutschland 1970/72" findet sich im Anhang 2 zu den Vermögensteuer-Richtlinien 1983. Im übrigen vgl. Statistisches Bundesamt (Hrsg.): Statistisches Jahrbuch 1985 für die Bundesrepublik Deutschland, Wiesbaden 1985, S. 78.

2) Eine völlige Gleichstellung kann nicht erreicht werden, da bei der Ermittlung der Kapitalisierungsfaktoren zur Bestimmung des Wertes eines lebenslänglich bestellten Nießbrauchs (Kapitalwert einer lebenslänglichen Nutzung oder Leistung im Jahreswert von einer Deutschen Mark; Anlage 9 zum BewG) von einem Mittelwert zwischen dem Kapitalwert für jährlich vorschüssige und jährlich nachschüssige Zahlungsweisen ausgegangen wurde. Bei der Ermittlung der Kapitalisierungsfaktoren zur Bestimmung des Werts eines befristeten Nießbrauchs wurden die Kapitalisierungsfaktoren (Kapitalwert einer Rente, Nutzung oder Leistung im Jahreswert von 1 DM auf eine bestimmte Anzahl von Jahren; Hilfstafel 2 zum BewG) hingegen auf der Grundlage vorschüssiger Zahlungen bestimmt.

brauchs damit belastet sind[1]. Durch die Besteuerung nach dem Jahreswert kann ein nicht unbedeutender Zinsgewinn erzielt werden.

Ob die Ausnutzung des Optionsrechts nach § 23 Abs. 1 ErbStG aber im Einzelfall empfehlenswert ist, hängt von einem betriebswirtschaftlichen Kalkül ab, in den insbesondere die Unterschiede zwischen den Marktzinssätzen bzw. modellmäßig verwendeten Kalkulationszinsfüßen und dem zur Bewertung des Nießbrauchs herangezogenen Zinsfuß in Höhe von 5,5 v.H. eingehen[2].

Ferner spielen Liquiditätsüberlegungen eine wichtige Rolle und bei Nießbrauchvereinbarungen, die an die Lebensdauer des Nießbrauchers geknüpft sind, auch das "aleatorische Moment"[3]. Letzteres kommt darin zum Ausdruck, daß bei der Besteuerung nach dem Jahreswert der Nießbraucher länger leben kann als es seiner mittleren Lebenserwartung entspricht, von der bei der Wertbestimmung des Nießbrauchs ausgegangen wurde. Es ergäbe sich dann insgesamt eine höhere Schenkungsteuer als bei der sofortigen Besteuerung nach dem Kapitalwert.

Vorteilhaft ist die Besteuerung nach dem Jahreswert u.U. auch deshalb, weil die jährlich zu entrichtende Schenkungsteuer bei der Einkommensbesteuerung als Sonderausgabe abgezogen werden kann. Bei einem unterstellten Spitzensteuersatz von 56 v.H.[4] auf seiten des Nießbrauchers könnte dieses eine Einkommensteuerersparnis von bis zu 56 v.H. der zu zahlenden Schenkungsteuer ausmachen.

---

1) Darüber hinaus gestattet § 23 Abs. 2 ErbStG, die Jahressteuer zum jeweils nächsten Fälligkeitstermin mit ihrem Kapitalwert abzulösen (vgl. auch G. ROSE: Substanzsteuern, S. 183 f.); die Ablösungsmöglichkeit bleibt bei der folgenden Betrachtung ausgeklammert.

2) Vgl. G. ROSE: Substanzsteuern, S. 184.

3) Ebenda.

4) Vgl. BFH-Urteile vom 5.4.1965 IV 339/63 U, BStBl II 1965, S. 360; vom 15.11.1957 VI 79/55 U, BStBl III 1958, S. 103 sowie RFH-Urteil vom 14.8.1935 VI A 582/35, RStBl 1935, S. 1496.

Für den Vergleich der Alternativen *Sofortzahlung* und *jährliche Zahlung* der Schenkungsteuer wird die Entscheidungssituation wiederum nach den Daten des Grundfalls (mit einem Rohertragsvervielfältiger von R = 13) gebildet. Die für eine laufende Besteuerung nach § 23 ErbStG in Betracht kommenden Nutzungen können auch zeitlich befristet sein, so daß die grundsätzlichen finanziellen Auswirkungen der Option anhand des befristeten Nießbrauchs über 10 Jahre ausreichend überprüfbar sind. Die Zugrundelegung eines lebenslänglichen Nießbrauchs läßt deshalb keine anderen Ergebnisse erwarten, weil für einen sinnvollen Vergleich zu unterstellen wäre, daß die erwartete Lebensdauer des Nießbrauchers mit seiner tatsächlichen Lebensdauer übereinstimmt.

Der Grundfall wird jedoch dahingehend abgewandelt, daß nun der Sohn seinem Vater den Nießbrauch bestellt, was über eine höhere Erbschaftsteuerklasse und einen niedrigeren Freibetrag zu einer höheren Schenkungsteuer führt. Die finanziellen Auswirkungen der Option werden damit bereits bei Nießbrauchbestellungen an Objekten mit niedrigen Roherträgen sichtbar.

Die Berechnungen lassen erkennen (Tabellen 22 und 23)[1], daß die laufende Entrichtung der Schenkungsteuer durch den Nießbraucher gemäß § 23 Abs. 1 ErbStG im Vergleich zur Sofortzahlung grundsätzlich zu besseren Ergebnissen führt. Das Ausmaß der Vorteilhaftigkeitsverbesserung durch Ausübung der Option ist bei Vereinbarung eines unentgeltlichen Zuwendungsnießbrauchs naturgemäß höher als bei Vereinbarung eines teilentgeltlichen Zuwendungsnießbrauchs, da im letzteren Fall eine wesentlich geringere Schenkungsteuerbelastung auftritt.

Die Ergebnistabellen 22 und 23 enthalten die wertmäßigen Veränderungen der Vermögensendwerte, die durch Nießbrauchgestaltungen mit laufender Zahlung der Schenkungsteuer im

---

1) Vgl. Anhang 3, Seite 330.

Vergleich zu Gestaltungen mit sofortiger Entrichtung der Schenkungsteuer bei jeweils unterschiedlichen Kalkulationszinsfüßen (P = 3 v.H., 8 v.H., 12 v.H.) erreichbar sind.

Sofern einzelne Gestaltungen, unabhängig von der Zahlungsweise der Schenkungsteuer, bei bestimmten Wertkonstellationen zu negativen Vermögensendwerten führten - die Änderungen der Vermögensendwerte aufgrund der Option somit lediglich im negativen Bereich stattfindet - wurde auf eine Aufnahme entsprechender Vermögensendwertdifferenzen in die Tabellen verzichtet.

Lediglich die Durchführung des teilentgeltlichen Zuwendungsnießbrauchs mit laufender Entrichtung der Schenkungsteuer führt bei Roherträgen von ET = 28.000 DM und 30.000 DM und einem Kalkulationszinsfuß von P = 3 v.H. zu schlechteren Ergebnissen als die Durchführung entsprechender Gestaltungen mit sofortiger Zahlung der Steuer[1]. Bei Kalkulationszinsfüßen von 8 v.H. und 12 v.H., also Zinsfüßen oberhalb des Wertes von 5,5 v.H., der zur Bewertung des Nießbrauchs herangezogen wurde, erweist sich die Verrentung der Schenkungsteuer in jedem Fall als die günstigere Alternative.

Für höhere Roherträge ist die Verrentungsalternative unter allen zugrunde gelegten Zinsverhältnissen, also auch bei einem niedrig angesetzten Zins, erheblich günstiger als die Alternative Sofortzahlung. Mit steigendem Kalkulationszinsfuß vergrößert sich der durch die Stundung der Schenkungsteuer und durch Abzugsfähigkeit der laufend entrichteten Schenkungsteuerbeträge als Sonderausgabe bewirkte positive Effekt auf die Vorteilhaftigkeit[2].

---

1) Es ergeben sich negative Differenzwerte, die jedoch nur ein geringes Ausmaß annehmen.

2) Bezüglich des Vergleichs Einmalzahlung und Sofortzahlung der Schenkungsteuer wird auch auf die Berechnungen von G. ROSE (Besteuerung nach Wahl, S. 78 ff.) hingewiesen.

(bb) Zahlung der Schenkungsteuer durch den Schenker

Wir die Schenkungsteuer nicht vom Nießbraucher als dem Beschenkten, sondern vom Nießbrauchbesteller als Schenker gezahlt, ist sie gemäß § 10 Abs. 2 ErbStG zur Schenkung hinzuzurechnen und erhöht folglich die zu zahlende Steuer.

Bei der Durchführung eines unentgeltlichen Zuwendungsnießbrauchs bewirkt die Zahlung der Schenkungsteuer durch den Nießbrauchbesteller für alle Fallkonstellationen geringere Vermögenszuwächse (Tabelle 24)[1]. Fließt aus einem Nießbrauchobjekt bspw. ein Rohertrag von ET = 50.000 DM, so hat der Nießbraucher für das zu seinen Gunsten bestellte Nießbrauchrecht in Höhe von 8.800 DM Schenkungsteuer zu entrichten. Zahlt nun der Nießbrauchbesteller die Schenkungsteuer, erhöht sich der Betrag auf 11.074 DM[2]. Die Vermögenszunahme aufgrund der Nießbrauchgestaltung sinkt dadurch von 82.389 DM auf 73.513 DM.

Die Entrichtung der Schenkungsteuer durch den Besteller läßt die Endwerte des Nießbrauchbestellers und des Nießbrauchers im Falle der Unterlassung (UEWB, UEWN) unberührt. Für den Fall der Handlung sinkt der Endwert des Bestellers (HEWB) von 0 DM auf -22.137 DM, da er keine Einkünfte aus der Nießbrauchgestaltung erzielt und Kapitalkosten für die gezahlte Steuer zum Ansatz kommen. Der Endwert des Nießbrauchs (HEWN) steigt um 13.261 DM, da in Höhe der nicht gezahlten Schenkungsteuer Mittel zum Kalkulationszinsfuß angelegt werden können:

UEWB =	262.179 (262.179) DM	UEWN =	0 (0) DM
HEWB =	0 (-22.137) DM	HEWN =	344.568 (357.829) DM
DEWB =	-262.179(-284.316) DM	DEWN =	344.568 (357.829) DM

Vermögenszunahme/abnahme nach 10 Jahren = 82.389 (73.513) DM[3]

---

1) Vgl. Anhang 3, Seite 331. Es sind jeweils die ersten beiden Werte eines Feldes zu vergleichen, der dritte Wert bezieht sich auf einen späteren Untersuchungsabschnitt.

2) Die Schenkungsteuersätze betragen gemäß § 19 ErbStG 12,5 v.H. bzw. 14 v.H.

3) Die Werte in Klammern betreffen den Fall (des unentgeltlichen Zuwendungsnießbrauchs) bei dem die Schenkungsteuer durch den Nießbrauchbesteller gezahlt wird.

Im Falle der Durchführung eines teilentgeltlichen Zuwendungsnießbrauchs lassen die Berechnungen kein einheitliches Bild erkennen (Tabelle 25)[1]. Übernimmt in diesem Fall der Nießbrauchbesteller die Schenkungsteuer, ist bei Nießbrauchgestaltungen an Objekten mit Roherträgen bis zu 60.000 DM trotz höherer Schenkungsteuerbelastung eine *Verbesserung* der Vorteilhaftigkeit zu verzeichnen. Die höhere Schenkungsteuer führt erst bei Roherträgen ab einer Höhe von 70.000 DM zu nachteiligen Auswirkungen auf die Vorteilhaftigkeit.

Dieses Ergebnis ist folgendermaßen zu erklären: Übernimmt der Nießbrauchbesteller im Falle des unentgeltlichen Zuwendungsnießbrauchs die Schenkungsteuer, erhöht diese den Wert der Schenkung, was letztlich zu einem erhöhten Steuersatz führt[2]. Diese Entwicklung ist für den teilentgeltlichen Zuwendungsnießbrauch solange zutreffend, wie die Roherträge der Nießbrauchobjekte 60.000 DM übersteigen. Bei niedrigeren Roherträgen ist die Schenkungsteuer zu gering, um zusammen mit dem Wert der Schenkung einen höheren Steuersatz des progressiv verlaufenden Erbschaftsteuertarifs hervorzurufen. Es bleibt damit bei relativ geringen Steigerungen der Schenkungsteuer, die durch andere Effekte kompensiert werden.

Die Bestellung eines teilentgeltlichen Nießbrauchs (Q = 0,5) an einem Objekt mit einem Rohertrag von ET = 50.000 DM, führt bei einem Schenkungsteuersatz von 11 v.H. zu einer Steuerbelastung von 3.322 DM und einer Vermögenszunahme von 68.226 DM. Trägt der Nießbrauchbesteller die Schenkungsteuer, erhöht sich diese bei gleichem Steuersatz auf 3.685 DM. Der Vermögensendwert erhöht sich auf 68.692 DM.

---

1) Vgl. Anhang 3, Seite 331, jeweils die ersten beiden Werte eines Feldes sind zu vergleichen.

2) Bei einem Rohertrag von 50.000 DM beträgt die Schenkungsteuer 8.800 DM (Steuersatz 12,5 v.H.; unentgeltlicher Zuwendungsnießbrauch). Entrichtet der Nießbrauchbesteller die Steuer, steigt der "Wert des steuerpflichtigen Erwerbs" (§ 10 i.V.m. § 19 ErbStG) von 70.400 DM auf 79.200 DM und die Schenkungsteuer auf 11.074 DM (bei einem Steuersatz von 14 v.H.). Zur Ermittlung der Schenkungsteuer vgl. im einzelnen Anhang 1, Seite 291 ff.

Dem Nießbraucher stehen in Höhe der nicht gezahlten Steuer (hier: 3.322 DM) Mittel für Anlagezwecke zur Verfügung. Der Vermögensendwert des Nießbrauchers im Falle der Handlung (HEWN) erhöht sich um 5.485 DM auf 204.835 DM. Der Endwert des Nießbrauchbestellers (HEWB) verringert sich durch die Zahlung von 3.685 DM Schenkungsteuer lediglich um 5.019 DM auf 126.036 DM:

UEWB = 262.179 (262.179) DM	UEWN = 0 (0) DM
HEWB = 131.055 (126.036) DM	HEWN = 199.350 (204.835) DM
DEWB =-131.124(-136.143) DM	DEWN = 199.350 (204.835) DM
Vermögenszunahme/abnahme nach 10 Jahren	= 68.226 (68.692) DM

(cc) Erneute Nießbrauchbestellung bei einem Zuwendungszeitraum von mehr als 10 Jahren

Soll der Nießbrauch für einen längeren Zeitraum als 10 Jahre bestellt werden, ist aus schenkungsteuerlicher Sicht erwägenswert, ob eine auf 10 Jahre befristete Nießbrauchbestellung mit anschließender erneuter Bestellung insgesamt zu besseren Ergebnissen führen kann. Die Bestellung eines Zuwendungsnießbrauchs unter Lebenden stellt, soweit sie unentgeltlich erfolgt, einen schenkungsteuerpflichtigen Vorgang i.S. des § 7 Abs. 1 ErbStG dar. Nach dem Erbschaftsteuergesetz ist eine erneute Nießbrauchbestellung nach Ablauf eines Zeitraumes von 10 Jahren ein selbständiger Steuerfall, für den sachliche Steuerbefreiungen und persönliche Freibeträge ebenso in Anspruch genommen werden können, wie dieses für die Erstbestellung möglich war. Die Vorschrift des § 14 ErbStG ordnet lediglich eine Zusammenrechnung aller Vermögensvorteile an, die einer Person von einer anderen Person innerhalb eines Zehn-Jahres-Zeitraumes zufallen.

Im folgenden wird untersucht, in welchem Maße die Vorteilhaftigkeit eines über 20 Jahre bestellten Nießbrauchs durch Befristung des Rechts auf 10 Jahre und erneuter Bestellung nach Ablauf der 10 Jahre für den gleichen Zeitraum verbessert werden kann. Die Berechnungen basieren auf den Daten der bisher bereits zugrunde gelegten Entscheidungssituation (Grundfall); der Kalkulationszinsfuß beträgt 8 v.H. Für die Berechnung der finanziellen Auswirkungen eines über 20 Jahre bestellten Nießbrauchs sind Planungszeitraum (JO), Nießbrauchdauer (NO) und Restabschreibungsdauer (TO) entsprechend auszudehnen.

Die Tabellen 24 und 25[1] enthalten eine Gegenüberstellung der Vermögenszunahmen/abnahmen, die - je nach Ausgestaltung - aufgrund der Bestellung eines entgeltlichen bzw. teilentgeltlichen Nießbrauchs über 10 Jahre und über 20 Jahre entstehen. In der dort vorliegenden Form sind die Werte allerdings nicht vergleichbar. Es wird daher unterstellt, daß der Nießbraucher nach Ablauf von 10 Jahren die bis dahin erzielte Vermögenszunahme zum Kalkulationszinsfuß anlegt[2]. Die Zinserträge unterliegen in den Perioden 11 bis 20 zusammen mit den Erträgen aus der erneuten Nießbrauchbestellung der Besteuerung.

Ausgehend von der pauschalen Annahme, die als konstant angenommenen Zinserträge aus der Anlage der Vermögenszuwächse der ersten Nießbrauchbestellung unterliegen Differenzsteuersätzen von 22 bis 56 v.H., errechnen sich aus dem Brutto-Kalkulationszinsfuß von $P = 8$ v.H. nach der Formel $P_{net} = P\ (1-s)$[3] Netto-Kalkulationszinsfüße von 3,52 bis

---

1) Vgl. Anhang 3, Seite 331, der jeweils erste Wert eines Feldes in den Tabellen bezieht sich auf den über 10 Jahre bestellten Nießbrauch, der jeweils dritte Wert auf den über 20 Jahre bestellten Nießbrauch.

2) Betrachtet werden nur Fälle mit positivem Vermögensendwert.

3) Zur Ableitung von Nettozinssätzen vgl. D. Schneeloch: Steuerbelastungsvergleiche, S. 176 ff.

6,24 v.H.[1]. Durch Aufzinsung der Vermögensendwerte der ersten Nießbrauchbestellung mit diesen Kalkulationszinsfüßen und Hinzurechnung der Vermögensendwerte ergeben sich schließlich Werte, die mit den Vermögensendwerten der einmaligen Nießbrauchbestellung über 20 Jahre in etwa vergleichbar sind.

Eine Gegenüberstellung der Vermögensendwerte läßt erkennen, daß durch die zweifache Bestellung eines unentgeltlichen Zuwendungsnießbrauchs für alle Wertkonstellationen eine Verbesserung der Ergebnisse erzielt werden kann, bei denen der Nießbraucher *nicht* alle Lasten trägt ($N < 1$)[2]. Das Ausmaß der Verbesserungen ist umso größer, je höher der Wert des Nießbrauchs ist. Die einmalige Nießbrauchbestellung über 20 Jahre führt hingegen bei Roherträgen von ET = 28.000 bis 90.000 DM und Übernahme *sämtlicher* Grundstückslasten durch den Nießbraucher ($N = 1$) zu besseren Ergebnissen. Die Lastenübernahme durch den Nießbraucher hat einen geringeren Wert des Nießbrauchs und damit eine niedrigere Schenkungsteuerbelastung zur Folge. Im Fall des teilentgeltlichen Zuwendungsnießbrauchs trifft dieses gleichermaßen zu.

---

1) Da in diesem Abschnitt nur die grundsätzlichen Auswirkungen der doppelten Ausnutzung schenkungsteuerlicher Freibeträge untersucht werden sollen, wird auf eine exakte Ermittlung des Netto-Kalkulationszinsfußes verzichtet. Für die exakte Aufzinsung des Vermögensendwertes aus der ersten Nießbrauchbestellung wäre eine derartige Ermittlung von Nettokalkulationszinsfüßen nicht ausreichend. Nach Ermittlung des für die tatsächlichen Kapitalerträge aus der Anlage des Vermögensendwertes maßgebenden exakten Differenzsteuersatzes des Nießbrauchers in den Perioden 11 bis 20 wäre für jede dieser Perioden ein eigener Netto-Kalkulationszinsfuß zu ermitteln, mit dem dann die Aufzinsung des Vermögensendwertes für jeweils eine Periode zu erfolgen hätte.

2) Die Tabellen 24 und 25 enthalten lediglich die Werte einer einmaligen Nießbrauchbestellung über 10 und 20 Jahre. Die durch Aufzinsung und Summierung ermittelten vergleichbaren Vermögensendwerte einer zweifachen Nießbrauchbestellung sind nicht enthalten; sie ergeben sich durch Multiplikation der Vermögensendwerte aus der Nießbrauchbestellung über 10 Jahre mit einem Faktor $1 + (1 + p_{net})^{10}$.

Neben der doppelten Ausnutzung schenkungsteuerlicher Freibeträge sind im Falle der erneuten Nießbrauchbestellung nach Ablauf von 10 Jahren durch die verzögerte Zahlung der auf die zweite Nießbrauchbestellung entfallenden Schenkungsteuer Zinseffekte und aufgrund des progressiv verlaufenden Erbschaftsteuertarifs (§ 19 ErbStG) Progressionseffekte erzielbar.

Die dargestellte Entwicklung der Vermögensendwerte aufgrund einer wiederholten Nießbrauchbestellung über 10 Jahre im Vergleich zur einmaligen Bestellung über 20 Jahre ist nicht zwangsläufig, sondern hängt noch von weiteren Faktoren ab. Besonderes Gewicht kommt dem Kalkulationszinsfuß und dem sonstigen zu versteuernden Einkommen des Nießbrauchers zu. Mit sinkendem Netto-Kalkulationszinsfuß wird die einmalige Nießbrauchbestellung über 20 Jahre i.d.R. vorteilhafter.

Bei einer Entscheidung zugunsten der zweifachen Nießbrauchbestellung sollte stets Beachtung finden, daß Nießbrauchbestellungskosten (z.B. Notar- und Grundbuchbestellungskosten) in doppelter Höhe anfallen. Neben finanziellen Aspekten spielen Sicherheitsaspekte eine nicht unwesentliche Rolle. Eine Nießbrauchbestellung über 20 Jahre bietet dem Nießbraucher für diese Zeit Sicherheit über die Einkünfte aus dem Nießbrauchobjekt. Der Nießbrauchbesteller hat dagegen von sich aus keine Möglichkeit mehr, seine Entscheidung zwischenzeitlich zu revidieren, sofern er nicht - das Einverständnis des Nießbrauchers vorausgesetzt - außerordentliche finanzielle Aufwendungen zur Ablösung des Rechts in Kauf nimmt.

c) Gestaltende Eingriffe im Bereich der Einkommensteuer

(aa) Zahlung des Nießbrauchentgelts in einem Einmalbetrag

In den bisherigen Berechnungen zum Zuwendungsnießbrauch wurde unterstellt, daß der Nießbraucher, sofern er für die Bestellung des Nießbrauchrechts ein Entgelt zu zahlen hatte, dieses in laufenden Beträgen über die Dauer des Nießbrauchs an den Nießbrauchbesteller entrichtete. Der vollentgeltliche Zuwendungsnießbrauch (Q = 1) wurde bisher rechnerisch noch nicht erfaßt[1]. Es hat sich gezeigt[2], daß der vollentgeltliche Zuwendungsnießbrauch bei einem Kalkulationszinsfuß von 8 v.H. zu negativen Vermögensendwerten führt, wenn das Nießbrauchentgelt in einem Einmalbetrag gezahlt wird. Bei laufender Entgeltzahlung sind weder Vermögenszunahmen noch -abnahmen zu erwarten: Einerseits werden die Einkünfte des Nießbrauchers aus dem nießbrauchbelasteten Grundstück durch die Entgeltzahlungen an den Nießbrauchbesteller völlig aufgezehrt, andererseits tritt beim Nießbrauchbesteller an die Stelle der Einkünfte aus dem Nießbrauchobjekt in gleicher Höhe das Nießbrauchentgelt. Für eine mit der Nießbrauchbestellung beabsichtigte Einkunftsverlagerung bleibt somit kein Raum.

Anhand der Daten des Grundfalls ist im folgenden zu überprüfen, welchen Einfluß die Einmalzahlung des Nießbrauchentgelts im Vergleich zur laufenden Zahlung auf die Vorteilhaftigkeit des teilentgeltlichen bzw. vollentgeltlichen Zuwendungsnießbrauchs ausübt, wenn den Berechnungen unterschiedliche Kalkulationszinsfüße (P = 3 v.H., 8 v.H., 12 v.H.) zugrunde gelegt werden. Die Bestellung des Nießbrauchs erfolgt in Richtung Vater → Sohn vorerst für die Dauer von 10 Jahren. In einem gesonderten Untersuchungsschritt wird

1) Zur Begründung vgl. oben, Seite 123.

2) Die Berechnungsergebnisse sind nicht in Tabellen dokumentiert.

der Einfluß abweichender Nießbrauchzeiten auch unter dem Aspekt der Einmalzahlung des Nießbrauchentgelts überprüft[1].

Aus den Tabellen 26 und 27[2] ist ersichtlich, welche Vermögensendwertveränderungen (die Tabellen enthalten lediglich die Differenzwerte) die Einmalzahlung des Nießbrauchentgelts im Vergleich zur laufenden Zahlung bei alternativen Kalkulationszinsfüßen verursacht[3]. Ein Vergleich der Vermögensendwerte läßt sowohl für den teilentgeltlichen als auch für den vollentgeltlichen Nießbrauch eine gleichgerichtete Entwicklung erkennen: Kann ein geringer Kalkulationszinsfuß unterstellt werden (hier: P = 3 v.H.), ist die Einmalzahlung des Nießbrauchentgelts vorzuziehen. Bei höheren Kalkulationszinsfüßen (hier: P = 8 v.H. und 12 v.H.) ergeben sich aus der Einmalzahlung des Entgelts erhebliche Nachteile. Im Falle des teilentgeltlichen Nießbrauchs sollte das Entgelt daher laufend gezahlt werden. Auf die Durchführung des vollentgeltlichen Nießbrauchs sollte, sofern ein höherer Kalkulationszinsfuß realitätsgerecht ist, aus finanzieller Sicht verzichtet werden.

Bei einem Kalkulationszinsfuß von 3 v.H. ermöglicht der teilentgeltliche Zuwendungsnießbrauch mit einmaliger Entrichtung des Entgelts gegenüber der laufenden Zahlung des Entgelts Vermögenssteigerungen von ca. 3.000 bis 4.500 DM. Beträgt der Rohertrag ET = 50.000 DM und übernimmt der Nießbraucher alle Grundstückslasten (N = 1), ergibt sich eine Vermögenszunahme von 54.797 DM, wenn das Nießbrauchentgelt laufend gezahlt wird. Die Vermögenszunahme erhöht sich um 4.233 DM auf 59.030 DM, wenn das Entgelt einmalig zu Beginn des Nießbrauchs gezahlt wird. Bei einem Kalkulationszinsfuß von 8 v.H. (12 v.H.) sinkt die Vermögenszunahme, die aufgrund der Durchführung des teilentgeltlichen

---

1) Vgl. Seite 164 ff.

2) Vgl. Anhang 3, Seite 332.

3) Keine Angaben werden gemacht, sofern die Vermögensendwertänderungen ausschließlich im negativen Bereich stattfinden, die entsprechenden Gestaltungen also bereits bei laufender Zahlung des Entgelts negative Vermögensendwerte aufweisen.

Nießbrauchs mit laufender Entgeltzahlung entsteht, von 73.711 (90.348) DM auf 56.425 (46.659) DM, wenn das Entgelt einmalig gezahlt wird.

Im Falle der Durchführung des vollentgeltlichen Zuwendungsnießbrauchs mit einmaliger Zahlung des Nießbrauchentgelts ergeben sich bei einem Rohertrag von ET = 50.000 DM und Übernahme der Grundstückslasten durch den Nießbraucher (für Kalkulationszinsfüße von 3 v.H., 8 v.H., 12 v.H.) Vermögenszunahmen/abnahmen von 15.521 DM, -68.948 DM, -153.906 DM.

Fazit: Die Einmalzahlung des Nießbrauchentgelts trägt nur dann zu besseren Ergebnissen bei, wenn die Unterstellung eines niedrigen Kalkulationszinsfußes realitätsgerecht ist. Mit steigendem Kalkulationszinsfuß führt die laufende Zahlung des Nießbrauchentgelts bei der Durchführung des teilentgeltlichen Nießbrauchs zu besseren Ergebnissen. Die Durchführung eines vollentgeltlichen Zuwendungsnießbrauchs führt bei höheren Kalkulationszinsfüßen lediglich zu negativen Vermögensendwerten, wenn Einmalzahlung des Nießbrauchentgelts vereinbart wird, und zu Vermögensendwerten von 0 DM, wenn von laufender Entgeltzahlung ausgegangen wird.

(bb) Vereinbarung unterschiedlicher Nießbrauchzeiträume

Die Wahl der Nießbrauchdauer beeinflußt den Wert des Nießbrauchs und ist damit verantwortlich für die Höhe der möglicherweise anfallenden Schenkungsteuer und für die Höhe des zu zahlenden Nießbrauchentgelts. Um den Einfluß der Nießbrauchdauer auf die Vorteilhaftigkeit zu verdeutlichen, wird zunächst davon ausgegangen, daß der *Vater* seinem 20-jährigen *Sohn* den Nießbrauch

a) für die Dauer von 10 Jahren,

b) lebenslänglich bestellt.

Der Hilfstafel 2 zum BewG ist für ein über 10 Jahre bestelltes Nießbrauchrecht ein Vervielfältiger in Höhe FNO = 7,952 zu entnehmen, der zur Bestimmung des Kapitalwerts des Nießbrauchs nach § 13 Abs. 1 BewG heranzuziehen ist. Der entsprechende Vervielfältiger für ein lebenslänglich bestelltes Nießbrauchrecht, das hier in etwa einem befristeten Nießbrauch über 50 Jahre entspricht, beträgt FNO = 16,896 (§ 14 Abs. 1 BewG; Anlage 9 zum BewG). Den Berechnungen werden weiterhin die Daten des Grundfalls zugrunde gelegt. Der Vergleich soll bei einem Kalkulationszinsfuß von P = 8 v.H. durchgeführt werden.

In den Tabellen 28 und 29[1] sind die Vermögensendwerte, die sich aufgrund der Durchführung eines unentgeltlichen bzw. teilentgeltlichen Nießbrauchs mit einer Nießbrauchdauer von 10 Jahren ergeben, den Vermögensendwerten gegenübergestellt, die aus der Bestellung eines lebenslänglichen Nießbrauchs resultieren. Da von der laufenden Entrichtung des Nießbrauchentgelts ausgegangen wird, ergeben sich für den vollentgeltlichen Nießbrauch nur Vermögensendwerte von 0 DM. Ein Wertevergleich erübrigt sich hier.

Im Bereich des unentgeltlichen Zuwendungsnießbrauchs löst der für den lebenslänglichen Nießbrauch zutreffende vergleichsweise hohe Kapitalisierungsfaktor[2] über einen entsprechend hohen Wert des Nießbrauchs bereits bei Roherträgen von ET = 28.000 DM Schenkungsteuer aus. Die vergleichsweise hohe Schenkungsteuer führt dazu, daß die Vermögensendwerte des über einen längeren Zeitraum bestellten Nießbrauchs (hier: lebenslänglich mit einer zu erwartenden Nießbrauchdauer von 50 Jahren) unter den Vermögensendwerten des über 10 Jahre bestellten Nießbrauchs liegen.

---

1) Vgl. Anhang 3, Seite 333.

2) Der hohe Kapitalisierungsfaktor ist nicht auf die "lebenslängliche Nießbrauchbestellung" zurückzuführen, sondern auf das Alter des Nießbrauchers, das eine Nießbrauchdauer von 50 Jahren erwarten läßt (vgl. Allgemeine Sterbetafel für die Bundesrepublik Deutschland, 1970/72).

Bei einem Rohertrag von 50.000 DM und Übernahme sämtlicher Grundstückslasten durch den Nießbraucher entsteht im Falle des 10-jährigen Nießbrauchs keine Schenkungsteuer; der Vermögensendwert beträgt 95.649 DM. Der lebenslänglich bestellte Nießbrauch bewirkt dagegen wegen der Schenkungsteuerbelastung von 3.232 DM lediglich eine Vermögenszunahme von 90.762 DM. Beträgt der Rohertrag 90.000 DM, fällt im ersten Fall Schenkungsteuer von 1.915 DM an, der Vermögensendwert lautet auf 75.980 DM. Im zweiten Fall beträgt die Schenkungsteuer 13.050 DM und der Vermögensendwert 60.213 DM.

Die in der Tabelle 29 zusammengefaßten Ergebnisse (teilentgeltlicher Zuwendungsnießbrauch) belegen eindeutig, daß die geringeren Vermögenszunahmen aufgrund des lebenslänglich bestellten Nießbrauchs im Vergleich zum befristeten Nießbrauch über 10 Jahre ausschließlich auf schenkungsteuerliche Wirkungen zurückzuführen sind, denn sofern keine Schenkungsteuer anfällt, bewegen sich die Vermögensendwerte in gleicher Höhe.

Als Zwischenergebnis kann festgehalten werden, daß eine kürzere Nießbrauchdauer wegen der geringeren Schenkungsteuerbelastung bei einem Kalkulationszinsfuß von P = 8 v.H. und laufender Zahlung des Nießbrauchentgelts zu besseren Ergebnissen führt.

Der negative Einfluß der Schenkungsteuer auf die Vorteilhaftigkeit verstärkt sich nicht nur mit der Vereinbarung längerer Nießbrauchzeiten. Schenkungsteuerliche Tarifstruktur und geringere Freibeträge können zudem eine höhere Schenkungsteuerbelastung hervorrufen, wenn die Nießbrauchbestellung in aufsteigender Linie (Sohn → Vater) vollzogen wird[1].

Ausgehend von dem Fall der Nießbrauchbestellung eines Sohnes zugunsten seines 60-jährigen Vaters (Steuer-

1) Vgl. §§ 15 bis 19 ErbStG.

klasse III gemäß § 15 Abs. 1 ErbStG), werden im folgenden zunächst die Vermögensendwerte des auf 10 Jahre befristeten Nießbrauchs den Endwerten des unbefristeten Nießbrauchs gegenübergestellt. Der unbefristete Nießbrauch entspricht dabei in etwa einem befristeten Nießbrauch über 15 Jahre[1]. Anschließend erfolgt eine Überprüfung der Vorteilhaftigkeit einzelner Nießbrauchgestaltungen bei alternierendem Kalkulationszinsfuß und - nunmehr für den Fall des lebenslänglichen Nießbrauchs - eine Gegenüberstellung der Vermögensendwerte bei laufender und einmaliger Zahlung des Nießbrauchentgelts.

Ein Vergleich der Vermögensendwerte, die sich aufgrund des lebenslänglich bestellten unentgeltlichen bzw. teilentgeltlichen Zuwendungsnießbrauchs - laufende Zahlung des Nießbrauchentgelts unterstellt - bei einem Kalkulationszinsfuß von P = 8 v.H. ergeben (Tabellen 30 und 31)[2] mit den entsprechenden Vermögensendwerten aufgrund eines über *10 Jahre* bestellten Nießbrauchs (Tabellen 24 und 25)[3], bestätigen das bisherige Ergebnis[4], demzufolge kürzere Nießbrauchzeiten zu höheren Vermögensendwerten führen (auch für die Nießbraucheinräumung in aufsteigender Linie)[5].

Die Variation des Kalkulationszinsfußes (P = 3 v.H., 8 v.H., 12 v.H.) führt zu keiner einheitlichen Entwicklung der Vermögensendwerte. Im Bereich des unentgeltlichen Zuwendungsnießbrauchs (Tabelle 30) ist mit dem Ansteigen des Kalkulationszinsfußes nur bis zu einer Höhe der Roherträge von 90.000 DM ein Ansteigen der Vermögensendwerte zu verzeichnen. Daß sich diese Entwicklung bei höheren Roherträgen nicht fortsetzt, läßt sich als Ausfluß des progressiv

---

1) Vgl. Allgemeine Sterbetafel für die Bundesrepublik Deutschland, 1970/72.

2) Vgl. Anhang 3, Seite 324.

3) Vgl. ebenda, Seite 331.

4) Vgl. oben, Seite 166.

5) Die Gegenüberstellung erfolgte bei einem Kalkulationszinsfuß von P = 8 v.H. anhand der Tabellen 30 und 31 (hier ist jeweils der 2. Wert eines Feldes mit dem Kalkulationszinsfuß von 8 v.H. berechnet) und der Tabellen 24 und 25 (der jeweils 1. Wert eines Feldes ist der entsprechende Vergleichswert).

ausgestalteten Einkommensteuer- und Erbschaftsteuertarifs interpretieren.

Im Falle der Durchführung eines teilentgeltlichen Nießbrauchs (Tabelle 31) zeigen die Berechnungsergebnisse, daß für fast alle Wertekonstellationen mit steigendem Kalkulationszinsfuß ein Ansteigen der Vermögensendwerte verbunden ist. Für den vollentgeltlichen Zuwendungsnießbrauch erübrigt sich die Untersuchung des Einflusses einer Zinsfußvariation, da die Vermögensendwerte bei der bisher unterstellten Zahlung des Nießbrauchentgelts Werte von Null annehmen[1].

Hinsichtlich der Zahlungsweise des Nießbrauchentgelts können die Berechnungen (Tabellen 31 und 32) die bisherigen Ergebnisse, nach denen sich die Einmalzahlung des Nießbrauchentgelts bei einer Nießbrauchdauer von 10 Jahren und einem Kalkulationszinsfuß von P = 3 v.H. gegenüber der laufenden Zahlung als vorziehungswürdig herausstellt, nicht bestätigen[2]. Die Einmalzahlung des Entgelts führt zwar auch bei einer längeren Nießbrauchdauer (hier: 15 Jahre) noch zu positiven Vermögensendwerten, sofern ein Kalkulationszinsfuß von P = 3 v.H. angenommen werden kann, die Vermögensendwerte liegen aber weit unter den Werten, die sich bei laufender Zahlung des Nießbrauchentgelts ergeben. Für längere Nießbrauchzeiträume stellt sich die laufende Zahlung des Entgelts somit insgesamt als günstiger heraus.

Die Nießbrauchbestellung an einem Objekt mit einem Rohertrag von 50.000 DM ermöglicht bei Kalkulationszinsfüßen von P = 3 v.H., 8 v.H., 12 v.H. Vermögenszunahmen von 49.529 DM, 66.595 DM bzw. 81.578 DM, wenn das Nießbrauchentgelt laufend entrichtet wird. Dagegen ergeben sich Ver-

---

1) Da die Vereinbarung eines vollentgeltlichen Zuwendungsnießbrauchs für l ä n g e r e Zeiträume (hier: 15 Jahre) stets (d.h. auch bei niedrigen Kalkulationszinsfüßen) zu Vermögensnachteilen führt, wenn das Nießbrauchentgelt einmalig entrichtet wird, beschränkt sich die nun folgende Analyse der Zahlungsweise des Entgelts bei unterschiedlichen Kalkulationszinsfüßen und längeren Nießbrauchzeiträumen auf den teilentgeltlichen Zuwendungsnießbrauch.

2) Vgl. dazu oben, Seite 162 ff.

mögensendwerte von 22.827 DM, 6.329 DM bzw. -19.854 DM, wenn die Entrichtung des Entgelts einmalig erfolgt.

Die insgesamt schlechteren Ergebnisse, die sich aufgrund einer Nießbrauchdauer von 15 Jahren im Vergleich zu einer Nießbrauchdauer von 10 Jahren ergeben, sind auch hier damit zu erklären, daß die Nießbrauchdauer von 15 Jahren zu einem höheren Wert des Nießbrauchs führt und demzufolge auch eine höhere Schenkungsteuerbelastung hervorrufen kann.

Daneben ist mit einem höheren Nießbrauchwert - wenn von Einmalzahlung des Nießbrauchentgelts ausgegangen wird - notwendigerweise der Ansatz höherer Kapitalkosten auf seiten des Nießbrauchers verbunden, denn dieser hat das Geld, als Eigen- oder Fremdmittel, zu Beginn der Nießbrauchgestaltung bereitzustellen. Auf seiten des Nießbrauchbestellers ergeben sich zwar aus der Anlage des erhaltenen Nießbrauchentgelts Kapitalerträge in entsprechender Höhe, sie unterliegen hier jedoch annahmegemäß einem höheren Steuersatz, so daß der finanzielle Nachteil beim Nießbraucher keinen Ausgleich durch einen finanziellen Vorteil beim Nießbrauchbesteller findet. Ein Ausgleich wird auch nicht dadurch erreicht, daß der Nießbraucher das in einem Einmalbetrag geleistete Entgelt nunmehr über 15 Jahre aufwandswirksam verbuchen kann[1].

Ergebnis: Die Richtung einer Nießbrauchbestellung ist einerseits wegen der unterschiedlich hohen schenkungsteuerlichen Freibeträge von Bedeutung. Andererseits ist ihr im Hinblick auf den progressiv ausgestalteten Erbschaftsteuertarif insbesondere bei längeren Nießbrauchzeiten vermehrt Augenmerk zu schenken.

Die Dauer des Nießbrauchs beeinflußt den Wert des Nießbrauchs und damit ebenso die Höhe der Schenkungsteuer. Gleichzeitig beeinflußt sie die Höhe des Entgelts im Falle

1) Vgl. Nießbrauch-Erlaß II, Tz. 28.

der Bestellung eines teilentgeltlichen bzw. vollentgeltlichen Zuwendungsnießbrauchs.

Mit der Erhöhung des Kalkulationszinsfußes ist im Falle des teilentgeltlichen Zuwendungsnießbrauchs eine Erhöhung der Vermögensendwerte zu verzeichnen, sofern laufende Zahlung des Nießbrauchentgelts unterstellt wird. Im Falle des unentgeltlichen Zuwendungsnießbrauchs hängt die Entwicklung der Vermögensendwerte vornehmlich von der Aufteilung der Grundstückslasten auf die Nießbrauchbeteiligten ab. Trägt der Nießbraucher die Grundstückslasten teilweise oder ganz, steigen die Vermögensendwerte mit dem Kalkulationszinsfuß.

Die Zahlungsweise des Nießbrauchentgelts wird in ihren Auswirkungen auf die Vorteilhaftigkeit sowohl von der Dauer des Nießbrauchs als auch von der Höhe des Kalkulationszinsfußes berührt. Bei einer Nießbrauchdauer von 10 Jahren sollte, falls ein niedriger Kalkulationszinsfuß (P = 3 v.H.) anzusetzen ist, das Nießbrauchentgelt in einem Einmalbetrag entrichtet werden. Bei höheren Kalkulationszinsfüßen führt die laufende Zahlung zu besseren Ergebnissen. Beträgt die Nießbrauchdauer dagegen 15 Jahre, sollte unabhängig vom Kalkulationszinsfuß laufende Zahlung des Nießbrauchentgelts vereinbart werden.

(7) Berücksichtigung eines Bewirtschaftungs- und Vermieterrisikos beim Nießbraucher

Ein Nießbrauchverhältnis ist als entgeltlich bestellt anzusehen, wenn der Wert des Nießbrauchs und der Wert der Gegenleistung unter wirtschaftlichen Gesichtspunkten als ausgewogen gelten können. Beim Vergleich von Leistung und Gegenleistung sind alle von den Vertragsparteien erbrachten und zu erbringenden Leistungen gegenüberzustellen[1].

1) Vgl. Nießbrauch-Erlaß II, Tz. 8.

Im Rahmen der bisherigen Berechnungen wurde das vom Nießbraucher für die Nießbrauchbestellung entrichtete Entgelt auf der Basis der Endmiete berechnet, die der Eigentümer bis zur Nießbrauchgestellung erzielte. Vom Nießbraucher zu übernehmende Grundstückslasten fanden dabei Berücksichtigung. Der Nießbraucher ist im Falle einer Nießbrauchbestellung gegen Entgelt aber nicht bloßer Geldbote, der die vom Endmieter gezahlte Miete an den Eigentümer weiterleitet[1]. Er erwirtschaftet vielmehr Einkünfte, indem er selbst oder durch eine Hilfsperson wirtschaftliche Chancen nutzt, Leistungen erbringt, ändert oder verweigert, wobei ihn Erfolg oder Mißerfolg dieses Handelns treffen (Bewirtschaftungs- und Dispositionsbefugnis im eigenen Namen und auf eigenes Risiko)[2].

Bei der Bemessung des Nießbrauchentgelts ist folglich zu berücksichtigen, daß eine weitere Person, nämlich der Nießbraucher, mit eigenen Gewinnchancen und Risiken in den Vermietungsvorgang eingeschaltet ist. Dem Risiko und der Gewinnchance auf seiten des Nießbrauchers entspricht die Befreiung des Eigentümers von dem Vermietungsrisiko[3].

Dem Bewirtschaftungs- und Vermieterrisiko des Nießbrauchers wird im folgenden dadurch Rechnung getragen, daß der Nießbraucher bei Vereinbarung eines entgeltlichen Nießbrauchs nicht verpflichtet wird, den vollen Wert des Nießbrauchrechts als Entgelt zu entrichten. In Übereinstimmung mit *Brandenberg* wird es als zulässig erachtet, wenn dem Bewirtschaftungs- und Vermieterrisiko des Nießbrauchers in Höhe von 20 v.H. des kapitalisierten Werts des Nießbrauchrechts entsprochen wird. Entrichtet der Nießbraucher für

---

1) Vgl. H.B. BRANDENBERG: Problemfälle der Praxis, S. 61.

2) Vgl. Nießbrauch-Erlaß II, Tz. 1 mit weiteren Hinweisen auf die Rechtsprechung.

3) So auch H.B. BRANDENBERG: Problemfälle aus der Praxis, S. 61 sowie R. MITTELBACH: Nießbrauch, S. 51.

die Einräumung eines Nießbrauchrechts somit nur 80 v.H. des Wertes des Nießbrauchrechts, führt dieses nicht dazu, daß in Höhe von 20 v.H. ein unentgeltlicher Zuwendungsnießbrauch anzunehmen ist und die Werbungskosten, insbesondere die Abschreibungen auf das Nießbrauchobjekt, entsprechend zu kürzen sind. Es ist vielmehr von einem in vollem Umfang entgeltlichen Nießbrauch auszugehen[1].

In gleicher Weise ist auch bei der Bestellung eines teilentgeltlichen Zuwendungsnießbrauchs zu verfahren. Das vom Nießbraucher übernommene Bewirtschaftungs- und Vermieterrisiko kann hier allerdings nur anteilig Berücksichtigung finden[2]. Entrichtet der Nießbraucher bspw. ein Entgelt in Höhe von 40 v.H. des kapitalisierten Wertes des Nießbrauchs, entspricht dieses einem teilentgeltlichen Nießbrauch mit einem Entgeltverhältnis von $Q = 0{,}5$[3]. Die Werbungskosten des Nießbrauchbestellers, insbesondere die Abschreibungen auf das Nießbrauchobjekt, sind nicht um 60 v.H., sondern nur um 50 v.H. zu kürzen.

Vermietet der Nießbraucher das Objekt nicht weiter, sondern nutzt er es selbst, erfüllt er mit der Selbstnutzung den Tatbestand der Einkunftserzielung gemäß § 21 Abs. 2 Alternative 2 EStG. Der Nießbraucher ist hier nicht als Zwischenmieter, sondern als Endmieter anzusehen. Für die Berücksichtigung eines Bewirtschaftungs- und Vermieterrisikos besteht daher kein Raum[4]. Entrichtet der Nießbraucher in Höhe von 80 v.H. des Wertes des Nießbrauchs ein Entgelt, liegt in Höhe von 20 v.H. eine unentgeltliche Nießbrauchbestellung vor mit der Folge, daß der Nutzungswert in Höhe von 20 v.H. dem Nießbraucher zuzurechnen ist. Soweit der Nießbraucher die Wohnung entgeltlich nutzt, ist er wie ein Mieter zu behandeln. Der Nießbrauchbesteller

1) Vgl. H.B. BRANDENBERG: Problemfälle aus der Praxis, S. 60 f.

2) Vgl. Nießbrauch-Erlaß II, Tz. 35 a.

3) Unterstellt wird dabei wiederum ein Abschlag für Bewirtschaftungskosten und Vermieterrisiko von 20 v.H. auf das Nießbrauchobjekt.

4) Vgl. H.B. BRANDENBERG: Problemfälle aus der Praxis, S. 63.

kann seine Aufwendungen, insbesondere die Abschreibungen auf das Nießbrauchobjekt, in Höhe von 80 v.H. als Werbungskosten geltend machen. Das erhaltene Nießbrauchentgelt hat er gemäß § 21 Abs. 1 Nr. 1 EStG zu versteuern[1].

Die steuerpolitische Zielsetzung der Berücksichtigung eines Bewirtschaftungs- und Vermieterrisikos liegt darin, dem Nießbrauchbesteller weiterhin Einnahmen zukommen zu lassen mit der Möglichkeit des ungekürzten Abzugs von Werbungskosten, gleichzeitig aber eine Verlagerung von Einkünften in Höhe des Bewirtschaftungs- und Vermieterrisikos auf den Nießbraucher herbeizuführen. Auch im Falle des vollentgeltlichen Zuwendungsnießbrauchs lassen sich folglich aufgrund von Einkunftsverlagerungen zwischen Personen, die sich mit ihrem Einkommen in unterschiedlichen Progressionszonen befinden, Steuerersparnisse erzielen.

Zur Überprüfung der finanziellen Auswirkungen, die aus der Berücksichtigung des Bewirtschaftungs- und Vermieterrisikos resultieren, wird folgende Situation zugrunde gelegt: Der Vater bestellt seinem Sohn den Nießbrauch für 10 Jahre. Die Entrichtung der Schenkungsteuer erfolgt in einem Einmalbetrag durch den Sohn. Im übrigen gelten die Daten des Grundfalls[2]. Zunächst werden für den Fall des teilentgeltlichen Zuwendungsnießbrauchs die Auswirkungen laufender und einmaliger Zahlung des Nießbrauchentgelts untersucht. Es wird ein Kalkulationszinsfuß von 8 v.H. zugrundegelegt. Im Falle des vollentgeltlichen Zuwendungsnießbrauchs wird zusätzlich eine Variation des Kalkulationszinsfußes vorgenommen (P = 3 v.H., 8 v.H., 12 v.H.).

In der Tabelle 33[3] sind die Vermögensendwerte, die sich aufgrund eines teilentgeltlichen Nießbrauchs ohne Berücksichtigung des Bewirtschaftungs- und Vermieterrisikos im

---

1) Vgl. Nießbrauch-Erlaß II, Tz. 27 bis 33, 35 a.

2) Vgl. oben, Seite 124.

3) Vgl. Anhang 3, Seite 335.

Vergleich zur Unterlassensalternative ergeben, den Endwerten gegenübergestellt, die sich bei Berücksichtigung des Bewirtschaftungs- und Vermieterrisikos ergeben[1]. Sowohl im Falle der laufenden Entgeltzahlung als auch im Falle der Einmalzahlung des Nießbrauchentgelts resultieren aus der Berücksichtigung des Bewirtschaftungs- und Vermieterrisikos beachtliche Vermögenszunahmen. Sie bewegen sich im wesentlichen zwischen 10.000 und 23.000 DM.

Die Vereinbarung eines vollentgeltlichen Zuwendungsnießbrauchs führte bisher zu Vermögensendwerten von 0 DM, wenn von laufender Zahlung des Nießbrauchentgelts ausgegangen wurde. Entrichtet der Nießbraucher ein Entgelt in Höhe von 80 v.H. des Jahreswerts des Nießbrauchs, stimmen Zahlungszufluß- und -abfluß beim Nießbrauchbesteller bzw. beim Nießbraucher nicht mehr überein. Auf seiten des Nießbrauchbestellers steht den entgangenen Zahlungen aus dem Nießbrauchobjekt ein Nießbrauchentgelt in Höhe von 80 v.H. dieses Betrages gegenüber, während auf der Nießbraucherseite dem Zahlungszufluß aus dem Nießbrauchobjekt ein Abfluß in Form des Nießbrauchentgelts in Höhe von 80 v.H. des zugeflossenen Betrages gegenübersteht. Die Gestaltung eines vollentgeltlichen Zuwendungsnießbrauchs mit laufender Entgeltszahlung führt aufgrund dieser Einkunftsverlagerung zu Vermögensendwerten von erheblichem Ausmaß (Tabelle 34)[2]. Die Nießbrauchbestellung an einem Objekt mit einem Verkehrswert von 650.000 DM und einem Rohertrag von 50.000 DM läßt im Vergleich zur Unterlassensalternative bspw. eine Vermögenszunahme von 65.621 DM erwarten, wenn ein Kalkulationszinsfuß von 8 v.H. unterstellt wird und der *Nießbrauchbesteller* sämtliche Grundstückslasten trägt. Mit steigendem Kalkulationszinsfuß (3 v.H., 12 v.H.) erfahren die Vermögensendwerte eine Steigerung (51.132 DM; 79.722 DM).

---

1) Zur Berechnung der Vergleichswerte der Tabellen 33 bis 35 wurde das Rechenprogramm entsprechend modifiziert.

2) Vgl. Anhang 3, Seite 336.

Der vollentgeltliche Zuwendungsnießbrauch hatte bisher lediglich bei vereinbarter Einmalzahlung des Nießbrauchentgelts und geringem Kalkulationszinsfuß (P = 3 v.H.) zu relativ geringen positiven Vermögensendwerten geführt (Tabelle 27)[1]. Durch die Berücksichtigung des Bewirtschaftungs- und Vermieterrisikos erfahren auch diese Vermögensendwerte erhebliche Zunahmen (Tabelle 35)[2]. Positive Vermögensendwerte ergeben sich nun auch bei einem Kalkulationszinsfuß von P = 8 v.H.

Es bleibt festzuhalten, daß der vollentgeltliche Zuwendungsnießbrauch unter Berücksichtigung eines Bewirtschaftungs- und Vermieterrisikos bei niedrigem Kalkulationszinsfuß zu den besten Ergebnissen führt, wenn Einmalzahlung des Nießbrauchentgelts vereinbart wird. Ist die Annahme eines höheren Kalkulationszinsfußes realitätsgerecht, sollte das Nießbrauchentgelt laufend entrichtet werden. Insgesamt sind mit der Gestaltung eines vollentgeltlichen Zuwendungsnießbrauchs die besten Ergebnisse zu erzielen, wenn der Nießbrauchbesteller sämtliche Grundstückslasten trägt.

(8) Zusammenfassung: Entscheidungsregeln für den Zuwendungsnießbrauch

Die durchgeführten Berechnungen belegen, daß der Zuwendungsnießbrauch auch nach der Neukonzeption der steuerlichen Behandlungsgrundsätze des Nießbrauchs nicht bedeutungslos geworden ist. In bestimmten Ausprägungen kann der Zuwendungsnießbrauch weiterhin als Mittel zur Einkunftsverlagerung gelten und erhebliche Steuerersparnisse bewirken. Allerdings erfordert die Vertragsgestaltung seit der Rechtsprechungsänderung einen höheren Planungsaufwand, da nunmehr eine Vielzahl zusätzlicher Gestaltungsparameter auf nachteilige finanzielle Wirkungen hin zu überprüfen sind.

---

1) Vgl. Anhang 3, Seite 332.

2) Vgl. ebenda, Seite 336.

Zur Vereinfachung der Planung wurden jeweils für einzelne Entscheidungsvariable allgemeine Handlungsempfehlungen abgeleitet. Diese Einzelempfehlungen sind im folgenden zu Entscheidungsregeln zusammenzufassen, anhand derer die im konkreten Fall durchzuführenden Nießbrauchverhältnisse vor dem Hintergrund des von den Nießbrauchbeteiligten verfolgten Ziels der Vermögensmaximierung eine optimale Ausgestaltung erfahren können.

Einschränkend muß hinzugefügt werden, daß die auf den Zuwendungsnießbrauch anzuwendenden Entscheidungsregeln nur insoweit praktische Bedeutung erlangen, als auch gestaltbare Verhältnisse vorliegen. Ein nach theoretischen Kenntnissen gebildeter Optimalfall wird sich nur zufällig mit den Gegebenheiten einer konkreten Nießbrauchbestellung decken: Daten, die den persönlichen Bereich der Nießbrauchbeteiligten betreffen, sind nicht variierbar und Daten, die mit dem Nießbrauchobjekt im Zusammenhang stehen, unterliegen nur in Grenzen dem Einfluß der Beteiligten. Als echte Gestaltungsmöglichkeiten sind lediglich die im letzten Untersuchungsteil angesprochenen Parameter anzusehen[1].

Da die positiven finanziellen Wirkungen des Zuwendungsnießbrauchs im wesentlichen auf der Ausnutzung einkommensteuerlicher Progressionsvorteile beruhen, muß es vorrangiges Gestaltungsziel sein, dem Nießbraucher möglichst hohe Einkünfte aus dem Nießbrauchverhältnis zukommen zu lassen, um ein ausreichendes Progressionsgefälle zwischen den Nießbrauchbeteiligten herbeizuführen.

Die Gestaltungsparameter *Lastentragung und Entgeltverhältnis* sind hinsichtlich des Ziels der Vermögensmaximierung in ihren Ausprägungen nur schwer miteinander in Einklang zu bringen: Mit zunehmendem Entgeltverhältnis kann der steuerliche Leerlauf von Werbungskosten teilweise oder völlig unterbunden werden; die Übernahme sämtlicher Grundstückslasten durch den Nießbrauchbesteller ist hier sinnvoll.

---

1) Vgl. oben, Seite 150 ff.

Nachteilig wirkt sich aber die Tatsache aus, daß das Ausmaß der Einkunftsverlagerung mit zunehmendem Mittelabfluß beim Nießbraucher in Form des Nießbrauchentgelts eine Minderung erfährt. Mit sinkendem Entgeltverhältnis ist demgegenüber eine maximale Einkunftsverlagerung erreichbar. Nachteilig wirkt sich aber hier die Tatsache aus, daß nur ein quotaler Werbungskostenabzug beim Nießbrauchbesteller möglich ist. Die steuerliche Berücksichtigung der Grundstückslasten ist nur dadurch zu retten, daß diese vom Nießbraucher getragen werden. Dieses hat wiederum eine Minderung der dem Nießbraucher zufließenden Einkünfte zur Folge.

Den durchgeführten Berechnungen sind keine einheitlichen Empfehlungen entnehmbar, aufgrund derer in allgemeiner Form für den Zuwendungsnießbrauch entschieden werden kann, ob einer hohen Einkunftsverlagerung mit dem Ziel einer möglichst effektiven Ausnutzung des einkommensteuerlichen Progressionseffektes, jedoch unter Berücksichtigung von Werbungskosten, die evtl. für die steuerliche Abzugsfähigkeit verlorengehen, gegenüber einer möglichst vollständigen steuerlichen Berücksichtigung von Werbungskosten unter Inkaufnahme einer geringeren Einkunftsverlagerung der Vorzug zu geben ist. Derartige Pauschalaussagen sind nicht nur unmöglich, weil die Gestaltungsparameter Entgeltsverhältnis und Lastentragung in bestimmten Ausprägungen unterschiedliche Wirkungen auf den Vermögensendwert haben können, sondern auch deshalb, weil sich noch eine Vielzahl weiterer Faktoren in ihren Auswirkungen auf den Vermögensendwert einer Nießbrauchgestaltung überschneiden. Es können jedoch Bereichsempfehlungen und Entscheidungsregeln in differenzierter Form abgeleitet werden, die den Entscheidungsträgern eine fundierte Beurteilung von Nießbrauchsachverhalten ermöglichen:

In den Fällen, in denen die Entscheidungsträger auf die Durchführung des *unentgeltlichen oder teilentgeltlichen Zuwendungsnießbrauchs* festgelegt sind, sollten dem Nießbraucher zur Erzielung maximaler Vermögenszuwächse sämtliche Grundstückslasten auferlegt werden (Nettonießbrauch)[1]. Ist ein vollentgeltlicher Zuwendungsnießbrauch unter Berücksichtigung eines Bewirtschaftungs- und Vermieterrisikos beim Nießbraucher durchzuführen, sollten dem Nießbrauchbesteller sämtliche Grundstückslasten auferlegt werden. Hätte der Nießbraucher in diesem Fall die Grundstückslasten zu übernehmen, würde das Ausmaß der durch die Berücksichtigung eines Bewirtschaftungs- und Vermieterrisikos hervorgerufenen Einkunftsverlagerung und damit der Progressionseffekt gemindert.

Sofern die Entscheidungsträger demgegenüber hinsichtlich des Entgeltverhältnisses offen in ihrer Entscheidung sind, jedoch an einer bestimmten Lastenaufteilung festhalten möchten, kann auf die Übersicht 11 verwiesen werden[2]. Die dort zusammengefaßten Empfehlungen gelten, wenn im Falle der Nießbrauchbestellung gegen Entrichtung eines Entgelts keine Berücksichtigung des Bewirtschaftungs- und Vermieterrisikos des Nießbrauchers erfolgt. Bei Einbeziehung dieses Risikos gibt die Übersicht 12 einen Anhaltspunkt darüber, bei welchen Roherträgen welches Entgeltverhältnis zu wählen ist[3].

Es wird deutlich, daß der vollentgeltliche Zuwendungsnießbrauch bei hohen Roherträgen zu den besten Ergebnissen führt. Bei niedrigeren Roherträgen ist die Wahl des Entgeltsverhältnisses dagegen von dem jeweils zugrunde liegenden Lastentragungsverhältnis abhängig.

---

1) Zu diesem Ergebnis kommt z.B. auch E. BIERGANS: Einkommensteuer, S. 881.

2) Vgl. oben, Seite 142.

3) Vgl. Seite 179.

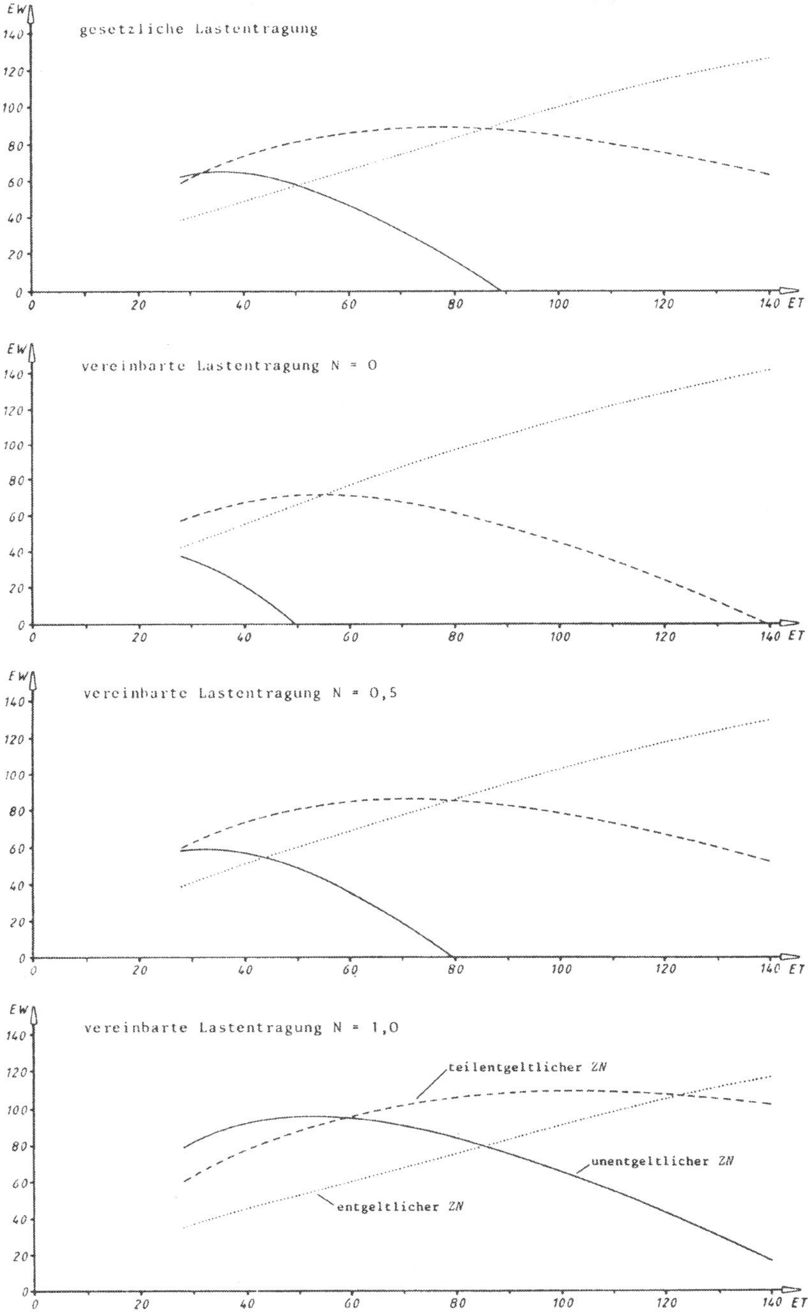

<u>Übersicht 12:</u> Entwicklung der *Vermögensendwerte (EW)* bei Durchführung des unentgeltlichen, teilentgeltlichen und vollentgeltlichen *Zuwendungsnießbrauchs (ZN)* in Abhängigkeit vom *Rohertrag (ET)* der Nießbrauchobjekte für unterschiedliche Lastentragungsverhältnisse *in 1.000 DM*; Berücksichtigung des Bewirtschaftungs- und Vermieterrisikos beim Nießbraucher mit 20 v.H.

Für die Erstellung der Übersicht 12 wurden Vermögensendwerte herangezogen, die auf einem Kalkulationszinsfuß von 8 v.H. und einer Nießbrauchdauer von 10 Jahren basieren. Hinsichtlich der Zahlung des Nießbrauchentgelts wurde von laufender Entgeltszahlung ausgegangen. Kritisch sei angemerkt, daß auch die in der Übersicht 12 angegebenen Bereichsempfehlungen lediglich grobe Richtwerte sein können. Die große Datenvielfalt, die bei der rechnerischen Erfassung eines Nießbrauchverhältnisses zu beachten ist, verbietet es daher, exaktere Aussagen in verallgemeinerter Form abzuleiten[1].

Streben die Nießbrauchbeteiligten mit der Gestaltung eines Zuwendungsnießbrauchs die Maximierung ihres Vermögens an, ohne in ihrer Entscheidung auf ein bestimmtes Entgeltverhältnis oder auf eine bestimmte Lastenaufteilung festgelegt zu sein, ergibt sich folgendes Bild: Mit sinkenden Roherträgen, die das nießbrauchbelastete Grundstück hervorbringt, führt die Vereinbarung des unentgeltlichen Zuwendungsnießbrauchs unter Übernahme sämtlicher Grundstückslasten durch den Nießbraucher zu den besten Ergebnissen. Mit zunehmenden Roherträgen sollte ein höheres Entgeltsverhältnis angestrebt werden. Wird ein vollentgeltliches Nießbrauchrecht vereinbart, sind sämtliche Grundstückslasten dem Nießbrauchbesteller aufzuerlegen. Die Zusammenhänge werden für unterschiedliche Höhen von Roherträgen in der folgenden Übersicht verdeutlicht:[2]

---

1) Vgl. dazu auch die Ausführungen auf Seite 141.

2) Die Erstellung der Übersicht 13 beruht auf den Daten und Berechnungsergebnissen, die bereits zur Erstellung der Übersicht 12 herangezogen wurden.

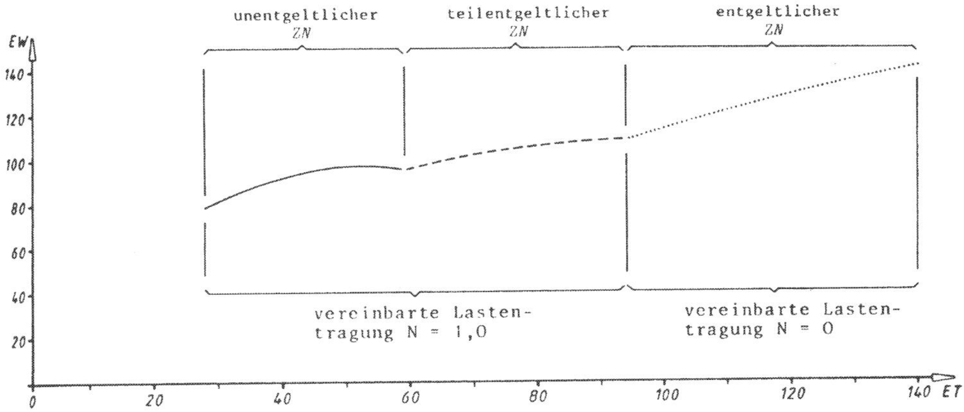

Übersicht 13: Vorteilhafte Ausgestaltung des *Zuwendungsnießbrauchs (ZN)* an Grundstücken mit Roherträgen von 28.000 DM bis 140.000 DM; *Vermögensendwerte (EW)* und *Rohertrag (ET) in 1.000 DM*

Neben dem Entgeltverhältnis und der Lastentragung kommt einer Reihe weiterer Gestaltungsparameter Entscheidungsrelevanz in bezug auf das mit der Durchführung eines Zuwendungsnießbrauchs erzielbare finanzielle Ergebnis zu. Eine nicht untergeordnete Bedeutung erlangt dabei die *Zahlungsweise* des Nießbrauchentgelts, die in engem Zusammenhang mit dem *Kalkulationszinsfuß* zu sehen ist.

Für einen auf 10 Jahre befristeten Nießbrauch gilt: Kann ein niedriger Kalkulationszinsfuß unterstellt werden (z.B. 3 v.H.), sollte das Nießbrauchentgelt sowohl bei der Durchführung des teilentgeltlichen als auch bei der Durchführung eines vollentgeltlichen Zuwendungsnießbrauchs in einem Einmalbetrag geleistet werden. Bei höherem Kalkulationszinsfuß (z.B. 8 v.H., 12 v.H.) ist laufende Entgeltzahlung zu vereinbaren. Auf die Durchführung des vollentgeltlichen Nießbrauchs sollte aus finanzieller Sicht völlig verzichtet werden, wenn die Annahme eines höheren Kalkulationszinsfußes realitätsgerecht ist und bei der Bemessung des Nießbrauchentgelts das Bewirtschaftungs- und Vermieterrisiko des Nießbrauchers keine Berücksichtigung findet. Entrichtet der Nießbraucher das Geld in einem Betrag, folgen aus dieser Gestaltung ausschließlich negative Vermögensendwerte. Bei laufender Entgeltzahlung werden weder finanzielle Vorteile erzielt noch ergeben sich finanzielle Nachteile, sofern Transaktionskosten vernachlässigt werden.

Die Wahl der *Nießbrauchdauer* kann nicht als reiner einkommensteuerlicher Gestaltungsparameter angesehen werden. Sie ist in erheblichem Maße mitverantwortlich für die Höhe anfallender Schenkungsteuer. Aus schenkungsteuerlicher Sicht ist die Wahl einer möglichst kurzen Nießbrauchdauer vorzuziehen. Wird der einkommensteuerliche Bereich mit in die Betrachtungen einbezogen, ist festzustellen, daß Nießbrauchdauer, Zahlungsweise des Nießbrauchentgelts und Kalkulationszinsfuß in ihren Auswirkungen auf die Vorteilhaftigkeit von Nießbrauchgestaltungen in einem Abhängigkeitsverhältnis stehen. Allgemein sind folgende Regeln zu beachten, die allerdings für längere Nießbrauchzeiträume nicht in jedem Fall Gültigkeit beanspruchen können:

- Unentgeltlicher Zuwendungsnießbrauch: Sofern Schenkungsteuer anfällt, ist bei konstantem Kalkulationszinsfuß eine 10-jährige Nießbrauchdauer einer 15-jährigen Nießbrauchdauer vorzuziehen. Fällt keine Schenkungsteuer an, herrscht Indifferenz, d.h. die Dauer des Nießbrauchs hat keinen Einfluß auf die für mehr als 10 Jahre (Vergleichszeitraum) berechneten Vermögensendwerte.

- Teilentgeltlicher Zuwendungsnießbrauch: Fällt keine Schenkungsteuer an, sollte bei niedrigem Kalkulationszinsfuß einmalige Entrichtung des Nießbrauchentgelts und eine Nießbrauchdauer von 10 Jahren vereinbart werden, unabhängig davon, ob bei der Bemessung des Nießbrauchentgelts ein Bewirtschaftungs- und Vermieterrisko Berücksichtigung findet. Kann ein höherer Kalkulationszinsfuß unterstellt werden, ist von laufender Entgeltzahlung auszugehen. Für längere Nießbrauchzeiträume (z.B. 15 Jahre) ist, unabhängig vom Kalkulationszinsfuß und vom Anfallen der Schenkungsteuer, laufende Zahlung des Nießbrauchentgelts zu vereinbaren.

- Entgeltlicher Zuwendungsnießbrauch: Sofern die Annahme eines niedrigen Kalkulationszinsfußes gerechtfertigt ist, sollte eine Nießbrauchdauer von 10 Jahren und Einmalzahlung des Nießbrauchentgelts vereinbart werden. Auf abweichende Gestaltungen ist aus finanzieller Sicht zu verzichten, wenn keine Berücksichtigung des Bewirtschaftungs- und Vermieterrisikos erfolgt. Wird von einem höheren Kalkulationszinsfuß ausgegangen, führt der entgeltliche Nießbrauch nur zu akzeptablen Ergebnissen, wenn bei der Bemessung des Nießbrauchentgelts eine Berücksichtigung des Bewirtschaftungs- und Vermieterrisikos erfolgt und laufende Zahlung des Entgelts vereinbart wird. Die Dauer des Nießbrauchs hat in diesem Fall keinen Einfluß auf den Vermögensendwert.

Die Gestaltungsparameter des *schenkungsteuerlichen Bereichs* sind zur Erzielung optimaler finanzieller Ergebnisse folgendermaßen zu wählen: Im Falle des unentgeltlichen Zuwendungsnießbrauchs ist die zu zahlende Schenkungsteuer stets vom Nießbraucher zu entrichten. Im Falle des teilentgeltlichen Zuwendungsnießbrauchs sind bis zu einer Rohertragshöhe von 60.000 DM geringfügige finanzielle Vorteile erreichbar, wenn der Nießbrauchbesteller die Schenkungsteuer trägt. Für höhere Roherträge sollte der Nießbraucher die Schenkungsteuer zu zahlen haben.

Sofern der Nießbraucher die Schenkungsteuer übernimmt, sollte die Möglichkeit der laufenden Zahlung gemäß § 23 Abs. 1 ErbStG in Anspruch genommen werden. Je höher der Kalkulationszinsfuß ist, desto größer ist der durch die

Stundung der Schenkungsteuer und durch die damit verbundene Abzugsfähigkeit der laufend entrichteten Steuerbeträge als Sonderausgabe bewirkte positive Effekt.

Wie die Berechnungen gezeigt haben, kann bei einer Nießbrauchdauer von mehr als 10 Jahren zur mehrfachen Ausnutzung schenkungsteuerlicher Freibeträge nach Ablauf von 10 Jahren eine erneute Nießbrauchbestellung vorteilhaft sein. Im Falle des unentgeltlichen Zuwendungsnießbrauchs kann dieses empfohlen werden, wenn der Nießbraucher nicht alle Lasten zu tragen hat. Im Falle des teilentgeltlichen Zuwendungsnießbrauchs führt die einmalige Bestellung über 20 Jahre fast ausschließlich zu besseren Ergebnissen. Diese Empfehlung basiert allerdings auf einer Reihe von Prämissen, die nicht in jedem Einzelfall erfüllt sind. Die Entscheidungsträger sollten daher für derartig langfristige Entscheidungen nicht auf zusätzliche Berechnungen verzichten, die z.B. auch die für den jeweiligen Fall ermittelten Nießbrauchbestellungskosten einbeziehen[1].

Innerhalb der rechnerischen Analyse wurden auch die finanziellen Wirkungen solcher Größen bestimmt, die nicht oder nur in geringem Maße dem Einfluß der Beteiligten unterliegen. Für den Einsatz dieser Größen bzw. Daten als Gestaltungsparameter ist das Aufstellen von Entscheidungsregeln überwiegend ohne praktischen Nutzen. Es soll deshalb lediglich eine Zusammenfassung von Wirkungen mit vereinzelten Gestaltungshinweisen erfolgen. Hinsichtlich der entscheidungsrelevanten Größen, die sich unmittelbar auf das Nießbrauchobjekt beziehen, wird auf die im ersten Untersuchungsabschnitt gezogenen Schlußfolgerungen verwiesen[2].

Im Hinblick auf die persönlichen Daten der Nießbrauchbeteiligten ist zu beachten: Ein geringes zusätzliches Einkommen auf seiten des Nießbrauchers kann zu einer erheblichen

---

1) Vgl. dazu oben, Seite 107 ff. sowie Anhang 2, Seite 311.

2) Vgl. oben, Seite 139 ff.

Minderung der Vermögenszuwächse führen, während eine Veränderung des annahmegemäß hohen Einkommens des Nießbrauchbestellers nur wenig an der Vorteilhaftigkeit einer Nießbrauchgestaltung ändert. Der Person der Nießbrauchbeteiligten kommt dann Bedeutung zu, wenn Schenkungsteuer anfällt. Aus einer Nießbrauchbestellung in aufsteigender Linie (z.B. Sohn an Vater) resultieren geringere Vermögenszuwächse als aus der Bestellung in umgekehrter Richtung. Mit steigendem Wert der Schenkung, d.h. mit steigendem Rohertrag, wird der Ergebnisunterschied zwischen beiden Varianten größer.

Das Alter des Nießbrauchers ist lediglich bei der Bestellung eines lebenslänglichen Nießbrauchs bedeutsam. Aus dem Alter des Nießbrauchers bestimmt sich die Dauer und damit der Wert des Nießbrauchs. Im Falle des unentgeltlichen und teilentgeltlichen Nießbrauchs hat dieses Einfluß auf die Höhe der Schenkungsteuer. Mit sinkendem Alter des Nießbrauchers erhöht sich die Schenkungsteuerbelastung mit der Konsequenz, daß c.p. die Vorteilhaftigkeit einer durchgeführten Gestaltung abnimmt. Die besten Ergebnisse sind zu erwarten, wenn unter Berücksichtigung des Familienstandes der Nießbrauchbeteiligten ein unverheirateter Elternteil mit relativ hohem Einkommen einem verheirateten Kind ohne Einkommen den Nießbrauch bestellt.

c) Vorbehaltsnießbrauch

(1) Eingrenzung des Untersuchungsraumes

Die im folgenden durchzuführende quantitative Analyse des Vorbehaltsnießbrauchs geht vom Regelfall der *unentgeltlichen* Grundstücksübertragung unter Nießbrauchvorbehalt aus[1]. Der Untersuchungsverlauf soll dem des Zuwendungsnießbrauchs entsprechen. Zunächst sind die Berechnungen also auf

1) Vgl. oben, Seite 17.

nießbrauchobjektabhängige Faktoren und auf Daten des persönlichen Bereichs der Nießbrauchbeteiligten zu richten. Anschließend werden echte Gestaltungsmöglichkeiten zur Verbesserung des finanziellen Erfolgs einzelner Gestaltungsvarianten überprüft.

Grundsätzlich wird weiterhin unterstellt, daß die Nießbrauchbeteiligten das Ziel der Endvermögensmaximierung verfolgen[1)]. Allerdings hat diese Zielsetzung im Hinblick auf den Vorbehaltsnießbrauch eine Konkretisierung zu erfahren.

Der Vorbehaltsnießbrauch wird aus anderen Beweggründen gewählt als der Zuwendungsnießbrauch. Seine finanziellen Folgewirkungen weichen erheblich von denen des Zuwendungsnießbrauchs ab. Bereits einfache Plausibilitätsüberlegungen verdeutlichen, daß die unentgeltliche Grundstücksübertragung unter Nießbrauchvorbehalt[2)] den Beteiligten im Vergleich zur Unterlassungsalternative grundsätzlich nur finanzielle Nachteile beschert[3)]: Der Vorbehaltsnießbrauch führt i.d.R. nicht zu einer Änderung der Einkünftezurechnung, da der ursprüngliche Eigentümer zum Nießbraucher wird. Einkommensteuerliche Ersparniswirkungen sind mithin ausgeschlossen. Auch im schenkungsteuerlichen Bereich sind keine Ersparnisse zu erzielen. Die Grundstücksschenkung unter Nießbrauchvorbehalt wird im Vergleich zur Unterlassensalternative vielfach sogar zu einer zusätzlichen Schenkungsteuerbelastung führen.

Eine Analyse des Vorbehaltsnießbrauchs erübrigt sich damit aber keineswegs, denn im Vergleich zu anderen Handlungsmöglichkeiten, wie z.B. der Vererbung, kann der Vorbehaltsnießbrauch erhebliche Schenkungsteuerersparnisse ermöglichen[4)].

---

1) Vgl. oben, Seite 91 f.

2) Gemeint ist nach wie vor die unentgeltliche Übertragung von vermieteten Grundstücken; andere Fallgestaltungen bleiben außer Betracht.

3) Vgl. auch oben, Seite 17 ff.

4) Vgl. oben, Seite 19 ff.

Im Rahmen der Analyse des Vorbehaltsnießbrauchs kann die Fragestellung somit nicht weiterhin darauf gerichtet sein zu überprüfen, in welcher Ausgestaltung das Nießbrauchverhältnis zu einer maximalen Steuerersparnis und damit zu einer maximalen Vermögenszunahme beiträgt. Es geht vielmehr darum, Konstellationen von Gestaltungsparametern herauszuarbeiten, bei denen die Übertragung eines Grundstücks unter Nießbrauchvorbehalt die geringste zusätzliche Steuerbelastung hervorruft. Die Nießbrauchbeteiligten verfolgen daher das Ziel, aufgrund der Nießbrauchgestaltung nur eine geringstmögliche Verschlechterung ihrer Einkommenssituation in Kauf nehmen zu müssen.

Die Berechnungen sehen die Gegenüberstellung der finanziellen Folgewirkungen von Handlungs- und Unterlassensalternative vor, um so zu einer isolierten Beurteilung einzelner Gestaltungsparameter des Vorbehaltsnießbrauchs zu gelangen. Die Ergebnisse werden wiederum zu allgemeinen Handlungsempfehlungen zusammengefaßt. Eine Gegenüberstellung von Nießbrauchverhältnissen, die aufgrund dieser Handlungsempfehlungen eine Ausgestaltung erfahren haben mit anderen Handlungsalternativen, bleibt einem gesonderten Analyseabschnitt vorbehalten[1].

Der Analyse des Vorbehaltsnießbrauchs liege folgende Entscheidungssituation zugrunde: Der Eigentümer mehrerer Grundstücke möchte eines dieser Grundstücke in der Weise auf seinen Sohn übertragen, daß die Mieterträge aus dem Grundstück ihm weiterhin zufließen. Die Voraussetzungen für die zivil- und steuerrechtliche Anerkennung des Vorgangs seien erfüllt. Der Eigentümer (Vater) sei verwitwet, sein sonstiges zu versteuerndes Einkommen betrage 0 DM. Das sonstige zu versteuernde Einkommen des Sohnes betrage 130.000 DM. Der Sohn bestelle dem Vater für die Dauer von 10 Jahren den Nießbrauch. Der Brutto-Kalkulationszinsfuß

1) Vgl. Seite 234 ff.

betrage 8 v.H. Sofern Schenkungsteuer anfällt, wird angenommen, daß der neue Eigentümer (Nießbrauchbesteller) diese entrichtet. Die weiteren Daten für den Grundfall und für die Variationen sind der Übersicht 10 zu entnehmen[1].

Das Hauptinteresse gilt nun der Frage, welches der zur Wahl stehenden Wohngrundstücke übertragen werden soll und welche Ausgestaltung das Nießbrauchverhältnis zu erfahren hat, damit die aus der Gestaltung resultierende Vermögensminderung, bezogen auf das Kollektiv aus Nießbraucher und Nießbrauchbesteller, möglichst gering bleibt.

Nach der Bestellung des Nießbrauchs erzielt der Vater als Nießbraucher unverändert Einkünfte aus Vermietung und Verpachtung gemäß § 21 Abs. 1 Nr. 1 EStG[2]. Im Gegensatz zum Zuwendungsnießbraucher kann der Vorbehaltsnießbraucher Abschreibungen auf das nießbrauchbelastete Wirtschaftsgut zum Abzug bringen. Hinsichtlich des Abzugs von Grundstückslasten erfolgt eine Gleichbehandlung mit dem unentgeltlichen Zuwendungsnießbrauch. Außergewöhnliche Grundstückslasten gehen im Falle gesetzlicher Lastentragung für die steuerliche Abzugsfähigkeit verloren. Werden dem Nießbraucher im Falle vereinbarter Lastentragung keine Grundstückslasten auferlegt, sind sie steuerlich verloren[3].

(2) Berechnung des Grundfalls und Überprüfung des Einflusses unterschiedlicher Verkehrswerte auf die Vorteilhaftigkeit

Der quantitativen Analyse des Vorbehaltsnießbrauchs liegen als Nießbrauchobjekte zunächst Eigentumswohnungen, Einfamilien- und Reihenhäuser, Zweifamilienhäuser und Mehrfamilienhäuser zugrunde. Für unterschiedliche Wertkonstel-

---

1) Vgl. Seite 124.

2) Vgl. Nießbrauch-Erlaß II, Tz. 10 i.V.m. Tz. 39.

3) Vgl. dazu oben, Seite 48 ff.

lationen von Grundstücks-Roherträgen und Verkehrswerten der Nießbrauchobjekte wird der Vermögensnachteil bestimmt, der sich aus der Gestaltung eines Vorbehaltsnießbrauchs im Vergleich zur Unterlassensalternative ergibt.

Die Übertragung von Eigentumswohnungen mit Verkehrswerten von 92.000 bis 200.000 DM und Roherträgen von 4.000 bzw. 8.000 DM führt, je nach Lastentragungsvereinbarung, zu Vermögensnachteilen von 0 bis -7.044 DM (Tabelle 36)[1]. Weder Vermögensvorteile noch Vermögensnachteile entstehen, wenn der Nießbraucher sämtliche Grundstückslasten zu tragen hat (N = 1). Der ursprüngliche Eigentümer und nunmehrige Nießbraucher erzielt in diesem Fall vor und nach der Nießbrauchbestellung Mieteinnahmen und Werbungskosten in gleicher Höhe, so daß sich der Vermögensendwert im Falle der Unterlassung (UEWN) und der Vermögensendwert im Falle der Handlung (HEWN) entsprechen. Da der neue Eigentümer (Nießbrauchbesteller) keine Schenkungsteuer zu entrichten hat[2], beträgt der Vermögensendwert des Nießbrauchbestellers im Falle der Handlung (HEWB) ebenso 0 DM. Die größten Vermögensnachteile sind zu erwarten, wenn dem neuen Eigentümer (Nießbrauchbesteller) sämtliche Grundstückslasten auferlegt werden (N = 0).

Die Übertragung einer Eigentumswohnung mit einem Verkehrswert von VK = 184.000 DM und einem Grundstücks-Rohertrag von ET = 8.000 DM führt bspw. zu einem Vermögensendwert von -7.044 DM, wenn der Nießbrauchbesteller sämtliche Grundstückslasten trägt. Der Vermögensendwert des Nießbrauchers im Falle der Unterlassung (UEWN) beträgt 83.302 DM. Nach der Übertragung der Wohnung auf den neuen Eigentümer und Übernahme sämtlicher Grundstückslasten durch diesen hat sich der Vermögensendwert des Nießbrauchers im Falle der

---

1) Vgl. Anhang 3, Seite 337.

2) Verantwortlich dafür ist in erster Linie der geringe Einheitswert der zugrundeliegenden Grundstücke.

Handlung (HEWN) auf 105.231 DM erhöht. Hatte der ursprüngliche Eigentümer im Falle der Unterlassung Einkünfte aus Vermietung und Verpachtung in Höhe von 6.000 DM, so fließt ihm im Falle der Handlung die Bruttomiete in Höhe von 8.000 DM ohne Abzüge zu. Die zusätzlichen Einnahmen in Höhe von 2.000 DM werden vom Nießbraucher zum Kalkulationszinsfuß angelegt; sie bewirken einen Vermögensvorteil von 21.929 DM[1]. Gleichzeitig hat der Nießbrauchbesteller einen Vermögensnachteil (HEWB) in Höhe von 28.973 DM in Kauf zu nehmen, da Auszahlungen für Grundstückslasten zu tätigen sind, für die Kapitalkosten zum Ansatz kommen.

UEWB =	0 DM	UEWN =	83.302 DM
HEWB =	-28.973 DM	HEWN =	105.231 DM
DEWB =	-28.973 DM	DEWN =	21.929 DM
Vermögenszunahme/abnahme nach 10 Jahren		=	-7.044 DM

Der Vermögensunterschied in Höhe von -7.044 DM resultiert also daraus, daß die zusätzlichen Einnahmen und Zinserträge beim Nießbraucher Ertragsteuern auslösen, während der gesamte Vorgang der Grundstückslastenübernahme durch den Nießbrauchbesteller bei diesem mangels Einnahmenerzielung steuerlich unbeachtlich bleibt.

Für den Bereich der Eigentumswohnungen kann insgesamt festgestellt werden, daß höhere Roherträge zu höheren Vermögensnachteilen führen, steigende Verkehrswerte bei jeweils konstanten Roherträgen dagegen geringere Vermögensnachteile bewirken.

Im Bereich der übrigen zu untersuchenden Grundstücksarten (Einfamilien- und Reihenhäuser, Zweifamilienhäuser und Mehrfamilienhäuser) setzt sich die Tendenz fort, daß höhere Roherträge auch höhere Vermögensnachteile nach sich ziehen (Tabellen 36 und 37)[2]. Ein Ansteigen der Verkehrswerte

1) Bei einem Rohertrag von ET = 8.000 DM und einem Anteil der gewöhnlichen Grundstückslasten bzw. außergewöhnlichen Grundstückslasten von 15 v.H. bzw. 10 v.H. bestimmen sich die gesamten Grundstückslasten mit 0,25 · 8.000 DM = 2.000 DM.

2) Vgl. Anhang 3, Seite 337.

bei jeweils konstanten Roherträgen führt dagegen nur solange zu einem Sinken der Vermögensnachteile, wie keine Schenkungsteuer zu zahlen ist. Fällt dagegen Schenkungsteuer an, ist mit zunehmenden Verkehrswerten bei jeweils konstanten Roherträgen auch ein Ansteigen der Vermögensnachteile festzustellen.

(3) Einfluß von Werbungskosten

Die weitere Analyse des Vorbehaltsnießbrauchs soll auf die Übertragung von Mehrfamilienhäusern unter dem Vorbehalt des Nießbrauchs beschränkt werden. Wie im Bereich der Analyse des Zuwendungsnießbrauchs kann auch hier unterstellt werden, daß die Ergebnisse der Untersuchung grundsätzlich auf die Schenkung von Eigentumswohnungen, Einfamilien- und Reihenhäusern sowie Zweifamilienhäusern unter Nießbrauchvorbehalt übertragbar sind[1].

(a) Abschreibungen auf das Nießbrauchobjekt

Bei der Überprüfung des Einflusses von Abschreibungen auf das finanzielle Ergebnis von Grundstücksübertragungen unter Nießbrauchvorbehalt wird ausgegangen von einem linearen Abschreibungsverlauf (§ 7 Abs. 4 EStG). Die Restabschreibungszeiten betragen TO = 10 Jahre, 5 Jahre und 0 Jahre. Weitere Daten sind der Übersicht 10[2] (Variation I) zu entnehmen.

Der teilweise bzw. völlige Fortfall der Abschreibungen auf das Nießbrauchobjekt hat für sämtliche Wertkonstellationen, bei denen der Nießbraucher nicht alle Grundstückslasten trägt, zur Folge, daß der Vermögensnachteil der Nießbrauch-

---

1) Vgl. zur weiteren Begründung oben, Seite 132.

2) Vgl. Seite 124.

gestaltung im Vergleich zur Unterlassensalternative steigt (Tabelle 38)[1]. Wird bspw. ein Mehrfamilienhaus mit einem Verkehrswert von 50.000 DM unter Nießbrauchvorbehalt übertragen, steigt der damit verbundene Vermögens*nachteil* von 34.324 DM durch den teilweisen bzw. völligen Fortfall der Abschreibungen auf 35.591 bzw. 37.343 DM[2].

Diese Entwicklung ist darauf zurückzuführen, daß die steuerliche Mehrbelastung infolge des Fortfalls der Abschreibungen bei Unterlassung der Nießbrauchgestaltung geringer ist als bei Durchführung der Gestaltung. Der Vermögensendwert des Vorbehaltsnießbrauchers erfährt im Falle der Unterlassung eine geringere Minderung als im Falle der Handlung, so daß insgesamt ein nachteiliger Effekt auf den Vermögensendwert verbleibt.

Trägt der Nießbraucher sämtliche Grundstückslasten (N = 1), hat - infolge der Gleichheit der dem Vorbehaltsnießbraucher im Falle der Handlung und der Unterlassung zufließenden Einkünfte aus dem Nießbrauchobjekt - die Variation der Abschreibungsdauer keinen Einfluß auf den Vermögensendwert.

(b) Gewöhnliche und außergewöhnliche Grundstückslasten

Die Höhe der gewöhnlichen und außergewöhnlichen Grundstückslasten berührt - solange der Nießbrauchbesteller wenigstens einen Teil der Grundstückslasten trägt - nicht nur die Vermögensendwerte des Vorbehalts*nießbrauchers* bei Unterlassung und Durchführung der Nießbrauchgestaltung, sondern häufig auch den Vermögensendwert des Nießbrauch*bestellers* bei Durchführung der Gestaltung.

Wird gesetzliche Lastentragung unterstellt, obliegt dem Nießbraucher die Pflicht, die gewöhnlichen Grundstückslasten zu tragen, während der Nießbrauchbesteller die außer-

1) Vgl. Anhang 3, Seite 338.

2) Gesetzliche Lastentragung unterstellt.

gewöhnlichen Lasten zu tragen hat. Eine Änderung der Höhe der gewöhnlichen Grundstückslasten wirkt sich schon deshalb anders auf die Gesamtwirkungsziffer aus als eine Änderung der außergewöhnlichen Grundstückslasten, weil der Nießbrauchbesteller die zu tragenden Lasten mangels Einnahmen nicht steuerlich geltend machen kann[1].

Treffen die Nießbrauchbeteiligten dagegen eine bestimmte Vereinbarung über die Lastentragung, ergeben sich keine Unterschiede aus der Änderung der gewöhnlichen Lasten im Vergleich zur Änderung der außergewöhnlichen Lasten, wenn die Änderung jeweils das gleiche Ausmaß erreicht (Tabellen 39 und 41)[2].

Die Überprüfung des Einflusses der gewöhnlichen und außergewöhnlichen Grundstückslasten auf den Vermögensendwert einzelner Nießbrauchgestaltungen erfolgt anhand der Daten der Übersicht 10 (Variation II u. III)[3]. Die Berechnungen zeigen, daß eine Zunahme der gewöhnlichen Grundstückslasten bei gesetzlicher Lastentragung fast ausschließlich zu einer Minderung der Vermögensnachteile führt (Tabelle 39), während eine Zunahme der außergewöhnlichen Lasten bei gesetzlicher Lastentragung zu einem Ansteigen der Vermögensnachteile beiträgt (Tabelle 41).

Steigen die gewöhnlichen Grundstückslasten, berührt dieses die Zahlungsebene und die Ebene der steuerlichen Bemessungsgrundlage des Vorbehaltsnießbrauchers mit der Konsequenz, daß die Vermögensendwerte der Unterlassensalternative und der Handlungsalternative (UEWN, HEWN) sinken.

$$ERG = (HEWB - UEWB) + (HEWN - UEWN)$$

---

1) Vgl. Nießbrauch-Erlaß II, Tz. 44.

2) Vgl. Anhang 3, Seite 338 f.

2) Vgl. Seite 124.

Der Vermögensendwert des Vorbehaltsnießbrauchers im Falle der Unterlassung (UEWN) sinkt jedoch als Folge des einkommensteuerlichen Progressionseffekts stärker als der Vermögensendwert im Falle der Handlung (HEWN), da dem Nießbraucher im Falle der Handlungsalternative ein höherer Netto-Rohertrag zufließt.

Einkommensteuerliche Wirkungen sind somit für den insgesamt positiven Effekt verantwortlich, der aus der Erhöhung der gewöhnlichen Grundstückslasten bei gesetzlicher Lastentragung resultiert. Bei sehr hohen Roherträgen (ET = 140.000 DM) wird dieser Effekt allerdings durch schenkungsteuerliche Wirkungen aufgezehrt.

Die Vermögensendwerte, die sich bei der Übertragung eines Mehrfamilienhauses unter Nießbrauchvorbehalt im Vergleich zur Unterlassensalternative ergeben, wenn der Nießbraucher auch nach Durchführung der Gestaltung sämtliche Grundstückslasten übernimmt (N = 1), werden von einer Änderung der Grundstückslasten nur insoweit beeinflußt, als die Schenkungsteuer davon berührt wird. Steigen die vom Nießbraucher zu tragenden Grundstückslasten, mindert dieses den Wert des Nießbrauchs. Da der Wert des Nießbrauchs bei der Ermittlung der schenkungsteuerlichen Bemessungsgrundlage anteilig in Abzug zu bringen ist[1], kommt es letztlich zu einer erhöhten Schenkungsteuerbelastung.

Wird ein Grundstück unter Nießbrauchvorbehalt übertragen, auf dem erhebliche Belastungen, wie z.B. Hypothekenforderungen ruhen, zeigt sich grundsätzlich kein anderes Bild (Tabelle 40)[2]. Die Berechnungen gehen davon aus, daß die gewöhnlichen Grundstückslasten einschließlich der Belastung zuzuordnende Zinsen alternativ 10 v.H., 40 v.H. und 90 v.H. der Roherträge erreichen. Die außergewöhnlichen

---

1) Vgl. dazu auch Anhang 1, Seite 291 ff.

2) Vgl. Anhang 3, Seite 339.

Grundstückslasten betragen in allen Fällen 10 v.H. Der Tabelle 40 ist zu entnehmen, daß, sofern der Nießbraucher zur Lastentragung verpflichtet ist (N = 1), bereits bei geringen Roherträgen eine Minderung der Vermögensendwerte zu verzeichnen ist. Dieses ist darauf zurückzuführen, daß der Wert des Nießbrauchs durch die vom Nießbraucher zu tragenden erheblichen Zinsbelastungen sinkt und damit nicht mehr in dem ursprünglichen Maße zur Verringerung der schenkungsteuerlichen Bemessungsgrundlage beiträgt.

c) Folgerungen

Ebenso wie der Zuwendungsnießbrauch als steuerliches Gestaltungsinstrument hat auch die Übertragung eines Grundstücks unter Nießbrauchvorbehalt nach der Änderung der Rechtsprechung des Bundesfinanzhofs eine Schlechterstellung erfahren[1]. Der neue Eigentümer kann weder Abschreibungen auf das Nießbrauchobjekt noch die von ihm getragenen Grundstückslasten steuerlich geltend machen.

Obwohl die Abschreibungen nicht, wie im Falle des Zuwendungsnießbrauchs, steuerlich verlorengehen, sondern vom Vorbehaltsnießbraucher in Anrechnung zu bringen sind, eröffnet die Gestaltung eines Vorbehaltsnießbrauchs an Mietwohngrundstücken den Beteiligten in keinem Fall Vermögensvorteile, denn der Vorbehaltsnießbrauch führt nicht zu einer Verlagerung von Einkünften zwischen Nießbraucher und Nießbrauchbesteller, die eine Ausnutzung des einkommensteuerlichen Progressionseffekts ermöglicht. Selbst durch die Umverteilung von Grundstückslasten auf den neuen Eigentümer werden keine positiven einkommensteuerlichen Progressionseffekte erzielt:

---

1) Vgl. dazu im wesentlichen die BFH-Urteile VIII R 124/76 vom 28.7.1981, BStBl II 1981, S. 378 ff. und VI 27/56 U vom 8.2.1957, BStBl II 1957, S. 207 f.

- Die Übertragung eines Mietwohngrundstücks unter Nießbrauchvorbehalt ist, abgesehen von Transaktionskosten[1] und der mit der Grundstücksübertragung zwangsläufig verknüpften Vermögensverschiebung, vermögensneutral zu verwirklichen, wenn mit der Nießbrauchbestellung keine Änderung in der Lastentragung verbunden ist und keine Schenkungsteuer anfällt. Zutreffend ist dieses für bestimmte, den Tabellen 36 und 37 i.V. mit der Übersicht 16[2] zu entnehmenden Wertkonstellationen[3]. Für andere Wertkonstellationen ist als Vermögensnachteil lediglich die Schenkungsteuer in Kauf zu nehmen. Mit der Bestellung des Nießbrauchs sollte also nicht auf die gesetzliche Lastentragung oder auf die vereinbarte Lastentragung, bei der der Nießbraucher nur einen Teil oder keine Grundstückslasten trägt, übergegangen werden.

- Stellt sich die Frage, welche finanzielle Gesamtwirkung die Grundstückslasten und Abschreibungen auf das Nießbrauchobjekt ausüben, wenn der Gestaltung Nießbrauchobjekte zunehmenden Alters[4] zugrunde liegen, so ist festzustellen: Abgesehen von dem Fall, in dem der Nießbraucher sämtliche Grundstückslasten trägt und keine Schenkungsteuer anfällt, werden die Vermögensendwerte negativ beeinflußt (Tabelle 42)[5].

---

1) Vgl. dazu Übersicht 14, Anhang 2, Seite 311.

2) Vgl. Seiten 282 und 337.

3) Eigentumswohnungen mit Verkehrswerten von 92.000 bis 100.000 DM bei einem Rohertrag von 4.000 DM und Verkehrswerten von 184.000 bis 200.000 DM bei einem Rohertrag von 8.000 DM, Einfamilien- und Reihenhäuser mit Verkehrswerten von 336.000 bis 360.000 DM bei einem Rohertrag von 12.000 DM sowie Mehrfamilienhäuser mit Verkehrswerten von 364.000 bis 420.000 DM bei einem Rohertrag von 28.000 DM, von 390.000 bis 450.000 DM bei einem Rohertrag von 30.000 DM und von 520.000 bis 560.000 DM bei einem Rohertrag von 40.000 DM.

4) Entsprechendes gilt beim Erwerb eines Grundstücks für das Zurückliegen des Erwerbszeitpunkts.

5) Vgl. Anhang 3, Seite 340, die Berechnungen wurden auf der Basis der Variation IV, Übersicht 10, Seite 124 vorgenommen.

Wird davon ausgegangen, daß das Restabschreibungspotential des Nießbrauchobjekts mit zunehmendem Alter bzw. mit zunehmendem Zurückliegen des Erwerbszeitpunkts sinkt und daß die gewöhnlichen sowie außergewöhnlichen Grundstückslasten steigen, führt dieses im Falle der gesetzlichen Lastentragung dazu, daß die positiven Auswirkungen aufgrund der Steigerung der gewöhnlichen Lasten von den negativen Wirkungen aufgrund der Steigerung der außergewöhnlichen Lasten und dem Sinken des Restabschreibungspotentials dominiert werden. Im Falle vereinbarter Lastentragung (N = 0 und 0,5) erhöhen die einzelnen Parameter gleichgerichtet die aus den Gestaltungen resultierenden Vermögensnachteile. Die Gestaltung eines Vorbehaltsnießbrauchs an Objekten geringeren Alters bzw. an Objekten, bei denen der Erwerbszeitpunkt weniger weit zurückliegt, ist demnach vorzuziehen.

(4) Einfluß von Datenänderungen im persönlichen Bereich

Im folgenden Analyseschritt ist zu ermitteln, in welcher Weise das finanzielle Ergebnis einer Grundstücksübertragung unter Nießbrauchvorbehalt im Vergleich zur Unterlassensalternative von persönlichen Eigenschaften der Nießbrauchbeteiligten beeinflußt wird. Die Untersuchung richtet sich auf den Familienstand, auf das Alter, auf das von den Beteiligten erzielte sonstige zu versteuernde Einkommen und auf die Frage, wem etwas übertragen wird.

Hinsichtlich des *sonstigen Einkommens*, das den Nießbrauchbeteiligten aufgrund von Aktivitäten zufließt, die nicht mit dem Nießbrauchobjekt im Zusammenhang stehen, wurde bisher unterstellt, daß auf den Nießbrauchbesteller ein sonstiges zu versteuerndes Einkommen von EON = 130.000 DM entfällt, während der Nießbraucher kein weiteres Einkommen bezieht. Da mit der Übertragung eines Grundstücks unter Nießbrauchvorbehalt keine direkte Verlagerung von Einkünften zwischen den Nießbrauchbeteiligten verbunden ist, kann von dem sonstigen Einkommen des Nießbrauchbestellers kein Einfluß auf das finanzielle Ergebnis eines Vorbehaltsnießbrauchs ausgehen. Das sonstige zu versteuernde Einkommen des Nießbrauchers beeinflußt dagegen das finanzielle Ergebnis, wenn mit der Nießbrauchbestellung eine Umverteilung von Grundstückslasten verbunden ist, so daß die Einkünfte des Nießbrauchs aus dem Nießbrauchobjekt steigen.

Die Berechnungen gehen von folgenden Wertkonstellationen für das sonstige zu versteuernde Einkommen der Beteiligten aus:

→ Nießbrauchbesteller	→ Nießbraucher
130.000 DM	0 DM
100.000 DM	0 DM
130.000 DM	30.000 DM
100.000 DM	30.000 DM

Die Ergebnisse zeigen (Tabelle 43)[1], daß von einer Änderung des sonstigen zu versteuernden Einkommens des Nießbrauchers von EON = 0 DM auf EON = 30.000 DM z.T. erhebliche Vermögensnachteile ausgehen. Zu keiner Änderung der Vermögensendwerte kommt es aufgrund einer Erhöhung oder Minderung des sonstigen zu versteuernden Einkommens des Nießbrauchers, wenn der Nießbraucher auch nach der Nießbrauchbestellung sämtliche Grundstückslasten trägt (N = 1).

Die *Person* des Nießbrauchbeteiligten beeinflußt das finanzielle Ergebnis einer Grundstücksübertragung unter Nießbrauchvorbehalt in folgender Weise: Überträgt ein Vater unentgeltlich ein Grundstück auf seinen Sohn unter dem Vorbehalt des Nießbrauchs für 10 Jahre, führt diese Gestaltung zu erheblich geringeren Vermögensnachteilen als die Schenkung des Grundstücks unter Nießbrauchvorbehalt in umgekehrter Richtung. Die Berechnungsergebnisse (Tabelle 44)[2]

---

1) Vgl. Anhang 3, Seite 340.

2) Vgl. ebenda, Seite 341.

lassen diese Schlechterstellung, die ausschließlich auf eine höhere Schenkungsteuerbelastung im Falle der Schenkung in absteigender Linie zurückzuführen ist, deutlich erkennen.

Die Übertragung eines Mehrfamilienhauses mit einem Verkehrswert von VK = 560.000 DM und einem Rohertrag von 40.000 DM führt zu einem Vermögensendwert von 0 DM, wenn der Vater das Grundstück auf den Sohn überträgt und sich den Nießbrauch vorbehält (N = 1). Erfolgt die Schenkung unter Nießbrauchvorbehalt in umgekehrter Richtung, ergibt sich ein Vermögensnachteil von 17.191 DM (Tabelle 44).

Anzumerken bleibt, daß der Fall einer Grundstücksübertragung durch den Sohn auf seinen Vater unter Nießbrauchvorbehalt nur von geringer praktischer Relevanz ist. Die Untersuchung ist dennoch aus systematischen Gründen erfolgt, weil die aufgezeigten Wirkungen in ihrer grundsätzlichen Art erhalten bleiben, wenn die Gestaltung eines Vorbehaltsnießbrauchs zwischen anderen Personen vorgenommen wird, z.B. Übertragung eines Grundstücks unter Nießbrauchvorbehalt an Geschwister, Schwiegerkinder, geschiedene Ehegatten[1].

Vom *Alter* des Nießbrauchers gehen dann Wirkungen auf den Vermögensendwert aus, wenn die Nießbrauchbestellung unbefristet vorgenommen wird: Mit abnehmendem Alter des Nießbrauchers steigt der Wert des Nießbrauchs, was insgesamt den Wert der Schenkung und damit die Schenkungsteuerbelastung herabsetzt. Der Vermögensendwert wird dadurch positiv beeinflußt. Auf weitere Einzelheiten und konkrete Berechnungen, die Bezug nehmen auf das Alter des Nießbrauchers, wird in einem späteren Untersuchungsabschnitt eingegangen.[2]

---

1) Vgl. dazu die Zuordnung der Steuerklassen und Freibeträge gemäß § 15 Abs. 1 i.V.m. § 16 Abs. 1 ErbStG.

2) Vgl. Seite 203 f.

Zur Überprüfung des Einflusses, den der *Familienstand* der Nießbrauchbeteiligten auf das finanzielle Ergebnis ausübt, wird wiederum von folgenden Konstellationen ausgegangen:

→ Nießbrauchbesteller	→ Nießbraucher
ledig	ledig
ledig	verheiratet
verheiratet	ledig
verheiratet	verheiratet

Bei einem Vergleich der Ergebnisse (Tabelle 45)[1] ist festzustellen, daß die Anwendung des Splittingtarifs auf das Einkommen des Nießbrauchers gegenüber der Ausgangssituation - je nach Verteilung der Grundstückslasten auf die Nießbrauchbeteiligten - erhebliche Minderungen der Vermögensnachteile verursachen kann. Dem Familienstand des Nießbrauchbestellers kommt demgegenüber keine Bedeutung zu.

(5) Gestaltungsmöglichkeiten

(a) Überblick

Von den bisher untersuchten Bestimmungsfaktoren des Vorbehaltsnießbrauchs kann angenommen werden, daß sie im konkreten Einzelfall festliegen und nur ausnahmsweise oder in Grenzen dem Gestaltungswillen der Entscheidungsträger unterliegen. Als echte Gestaltungsmöglichkeiten gelten dagegen Vereinbarungen über die Zahlung der Schenkungsteuer, die Wahl unterschiedlicher Nießbrauchzeiträume und die Aufteilung der Grundstückslasten auf die Nießbrauchbeteiligten. Da die gesamte Analyse des Vorbehaltsnießbrauchs darauf abstellt, die finanziellen Wirkungen einzelner Parametervariationen für bestimmte Konstellationen

---

1) Vgl. Anhang 3, Seite 341.

von Roherträgen und Lastentragungsverhältnisse zu berechnen[1], kann auf eine gesonderte Betrachtung der Grundstückslastenzuordnung verzichtet werden.

(b) Zahlung der Schenkungsteuer durch den Schenker

Fällt im Rahmen der unentgeltlichen Übertragung eines Grundstücks Schenkungsteuer an und übernimmt der Schenker (Nießbraucher) diese Steuer für den Beschenkten (Nießbrauchbesteller), erhöht sich der Wert der Schenkung und damit die letztlich zu zahlende Schenkungsteuer. Zur Überprüfung der daraus resultierenden finanziellen Wirkungen wird von dem schenkungsteuerlich ungünstigeren Fall ausgegangen, daß der Sohn seinem Vater das Grundstück unter dem Vorbehalt des Nießbrauchs überträgt (Schenkung in aufsteigender Linie). Hierdurch wird gewährleistet, daß auch in Fällen, in denen geringe Roherträge aus dem Nießbrauchobjekt fließen und der Nießbrauchbesteller die vollen Grundstückslasten übernimmt (N = 1), bereits Schenkungsteuer anfällt. Die finanziellen Auswirkungen einer Schenkungsteuerzahlung durch den Nießbraucher werden damit für alle Wertkonstellationen sichtbar.

Den Berechnungsergebnissen (Tabelle 46)[2] ist zu entnehmen, daß die durchgehend negativen Vermögensendwerte der untersuchten Nießbrauchgestaltungen fast ausschließlich positiv beeinflußt werden, wenn der Nießbraucher die Schenkungsteuer für den Nießbrauchbesteller übernimmt.

Die unentgeltliche Übertragung eines Grundstücks (Verkehrswert 364.000 DM, Rohertrag 28.000 DM) unter Nießbrauchvorbehalt verursacht bspw. eine Schenkungsteuerbelastung von 4.279 DM, wenn die Zahlung der Steuer durch

1) Vgl. hierzu den Aufbau der Tabellen 36 bis 49, Anhang 3, Seite 337 ff.

2) Vgl. Anhang 3, Seite 342.

den Nießbrauchbesteller erfolgt und eine Belastung von 4.741 DM bei Zahlung der Steuer durch den Nießbraucher[1]. Im ersten Fall errechnet sich der durch die Gestaltung des Vorbehaltsnießbrauchs im Vergleich zur Unterlassensalternative bewirkte Vermögensnachteil mit 22.684 DM. Im zweiten Fall beträgt dieser Vermögensnachteil trotz der höheren Schenkungsteuerbelastung lediglich 21.918 DM.

Die Ursache dieser zunächst nicht erwarteten Entwicklung ist in folgendem zu sehen: Dem Nießbrauchbesteller fließen aufgrund der Nießbrauchgestaltung keine positiven Einkünfte zu. Für die von ihm entrichtete Schenkungsteuer sind Kapitalkosten in Ansatz zu bringen. Erfolgt die Zahlung der Schenkungsteuer durch den Nießbraucher, werden hierfür zunächst die dem Nießbraucher aus dem Nießbrauchobjekt zufließenden Einkünfte aufgewandt. Die vom Nießbraucher zum Kalkulationszinsfuß anlegbaren Überschüsse erfahren dadurch eine Minderung mit der Folge, daß auch weniger Ertragsteuern auf Zinserträge zu entrichten sind.

Die Entrichtung der (höheren) Schenkungsteuer durch den Nießbraucher ist im Ergebnis also deshalb vorteilhafter, weil der für die Schenkungsteuerzahlung aufzuwendende Mehrbetrag durch einkommensteuerliche Wirkungen überkompensiert wird.

In zwei Fällen lassen die Berechnungsergebnisse eine nachteilige Entwicklung der Vermögensendwerte aufgrund einer Übernahme der Schenkungsteuer durch den Nießbraucher erkennen[2]. Hierfür ist einerseits der Umstand verantwortlich, daß der Nießbraucher auch nach der Nießbrauchbestellung sämtliche Grundstückslasten zu tragen hat (N = 1). Dieses führt gegenüber Nießbrauchgestaltungen, die auch

1) Gesetzliche Lastentragung unterstellt.

2) Es handelt sich um die Bestellung eines Vorbehaltsnießbrauchs an Objekten mit einem Rohertrag von ET = 30.000 und ET = 40.000 DM bei Übernahme sämtlicher Lasten durch den Nießbraucher (N = 1; vgl. Tabelle 46).

den Nießbrauchbesteller zur Lastentragung verpflichten, über einen vergleichsweise geringen Wert des Nießbrauchs zu einem höheren Wert der Schenkung und damit zu einer höheren Schenkungsteuerbelastung. Andererseits bewirkt die Hinzurechnung der Schenkungsteuer zum Wert der Schenkung genau in diesen Fällen, daß der obere Wert einer Progressionszone des Erbschaftsteuertarifs überschritten wird und ein höherer Erbschaftsteuersatz zur Anwendung kommt[1].

(c) Vereinbarung unterschiedlicher Nießbrauchzeiträume

Für die einkommensteuerliche Behandlung des Vorbehaltsnießbrauchs hat der Bundesfinanzhof im Urteil vom 28.7.1981 festgelegt, daß die Bestellung eines Nießbrauchs im Zusammenhang mit der Übertragung eines Grundstücks unter Nießbrauchvorbehalt keine Gegenleistung des Grundstückerwerbers darstellt[2]. Bei der Ermittlung der schenkungsteuerlichen Bemessungsgrundlage ist der Wert des Nießbrauchs anteilig in Abzug zu bringen[3]. Da der Wert des Nießbrauchs mit der Dauer der Nutzungsüberlassung zunimmt, dürfte es aus schenkungsteuerlicher Sicht vorteilhaft sein, wenn der Vorbehaltsnießbraucher sich das Recht auf die Nutzungen für einen möglichst langen Zeitraum sichert. In der Regel wird sich der Nießbraucher das Nießbrauchrecht auf Lebenszeit sichern. Die Schenkungsteuerbelastung sinkt dann mit zunehmender Lebenserwartung des Nießbrauchers.

Zur Quantifizierung des Einflusses, der von unterschiedlichen Nießbrauchzeiträumen ausgeht, wird unterstellt, daß ein 60-jähriger Vater ein Mietwohngrundstück auf seinen

---

1) Vgl. § 19 Abs. 1 ErbStG; mögliche Milderungen durch § 19 Abs. 3 ErbStG sind zu beachten.

2) Vgl. BFH-Urteil vom 28.7.1981 VIII R 124/76, BStBl II 1982, S. 378.

3) Vgl. Gleichlautende Erlasse der obersten Finanzbehörden vom 10.2.1983, S. 238 f.

Sohn überträgt und sich dabei alternativ den Nießbrauch für 10 Jahre sowie lebenslänglich vorbehält. Der Vater hat eine Lebenserwartung von 15 Jahren, so daß die lebenslängliche Nießbrauchbestellung in etwa einem befristeten Nießbrauch über 15 Jahre entspricht. Die Berechnungsergebnisse (Tabelle 47)[1] belegen, daß mit der Verlängerung der Nießbrauchdauer von 10 auf 15 Jahre eine spürbare Minderung der Vermögensnachteile verbunden sein kann.

Der Fall der Grundstücksübertragung unter lebenslänglichem Nießbrauchvorbehalt wird nun zugrunde gelegt, um den Einfluß unterschiedlicher Kalkulationszinsfüße (3 v.H., 8 v.H. und 12 v.H.) auf das finanzielle Ergebnis zu überprüfen. Der Tabelle 48[2] ist zu entnehmen, daß mit steigendem Kalkulationszinsfuß (grundsätzlich) eine Verschlechterung der Situation eintritt. Nur dann, wenn keine Schenkungsteuer anfällt und der Nießbraucher sämtliche Grundstückslasten zu tragen hat, ermitteln sich die Vermögensendwerte, unabhängig vom Kalkulationszinsfuß, mit 0 DM.

(6) Zusammenfassung: Entscheidungsregeln für den Vorbehaltsnießbrauch

Der Vorbehaltsnießbrauch bietet im Gegensatz zum Zuwendungsnießbrauch keine Möglichkeit zur direkten Verteilung des Familieneinkommens, aus der infolge der Einkommensteuerprogression eine Familiensteuerersparnis folgt. Geht mit der Gestaltung eines Vorbehaltsnießbrauchs eine Umverteilung von Grundstückslasten auf den neuen Eigentümer einher, kann dieses zwar eine Ausnutzung einkommensteuerlicher Progressionseffekte ermöglichen, die davon ausgehenden positiven Wirkungen auf das Familienvermögen sind jedoch nicht von durchschlagender Bedeutung.

---

1) Vgl. Anhang 3, Seite 342.

2) Vgl. ebenda, Seite 343.

Der Vorbehaltsnießbrauch kann, für sich genommen, nicht als steuerliches Gestaltungsinstrument gelten. Die quantitative Analyse hat ergeben, daß die Übertragung eines Grundstücks unter Nießbrauchvorbehalt im Vergleich zur Unterlassensalternative den Nießbrauchbeteiligten regelmäßig Vermögensnachteile beschert. Nur in Ausnahmefällen stehen sich Handlungs- und Unterlassensalternative indifferent gegenüber.

Abgesehen von außerfinanziellen bzw. außersteuerlichen Beweggründen, die zur Übertragung eines Grundstücks unter Nießbrauchvorbehalt führen, sprechen möglicherweise aber dennoch steuerliche Gründe für die Durchführung des Vorbehaltsnießbrauchs, sofern er als Alternative zu anderen vergleichbaren Gestaltungsmöglichkeiten gesehen wird. Eine Gegenüberstellung unterschiedlicher Alternativen wird in einem späteren Untersuchungsabschnitt vorzunehmen sein[1]. Ziel dieses Abschnitts ist es, die aufgrund der Analyse der einzelnen Gestaltungsparameter des Vorbehaltsnießbrauchs erarbeiteten Einzelempfehlungen zu allgemeinen Entscheidungsregeln zu verdichten[2].

Die Höhe der Schenkungsteuer und die Tatsache der Nichtabziehbarkeit von Werbungskosten beim Nießbrauchbesteller üben entscheidenden Einfluß auf die Vermögensendwerte aus, die sich aus der Gestaltung eines Vorbehaltsnießbrauchs im Vergleich zur Unterlassensalternative ergeben. Vorrangiges Gestaltungsziel muß es deshalb sein, die Schenkungsteuerbelastung mit ihren nachteiligen Auswirkungen auf den Vermögensendwert möglichst gering zu halten und keine Umverteilung von Grundstückslasten auf den Nießbrauchbesteller vorzunehmen.

Unabhängig von der Lastenverteilung auf die Nießbrauchbeteiligten sollte bei Grundstücksübertragungen unter Nießbrauchvorbehalt grundsätzlich vereinbart werden, daß der

---

1) Vgl. dazu Seite 234 ff.

2) Zur praktischen Anwendbarkeit dieser Entscheidungsregeln vgl. oben, Seite 175 f.

Nießbraucher (Schenker) die dabei anfallende Schenkungsteuer zu tragen hat.

Die Dauer des Nießbrauchs wird bei der Grundstücksübertragung unter Nießbrauchvorbehalt häufig nicht zur Disposition stehen. Sofern diesbezüglich Vereinbarungen zu treffen sind, sollte die Nießbrauchdauer möglichst lang gewählt werden. Fällt keine Schenkungsteuer an, kommt der Dauer des vorbehaltenen Nießbrauchs keine Bedeutung zu.

Die Verteilung der Grundstückslasten auf die Nießbrauchbeteiligten unterliegt zwar uneingeschränkt dem Gestaltungswillen der Beteiligten. Wegen der steuerlichen Nichtberücksichtigung von Werbungskosten beim Nießbrauchbesteller sollte der Nießbraucher aber (weiterhin) die Grundstückslasten übernehmen, die er vor der Nießbrauchbestellung als Eigentümer getragen hat.

Vielfach ist der Vorbehaltsnießbraucher allerdings bestrebt, nach der Grundstücksübertragung die Bruttoerträge zu vereinnahmen. In diesem Fall stellt sich nun die Frage, ob nicht auf anderen Wegen sowohl der Zufluß der Bruttomiete beim Nießbraucher als auch der Abzug eines den Grundstückslasten entsprechenden Betrags beim Nießbrauchbesteller geschaffen werden kann.

Nach dem Nießbrauch-Erlaß vom 15.11.1984 kann der Nießbrauchbesteller die Grundstücksaufwendungen nicht als Werbungskosten geltend machen, da ihm keine Einnahmen aus dem Nießbrauchobjekt zuzurechnen sind[1]. Eine Berücksichtigung als negative Einkünfte aus Vermietung und Verpachtung scheidet also aus. Fraglich ist, ob die geleisteten Beträge als *dauernde Lasten* Sonderausgaben darstellen und in dieser Eigenschaft vom Gesamtbetrag der Einkünfte

---

1) Vgl. Nießbrauch-Erlaß II, Tz. 44.

des Nießbrauchbestellers abgezogen werden können. Nach der Rechtsprechung des Bundesfinanzhofs sind dauernde Lasten Aufwendungen, die ein Steuerpflichtiger für längere Zeit einem anderen gegenüber in Geld- oder Sachleistungen aufgrund einer rechtlichen Verpflichtung zu erbringen hat[1]. Die Geld- oder Sachleistungen müssen dem Berechtigten dabei zufließen[2]. Gerade dieses Merkmal sieht der Bundesfinanzhof nicht als erfüllt an, wenn der Nießbrauchbesteller für den Nießbraucher Grundstückslasten übernimmt. Ein direkter Abzug der Grundstückslasten kommt folglich nicht in Betracht.

Verpflichtet sich der Nießbrauchbesteller (Eigentümer) jedoch gegenüber dem Nießbraucher zu laufenden Bargeldleistungen in Höhe der jeweils anfallenden Grundstückslasten, sind diese Leistungen beim Nießbrauchbesteller als Sonderausgaben abzugsfähig[3]. Beim Nießbraucher unterliegen die Beträge als wiederkehrende Bezüge gemäß § 22 Nr. 1 EStG der Steuerpflicht. In gleicher Höhe sind die von ihm getragenen Grundstückslasten, wie bisher, steuerlich abzugsfähig[4].

Letztlich fließen dem Nießbraucher also die Brutto-Mieterträge aus dem Grundstück zu. Gegenüber der Unterlassensalternative erhält er in Höhe der Grundstückslasten Mehreinkünfte, während das zu versteuernde Einkommen des Nießbrauchbestellers in entsprechender Höhe gemindert wird.

---

1) Vgl. BFH-Urteile vom 3.12.1964 IV 99/62 U, BStBl II 1965, S. 166 und vom 17.4.1980 VI R 107/75, BStBl II 1980, S. 639.

2) Vgl. BFH-Urteil vom 23.11.1967 IV R 143/67, BStBl II 1968, S. 269.

3) Vgl. BFH-Urteil vom 7.12.1982 VIII R 166/80, BStBl II 1983, S. 660 (662).

4) Diese Möglichkeit des "Abzugs von Grundstückslasten beim Nießbrauchbesteller" wird auch vorgeschlagen von L. SCHMIDT: Anmerkung zum BFH-Urteil VIII R 166/80 vom 7.12.1982, FR 1983, S. 510 f. sowie von H.B. BRANDENBERG: Problemfälle aus der Praxis, S. 118 f.

Die Bargeldleistungen des Nießbrauchbestellers stellen keine Zuwendungen i.S.d. § 12 Nr. 2 EStG dar. Der Leistung des Nießbrauchbestellers steht die Grundstücksübertragung durch den Nießbraucher gegenüber. Letztere kann nicht als geringfügige Gegenleistung angesehen werden, da die Grundstücksübertragung in jedem Fall mehr als 50 v.H. des Kapitalwerts der Leistungen des Nießbrauchbestellers beträgt[1].

Die finanziellen Wirkungen dieser Gestaltungsmöglichkeit sind aus der Tabelle 49 ersichtlich[2]. Der Vorbehaltsnießbrauch führt nun im Vergleich zur Unterlassensalternative zu erheblichen Vermögensvorteilen, die allerdings mit zunehmenden Grundstückserträgen geringer werden[3].

Es kann somit festgehalten werden, daß die Übertragung eines Grundstücks unter Nießbrauchvorbehalt gegenüber der Unterlassensalternative überwiegend zu Vermögensvorteilen führt, wenn der Nießbraucher auch nach der Nießbrauchbestellung sämtliche Grundstückslasten trägt, und der Nießbrauchbesteller sich gegenüber dem Vorbehaltsnießbraucher zu laufenden Bargeldleistungen in Höhe der jeweils anfallenden Grundstückslasten verpflichtet. Die Vermögensvorteile beruhen einerseits auf einkommensteuerlichen Progressionswirkungen, die aus der Abzugsfähigkeit der Bargeldleistungen beim Nießbrauchbesteller als dauernde Last resultieren, andererseits sind sie auf die anteilige Berücksichtigung der dauernden Last bei der Ermittlung der Schenkungsteuer zurückzuführen. Der Bundesfinanzhof hatte bisher noch keine Gelegenheit, zu dieser Gestaltungsmöglichkeit Stellung zu nehmen.

---

1) Vgl. dazu auch das BFH-Urteil vom 27.7.1983 IV R 174/80, BStBl III 1984, S. 97 (100).

2) Vgl. Anhang 3, Seite 343. Das Rechenprogramm wurde für diese Gestaltung entsprechend modifiziert.

3) Annahmegemäß hat der Nießbrauchbesteller ein hohes bzw. sehr hohes zu versteuerndes Einkommen, wohingegen dem Nießbraucher allenfalls geringe sonstige Einkünfte zufließen.

Die Vereinbarungen über die Zahlung der Schenkungsteuer, über die Dauer des vorbehaltenen Nießbrauchs und über die Verteilung der Grundstückslasten auf die Nießbrauchbeteiligten unterliegen als echte Gestaltungsmöglichkeiten i.d.R. vollständig dem Einfluß der Beteiligten. Demgegenüber haben die Entscheidungsträger bzw. Nießbrauchbeteiligten auf Größen, die mit dem Nießbrauchobjekt in Zusammenhang stehen und die ihren persönlichen Bereich betreffen, wenig Einfluß. Bezüglich dieser Größen soll nun, wie schon im Bereich des Zuwendungsnießbrauchs, lediglich eine Zusammenfassung von Wirkungen mit vereinzelten Gestaltungshinweisen erfolgen.

Hinsichtlich der entscheidungsrelevanten Größen, die sich auf das Nießbrauchobjekt beziehen, wird auf die bereits oben erfolgte Zusammenfassung verwiesen[1].

Die persönlichen Daten der Nießbrauchbeteiligten bieten in folgender Konstellation die besten Voraussetzungen für eine Grundstücksübertragung unter Nießbrauchvorbehalt, die im Vergleich zur Unterlassensalternative mit möglichst geringen Vermögensnachteilen behaftet ist: Der Vermögensinhaber ist verheiratet, er verfügt zusammen mit seinem Ehepartner über ein (möglichst) geringes Einkommen. Die Grundstücksübertragung unter Nießbrauchvorbehalt wird von den Eltern zugunsten eines Kindes vorgenommen. Dem sonstigen zu versteuernden Einkommen und Familienstand des Nießbrauchbestellers kommt keine Bedeutung zu.

Verpflichtet sich der Nießbrauchbesteller zu Bargeldleistungen an den Nießbraucher, sind die aus der Abzugsfähigkeit dieser Leistungen als dauernde Last resultierenden einkommensteuerlichen Entlastungswirkungen beim Nießbrauchbesteller am größten, wenn er über ein hohes sonstiges zu versteuerndes Einkommen verfügt und ledig ist.

1) Vgl. Seite 195 ff.

(d) Ergebnis

Zu untersuchen war die Frage, welche finanziellen Folgen nach der Neukonzeption der Nießbrauchbesteuerung mit der Gestaltung eines Zuwendungs- oder Vorbehaltsnießbrauchs im Vergleich zur Unterlassensalternative verbunden sind. Für eine Vielzahl von Entscheidungssituationen konnte diese Frage eindeutig beantwortet werden. Die durchgeführten Berechnungen haben für unterschiedliche Datenkonstellationen zur Ableitung von Vermögensendwerten geführt, die unmittelbar den finanziellen Erfolg einzelner Maßnahmen ausweisen. Es wurde ferner deutlich, welchen Einfluß unterschiedliche Gestaltungsparameter des Nießbrauchs auf die Vorteilhaftigkeit konkreter Nießbrauchgestaltungen ausüben. Die Analyse hat schließlich zur Ableitung von Entscheidungsregeln geführt, die aus finanzieller Sicht eine optimale Ausgestaltung von Nießbrauchverträgen ermöglichen. Sowohl bestehende als auch neu zu bestellende Nießbrauchverhältnisse können damit auch hinsichtlich ihres zu erwartenden finanziellen Ergebnisses hinreichend beurteilt werden:

- Die Gestaltung eines Zuwendungsnießbrauchs wird auch nach der Reform der Nießbrauchbesteuerung in bestimmten Ausprägungen dem Ziel der Verlagerung von Einkünften gerecht. Der Zuwendungsnießbrauch kann damit weiterhin als steuerpolitisches Gestaltungsinstrument im Bereich der Einkommensteuer gelten, wenngleich das Ausmaß positiver einkommensteuerlicher Wirkungen im Vergleich zur früheren Rechtslage eine Einschränkung erfahren hat. Selbst die Durchführung eines vollentgeltlich bestellten Zuwendungsnießbrauchs bietet unter der Voraussetzung der Berücksichtigung des Bewirtschaftungs- und Vermieterrisikos des Nießbrauchers bei der Bemessung des Nießbrauchentgelts die Möglichkeit, Einkünfte in geringere Progressionszonen zu verlagern. Welche Ausgestaltung ein Nießbrauchverhältnis im einzelnen erfahren sollte, hängt von den weiteren Zielsetzungen der Nießbrauchbeteiligten ab.

- Die Vereinbarung eines unentgeltlichen Zuwendungsnießbrauchs läßt nach geltender Rechtslage in Höhe der aus dem Nießbrauchobjekt fließenden Nettomiete eine Einkunftsverlagerung zu. Bei Vereinbarung eines teilentgeltlichen Zuwendungsnießbrauchs kommt eine Verlagerung nur in Höhe einer anteiligen Nettomiete in Betracht, die dem Nießbraucher nach Entrichtung des Entgelts verbleibt. Eine Verlagerung von Einkünften in Höhe der vollen bzw. anteiligen Bruttomiete wird i.d.R. unterbleiben, da dem Nießbraucher zur Erzielung optimaler finanzieller Ergebnisse sämtliche Grundstückslasten aufzuerlegen sind. Findet bei der Bemessung des Nießbrauchentgelts das Bewirtschaftungs- und Vermieterrisiko des Nießbrauchers Berücksichtigung, entspricht das Ausmaß der Einkunftsverlagerung bei Durchführung des vollentgeltlichen Zuwendungsnießbrauchs der wertmäßigen Höhe dieses Risikos. Die vollentgeltliche bzw. nahezu vollentgeltliche Nießbrauchbestellung führt zu den besten Ergebnissen, wenn der Nießbrauchbesteller sämtliche Grundstückslasten trägt.

- Streben die Nießbrauchbeteiligten eine maximale Verlagerung von Einkünften an[1], ist nach den ermittelten Grundsätzen der unentgeltliche Nießbrauch zu wählen. Kommt es den Nießbrauchbeteiligten dagegen in erster Linie auf eine Aufteilung der Einkünfte des Nießbrauchbestellers an, sollte ein vollentgeltliches Nießbrauchrecht bestellt werden[2]. Der Nießbrauchbesteller erhält in diesem Fall das Nießbrauchentgelt abzüglich der von ihm zu tragenden Grundstückslasten. Dem Nießbraucher

---

1) Sinnvoll ist dieses z.B., wenn ein starkes Progressionsgefälle zwischen dem sonstigen zu versteuernden Einkommen des Nießbrauchbestellers und des Nießbrauchers besteht.

2) In diesem Fall wird es als ausreichend erachtet, wenn dem Nießbraucher ein Teil der Grundstücksroherträge zufließen. Unabhängig von steuerlichen Wirkungen kann der vollentgeltliche Zuwendungsnießbrauch bspw. eingesetzt werden, um ein Mietverhältnis dinglich zu sichern.

fließen Einkünfte in Höhe des Bewirtschaftungs- und Vermieterrisikos zu. In die Entscheidung zugunsten einer bestimmten Ausgestaltung sollte neben weiteren Faktoren insbesondere die Höhe des Rohertrages, der aus dem betreffenden Nießbrauchobjekt fließt, einbezogen werden: Mit steigendem Rohertrag wird die Durchführung des unentgeltlichen Zuwendungsnießbrauchs unvorteilhafter, während die Durchführung des entgeltlichen Zuwendungsnießbrauchs vorteilhafter wird[1].

- Im Gegensatz zum Zuwendungsnießbrauch, der in erster Linie ein Instrument zur Verlagerung von Einkünften darstellt, verfolgt der Vorbehaltsnießbrauch das Ziel, Vermögenswerte zu verlagern (bspw. im Wege der vorweggenommenen Erbfolge)[2]. Dieser Zielsetzung wird der Vorbehaltsnießbrauch, auch nach der Rechtsprechungsänderung des Bundesfinanzhofs zum Nießbrauch, bei entsprechender Vertragsgestaltung voll gerecht. Allerdings ist die Durchführung eines Vorbehaltsnießbrauchs im Vergleich zur Unterlassensalternative nach heute vorherrschender Rechtslage mit finanziellen Nachteilen behaftet, die vornehmlich auf schenkungsteuerlichen, u.U. aber auch auf einkommensteuerlichen Wirkungen beruhen.

- Während die auf schenkungsteuerlichen Wirkungen beruhenden finanziellen Nachteile des Vorbehaltsnießbrauchs unumgänglich sind, können Nachteile, die aufgrund der neuen Rechtslage im einkommensteuerlichen Bereich ihren Ursprung haben, vermieden werden, wenn mit der Nießbrauchgestaltung keine Umverteilung von Grundstückslasten auf den neuen Eigentümer erfolgt. Die Durchführung des Vorbehaltsnießbrauchs erfolgt sodann einkommensteuerneutral, da auch die Abschreibungen auf das Nießbrauchobjekt weiterhin vom Nießbraucher als Quasi-Eigentümer geltend gemacht werden können und nicht, wie im Falle des unent-

---

1) Vgl. Übersicht 13, Seite 181.

2) Vgl. W. ZENTHÖFER: Private Grundstücke, S. 116.

lichen Zuwendungsnießbrauchs, steuerlich verloren gehen.

- Die Vermögensübertragung unter Nießbrauchvorbehalt kann, bei entsprechender Ausgestaltung, aber auch mit (erheblichen) finanziellen Vorteilen verbunden sein. Die Analyse hat gezeigt, daß durch laufende Bargeldleistungen des Nießbrauchbestellers an den Nießbraucher, die beim Nießbrauchbesteller als dauernde Last abzugsfähig sind, in Höhe der vom Nießbraucher zu tragenden Grundstückslasten eine Einkunftsverlagerung auf den Nießbraucher möglich ist. Die Vorteile des Familiensplittings mit den entsprechenden einkommensteuerlichen Ersparniswirkungen sind somit auch nach geltender Rechtslage im Bereich des Vorbehaltsnießbrauchs erreichbar.

Nach früherer Rechtslage war sowohl die Gestaltung eines Vorbehaltsnießbrauchs als auch die Gestaltung eines Zuwendungsnießbrauchs stets mit erheblichen finanziellen Vorteilen verbunden. Beide Gestaltungen wurden hinsichtlich ihrer steuerlichen Folgen grundsätzlich gleich behandelt. Der jeweilige Nießbraucher hatte die Einnahmen abzüglich der von ihm aufgrund bürgerlich-rechtlicher Verpflichtung getragenen Grundstückslasten zu versteuern. Obwohl der Eigentümer keine Einnahmen aus dem Nießbrauchobjekt erzielte, konnte er Abschreibungen auf das Nießbrauchobjekt und ggf. weitere Werbungskosten geltend machen[1]. In Höhe der Werbungskosten stand dem Eigentümer ein Verlustverrechnungspotential (negative Einkünfte aus Vermietung und Verpachtung) zur Verfügung, welches nach Verrechnung mit weiteren Einkünften zur Steuerersparnis führte[2].

---

1) Vgl. dazu auch oben, Seite 2 ff. und die dort zitierte Literatur.

2) Vgl. dazu BFH-Urteile vom 8.2.1957 VI 27/56 U, BStBl III 1957, S. 207; vom 6.7.1966 IV 124/65, BStBl III 1966, S. 584; vom 9.5.1974 VIII R 42/68, BStBl II 1975, S. 8 sowie G. SÖFFING: Einkommensteuerliche Behandlung, FR 1975, S. 361 ff.; R. MITTELBACH: Nießbrauch, Zivilrecht - Steuerrecht, 4. überarbeitete und erweiterte Auflage, Köln 1980, S. 57.

Die heute geltende Rechtslage sieht den Abzug von sonstigen Werbungskosten beim Nießbrauchbesteller nur insoweit vor, als dieser Einkünfte aus dem Nießbrauchobjekt erzielt. Weitere Nachteile liegen darin, daß Abschreibungen auf das Nießbrauchobjekt im Falle des unentgeltlichen bzw. teilentgeltlichen Zuwendungsnießbrauchs vollständig bzw. anteilig verlorengehen. Eine Einkunftsverlagerung ist nicht mehr in dem ursprünglichen Maße möglich, weil der Nießbraucher sämtliche Grundstückslasten übernehmen muß, um wenigstens deren steuerliche Abzugsfähigkeit zu sichern[1)].

Zusammenfassend kann festgestellt werden, daß die Ersparnismöglichkeiten im Bereich der Einkommen- und Schenkungsteuer durch die Bestellung eines Zuwendungs- oder Vorbehaltsnießbrauchs eingeengt worden sind. Die Bedeutung des Nießbrauchs hat abgenommen. Es stellt sich daher die Frage, ob die aufgezeigten Nachteile durch adäquate Gestaltungsalternativen zum Zuwendungs- bzw. Vorbehaltsnießbrauch beseitigt werden können. Die Suche nach entsprechenden Alternativen hat vor dem Hintergrund der jeweiligen Zielsetzungen stattzufinden, die mit den unterschiedlichen Nießbraucharten verfolgt werden.

---

1) Vgl. Nießbrauch-Erlaß II, Tz. 19, 24 und 35 a.

2. Nießbrauch an Grundstücken im betrieblichen Bereich

a) Untersuchungsbereich und methodisches Vorgehen

Die quantitative Analyse des Grundstücksnießbrauchs im betrieblichen Bereich erfordert schon von der Anzahl der zu berücksichtigenden Gestaltungsmöglichkeiten her erheblich mehr Aufwand als die Analyse des Nießbrauchs an Privatgrundstücken. Zu berücksichtigen sind nicht nur Nießbrauchbestellungen an Betriebsgrundstücken, die dann vom Nießbraucher privat oder betrieblich genutzt werden, sondern auch Nießbrauchverhältnisse, die begründet werden, um dem Nießbraucher die Nutzungsmöglichkeit eines (Privat- oder Betriebs-)Grundstücks für betriebliche Zwecke zu verschaffen.

Darüber hinaus sind Nießbrauchgestaltungen im betrieblichen Bereich gegenüber Nießbrauchbestellungen an Privatgrundstücken durch eine größere Anzahl entscheidungsrelevanter Daten gekennzeichnet, wie folgende Beispiele zeigen: Dient der Nießbrauch einem Gewerbetreibenden oder wird an einem zum Betriebsvermögen gehörenden Grundstück ein Nießbrauchrecht bestellt, hat dieses grundsätzlich auch Auswirkungen auf die Gewerbesteuer des beteiligten Betriebes. Im Rahmen der Untersuchung sind somit die durch den Nießbrauch bewirkten gewerbesteuerlichen Be- oder Entlastungswirkungen in Abhängigkeit von der Höhe des Gewerbesteuer-Hebesatzes zu erfassen. Weitere beachtenswerte Größen hängen z.B. ab von der Rechtsform der nießbrauchbeteiligten Unternehmung, die ein Nießbrauchrecht im Rahmen ihres Betriebes nutzt bzw. in deren Betriebsvermögen sich ein nießbrauchbelastetes Grundstück befindet. Für verschiedene Rechtsformen wären hier die einkommen- oder körperschaftsteuerlichen Wirkungen der Nießbrauchbestellung zu erfassen.

Sowohl die Anzahl möglicher Nießbrauchgestaltungen an Grundstücken im betrieblichen Bereich als auch die damit verbundene Datenvielfalt lassen es wenig sinnvoll erscheinen, ein eigenständiges Rechenmodell für den Grundstücksnießbrauch im betrieblichen Bereich zu entwickeln, das sämtliche Gestaltungsmöglichkeiten umfaßt. Ein solches Modell wäre - sofern mit wirtschaftlich vertretbarem Aufwand entwickelt[1] - zwangsläufig von derartig vielen Prämissen getragen, daß die Ableitung allgemeingültiger Handlungsempfehlungen schließlich versagt bliebe. Im Einzelfall können selbst die im Hinblick auf einzelne Gestaltungsparameter formulierten Entscheidungsregeln nicht zu einer hinreichend sicheren und genauen Beurteilung führen[2].

Auch die Vorteilhaftigkeitsbestimmung weniger Nießbrauchgestaltungen im Wege der Veranlagungssimulation oder

---

1) Der wirtschaftlich vertretbare Aufwand wird überschritten, wenn die Entwicklungskosten für die Modellbildung (einschließlich der Entwicklung des EDV-Programms) eine Höhe erreichen, die den Wert der mit Hilfe des Programms gewonnenen zusätzlichen Erkenntnisse (einschließlich der Nutzung dieser Erkenntnisse zur Erzielung von Gestaltungserfolgen) übersteigt. Auf Einzelheiten kann im Rahmen dieser Arbeit nicht eingegangen werden; eine genaue Quantifizierung des "wirtschaftlich vertretbaren Aufwands" würde eine Kosten-Nutzen-Analyse voraussetzen. Es wird diesbezüglich auf die Literatur verwiesen (vgl. z.B. W. von ZWEHL: Wirtschaftlichkeitsberechnung bei öffentlichen Investitionen: Verfahren und Beispiel zur Kosten-Nutzen-Analyse im Bibliotheksbereich, Wiesbaden 1981; G.H. FISHER: Kosten-Nutzen-Analyse und Programmbudget, Tübingen 1970; H. HESSE: Die Nutzen-Kosten-Analyse, Wirtschaftsdienst 1969, S. 45 - 51.

2) Zum Sicherheits- und Genauigkeitsgrad von Urteilen vgl. J. BAETGE: Möglichkeiten der Objektivierung des Jahreserfolges, Bd. 2, Schriftenreihe des Instituts für Revisionswesen der Westfälischen Wilhelms-Universität Münster, hrsg. von U. Leffson, Düsseldorf 1970, S. 115 ff.

(unter bestimmten Voraussetzungen)[1] mit Hilfe der Teilsteuerrechnung wäre wenig dienlich, da die ermittelten Ergebnisse nur für die berechneten Fälle, allenfalls für wenige ähnlich gelagerte Fallgestaltungen, Gültigkeit beanspruchen könnten.

Im Rahmen dieser Arbeit wird sich die Analyse des Nießbrauchs deshalb darauf beschränken, für bestimmte typische Fallgruppen eine Wirkungsanalyse nicht quantitativer Art durchzuführen. Vordergründig wird sich die Untersuchung auf solche Einflüsse beschränken, die durch die Betriebsvermögenseigenschaft des Nießbrauchobjekts oder des Nießbrauchrechts hervorgerufen werden.

Die Analyse des Grundstücksnießbrauchs im betrieblichen Bereich kann im übrigen auf den Ergebnissen der Vorteilhaftigkeitsanalyse des Nießbrauchs an Privatgrundstücken aufbauen. Die Ausführungen im steuerrechtlichen Teil der Arbeit[2] haben gezeigt, daß die Grundsätze zur einkommensteuerrechtlichen Behandlung des Nießbrauchs bei den Einkünften aus Vermietung und Verpachtung überwiegend auch für die Behandlung des Grundstücksnießbrauchs im betrieblichen Bereich heranzuziehen sind und insoweit von gleichgerichteten steuerlichen Konsequenzen aufgrund des Nießbrauchs auszugehen ist[3].

Die Analyse geht von folgenden Fallgestaltungen aus:

- Zuwendung eines Nießbrauchrechts an einem Betriebsgrundstück zugunsten eines nahen Angehörigen (Privatperson); Nießbrauchbesteller: gewerblicher Einzelunternehmer;
- Zuwendung eines Nießbrauchrechts an einem Privat- oder Betriebsgrundstück zugunsten eines gewerblichen Einzelunternehmers; Nießbrauchbesteller: naher Angehöriger;

---

1) Vgl. dazu auch oben, Seite 98 f.

2) Vgl. Abschnitt III, Seite 32 ff. und 54 ff.

3) Vgl. auch H.B. BRANDENBERG: Problemfälle aus der Praxis, S. 201 ff.

- Übertragung eines Betriebsgrundstücks auf einen nahen Angehörigen unter dem Vorbehalt des Nießbrauchs; Nießbraucher: gewerblicher Einzelunternehmer.

b) Zuwendungsnießbrauch an Betriebsgrundstücken

(1) Bestellung gegen Entrichtung eines Entgelts

Da die Nießbrauchbestellung an Betriebsgrundstücken gegen Entgelt weder eine Entnahme des Grundstücks noch eine Entnahme eines Nutzungsrechts oder eine Entnahme von Nutzungen bewirkt[1], sind daraus grundsätzlich die gleichen steuerlichen Folgen zu erwarten wie aus einer Nießbrauchbestellung an Privatgrundstücken gegen Entrichtung eines Entgelts.

Unter Berücksichtigung der für Nießbrauchbestellungen an Privatgrundstücken abgeleiteten Handlungsempfehlungen sollte bei der Ausgestaltung eines Nießbrauchs an Betriebsgrundstücken gegen Entgelt zur Erzielung optimaler finanzieller Ergebnisse daher folgendes beachtet werden: Der vollentgeltliche Zuwendungsnießbrauch führt tendenziell dann zu den besten Ergebnissen, wenn relativ hohe Erträge aus dem Nießbrauchobjekt zu erwarten sind[2]. Die Entrichtung des Nießbrauchentgelts sollte in laufenden Beträgen erfolgen. Bei der Bemessung des Nießbrauchentgelts ist in angemessener Höhe ein Bewirtschaftungs- und Vermieterrisiko des Nießbrauchers zu berücksichtigen, wenn das Grundstück vom Nießbraucher vermietet wird. Sämtliche Grundstückslasten sind vom Nießbrauchbesteller zu tragen und als Betriebsausgaben geltend zu machen.

Ein nach den vorstehenden Grundsätzen ausgestaltetes Nießbrauchverhältnis bewirkt in Höhe des Bewirtschaftungs-

---

1) Vgl. oben, Seite 57 f.

2) Vgl. Übersicht 13, Seite 181.

und Vermieterrisikos eine Einkunftsverlagerung auf den Nießbraucher. Bei hohem Einkommensteuersatz des Nießbrauchbestellers und niedrigem Steuersatz des Nießbrauchers führt die Ausnutzung des Progressionseffektes zu Ersparnissen im Bereich der Einkommensteuer. Die mit der Einkunftsverlagerung verbundene Minderung der einkommensteuerlichen Bemessungsgrundlage des Nießbrauchbestellers ermöglicht darüber hinaus Ersparnisse im Bereich der Gewerbeertragsteuer, denn gemäß § 8 GewStG ist für die Höhe des Gewerbeertrags der nach den Vorschriften des Einkommensteuergesetzes ermittelte Gewinn aus dem Gewerbebetrieb des Nießbrauchbestellers maßgebend.

Im Falle der Einräumung eines teilentgeltlichen Zuwendungsnießbrauchs ist zu berücksichtigen, daß der Nießbrauchbesteller die Abschreibungen auf das Nießbrauchobjekt sowie die von ihm getragenen Grundstückslasten insoweit nicht als Betriebsausgaben geltend machen kann, als der Nießbrauch unentgeltlich bestellt wurde[1]. Den daraus resultierenden finanziellen Nachteilen stehen jedoch Vorteile im einkommensteuerlichen und gewerbesteuerlichen Bereich gegenüber[2], solange davon ausgegangen werden kann, daß die teilentgeltliche Zuwendung des Nießbrauchrechts nicht zu einer Entnahme führt und entsprechende Entnahmegewinne zu versteuern sind[3].

Die finanziellen Vorteile beruhen darauf, daß in Höhe des unentgeltlichen Teils der Nießbrauchbestellung und des nunmehr anteilig zu berücksichtigenden Bewirtschaftungs- und Vermieterrisikos des Nießbrauchers eine Einkunftsverlagerung stattfindet. In Höhe des unentgeltlich zugewandten Teils des Nießbrauchs liegt allerdings eine Schenkung vor, die der Schenkungsteuer zu unterwerfen ist.

---

1) Vgl. Nießbrauch-Erlaß II, Tz. 31 i.V.m. 35 a.

2) Die einkommen- und gewerbeertragsteuerlichen Konsequenzen des vollentgeltlichen Zuwendungsnießbrauchs gelten hier entsprechend.

3) Zur Frage der Entnahme des Betriebsgrundstücks im Falle des teilentgeltlich bestellten Zuwendungsnießbrauchs vgl. oben, Seite 62.

Nach den Ergebnissen der Analyse des Nießbrauchs an Privatgrundstücken führt die Bestellung eines teilweise entgeltlich bestellten Zuwendungsnießbrauchs tendenziell dann zu optimalen finanziellen Ergebnissen, wenn Erträge aus dem Nießbrauchobjekt in einer Höhe von ca. 60.000 bis 90.000 DM zu erwarten sind[1]. Dieser Grundsatz ist für die Bestellung von Nießbrauchrechten an Betriebsgrundstücken entsprechend zu beachten.

Es bleibt festzustellen, daß der positive finanzielle Effekt aus der entgeltlichen bzw. teilentgeltlichen Nießbrauchbestellung an einem Betriebsgrundstück ausschließlich durch die Einkunftsverlagerung vom Nießbrauchbesteller auf den Nießbraucher hervorgerufen wird. Im Vergleich zur Nießbrauchbestellung an Privatgrundstücken führt die entgeltliche bzw. teilentgeltliche Nießbrauchbestellung an Betriebsgrundstücken zu besseren Ergebnissen, da neben den Ersparnissen im Bereich der Einkommensteuer Ersparnisse im Bereich der Gewerbesteuer möglich sind.

(2) Unentgeltliche Bestellung

Die unentgeltliche Bestellung eines Nießbrauchs an Betriebsgrundstücken wird regelmäßig aus privaten Gründen vollzogen. Sie führt i.d.R. zu einer Entnahme des nießbrauchbelasteten Grundstücks mit dem Teilwert. Ein dabei ggf. entstehender Entnahmegewinn ist als laufender Gewinn der Einkommensteuer sowie der Gewerbeertragsteuer zu unterwerfen[2]. Im übrigen richtet sich die steuerliche Behandlung beim Nießbraucher und beim Eigentümer nach den für die Bestellung eines Zuwendungsnießbrauchs an Privatgrundstücken geltenden Regeln. Für den Eigentümer bedeutet dies, daß er weder die von ihm getragenen Grundstückslasten noch Absetzungen für Abnutzung auf das Nießbrauchobjekt als

1) Vgl. Übersicht 13, Seite 181.

2) So auch E. BIERGANS: Einkommensteuer, S. 885; R. MITTELBACH: Nießbrauch, S. 155; gewerbekapitalsteuerliche Auswirkungen unterbleiben (vgl. § 12 GewStG).

Werbungskosten geltend machen kann[1]. Die steuerliche Berücksichtigung der Grundstückslasten ist nur dann zu gewährleisten, wenn sämtliche Grundstückslasten im Rahmen der Vertragsgestaltung dem Nießbraucher auferlegt werden.

Für die zielgerichtete Durchführung eines unentgeltlichen Zuwendungsnießbrauchs an Betriebsgrundstücken ist nach den Ergebnissen der Analyse des Nießbrauchs an Privatgrundstücken weiterhin zu beachten, daß finanzielle Vorteile tendenziell nur zu erzielen sind, wenn die mit dem Nießbrauch zu belastenden Grundstücke relativ geringe Erträge hervorbringen. Andernfalls wäre auf den teilentgeltlichen bzw. vollentgeltlichen Nießbrauch auszuweichen[2].

Im folgenden wird zunächst davon ausgegangen, ein hochbesteuerter Einzelunternehmer bestelle einem Familienangehörigen mit geringem oder keinem Einkommen (bürgerlichrechtlich wirksam) den Nießbrauch an einem bisher im Rahmen seines Unternehmens vermieteten Betriebsgrundstück. Der Nießbraucher möge das Grundstück vermieten und damit Einkünfte i.S.d. § 21 Abs. 1 EStG erzielen[3]. Die Höhe der Miete sei vor und nach der Nießbrauchbestellung gleich.

Übernimmt der Nießbraucher sämtliche anfallenden Grundstückslasten, ist mit der Nießbrauchbestellung eine Einkunftsverlagerung in Höhe der Miete abzüglich der Grundstückslasten auf den Nießbraucher verbunden. Während die unterschiedlichen individuellen Einkommensteuersätze der Nießbrauchbeteiligten für Ersparnisse im einkommensteuer-

---

1) Vgl. Nießbrauch-Erlaß, Tz. 23 ff.

2) Vgl. Übersicht 13, Seite 181.

3) Vgl. BFH-Urteile vom 27.6.1978 VIII R 54/74, BStBl II 1979, S. 332 f. und vom 28.7.1981 VIII R 141/77, BStBl II 1982, S. 454 f. sowie R. SEITHEL: Einkommensteuerrechtliche Behandlung, S. 21.

lichen Bereich verantwortlich sind, führt die Einkunftsverlagerung aus der betrieblichen in die private Sphäre zur Ersparnissen im Bereich der Gewerbeertragsteuer. Zusätzliche Steuerbelastungen werden dadurch verursacht, daß bei der laufenden Besteuerung des Gewerbeertrags des Nießbrauchbestellers der Kürzungsanspruch des § 9 Nr. 1 GewStG verlorengeht. Außerdem entsteht in Höhe der Differenz zwischen dem Teilwert des Betriebsgrundstücks und seinem Buchwert ein Entnahmegewinn, der zur Erhöhung der Einkommen- und Gewerbeertragsteuer beiträgt. Da der Nießbraucher durch die Zuwendung des Nießbrauchrechts eine Bereicherung erfährt, ist diese der Schenkungsteuer zu unterwerfen.

Es bleibt somit festzustellen: Die unentgeltliche Zuwendung des Nießbrauchs an Betriebsgrundstücken trägt dem Ziel der Vermögensmaximierung nur dann in stärkerem Maße Rechnung, als die unentgeltliche Nießbrauchbestellung an Privatgrundstücken, wenn kein Entnahmegewinn zu versteuern ist. Hierfür sind ausschließlich gewerbeertragsteuerliche Entlastungswirkungen verantwortlich.

Da eine Entnahme des nießbrauchbelasteten Grundstücks zu einem (Teil-)Wert, der dem Buchwert entspricht, selten sein dürfte - denkbar ist dieses z.B. kurz nach einer Betriebseröffnung - kommt es sehr auf die Lage des Einzelfalls an, ob die einkommensteuerlichen und gewerbeertragsteuerlichen Wirkungen der Entnahmehandlung durch sonstige finanzielle Wirkungen der Nießbrauchbestellung kompensiert werden können[1]. Eine Nießbrauchbestellung an Betriebsgrundstücken, die zur Versteuerung eines Entnahmegewinns führt, kann möglicherweise aber interessant sein, wenn ein Unternehmen, in dessen Betriebsvermögen sich das zu belastende Grundstück befindet, hohe auslaufende Verlustvorträge aufzuweisen hat[2].

---

1) So auch C. ZENK: Betriebliche Steuerpolitik, S. 167.

2) Vgl. G. GRAUER: Nießbrauchgestaltung, S. 315.

c) Zuwendungsnießbrauch als Wirtschaftsgut des Betriebsvermögens

(1) Entgeltlich bestelltes Nießbrauchrecht

Wird die betriebliche Nutzung eines fremden Privat- oder Betriebsgrundstücks dadurch ermöglicht, daß der Grundstückseigentümer zugunsten eines nahen Angehörigen den Nießbrauch an dem betreffenden Grundstück einräumt, stellt das Nießbrauchrecht beim Nießbraucher ein immaterielles Wirtschaftsgut des Betriebsvermögens dar, das im Falle des entgeltlichen Erwerbs gemäß § 6 Abs. 1 Nr. 1 EStG mit den Anschaffungskosten zu bilanzieren ist (§ 5 Abs. 2 EStG). Das Nießbrauchrecht unterliegt als immaterielles Wirtschaftsgut nach § 7 Abs. 1 EStG der Abschreibung, falls es nicht gegen Entrichtung laufender Entgeltszahlungen vom Nießbraucher erworben wurde.

Die finanziellen Wirkungen der betrieblichen Nutzung eines dem Betrieb im Wege der Nießbrauchbestellung überlassenen Grundstücks seien zunächst für den Fall eines vor der Nießbrauchbestellung fremdvermieteten Privatgrundstücks aufgezeigt. Es wird der Fall untersucht, in dem der Nießbraucher das ihm zur Nutzung überlassene Grundstück nicht betrieblich vermietet, sondern für eigenbetriebliche Zwecke nutzt. Obwohl der Nießbraucher keine unmittelbaren Einnahmen aus dem nießbrauchbelasteten Grundstück erzielt, verwirklicht er den Tatbestand der Einkunftserzielung, da das Nießbrauchrecht dem Betriebsvermögen zuzurechnen ist. Er ist folglich berechtigt, für die Einräumung des Nießbrauchrechts geleistete Entgeltzahlungen bzw. - bei einmaliger Entrichtung des Entgelts - die Absetzungen für Abnutzung auf das Nießbrauchrecht und weitere mit dem Nießbrauchobjekt verbundene Werbungskosten als Betriebsausgaben geltend zu machen.

Während die Bestellung eines Nießbrauchs an Privat- oder Betriebsgrundstücken (gegen Entgelt) für private Zwecke des Nießbrauchers wenigstens in Höhe eines Bewirtschaftungs- und Vermieterrisikos eine Einkunftsverlagerung auf den Nießbraucher zuläßt, ist diese Möglichkeit genommen, wenn das nießbrauchbelastete Grundstück für eigenbetriebliche Zwecke des Nießbrauchers genutzt wird. Steuerersparnisse können allenfalls durch die Verlagerung von Grundstückslasten in den betrieblichen Bereich des Nießbrauchers erzielt werden.

Eine derartige Verlagerung von Grundstückslasten in den betrieblichen Bereich des Nießbrauchers ist insbesondere dann sinnvoll, wenn auf das Einkommen des Nießbrauchers ein höherer Steuersatz anzuwenden ist als auf das Einkommen des Nießbrauchbestellers. Neben den daraus resultierenden einkommensteuerlichen Entlastungswirkungen sind gewerbeertragsteuerliche Entlastungswirkungen zu erzielen, denn die als Betriebsausgaben abzugsfähigen Grundstückslasten mindern nunmehr auch den Gewerbeertrag.

Die entgeltliche Nießbrauchbestellung an Grundstücken für betriebliche Zwecke des Nießbrauchers führt nicht zu einer Erhöhung des Werts des Betriebsvermögens. Mögliche Auswirkungen auf die Höhe des Betriebsvermögens finden durch den Abfluß des Nießbrauchentgelts einen Ausgleich. Im Bereich der Gewerbekapitalsteuer und Vermögensteuer sind somit zusätzliche Belastungen ausgeschlossen.

Erfolgt die entgeltliche Nießbrauchbestellung an einem im Rahmen eines Unternehmens genutzten Grundstück für betriebliche Zwecke eines anderen Unternehmens, sind grundsätzlich keine abweichenden Ergebnisse zu erwarten. Die Ersparnismöglichkeiten im Bereich der Gewerbeertragsteuer sind hier allerdings genommen, da keine Verlagerung von Grundstückslasten aus dem privaten in den betrieblichen Bereich stattfindet.

Die Ausführungen zeigen, daß die Frage, ob die entgeltliche Nießbrauchbestellung an fremdvermieteten Grundstücken für betriebliche Zwecke im Vergleich zur Unterlassensalternative zu positiven finanziellen Ergebnissen führen wird, nicht allgemein beantwortet werden kann. Der finanzielle Erfolg konkreter Maßnahmen hängt in erheblichem Maße von den Gegebenheiten des Einzelfalls, insbesondere von der jeweiligen Einkommensteuerbelastung der Nießbrauchbeteiligten, ab.

(2) Unentgeltlich bestelltes Nießbrauchrecht

Die unentgeltliche Zuwendung eines Nießbrauchrechts an einem im Eigentum eines Betriebsfremden stehenden Grundstücks für eigenbetriebliche Zwecke des Nießbrauchers hat zur Folge, daß das Nießbrauchrecht als immaterielles Wirtschaftsgut mit dem Teilwert in das Betriebsvermögen einzulegen ist (§ 4 Abs. 1, Satz 5, § 6 Abs. 1 Nr. 5 EStG)[1]. Die Betriebsvermögenseigenschaft des Nießbrauchrechts stellt einerseits sicher, daß der Nießbraucher den Tatbestand der Einkunftserzielung erfüllt und somit Aufwendungen, die mit der Nießbrauchgestaltung im Zusammenhang stehen, als Betriebsausgaben abziehen kann. Andererseits ist der Nießbraucher berechtigt, Abschreibungen auf das Nießbrauchrecht vorzunehmen.

Durch die unentgeltliche Zuwendung des Nießbrauchrechts erhält der Nießbraucher i.d.R. ein Abschreibungsvolumen, für das er keine Aufwendungen getätigt hat[2]. Im Gegensatz zu einer ausschließlich im privaten Bereich vollzogenen Nießbrauchbestellung an Grundstücken, bei der die Abschreibungen auf das Nießbrauchobjekt steuerlich verlorengehen, kommt es hier über die jährliche Abschrei-

---

1) Vgl. BFH-Urteil vom 22.1.1980 VIII R 74/77, BStBl II 1980, S. 246; vom 20.11.1980 VIII R 117/79, BStBl II 1982, S. 68 und vom 2.8.1983 VIII R 170/78, BStBl II 1983, S. 735; vom 2.8.1983 VIII R 57/80, BStBl II 1983, S. 739 sowie U. LEY: Nutzungseinlagen bei unentgeltlicher Nutzungsüberlassung, DStR 1985, S. 261 f. (261); D.E. MEYER: Einlagefähigkeit, S. 2429 f.; H. STADIE: Nutzungsrechte, S. 578 f.

2) Voraussetzung ist jedoch, daß das nießbrauchbelastete Grundstück noch ein Rest-Abschreibungsvolumen verkörpert, d.h. zum Zeitpunkt der Nießbrauchbestellung noch nicht voll abgeschrieben ist (vgl. dazu H. STADIE: Nutzungsrechte, S. 579 m.w.N., LITTMANN/BITZ/MEINKE: Anm. 63 zu § 7 EStG).

bung des eingelegten Nutzungsrechts faktisch zu einer Berücksichtigung der Absetzungen für Abnutzung des genutzten Wirtschaftsguts beim Nießbraucher[1]. Der Nutzungsberechtigte macht "eigene fiktive Aufwendungen einkünftemindernd geltend, wodurch der Verlust der Abschreibungen auf das überlassene Wirtschaftsgut kompensiert werden kann"[2].

Wird nun einem gewerblichen Einzelunternehmer, der nur ein geringes sonstiges zu versteuerndes Einkommen bezieht, von einem im Plafond der Einkommensteuer unterliegenden Familienangehörigen im Wege der Nießbrauchbestellung ein fremdvermietetes Privatgrundstück zur betrieblichen Nutzung überlassen, ist dabei folgendes zu beachten: Während der Nießbrauchbesteller die Mieteinnahmen aus dem Nießbrauchobjekt nicht mehr der Besteuerung zu unterwerfen hat, tritt beim Nießbraucher eine Gewinnerhöhung ein. Es hat insoweit eine Einkunftsverlagerung auf den Nießbraucher stattgefunden, die sich bei diesem jedoch nicht in einem direkten Einnahmenzufluß äußert, sondern bspw. in ersparten Aufwendungen für die Anmietung eines entsprechenden Betriebsgrundstücks. Die Einkommenserhöhung auf seiten des Nießbrauchers wird sowohl durch die Abschreibungen auf das Nießbrauchrecht als auch durch die Übernahme der vom Nießbrauchbesteller nicht mehr steuerlich absetzbaren Grundstückslasten wieder gemindert.

d) Vorbehaltsnießbrauch als Wirtschaftsgut des Betriebsvermögens

Wird ein Betriebsgrundstück schenkweise unter dem Vorbehalt des Nießbrauchs übertragen, ist einkommensteuerrechtlich mit der Übertragung eine Entnahme des Grundstücks

1) Vgl. U. LEY: Nutzungseinlagen, S. 261.

2) D.E. MEYER: Zur AfA-Berechtigung bei unentgeltlicher Nutzungsüberlassung, DStR 1984, S. 639 - 641 (639).

i.S. des § 4 Abs. 1 Satz 2 EStG erfolgt[1]. Da der Vorbehaltsnießbraucher das Nießbrauchobjekt mit dem Teilwert seinem Betriebsvermögen zu entnehmen hat (§ 6 Abs. 1 Nr. 4 EStG), erhöhen die dabei regelmäßig aufgedeckten stillen Reserven seinen laufenden Gewinn und damit die zu entrichtende Einkommen- und Gewerbeertragsteuer.

Gleichzeitig mit der Grundstücksentnahme wird ein in der Privatsphäre des Betriebsinhabers entstandenes Nutzungsrecht nach § 4 Abs. 1 Satz 5 EStG in das Betriebsvermögen eingelegt[2]. Die Einlage erfolgt mit dem Teilwert zum Zeitpunkt der Zuführung (§ 6 Abs. 1 Nr. 5 EStG)[3], d.h. mit dem kapitalisierten Wert der Nutzungen, die das nießbrauchbelastete Wirtschaftsgut über die Dauer des Nießbrauchs stiftet. Der Betriebsinhaber und nunmehrige Vorbehaltsnießbraucher ist berechtigt, Abschreibungen auf das Nießbrauchrecht und, wie bereits vor der Nießbrauchbestellung, sonstige mit dem Nießbrauchobjekt verbundene Aufwendungen als Betriebsausgaben abzuziehen.

Entscheidende Bedeutung für das finanzielle Ergebnis einer Grundstücksübertragung unter Nießbrauchvorbehalt im betrieblichen Bereich gewinnt die Tatsache, daß das Wirtschaftsgut Nießbrauchrecht hinsichtlich seiner Bewertung und seines Abschreibungspotentials unabhängig von dem Wirtschaftsgut ist, auf dem es lastet[4]. Der Verlust des Abschreibungspotentials als Folge der Entnahme des Nieß-

---

1) Eine Entnahme erfolgt allerdings nicht, wenn der Vorbehaltsnießbraucher ausnahmsweise wirtschaftlicher Eigentümer des Grundstücks bleibt (vgl. G. GRAUER: Nießbrauchgestaltung, S. 321).

2) Im einzelnen vgl. dazu oben, Seite 67 ff. sowie R. MITTELBACH: Neue Grundsätze, S. 203, K. TIEDTKE: Entnahmegewinn, S. 759, E. LITTMANN: Schenkung eines zum Betriebsvermögen gehörigen Grundstücks unter gleichzeitigem Nießbrauchvorbehalt für den Schenker zu betrieblichen Zwecken, Inf 1972, S. 827 - 829 (827). Kritisch dazu: K. ROHNER: Die unentgeltliche Übertragung von Betriebsgrundstücken unter Nießbrauchvorbehalt als Entnahme, FR 1975, S. 437 - 439 (437 ff.).

3) Vgl. BFH-Urteil vom 2.8.1983 VIII R 170/78, BStBl II 1983, S. 736.

4) Vgl. oben, Seite 73 sowie BFH-Urteil vom 2.8.1983 VIII R 170/78, BStBl II 1983, S. 736.

brauchobjekts wird durch die "Konstruktion"[1] der Nutzungsrechteinlage überkompensiert, wenn der Teilwert des Nutzungsrechts die Summe der entgangenen Abschreibungsbeträge übersteigt[2].

Die damit aufgedeckte Möglichkeit einer angeblichen "mittelbaren AfA"[3] für nicht abschreibungsfähige Wirtschaftsgüter veranlaßte zum einen die Finanzverwaltung, für vorbehaltene Nutzungsrechte eine Teilwertbegrenzung auf die Summe der Abschreibungsbeträge vorzunehmen, die der Eigentümer des Nießbrauchobjekts während der Nießbrauchdauer hätte vornehmen können[4], zum anderen Autoren zu Äußerungen über die Schaffung eines neuen Steuersparmodells durch den Bundesfinanzhof[5]. Insbesondere die Unterschiedlichkeit der Teilwertermittlung von Nutzungsrechten, die aus der Gestaltung eines Zuwendungsnießbrauchs hervorgegangen sind, und solchen, die aufgrund eines Vorbehaltsnießbrauchs entstanden sind, ist überwiegend auf Kritik und Ablehnung gestoßen[6].

Die an der Bewertung von Nießbrauchrechten durch den Bundesfinanzhof geübte Kritik berücksichtigt jedoch nicht in ausreichendem Maße die Tatsache, daß es sich beim Zuwendungsnießbrauch und Vorbehaltsnießbrauch um unterschiedliche Gestaltungen mit entsprechend unterschiedlichen steuerlichen Folgen handelt[7].

---

1) L. LITTMANN: Unentgeltliche Nutzungsüberlassung, S. 1043.

2) Vgl. D.E. MEYER: Nutzungsüberlassung, S. 639.

3) L. SCHMIDT: Anmerkung zum BFH-Urteil vom 2.8.1983, S. 618.

4) Vgl. BMF-Schreiben vom 10.7.1984, S. 460.

5) Vgl. z.B. M. PREISSER: Die betriebliche Nutzung von Wirtschaftsgütern des Nicht-Unternehmer-Ehegatten (Angehörigen), insbesondere die sog. Nutzungsrechtseinlage, DStR 1985, S. 498 - 505 (504); D.E. MEYER: Nutzungsüberlassung, S. 640, H. STADIE: Nutzungsrechte, S. 582.

6) Vgl. SCHMIDT/DRENSECK: Anm. 3 e zu § 7 EStG; LITTMANN/BITZ/MEINCKE: Anm. 63 zu § 7 EStG, jeweils m.w.N. sowie A. BORDEWIN: Aktuelle Steuerfragen, DStZ 1985, S. 11 - 17 (13); M. PREISSER: Betriebliche Nutzung, S. 504; D.E. MEYER: Nutzungsüberlassung, S. 640; L. SCHMIDT: Anmerkung zum BFH-Urteil vom 2.8.1983, S. 618.

7) Vgl. G. DÖLLERER: Leitgedanken, S. 73 f.

Im Falle der Zuwendung eines Nießbrauchrechts an einem Grundstück, das für betriebliche Zwecke des Nießbrauchers zur Verfügung stehen soll, bleibt das Grundstück im Eigentum des Nießbrauchbestellers. Der Nießbraucher, der das Recht erhält, ohne dafür etwas aufgewendet zu haben, bilanziert diesen Vorteil in Höhe des Abschreibungspotentials, den das Nießbrauchrecht verkörpert. "Anders als beim Zuwendungsnießbrauch, den der Nießbraucher unentgeltlich erlangt hat, kann der Ansatz des Vorbehaltsnießbrauchs mit dem Teilwert nicht zu einer wirtschaftlich ungerechtfertigten Aufblähung des AfA-Volumens führen, denn die stillen Reserven sind zuvor aufgelöst worden"[1]. Im Gegensatz zu einem zugewendeten Nießbrauchrecht stellt das vorbehaltene Nießbrauchrecht ein neues, eigenständiges Wirtschaftsgut dar, welches in keinem Zusammenhang mit dem nießbrauchbelasteten Grundstück steht, dessen Eigentum der Nießbrauchbesteller verloren hat. Übereinstimmend mit *Wolff-Diepenbrock* besteht daher kein Hinderungsgrund, das Nießbrauchrecht so zu bewerten, wie es im Falle der entgeltlichen Vereinbarung zu bewerten wäre[2].

Es wird somit als zulässig erachtet, wenn der Nießbraucher durch Übertragung eines Betriebsgrundstücks unter dem Vorbehalt des Nießbrauchs möglicherweise sein Abschreibungsvolumen erhöht. Sofern die Finanzverwaltung dadurch den Grundsatz der Gleichmäßigkeit der Besteuerung gefährdet sieht, steht es ihr frei, in einer solchen Gestaltung einen Mißbrauch rechtlicher Gestaltungsmöglichkeiten i.S. des § 42 AO zu erblicken[3]. Dieses könnte z.B. zutreffend

---

1) J. WOLFF-DIEPENBROCK: Vorbehaltsnießbrauch, S, 297.

2) Vgl. ebenda.

3) Zum Grundsatz der gleichmäßigen Besteuerung vgl. K. TIPKE: Steuerrecht, S. 27 ff. sowie D. SCHNEIDER: Steuerbilanzen - Rechnungslegung als Messung steuerlicher Leistungsfähigkeit, Wiesbaden 1978, S. 13; derselbe: Gewinnermittlung und steuerliche Gerechtigkeit, ZfbF 1971, S. 352 - 394 (353); N. WINKELJOHANN: Rechtsfortbildung, S. 1262.

sein, wenn ein Steuerpflichtiger (ohne weiteren ersichtlichen Grund) kurz nach einer Betriebseröffnung ein möglicherweise sogar unbebautes Grundstück unter dem Vorbehalt des Nießbrauchs auf einen Dritten überträgt.

In dem Maße, in dem die nach § 7 Abs. 1 EStG auf das neu geschaffene Wirtschaftsgut Nießbrauchrecht vorzunehmenden Abschreibungen die Abschreibungen übersteigen, die im Falle der Nichtdurchführung der Nießbrauchgestaltung auf den Gebäudewertanteil des Nießbrauchobjekts entfielen, verursacht die Nießbrauchgestaltung im Vergleich zur Unterlassensalternative somit eine Gewinnminderung mit entsprechenden Auswirkungen auf die Höhe der Einkommensteuer und Gewerbeertragsteuer. Erhöhend auf die Gewerbeertragsteuer wirkt sich die Tatsache aus, daß der Kürzungsanspruch des § 9 Nr. 1 GewStG als Folge der Grundstücksentnahme nicht mehr besteht. Daneben erhöht der Verkehrswert des Nießbrauchrechts das Gewerbekapital und damit die zu entrichtende Gewerbekapitalsteuer.

Der neue Eigentümer des nießbrauchbelasteten Grundstücks erzielt keine Einnahmen daraus; er ist insofern weder berechtigt, Abschreibungen auf das nießbrauchbelastete Grundstück vorzunehmen, noch kann er Aufwendungen, die er im Zusammenhang mit dem Grundstück getragen hat, als Werbungskosten geltend machen. Durch die Schenkung des Betriebsgrundstücks hat er eine Bereicherung erfahren, die unter anteiligem Abzug der Nießbrauchlast der Schenkungsteuer zu unterwerfen ist.

Insgesamt führt die unentgeltliche Übertragung eines zum Betriebsvermögen gehörenden Grundstücks in das Privatvermögen eines nahen Angehörigen unter gleichzeitigem Nießbrauchvorbehalt für den Schenker zu betrieblichen Zwecken im Vergleich zur Unterlassensalternative dann zu positiven finanziellen Ergebnissen, wenn

- die finanziellen Nachteile, die auf seiten des Nießbrauchers aus der Versteuerung des Entnahmegewinns und dem Fortfall der Abschreibungen auf das Nießbrauchobjekt, dem Fortfall des Kürzungsanspruchs nach § 9 Nr. 1 GewStG und der Erhöhung der Gewerbekapitalsteuer aufgrund der Betriebsvermögenseigenschaft des Nießbrauchrechts entstehen sowie

- die finanziellen Nachteile, die auf seiten des Nießbrauchbestellers aus der Schenkungsteuerbelastung resultieren
- durch finanzielle Vorteile, die beim Nießbraucher durch die (höheren) Abschreibungen auf das Nießbrauchrecht bei der Einkommen- und Gewerbeertragsteuer hervorgerufen werden

ausgeglichen werden können.

e) Ergebnis

Die Durchführung von Nießbrauchgestaltungen im betrieblichen Bereich bietet wesentlich vielfältigere Möglichkeiten, den unterschiedlichen Zielsetzungen der Nießbrauchbeteiligten gerecht zu werden, als dieses im privaten Bereich der Fall ist. Allerdings ist der wirtschaftliche Erfolg einzelner Maßnahmen auch im betrieblichen Bereich in hohem Maße an die individuellen Voraussetzungen der Nießbrauchbeteiligten und die Daten des Nießbrauchobjekts gebunden.

Für ausgewählte Entscheidungssituationen konnten mit Hilfe der durchgeführten Wirkungsanalyse, aufbauend auf den Ergebnissen der Analyse des Grundstücksnießbrauchs im privaten Bereich, die wichtigsten steuerlichen Be- und Entlastungswirkungen aufgezeigt werden, die bei einer Verlagerung des Grundstücksnießbrauchs in den betrieblichen Bereich die Vorteilhaftigkeit einzelner Nießbrauchgestaltungen beeinflussen und somit entscheidungserheblich werden. Die gefundenen Ergebnisse reichen zwar aus den bereits genannten Gründen nicht aus, um daraus allgemeingültige Entscheidungsregeln zur Gestaltung und Beurteilung von Nießbrauchverträgen im betrieblichen Bereich abzuleiten[1]; sie ermöglichen jedoch Tendenzaussagen über die Vorteilhaftigkeit einzelner Gestaltungen und bieten den Entscheidungsträgern den Einstieg in konkrete Berechnungen, die, sofern Nießbrauchgestaltungen im betrieblichen Bereich erwogen werden, als unverzichtbar angesehen werden:

- Verfolgen die Nießbrauchbeteiligten das Ziel der Vermögensmaximierung, wird der Zuwendungsnießbrauch *an* Betriebsgrundstücken diesem Ziel stärker gerecht als der Zuwendungsnießbrauch an Privatgrundstücken. Verantwortlich hierfür ist die Möglichkeit der Gewerbesteuerersparnis durch die Verlagerung von Einkünften in die private Sphäre des Nießbrauchers. Sofern aus privaten Gründen die Bestellung eines unentgeltlichen Zuwendungsnießbrauchs an Betriebsgrundstücken erwogen wird, sind i.d.R. finanzielle Nachteile aus der Versteuerung eines Entnahmegewinns in die Überlegungen einzubeziehen. Eine Entnahme des Grundstücks läßt sich vermeiden, wenn ein Teilentgelt für die Nießbrauchbestellung gezahlt wird. Die nachteiligen finanziellen Wirkungen, die aus dem Verlust der Abschreibungen auf das Nießbrauchobjekt resultieren und seit der Neukonzeption der Nießbrauchbesteuerung durch den Bundesfinanzhof dem unentgeltlichen Zuwendungsnießbrauch anhaften, bleiben auch dann bestehen, wenn die Nießbrauchbestellung an Betriebsgrundstücken vorgenommen wird.

- Erfolgt die unentgeltliche Nießbrauchbestellung an Grundstücken *für* betriebliche Zwecke, wird der Verlust des Abschreibungspotentials dadurch kompensiert, daß der Nießbraucher berechtigt ist, Abschreibungen auf das mit der Nießbrauchbestellung in sein Betriebsvermögen eingelegte Nießbrauchrecht vorzunehmen. Die

---

1) Vgl. oben, Seite 215 ff.

entgeltliche bzw. überwiegend entgeltliche Bestellung eines Nießbrauchs für betriebliche Zwecke des Nießbrauchers ist aus finanzieller Sicht wenig zweckmäßig. Einkommensteuerliche Progressionseffekte sind, bei Vorliegen eines entsprechenden Progressionsgefälles, nur durch die Verlagerung von Grundstückslasten auf den Nießbraucher erzielbar.

- Die aufgrund einer Schenkung erfolgte Übertragung eines Betriebsgrundstücks unter dem Vorbehalt des Nießbrauchs ist aus finanzieller Sicht im wesentlichen dann vorteilhaft, wenn die Abschreibungen auf das im Wege der Nießbrauchbestellung eingelegte Nießbrauchrecht über die Dauer des Nießbrauchs die entgangenen Abschreibungen auf das mit der Nießbrauchbestellung entnommene Betriebsgrundstück übersteigen und die daraus resultierenden Steuerersparnisse möglicherweise anfallende zusätzliche Steuerbelastungen aus der Versteuerung eines Entnahmegewinns überkompensieren.

Zusammenfassend bleibt festzustellen, daß die Bestellung von Nießbrauchrechten im betrieblichen Bereich gegenüber Nießbrauchgestaltungen im privaten Bereich in bestimmten Situationen vorteilhafter sein kann. Beeinträchtigungen, die bei der Durchführung von Nießbrauchgestaltungen nach geltenden Rechtsgrundsätzen im Vergleich zur Durchführung von Gestaltungen nach früheren Grundsätzen in Kauf zu nehmen sind, lassen sich allerdings auch im betrieblichen Bereich nicht vermeiden[1].

---

1) Vgl. oben, Seite 213 f.

C. Erweiterung des Entscheidungsfeldes um andere Handlungsalternativen

1. Auswahl

Die bisherige Analyse des Nießbrauchs an Privat- und Betriebsgrundstücken hat gezeigt, daß der Nießbrauch in einer Vielzahl von Gestaltungsfällen zu eindrucksvollen finanziellen Ergebnissen führen kann. Im Vergleich zur früheren Rechtslage hat der Nießbrauch jedoch als steuerpolitisches Gestaltungsinstrument eine Schlechterstellung erfahren. Zur Beurteilung geplanter wie bestehender Nießbrauchverhältnisse sollen im folgenden zieladäquate Alternativen zur Nießbrauchbestellung mit in den Kalkül einbezogen werden, um die bestmögliche (steuerliche) Regelung für alle Beteiligten zu erreichen. Es ist zu klären, in welchen Fällen es angezeigt sein kann, auf Alternativen zum Nießbrauch auszuweichen, und in welchen Fällen ein auf die neue Rechtslage ausgerichtetes Nießbrauchverhältnis nach wie vor die beste Lösung darstellt[1].

Die Auswahl möglicher Handlungsalternativen hat vor dem Hintergrund der Ziele stattzufinden, die mit der Durchführung von Nießbrauchgestaltungen verfolgt werden[2].

Da der Nießbrauch in zivilrechtlicher Hinsicht nichts von seiner Attraktivität eingebüßt hat, ist die Auswahl alternativer Sachverhaltsgestaltungen grundsätzlich auch an der zivilrechtlichen Qualifikation des Nießbrauchs auszurichten. Die Suche nach adäquaten Handlungsalternativen zum Nießbrauch führt allerdings frühzeitig zu der Erkenntnis, daß kaum Alternativen ersichtlich sind, die exakt die

---

1) Die Ausrichtung von Nießbrauchverhältnissen auf die neue Rechtslage kann z.B. durch Änderung der Lastenaufteilung oder durch Vereinbarung eines Nießbrauchentgelts erfolgen (vgl. dazu Seite 263 ff.).

2) Vgl. dazu Seite 17 ff. sowie 91 ff.

nis, daß kaum Alternativen ersichtlich sind, die exakt die zivilrechtlichen Eigenschaften des Nießbrauchs besitzen[1].

Um dennoch einen Vergleich zwischen bestimmten Nießbrauchgestaltungen und möglichen Handlungsalternativen herstellen zu können, werden Gestaltungsmaßnahmen in den Kalkül einbezogen, die dem Nießbrauch in zivilrechtlicher Hinsicht nicht gleichwertig gegenüberstehen. Ob derartige Konstruktionen im Einzelfall zur Durchführung gelangen, hängt letztlich davon ab, welche Präferenz die Entscheidungsträger der Erfüllung finanzieller und nichtfinanzieller Zielsetzungen einräumen.

Im folgenden sollen als Handlungsalternativen zum Zuwendungsnießbrauch die Vereinbarung obligatorischer Nutzungsrechte und die Zuwendung von Renten und rentenähnlichen Leistungen überprüft werden. Die Vereinbarung obligatorischer Nutzungsrechte ist mit den gleichen steuerlichen Folgen behaftet wie die Bestellung von Nießbrauchrechten. Begrenzte Ersparnismöglichkeiten bieten sich insofern, als keine Eintragung im Grundbuch erforderlich ist. Dafür verzichten die Beteiligten aber auf die dingliche Sicherung ihrer Verträge. Die Zuwendung von Renten oder rentenähnlichen Leistungen anstelle eines Nießbrauchs erfüllt zwar den Zweck der Versorgung des Zuwendungsempfängers, steuerlich beachtlich ist eine solche Gestaltung jedoch nur dann, wenn der Zuwendung eine angemessene Gegenleistung gegenübersteht. Steht bspw. ein vermietetes Wohngrundstück im Mittelpunkt der Gestaltungsüberlegungen, bietet sich als Gestaltungsmöglichkeit die Übertragung des Grundstücks auf das zu versorgende Familienmitglied gegen Zahlung einer Rente an den Zuwendenden an. Der Zuwendungsempfänger erhält die Einkünfte aus dem Objekt, während ein Teilbetrag davon in Form einer Rente an den Zuwendenden zurückfließt.

---

1) So auch K. KORN: Nießbrauch, Rechtsentwicklung und Gestaltungshinweise, KÖSDI 1982, S. 4818 - 4827 (4826).

Als Alternativen zum Vorbehaltsnießbrauch sollen die Übertragung gegen Einräumung eines obligatorischen Nutzungsrechts und die Übertragung gegen Rente oder rentenähnliche Leistung einer näheren Betrachtung unterzogen werden. Von ihrer grundsätzlichen Ausgestaltung her werden damit die gleichen Handlungsalternativen sowohl auf den Zuwendungsnießbrauch als auch auf den Vorbehaltsnießbrauch bezogen.

Im folgenden kann kein umfassender Vorteilhaftigkeitsvergleich zwischen dem Nießbrauch und möglichen Handlungsalternativen vorgenommen werden. Dieses würde den Rahmen der Arbeit sprengen. Es sollen aber insoweit zieladäquate Maßnahmen aufgezeigt und in ihren wesentlichen Folgewirkungen skizziert werden, daß eindeutige Entscheidungen zugunsten des Nießbrauchs oder bestimmter Handlungsalternativen mit hinreichender Sicherheit möglich sind. Eine Beschränkung der Untersuchung auf einkommensteuerliche Fragestellungen wird dabei als zulässig erachtet: Einerseits sind die weitreichenden finanziellen Folgewirkungen des Nießbrauchs und der zu überprüfenden alternativen Handlungsmöglichkeiten einkommensteuerlichen Ursprungs, andererseits kann hinsichtlich der schenkungsteuerlichen Wirkungen überwiegend von gleichgerichteten Wirkungen ausgegangen werden. Dieses trifft insbesondere auf den Nießbrauch und die obligatorischen Nutzungsrechte zu.

2. Vereinbarung obligatorischer Nutzungsrechte

Im Gegensatz zu den dinglichen Rechten, die eine gegenüber jedermann wirkende Rechtsposition begründen und zu ihrer Wirksamkeit der Eintragung in das Grundbuch bedürfen, schaffen obligatorische Nutzungsrechte Rechte und Pflichten, die nur zwischen den Vertragsparteien gelten. Ihr Inhalt ist frei vereinbar[1]. Als obligatorische Nutzungs-

1) Vgl. H.B. BRANDENBERG: Problemfälle aus der Praxis, S. 23 ff.

rechte kommen vor allem die Miete (§§ 535 ff. BGB), Leihe (§§ 581 ff. BGB) und Pacht (§§ 598 BGB) in Betracht[1].

Die Finanzverwaltung hatte noch im Nießbrauch-Erlaß I vom 23.11.1983 aufgrund jahrzehntelanger Rechtsprechung des Bundesfinanzhofs die Auffassung vertreten, obligatorische Nutzungsrechte seien steuerrechtlich nicht anzuerkennen[2]. Diese Ansicht war mit Veröffentlichung der Urteile des Bundesfinanzhofs vom 29.11.1983 weitgehend als überholt anzusehen[3]. Der Nutzungswert einer vom Eigentümer überlassenen Wohnung - gleiches dürfte für die Überlassung anderer Wirtschaftsgüter gelten - ist seitdem von Nutzenden zu versteuern, wenn dieser die Wohnung (das Wirtschaftsgut) aufgrund einer gesicherten Rechtsposition innehat[4]. Die gesicherte Rechtsposition kann durch die Einräumung eines sachenrechtlichen oder schuldrechtlichen Nutzungsrechts erlangt werden[5].

Da die steuerliche Behandlung des obligatorischen Zuwendungsnutzungsrechts an Mietwohngrundstücken sich nach den Grundsätzen des Nießbrauch-Erlasses[6] nicht von der Behandlung des Zuwendungsnießbrauchs an Mietwohngrundstücken unterscheidet, kann an die Stelle des unentgeltlichen Zuwendungsnießbrauchs mit mindestens gleichem finanziellen

---

1) Vgl. dazu z.B. M. LUCAS: Sachenrechtliches bzw. schuldrechtliches Nutzungsrecht sowie dessen einkommensteuerrechtliche Behandlung, FR 1984, S. 575 - 582 (576).

2) Vgl. Nießbrauch-Erlaß I, Tz. 53, 54 sowie BFH-Urteil vom 11.4.1978 VIII R 164/77, BStBl II 1978, S. 493.

3) Vgl. BFH-Urteil vom 29.11.1983 VIII R 215/79, BStBl II 1984, S. 366; VIII R 184/83, BStBl II 1984, S. 373 sowie Nießbrauch-Erlaß II, Tz. 1 und 53 ff.

4) Vgl. BFH-Urteil vom 29.11.1983 VIII R 215/79, BStBl II 1984, S. 366; VIII R 184/83, BStBl II 1984, S. 373 sowie Nießbrauch-Erlaß II, Tz. 1 und 53 ff.; ausführlich dazu N. WINKELJOHANN: Gesicherte Rechtsposition, S. 1545 ff.

5) Vgl. BFH-Urteil vom 29.11.1983 VIII R 215/79, BStBl II 1984, S. 366.

6) Vgl. Nießbrauch-Erlaß II, Tz. 53 ff.; ausführlich dazu H.B. BRANDENBERG: Problemfälle aus der Praxis, S. 150 ff. sowie R. SEITHEL: Einkommensteuerrechtliche Behandlung, S. 24 ff.

Erfolg[1] bspw. ein Leihvertrag treten. Als Alternative zum teilentgeltlichen oder entgeltlichen Zuwendungsnießbrauch kann ein Mietverhältnis (ggf. Zwischenmietverhältnis) geschlossen werden. Entrichtet der Nutzende die volle ortsübliche Marktmiete, sollte dabei die Übernahme sämtlicher Grundstückslasten durch den Vermieter vertraglich festgelegt werden[2].

Die Frage, ob an die Stelle des Vorbehaltsnießbrauchs ein obligatorisches Vorbehaltsnutzungsrecht treten sollte, kann nicht beantwortet werden, ohne daß eine Auseinandersetzung mit der von der Rechtsprechung des Bundesfinanzhofs und der Finanzverwaltung vertretenen Auffassung zur steuerrechtlichen Behandlung des obligatorischen Vorbehaltsnutzungsrechts stattgefunden hat:

Im Nießbrauch-Erlaß II vom 15.11.1984 wird keine Unterscheidung hinsichtlich des zugewendeten und vorbehaltenen obligatorischen Nutzungsrechts getroffen[3]. Die Rechtslage stellt sich so dar, daß ein Steuerpflichtiger, der sich bei der Übertragung des Eigentums an einem Grundstück ein schuldrechtliches Nutzungsrecht vorbehält, zwar weiterhin die Einkünfte aus dem Objekt erzielt. Seine Rechtsstellung leitet sich aber nicht mehr unmittelbar aus dem früheren Eigentum ab, wie im Falle des Vorbehaltsnießbrauchs. Sie beruht vielmehr auf der schuldrechtlichen Vereinbarung mit dem neuen Eigentümer und wird demzufolge von diesem abgeleitet[4]. Da der Zusammenhang zwischen den vom ursprünglichen Eigentümer für das Grundstück getragenen Anschaffungs- oder Herstellungskosten und der Einnahmeerzielung aufgrund des obligatorischen Nutzungsrechts somit

---

1) In der Regel wird durch die Vereinbarung eines obligatorischen Nutzungsrechts ein besserer finanzieller Erfolg erzielt, da Notar- und Gerichtskosten eingespart werden.

2) Vgl. hierzu insbesondere Seite 175 ff dieser Arbeit.

3) Vgl. Nießbrauch-Erlaß II, Tz. 53 ff.

4) Vgl. FG München, Urteil vom 26.5.1982, IX 317/80 F, EFG 1983, S. 24 (24 f.) sowie R. SEITHEL: Einkommensteuerrechtliche Behandlung, S. 47; J. WOLFF-DIEPENBROCK: Vorbehaltsnießbrauch, S. 252.

unterbrochen ist, soll der Nutzende nicht berechtigt sein, die Abschreibungen auf das (unentgeltlich) übertragene Grundstück (Gebäudeteil) fortzuführen[1].

Inzwischen hat diese zunächst nicht auf der Rechtsprechung des Bundesfinanzhofs basierende Ansicht der Finanzverwaltung durch das Urteil des Bundesfinanzhofs vom 30.7.1985 eine Bestätigung erfahren[2]. Zur Unterscheidung des Vorbehaltsnießbrauchs von einem vorbehaltenen obligatorischen Nutzungsrecht führt der Bundesfinanzhof u.a. aus, daß der neue Eigentümer eines unter Nießbrauchvorbehalt übertragenen Grundstücks von vornherein nur belastetes Eigentum erwerbe. Der frühere Eigentümer könne sich bereits vor der Veräußerung den Nießbrauch an seinem eigenen Grundstück bestellen. Diese Erwägung treffe hingegen nicht zu, wenn sich der Veräußerer nur ein obligatorisches Nutzungsrecht vorbehalte[3]. Die Begründung eines obligatorischen Nutzungsrechtes am eigenen Grundstück sei nicht möglich, denn die Entstehung eines Schuldverhältnisses setze notwendigerweise einen Gläubiger und einen Schuldner voraus[4].

Es ist wenig überzeugend, wenn ein Steuerpflichtiger, der ein Grundstück überträgt und sich dabei ein obligatorisches Nutzungsrecht an demselben vorbehält, so gestellt wird, als wenn er das Grundstück zunächst ohne Berücksichtigung des Nutzungsrechts auf den neuen Eigentümer überträgt und im Anschluß daran von diesem das Nutzungsrecht zugewendet bekommt, während ein Steuerpflichtiger, der ein Grundstück unter Nießbrauchvorbehalt überträgt, von vornherein nur (nießbrauch-)belastetes Eigentum weitergibt und aufgrund

---

1) Vgl. H.B. BRANDENBERG: Problemfälle aus der Praxis, S. 165 f.

2) Vgl. BFH-Urteil vom 30.7.1985, VIII R 71/81, BStBl II 1986, S. 327 ff.; vgl. dazu auch R. STEPHAN: Anmerkung zum BFH-Urteil VIII R 71/81 vom 30.7.1985, DB 1985, S. 2541 sowie ausführlich P. PLÜCKEBAUM: Absetzungen für Abnutzung in Fällen unentgeltlich erlangter Nutzungsrechte durch den Nutzungsberechtigten - Eine Bestandsaufnahme nach Ergehen des Urteils vom 30.7.1985 - VIII R 71/81, FR 1986, S. 53 - 56.

3) Vgl. BFH-Urteil vom 30.7.1985 VIII R 71/81, BStBl II 1986, S. 332.

4) Vgl. ebenda mit Hinweis auf die BGH-Urteile vom 1.6.1967 II ZR 150/66, BGHZ 48, S. 214 (218) und vom 11.12.1981 V ZR 220/80, NJW 1982, S. 2381.

der nicht unterbrochenen Nutzung weiterhin berechtigt ist, die Abschreibungen auf das Nießbrauchobjekt vorzunehmen[1].

Lediglich die fehlende dingliche Sicherung der Nutzungsüberlassung wird als ausreichend angesehen, um dem ursprünglichen Eigentümer die Berechtigung zur Vornahme der Abschreibungen abzuerkennen und sie dem neuen Eigentümer als Rechtsnachfolger zuzubilligen (§ 11 d EStDV), die dieser jedoch nicht in Anspruch nehmen kann, da er keine Einkünfte aus dem überlassenen Grundstück erzielt. Die Abschreibungen gehen somit verloren.

Zur steuerlichen Berücksichtigung der gewöhnlichen und außergewöhnlichen Grundstückslasten regelt der Nießbraucherlaß, daß der Nutzungsberechtigte, sofern er sich vertraglich zur Übernahme der Lasten verpflichtet hat, diese als Werbungskosten geltend machen kann. Insoweit werden der Vorbehaltsnießbraucher und der Vorbehaltsnutzungsberechtigte gleichbehandelt[2].

Abweichend davon hat der Bundesfinanzhof im Urteil vom 30.10.1984 entschieden, daß Instandhaltungsaufwendungen, die der Nutzungsberechtigte nach der Übertragung eines Grundstücks unter dem Vorbehalt eines obligatorischen Nutzungsrechts (hier: Leihvertrag) nach § 601 BGB selbst zu tragen gehabt hätte, beim neuen Eigentümer eine dauernde Last i.S. des § 10 Abs. 1 Nr. 1 a EStG darstellen können, wenn dieser die Aufwendungen aufgrund vertraglicher Verpflichtung gegenüber dem unentgeltliche Nutzenden aufgewendet hat[3]. Der Abzug als dauernde Last bleibt aber auf den obligatorisch Nutzungsverpflichteten beschränkt, so daß der nach früherer Rechtslage beim Bruttonießbrauch

---

1) Gleicher Ansicht L. SCHMIDT: Anmerkung zum BFH-Urteil VIII R 71/81 vom 7.8.1985, FR 1985, S. 620 (620 f.); H. STADIE: Anmerkung zum BFH-Urteil VIII R 71/81 vom 30.7.1985, FR 1986, S. 42 sowie K.H. GÜNTHER: Unterschiedliche Behandlung von dinglichen und obligatorischen Nutzungsrechten? FR 1986, S. 406 f. (407).

2) Vgl. Nießbrauch-Erlaß II, Tz. 40 und 54 b.

3) BFH-Urteil vom 30.10.1984 IX R 2/84, BStBl II 1985, S. 610 (610 ff.).

mögliche Werbungskostenabzug auf seiten des Eigentümers nicht wiederbelebt wird.

Der Bundesfinanzhof begründet die unterschiedliche Behandlung damit, daß bei der Bestellung eines Vorbehaltsnießbrauchs weder die Duldung der Nutzung durch den Erwerber, noch dessen Instandhaltungsmaßnahmen eine Leistung an den Vorbehaltsnießbraucher darstellen, während der obligatorisch Nutzungsberechtigte, der sich das Nutzungsrecht nicht schon vor der Eigentumsübertragung selbst bestellen kann, auf die dauernde Leistung des neuen Eigentümers angewiesen ist[1]. Die unterschiedliche Behandlung des dinglichen und obligatorischen Nutzungsrechts ist auch hier nur von der dinglichen Sicherung des Überlassungsvertrages abhängig gemacht worden. Wird auf diese Unterscheidung keine Rücksicht genommen, müßten beim Vorbehaltsnießbrauch Instandhaltungsmaßnahmen ebenso als dauernde Last des neuen Eigentümers berücksichtigt werden können, wenn dieser sich verpflichtet, die entsprechenden Grundstückslasten zu tragen[2].

Wird der Rechtsansicht des Bundesfinanzhofs zur steuerrechtlichen Behandlung obligatorischer Nutzungsrechte gefolgt, bleibt festzustellen, daß mit der Bestellung eines Zuwendungsnießbrauchs und der Vereinbarung eines obligatorischen Nutzungsrechts im wesentlichen die gleichen Ziele erreicht werden können. Demgegenüber stellt die Vereinbarung eines obligatorischen Nutzungsrechts im Anschluß an eine unentgeltliche Grundstücksübertragung i.d.R. keine geeignete Alternative zur Grundstücksübertragung unter Nießbrauchvorbehalt dar. Für dieses Ergebnis ist in erster Linie der Verlust der Abschreibungen auf das mit dem Nutzungsrecht belastete Grundstück ursächlich. In vielen

---

1) Vgl. BFH-Urteil vom 30.10.1984 IX R 2/84, BStBl II 1985, S. 614.

2) Vgl. dazu auch L. SCHMIDT: Anmerkung zum BFH-Urteil IX R 2/84 vom 30.10.1984, DStR 1985, S. 421 (422).

Fällen wird dieser Nachteil auch nicht dadurch aufzuwiegen sein, daß Instandhaltungsaufwendungen nach Maßgabe des Urteils des Bundesfinanzhofs vom 30.10.1984 vom Nießbrauchbesteller übernommen werden können, die dieser als dauernde Last i.S. des § 10 Abs. 1 Nr. 1 a EStG steuerlich zum Ansatz bringen kann.

Die Vereinbarung eines obligatorischen Nutzungsrechts anstelle eines Vorbehaltsnießbrauchs kann möglicherweise aber dann sinnvoll sein, wenn dadurch die Pauschalversteuerung des selbstgenutzten Wohneigentums nach § 21 a EStG vermieden wird. Ist beabsichtigt, daß der Nutzende nach der Übertragung eines Wohngrundstücks dieses selbst bewohnt, folgt daraus im Falle der Übertragung unter Nießbrauchvorbehalt, daß der Nutzende den Gegenwert der Nutzungen als Nutzungswert einer Wohnung im eigenen Haus nach § 21 Abs. 2 Alternative 1 EStG zu versteuern hat und, sofern die übrigen Voraussetzungen vorliegen, die Pauschalversteuerung nach § 21 a EStG Anwendung findet[1]. Wird die Wohnung dagegen aufgrund eines schuldrechtlichen Nutzungsrechts genutzt, erfolgt die Zurechnung des Nutzungswerts gemäß § 21 Abs. 2 Alternative 2 EStG, da hier keinesfalls mehr von einer Wohnung im eigenen Haus ausgegangen werden kann[2].

Insgesamt wirkt sich der Verzicht auf die dingliche Sicherung von Nutzungsüberlassungen positiv auf das finanzielle Ergebnis einer Gestaltung aus, da nicht zu vernachlässigende Kosten für notarielle Beurkundung und die Grundbucheintragung des Nutzungsrechts vermieden werden[3]. Die möglichen Nachteile einer fehlenden dinglichen Sicherung sollten jedoch sorgfältigst analysiert und in den Kalkül einbezogen werden.

---

1) Vgl. Nießbrauch-Erlaß II, Tz. 39; zur Kritik daran vgl. oben, Seite 108.

2) Vgl. BFH-Urteil vom 16.10.1984 IX R 81/82, BStBl II 1985, S. 390 (391).

3) Vgl. dazu bspw. Übersicht 14, Anhang 2, Seite 311 sowie die Ausführungen auf Seite 107 ff.

3. Vereinbarung von Renten oder rentenähnlichen Leistungen

Die Vereinbarung von Renten oder rentenähnlichen Leistungen kann, ähnlich wie die Bestellung von Nießbrauchrechten, entgeltlich oder unentgeltlich, mit und ohne Vermögensübertragung sowie im privaten oder im betrieblichen Bereich erfolgen[1)].

Renten oder rentenähnliche Leistungen[2)] werden einkommensteuerrechtlich als wiederkehrende Bezüge i.S. des § 22 Nr. 1 EStG erfaßt: Wiederkehrende Bezüge sind Leistungen bzw. Einnahmen in Geld oder Geldeswert, die nicht Kaufpreisraten sind und die dem Empfänger aufgrund eines bestimmten Verpflichtungsgrundes (Gesetz, Vertrag, Testament) oder wenigstens aufgrund eines einheitlichen Entschlusses des Gebers für eine gewisse Zeit periodisch wiederkehrend zufließen[3)].

Im Gegensatz zu den Renten, die als gleichmäßige Zahlungen gewährt werden, stellen rentenähnliche Leistungen solche wiederkehrenden Leistungen dar, die nicht regelmäßig bzw. nicht gleichmäßig zu erbringen sind[4)]. Rentenähnliche Leistungen dürfen von den Verhältnissen der Beteiligten abhängen.

Die aus Renten oder rentenähnlichen Leistungen erwachsende Leistungspflicht muß entweder an die Lebenszeit des

---

1) Vgl. MERTENS/LANG/WEILER: Teil 8, 20.1, Seite 1.

2) Zur Begriffsbestimmung der Renten und rentenähnlichen Leistungen vgl. D. SCHNEELOCH: Besteuerung, S. 92.

3) Zur Definition der wiederkehrenden Bezüge vgl. BFH-Urteil vom 19.10.1979 VIII R 9/77, BStBl II 1979, S. 133 (134) sowie E. BIERGANS, A. von STOTZINGEN: Raten, Renten, andere wiederkehrende Zahlungen in der Einkommensteuer, 2. ergänzte und aktualisierte Auflage, München-Wien 1984, S. 3; R. JANSEN, F. WREDE: Renten, Raten, dauernde Lasten. Systematik, Rechtsprechung und Praxis bei der Einkommensteuer, 9. geänd. und vermehrte Aufl., Herne-Berlin 1986, S. 27 f.; RICHTER/HdR: Fach 3.1, Rdnr. 2; M. TROLL: Renten und Nießbrauch, S. 15.

4) Vgl. MERTENS/LANG/WEILER: Teil 8, Kapitel 20.2.1., S. 1 f.

Berechtigten gebunden sein oder - bei zeitlicher Begrenzung - mindestens 10 Jahre lang bestehen[1].

Die steuerliche Behandlung der Renten und rentenähnlichen Leistungen richtet sich danach, ob eine Leibrente, eine Zeitrente oder eine rentenähnliche Leistung vorliegt - vorausgesetzt, die vereinbarten Leistungen sind nicht von vornherein steuerlich unbeachtlich. Werden Renten oder rentenähnliche Leistungen gewährt, ohne daß der Berechtigte eine Gegenleistung erbringt, deren Wert mehr als die Hälfte des Wertes der Rentenverpflichtung ausmacht, und handelt es sich dabei um eine freiwillige Zuwendung, eine Zuwendung aufgrund einer freiwillig begründeten Rechtspflicht oder um eine Zuwendung an gesetzlich unterhaltsberechtigte Personen i.S. des § 12 Nr. 2 EStG, ist davon auszugehen, daß der Gedanke der Unterhaltsleistung die Vorstellung vom Leistungsaustausch überwiegt. Eine derartige Unterhaltsleistung ist vom Berechtigten nicht zu versteuern und beim Verpflichteten nicht steuermindernd zu berücksichtigen[2].

Kann der Unterhaltscharakter einer Rente oder rentenähnlichen Leistung verneint werden, liegen Versorgungsleistungen vor, wenn im Zusammenhang mit einer unentgeltlichen Vermögensübertragung regelmäßige Leistungen erbracht werden, jedoch Leistung und Gegenleistung nicht nach kaufmännischen Gesichtspunkten gegeneinander abgewogen sind[3]. Versorgungsleistungen werden regelmäßig aus familiären oder privaten Gründen vereinbart. Die Bedürfnisse des Berechtigten und die wirtschaftliche Lage des Verpflichteten stehen dabei im Vordergrund. Der private Charakter

---

1) Vgl. BFH-Urteile vom 7.8.1958 VI 284/58 U, BStBl II 1959, S. 463; vom 10.10.1963 VI 12/62 U, BStBl III 1963, S. 563.

2) Vgl. R. JANSEN, F. WREDE: Renten, S. 76 f.

3) Vgl. MERTENS/LANG/WEILER: Teil 8, Kapitel 20.2.3, Seite 1; sind Leistung und Gegenleistung gegeneinander abgewogen, liegen Veräußerungsleistungen vor.

einer Versorgungsleistung geht bspw. nicht dadurch verloren, daß ein Betriebsgrundstück gegen Rentenvereinbarung übertragen wird[1].

Versorgungsleistungen sind steuerlich wie folgt zu berücksichtigen: Wird eine Rente vereinbart, deren Dauer vom Leben einer (oder mehrerer) Personen abhängt, hat der Berechtigte den Ertragsanteil der Rente gemäß § 22 Nr. 1 Buchstabe a EStG zu versteuern, der beim Verpflichteten in gleicher Höhe als Sonderausgabe nach § 10 Abs. 1 Nr. 1 a EStG abzugsfähig ist[2].

Bei Vereinbarung einer (auf mindestens 10 Jahre begrenzten) Zeitrente hat der Rentenberechtigte den vollen Jahresbetrag der Rente zu versteuern, während der Rentenverpflichtete den vollen Jahresbetrag als Sonderausgabe geltend machen kann[3]. Die gleiche steuerliche Behandlung kommt im Falle der Vereinbarung einer rentenähnlichen Leistung zur Anwendung.

Die unterschiedliche Besteuerung der Leibrenten einerseits und der Zeitrenten sowie rentenähnlichen Leistungen andererseits eröffnet den beteiligten Steuerpflichtigen erhebliche einkommensteuerliche Gestaltungsmöglichkeiten, deren finanzieller Erfolg im wesentlichen von ihrer persönlichen Einkommenssituation bestimmt wird. Der Gestaltungswille der Beteiligten wird aber nur dann eine auch steuerlich wirksame Umsetzung erfahren, wenn zuvor die vertraglichen Voraussetzungen geschaffen wurden. Beträgt der Wert eines übertragenen Grundstücks mehr als die Hälfte des Werts der Gegenleistung (Versorgungsleistung), so wird der steuer-

---

1) Vgl. MERTENS/LANG/WEILER: Teil 8, Kapitel 20.2.3, Seite 3.

2) Hängt die Rente vom Leben mehrerer Personen ab, ist § 22 Nr. 1 Buchstabe a EStG i.V.m. § 55 Abs. 1 Nr. 3 EStDV anzuwenden.

3) Vgl. R. JANSEN, F. WREDE: Renten, Seite 203 ff.

liche Abzug der als Gegenleistung laufend entrichteten Beträge beim Verpflichteten nur erreicht, wenn eine Zeitrente oder eine rentenähnliche Leistung vereinbart worden ist. Von einer rentenähnlichen Leistung ist nur dann auszugehen, wenn der Vermögensübertragungsvertrag eine ausdrückliche Anpassung der Leistungen an eine veränderte Leistungsfähigkeit und Bedürftigkeit entsprechend § 323 der Zivilprozeßordnung (ZPO) enthält, es sei denn, daß die Höhe der Zahlungen nicht ohnehin schon von einer variablen Bezugsgröße abhängig ist[1]. Eine Leibrente kann im Zusammenhang mit einem Vermögensübergabevertrag nur dann vorliegen, wenn der Vertrag keine Klausel enthält, die entsprechend dem Rechtsgedanken des § 323 ZPO eine jederzeitige Abänderbarkeit der Rente ermöglicht[2].

Wird die Vereinbarung einer Rente oder einer rentenähnlichen Leistung in Gestalt einer Unterhaltsleistung (d.h. es findet keine Gegenleistung des Berechtigten statt, die wenigstens die Hälfte des Barwerts der Rente oder rentenähnlichen Leistung ausmacht) als Alternative zum Zuwendungsnießbrauch in Erwägung gezogen, so ist festzustellen, daß durch Unterhaltsleistungen zwar die Versorgung Familienangehöriger sicherzustellen ist, weitere finanzielle Zielsetzungen, wie z.B. die Ersparnis von Einkommensteuer, mit einer solchen Gestaltung jedoch keinesfalls erreichbar sind. Der dominierende Unterhaltscharakter der Leistungen hat zur Folge, daß die Gestaltung steuerlich unbeachtlich bleibt: Dem Berechtigten zufließende Zahlungen sind vom Verpflichteten zu versteuern. Die bloße Weitergabe von Erträgen, die ein Vermögensinhaber aus einem in seinem Eigentum stehenden Grundstück erwirtschaftet, auf Familienangehörige stellt somit keine

1) Vgl. BFH-Urteile vom 20.5.1980, VI R 108/77, BStBl II 1980, S. 573 (573); vom 19.9.1980 VI R 161/77, BStBl II 1981, S. 26 (26) sowie vom 30.10.1984 IX R 2/84, BStBl II 1985, S. 610 (610 ff.).

2) Vgl. Abschn. 167 Abs. 1 EStR.

zieladäquate Alternative zur Zuwendung eines Nießbrauchrechts dar.

Überträgt der Vermögensinhaber dagegen das Grundstück auf Familienangehörige, die ihrerseits zugunsten des Vermögensinhabers eine Rente oder rentenähnliche Leistung aus den Erträgen des Grundstücks vereinbaren, kann dieses sowohl dem Ziel der Versorgung Familienangehöriger als auch dem Ziel der Sicherstellung der eigenen Versorgung des Vermögensinhabers entsprechen[1] und darüber hinaus Steuerersparnisse bewirken.

Fließt dem Rentenberechtigten nur ein Teil der bisherigen Grundstückserträge in Form einer Rente oder einer rentenähnlichen Leistung zu, hat damit in Höhe der dem rentenverpflichteten Familienangehörigen nach Abfluß der Rentenzahlungen verbleibenden Grundstückserträge eine Einkunftsverlagerung stattgefunden. Als Alternative zum Zuwendungsnießbrauch kann eine solche Gestaltung allerdings nur im weiteren Sinne gelten. Im Gegensatz zum Besteller eines Zuwendungsnießbrauchs gibt der bisherige Grundstückseigentümer mit der Übertragung des Grundstücks seine Rechtsstellung auf und verliert jegliche Einflußmöglichkeit auf das Grundstück.

Die Vermögensübertragung gegen Einräumung einer Rente oder rentenähnlichen Leistung kommt eher einer Vermögensübertragung unter Nießbrauchvorbehalt nahe, mit dem Unterschied, daß die Grundstückserträge vom neuen Eigentümer und nicht vom Vorbehaltsnießbraucher vereinnahmt werden. Der neue Eigentümer erfüllt damit den Tatbestand der Einkunftserzielung. Letzteres stellt in Aussicht, daß diejenigen einkommensteuerlichen Vorteile, die mit der Gestaltung eines Vorbehaltsnießbrauchs nach früherer Rechtslage möglich waren, durch die Vermögensübertragung gegen

---

1) Zu diesen Zielsetzungen vgl. oben, Seite 21

Einräumung einer Rente oder rentenähnlichen Leistung erreicht werden können[1].

Im Hinblick auf die unterschiedliche Besteuerung von Leibrenten einerseits und Zeitrenten bzw. rentenähnlichen Leistungen andererseits stellt sich nun - vorausgesetzt, es kann von einer Versorgungsleistung ausgegangen werden - die Frage, welche Ausgestaltung die Rentenvereinbarung im einzelnen zu erfahren hat.

Überträgt der Vermögensinhaber mit einem geringen Einkommensteuersatz ein Grundstück auf ein hochbesteuertes Familienmitglied, sollte als Gegenleistung eine Zeitrente oder rentenähnliche Leistung vereinbart werden. In diesem Fall hat der gering besteuerte Rentenberechtigte anstelle der Grundstückserträge den Jahreswert der Zeitrente oder der rentenähnlichen Leistung zu versteuern. Auf seiten des hochbesteuerten Verpflichteten wird die auf die Erträge aus dem Grundstück entfallende Steuerbelastung dadurch gemindert, daß die Rentenleistungen gemäß § 10 Abs. 1 Nr. 1 a EStG in voller Höhe als Sonderausgaben Berücksichtigung finden.

Bei umgekehrten Einkommensverhältnissen sollte hingegen eine Leibrente oder eine rentenähnliche Leistung unter Ausschluß der Abänderungsmöglichkeit nach § 323 ZPO vereinbart werden. Die Einkünfte des hochbesteuerten Berechtigten erfahren in Höhe der nicht mehr anzusetzenden Grundstückserträge eine Minderung und in Höhe des Ertragsanteils der Leistungen nach § 22 Nr. 1 Buchstabe a EStG eine vergleichsweise geringe Erhöhung. Auf seiten des nur gering besteuerten Verpflichteten unterliegen die Grund-

---

1) Gleicher Ansicht K. KORN: Nach dem Nießbraucherlaß: Anpassungsmaßnahmen bei unentgeltlichem Nießbrauch an privatem Grund und Kapitalvermögen, KÖSDI 1984, S. 5370 - 5374 (5371); derselbe: Steuerplanung zum Jahreswechsel und zu Nießbrauchgestaltungen, KÖSDI 1983, S. 5214 - 5224 (5224).

stückserträge der Besteuerung. Die Rentenleistungen können hier nur mit dem Ertragsanteil gemäß § 10 Abs. 1 Nr. 1 a EStG als Sonderausgaben geltend gemacht werden.

Die Übertragung eines Grundstücks gegen Vereinbarung einer Rente oder rentenähnlichen Leistung führt dazu, daß der neue Eigentümer des Grundstücks die Absetzungen für Abnutzung seines Rechtsvorgängers nach § 11 d EStDV fortführen kann. Als Grundstückseigentümer ist er zudem berechtigt, sämtliche Grundstückslasten, die er aufgrund vertraglicher oder gesetzlicher Verpflichtung getragen hat, steuerlich geltend zu machen[1)].

Wird die Grundstücksübertragung gegen Einräumung einer Zeitrente oder rentenähnlichen Leistung vorgenommen, deren Höhe den Erträgen aus dem Grundstück entspricht, sind damit exakt die steuerlichen Wirkungen erreicht, die nach früherer Rechtslage durch die Gestaltung eines Bruttonießbrauchs herbeigeführt werden konnten. Im Ergebnis hat der ursprüngliche Eigentümer die Bruttoerträge zu versteuern, während der neue Eigentümer sowohl die Absetzungen für Abnutzung als auch sonstige Werbungskosten geltend machen kann.

Wird ein Betriebsgrundstück gegen Vereinbarung einer Rente oder rentenähnlichen Leistung übertragen, kommt es, wie im Falle der Grundstücksübertragung unter Nießbrauchvorbehalt, zur Auflösung und Versteuerung evtl. vorhandener stiller Reserven. Im Unterschied zur Nießbrauchgestaltung erfährt das betriebliche Abschreibungspotential eine Minderung, da keine Nutzungsrechtseinlage stattgefunden hat.

Fazit: Unter Berücksichtigung sowohl finanzieller als auch nichtfinanzieller Zielsetzungen stellt die Vereinbarung von Renten oder rentenähnlichen Leistungen ohne

---

1) MERTENS/LANG/WEILER: Teil 8, Kapitel 20.2.3, Seite 3.

Gegenleistung keine Alternative zum Zuwendungsnießbrauch dar. Auch die Übertragung eines Grundstücks gegen Einräumung einer Rente oder rentenähnlichen Leistung, deren Höhe nur einen Teil der Grundstückserträge erreicht, kann grundsätzlich nicht als Alternative zum Zuwendungsnießbrauch gelten. Beide Gestaltungen lassen sich nicht unmittelbar miteinander vergleichen, so daß Pauschalaussagen zugunsten einer bestimmten Gestaltung nicht möglich sind.

An die Stelle einer Grundstücksübertragung unter Nießbrauchvorbehalt sollte in Zukunft die Übertragung gegen Vereinbarung einer Rente oder rentenähnlichen Leistung treten. Die Übertragung einer Rente oder rentenähnlichen Leistung erfüllt, wie der Vorbehaltsnießbrauch, die Ziele der Sicherstellung der Versorgung des Vermögensinhabers und der Regelung der Vermögensnachfolge. Die finanziellen Vorteile der Gestaltung sind darin zu sehen, daß der neue Eigentümer Absetzungen für Abnutzung sowie weitere Werbungskosten, die mit dem Grundstück verbunden sind, steuerlich geltend machen kann, während dem bisherigen Eigentümer u.U. die Bruttoerträge des Grundstücks verbleiben.

Wird somit ein Grundstück übertragen mit dem Ziel, die nachfolgenden Generationen an der Verantwortung zur Erhaltung der Substanz zu beteiligen, ohne der abtretenden Generation den Nutzen daraus zu entziehen, so kann diesem Ziel insbesondere durch die Vereinbarung einer Rente oder rentenähnlichen Leistung auch mit steuerlicher Wirkung voll entsprochen werden. Der Nachteil derartiger Rechtskonstruktionen besteht in der fehlenden dinglichen Sicherung, denn sowohl Rente als auch rentenähnliche Leistung verschaffen dem Berechtigten lediglich einen schuldrechtlichen Anspruch. Die dingliche Sicherung könnte allerdings durch die Eintragung einer Grundschuld (§§ 1191 ff. BGB) bzw. Rentenschuld (§§ 1199 ff. BGB) erreicht werden. Dieses ist allerdings wiederum mit Transaktionskosten verbunden.

V. GESTALTUNGSEMPFEHLUNGEN

A. Handlungsrahmen

Zur Beantwortung der Frage, welche der untersuchten Gestaltungsmaßnahmen in welcher Form im Einzelfall auszuwählen sind, sollen im folgenden für spezifische Entscheidungssituationen Gestaltungsempfehlungen abgeleitet werden. Dabei wird sowohl auf neu zu bestellende als auch auf bestehende Vertragsgestaltungen Bezug genommen.

Der gesamte Handlungsrahmen, in dem sich Empfehlungen zugunsten bestimmter Nießbrauch- bzw. alternativer Sachverhaltsgestaltungen bewegen können, wird einerseits abgesteckt von den Möglichkeiten, die einzelne Maßnahmen zur Zielverwirklichung bieten, andererseits von den finanziellen und nichtfinanziellen Zielsetzungen der Entscheidungsträger.

Verfolgen die Gestaltungsbeteiligten (finanzielle) Zielsetzungen, die vorwiegend die positive Beeinflussung ihrer steuerlichen Belastung zum Inhalt haben, sind die Ergebnisse der durchgeführten Analyse unmittelbar auf zukünftige Gestaltungen anwendbar. Hinsichtlich der Beurteilung bestehender Nießbrauchverhältnisse stellt sich dagegen das Problem, daß empfohlene Umgestaltungs- und Ablösungsmaßnahmen zur Abwehr steuerrechtlicher Nachteile ihrerseits z.T. erhebliche Steuerwirkungen verursachen können, die in den Kalkül einzubeziehen sind. Die Gestaltungsempfehlungen sind daher um entsprechende Hinweise zu ergänzen.

Wenngleich die Neukonzeption der steuerrechtlichen Behandlung des Nießbrauchs durch die Rechtsprechung des Bundesfinanzhofs zu einem gewissen Abschluß gekommen ist, so herrscht hinsichtlich der Besteuerung der obligatorischen Nutzungsrechte und hinsichtlich der steuerlichen Auswirkungen der Ablösung bzw. Aufhebung von Nießbrauchverträgen noch erhebliche Rechtsunsicherheit[1], die im Rahmen bevorstehender Vertragsumgestaltungen sorgfältig beachtet werden sollte.

Im Gegensatz zum Zivilrecht, das durch Nachtragsurkunden Änderungen ursprünglich eingegangener Rechtsverhältnisse sogar rückwirkend zuläßt, ist im Steuerrecht die Änderung von Steuertatbeständen durch nachträgliche Vereinbarungen ausgeschlossen[2]. Den Steuerpflichtigen ist grundsätzlich die Dispositionsbefugnis über entstandene öffentlich-rechtliche Ansprüche entzogen[3]. Eine Änderung eingetretener Steuertatbestände kommt nur in Betracht, wenn dieses ausdrücklich vom Gesetz zugelassen ist (z.B. §§ 4 bis 8 BewG, § 16 GrEStG, § 17 UStG) oder Berichtigungsvorschriften eingreifen (§§ 172 ff. AO)[4]. Ob eine Änderung eingetretener Steuertatbestände auch möglich ist, wenn die Wirkung des zugrunde liegenden Rechtsgeschäfts durch Steuerklauseln von einer bestimmten Rechtsauffassung der Finanzbehörden abhängig gemacht wurde, ist fraglich.

---

1) Zu den unterschiedlichen Ansichten über die Ablösung von Nießbrauchverträgen vgl. z.B. H.B. BRANDENBERG: Problemfälle aus der Praxis, S. 82 ff., 97 ff., 105 f., 122 ff.; B. MEYER: Die einkommensteuerrechtliche Behandlung der Ablösung von Nießbrauchrechten, Teil I u. II, DB 1984, S. 2214 - 2219, 2265 - 2271; RICHTER/HdR. Fach 8.2.2., Rdnr. 115 bis 139 a; R. SEITHEL: Einkommensteuerrechtliche Behandlung, S. 23 f., 29 f., 37 ff.

2) Vgl. S. SPIEGELBERGER: Handbuch, S. 305.

3) So hat der Bundesfinanzhof (vgl. Urteil vom 19.9.1980 VI R 161/77, BStBl II 1981, S. 28) die Umqualifizierung einer Rente in eine dauernde Last durch nachträgliche Vereinbarung der Abänderbarkeit nach § 323 ZPO nicht anerkannt, weil sich eine derartige Vereinbarung unmittelbar aus dem der Rentenvereinbarung zugrundeliegenden Übergabevertrag ergeben müsse. S. SPIEGELBERGER (Handbuch, S. 306) folgert daraus, daß die Umwandlung eines unentgeltlichen Nießbrauchs in einen entgeltlichen Nießbrauch als zulässige Umqualifizierung anzusehen ist.

4) Vgl. S. SPIEGELBERGER: Handbuch, S. 306.

Steuerklauseln haben den Zweck, bestimmte Maßnahmen mit Wirkung ex tunc als aufgehoben oder als nicht existent zu betrachten[1]; sie sind ein legitimes Mittel zur Begegnung von Rechtsunsicherheit[2]. Angesichts der auf dem Gebiet der dinglichen und obligatorischen Nutzungsrechte bestehenden *erheblichen Rechtsunsicherheit* sollte die Zulässigkeit von Steuerklauseln im Zusammenhang mit der Vereinbarung von Nutzungsrechten daher bejaht werden. Diese Bejahung läßt sich schon deshalb vertreten, weil verbindliche Auskünfte der Finanzverwaltung erfahrungsgemäß nicht zu erhalten sind; für die Finanzverwaltung besteht keine Verpflichtung zu verbindlichen Auskünften[3]. Im Schrifttum wird die Möglichkeit, durch Steuerklauseln unerwünschte Steuerfolgen zu vermeiden, überwiegend als zulässig erachtet[4]. Eine Grundsatzentscheidung der höchstrichterlichen Rechtsprechung zu diesem Problembereich steht allerdings noch aus[5].

Damit für die Zukunft die Möglichkeit von Vertragsanpassungen in jedem Fall gewährleistet ist, müßten die Vorstellungen der Vertragsbeteiligten über die steuerrechtlichen Folgen ihrer Vereinbarungen sowohl zum Inhalt neu zu bestellender Verträge gemacht werden als auch im Rahmen der Änderung bestehender Verträge Berücksichtigung finden. Die Anwendung der Vorschrift des § 12 EStG wäre dann bei evtl. Anpassungs- oder Ablösungsmaßnahmen von vornherein ausgeschlossen[6]. Auch der Tatbestand der Rückschenkung würde bspw. im Falle eines unentgeltlich

---

1) Vgl. A. GRÖGER, W. SCHÖLL: Abgabenordnung, München 1985, Anm. 45 zu § 175; F. KLEIN, G. ORLEPP: Abgabenordnung einschließlich Steuerstrafrecht; 2. Aufl., München 1979, Anm. 7 zu § 175 AO.

2) Vgl. TIPKE/KRUSE: Tz. 22 zu § 141 AO.

3) Vgl. HERRMANN/HEUER/RAUPACH: Anm. 34 j zu § 4 EStG m.w.N.

4) Vgl. ebenda: Anm. 34 m zu § 4 EStG m.w.N.

5) Vgl. K. TIPKE: Steuerrecht, S. 131.

6) Vgl. H.B. BRANDENBERG: Problemfälle aus der Praxis, S. 197.

zugewendeten Nießbrauchrechts verhindert, wenn es aufgrund des Nichteintritts bestimmter vertraglich festgelegter Steuerfolgen zu einer Auflösung des Nießbrauchverhältnisses käme[1].

B. Zukünftige Gestaltungen

Für die Durchführung von Nießbrauchgestaltungen können sowohl steuerliche als auch nichtsteuerliche Gründe ausschlaggebend sein[2]. In den meisten Fällen werden jedoch - wegen des erheblichen Einflusses der Besteuerung auf den Nießbrauch - steuerliche Erwägungen die dominierende Rolle spielen. So können selbst Vermögensverteilungsmaßnahmen, die mit dem Ziel der Existenzsicherung des Vermögensinhabers oder anderer Beteiligter (ohne Rücksicht auf steuerliche Wirkungen) durchgeführt werden, nach Einbeziehung steuerlicher Einflußgrößen nicht mehr in dem ursprünglich gewollten Maße zur Existenzsicherung beitragen oder sich sogar als existenzgefährdend herausstellen. Es ist daher erforderlich, in die Beurteilung konkreter Nießbrauchgestaltungen stets steuerliche Aspekte einfließen zu lassen.

Im Rahmen dieser Arbeit hat es sich als zweckmäßig erwiesen, zunächst die gesamte finanzielle Tragweite einer angestrebten Gestaltung zu klären, bevor unter Berücksichtigung der übrigen Vor- und Nachteile der Maßnahme ein Gesamturteil gefällt wird. Als anschauliche Größe für die finanzielle Tragweite einer Nießbrauchgestaltung hat sich die Vermögensänderung herausgestellt, die bei der Durchführung der Gestaltung im Vergleich zur Unterlassensalternative während eines festgelegten Planungszeitraumes zu erzielen ist.

---

1) Vgl. M. TROLL: Rdnr. 6 zu § 7 und Rdnr. 11 zu § 12 ErbStG.

2) Vgl. oben, Seite 17 ff.

Die Ergebnisse der durchgeführten Analyse sind auf zukünftige Gestaltungen unmittelbar anwendbar. Sie werden im folgenden zusammengefaßt und in Form von Gestaltungsempfehlungen formuliert:

1. Der Nießbrauch (an Grundstücken) hat seit der Rechtsprechungsänderung des Bundesfinanzhofs als steuerpolitisches Gestaltungsinstrument eine Schlechterstellung erfahren, seine in bürgerlich-rechtlicher Hinsicht vorteilhaften Eigenschaften bestehen jedoch ungeschmälert fort. Die verschiedenen Formen des Nießbrauchs bieten nach geltender Rechtslage zum Teil dennoch wirkungsvolle Möglichkeiten, um die Steuerbelastung innerhalb des Familienverbandes erheblich zu beeinflussen.

2. Von den Nießbraucharten des Zuwendungsnießbrauchs und des Vorbehaltsnießbrauchs wird der Zuwendungsnießbrauch auch nach der Reform der Nießbrauchbesteuerung mit finanziellem Erfolg in Anspruch genommen werden können. Die vorteilhafte Durchführung des Zuwendungsnießbrauchs setzt voraus, daß ein ausreichendes einkommensteuerliches Progressionsgefälle zwischen den Nießbrauchbeteiligten besteht[1].

3. Der herkömmlich ausgestaltete unentgeltliche Zuwendungsnießbrauch wird allerdings nur dann noch finanziell interessant sein, wenn der Progressionsvorteil aus der Verlagerung von Einkünften auf den Nießbraucher höher einzuschätzen ist als die steuerliche Mehrbelastung,

---

1) Ein ausreichendes Progressionsgefälle besteht, wenn im Falle der Durchführung des Nießbrauchs das zu versteuernde Einkommen des Nießbrauchbestellers höher ist als das zu versteuernde Einkommen des Nießbrauchers.

die beim Nießbrauchbesteller durch den Verlust der Absetzungen für Abnutzung auf das Nießbrauchobjekt und des Werbungskostenabzugs entsteht. Die Gestaltung eines unentgeltlichen Zuwendungsnießbrauchs erfordert nunmehr die Übernahme sämtlicher gewöhnlicher und außergewöhnlicher Grundstückslasten durch den Nießbraucher, um deren steuerliche Abzugsfähigkeit zu sichern. Erfolgt die Nießbrauchbestellung an einem bereits voll abgeschriebenen Objekt, sind die Vermögensnachteile aufgrund der Rechtsprechungsänderung des Bundesfinanzhofs zum Nießbrauch erheblich reduziert.

4. Neben dem unentgeltlichen Zuwendungsnießbrauch wird in Zukunft auch der teilentgeltliche bzw. vollentgeltliche Zuwendungsnießbrauch Bedeutung erlangen. Die Höhe der aus dem nießbrauchbelasteten Grundstück fliessenden Roherträge ist bestimmend für die Frage, ob ein unentgeltliches, teilentgeltliches oder entgeltliches Nießbrauchverhältnis begründet werden sollte und welche Lastenaufteilung dabei vorzunehmen ist. Es wird diesbezüglich auf die Übersichten 12 und 13 verwiesen[1].

5. Für die weitere Ausgestaltung eines Zuwendungsnießbrauchs ist zu beachten: Sofern Schenkungsteuer anfällt, sind kürzere Nießbrauchzeiträume längeren Zeiträumen vorzuziehen. Die Schenkungsteuer sollte in laufenden Beträgen vom Nießbraucher entrichtet werden. Bei Vereinbarung eines teilentgeltlichen bzw. vollentgeltlichen Zuwendungsnießbrauchs sollte auch das Nießbrauchentgelt über die Dauer des Nießbrauchs in laufenden Beträgen zu leisten sein. Die Zahlung in einem Einmalbetrag ist nur dann günstig, wenn ein ungewöhnlich niedriges Zinsniveau herrscht.

---

1) Vgl. oben, Seite 179 und 181.

6. Als Alternative zum Zuwendungsnießbrauch an Grundstükken ist die Vereinbarung eines obligatorischen Nutzungsrechts in Form eines Miet- oder Leihvertrages erwägenswert, wenn auf die dingliche Sicherung des Überlassungsvertrages verzichtet werden kann. Im weiteren Sinne kommt die Schenkung des Grundstücks gegen Einräumung einer Rente bzw. rentenähnlichen Leistung in Betracht, vorausgesetzt, die Maßnahmen führen über den einkommensteuerlichen Progressionseffekt zu beachtenswerten Steuerersparnissen und der Übertragende ist in der Lage und bereit, schon zu Lebzeiten unter Aufgabe sämtlicher Eigentumsrechte das Grundstück einschließlich der damit verbundenen Möglichkeit der Einkunftserzielung zu übertragen.

7. Der Vorbehaltsnießbrauch sollte in Zukunft durch andere Gestaltungsmaßnahmen ersetzt werden. Da die Übertragung eines Grundstücks unter Nießbrauchvorbehalt regelmäßig einkommensneutral erfolgt, sind einkommensteuerliche Ersparniswirkungen grundsätzlich ausgeschlossen. Im Vergleich zu anderen Vermögensverteilungsmaßnahmen, bspw. zur Sofortschenkung, kann der Vorbehaltsnießbrauch allerdings zu Ersparnissen im Bereich der Erbschaft- bzw. Schenkungsteuer führen.

8. Dem eigentlichen Sinn des Vorbehaltsnießbrauchs, die nachfolgende Generation an der Verantwortung für die Substanz von Vermögenswerten zu beteiligen, ohne der abtretenden Generation den Nutzen daraus zu entziehen, wird nach geltender Rechtslage nicht entsprochen. Der Nießbrauchbesteller ist weder berechtigt, Abschreibungen auf das Nießbrauchobjekt vorzunehmen, noch kann er sonstige Werbungskosten steuerlich geltend machen. Sofern die Bestellung des Vorbehaltsnießbrauchs als unverzichtbar angesehen wird, sollte sich der Nießbrauchbesteller, um wenigstens einen Teil der Werbungskosten steuermindernd berücksichtigen zu können,

in Höhe der gewöhnlichen und außergewöhnlichen Grundstückslasten zu Bargeldleistungen an den Nießbraucher verpflichten. Die geleisteten Beträge wären beim Nießbrauchbesteller als dauernde Last im Rahmen der Sonderausgaben abzugsfähig und vom Nießbraucher als wiederkehrende Bezüge zu versteuern.

9. Die besten Voraussetzungen für die Durchführung eines Vorbehaltsnießbrauchs sind dann gegeben, wenn der Nießbraucher auch nach der Nießbrauchbestellung sämtliche Grundstückslasten trägt. Für die Ausgestaltung des Nießbrauchverhältnisses ist beachtlich, daß eine möglichst lange Nießbrauchdauer den Wert des Nießbrauchs erhöht, insgesamt jedoch den Wert der Schenkung herabmindert. Die Zahlung der Schenkungsteuer sollte vom Nießbraucher (Schenker) vorgenommen werden.

10. Der Grundstücksübertragung unter Nießbrauchvorbehalt ist die Übertragung gegen eine Rente oder rentenähnlichen Leistung vorzuziehen. Die Übertragung gegen Rente oder rentenähnliche Leistung ermöglicht die steuerlichen Vorteile, die nach früherer Rechtslage durch die Gestaltung des Bruttonießbrauchs herbeigeführt wurden.

11. Die bisher gezogenen Schlußfolgerungen sind grundsätzlich auch für den Nießbrauch im betrieblichen Bereich zutreffend. Darüber hinaus gilt: Die Bestellung von Nießbrauchrechten kann im betrieblichen Bereich gegenüber Nießbrauchbestellungen im privaten Bereich in bestimmten Situationen zu besseren Ergebnissen führen. In erster Linie sind dafür gewerbesteuerliche Ersparniswirkungen verantwortlich.

12. Der unentgeltliche Zuwendungsnießbrauch *an* Betriebsgrundstücken bietet zwar durch die Verlagerung von Einkünften in die private Sphäre die Möglichkeit der Gewerbesteuerersparnis; möglicherweise wird dieser

Vorteil aber durch die Versteuerung eines Entnahmegewinns kompensiert. Durch die Vereinbarung eines Teilentgelts läßt sich die Entnahme des nießbrauchbelasteten Grundstücks vermeiden.

13. Die Nießbrauchbestellung an Grundstücken *für* betriebliche Zwecke hat zur Folge, daß die Abschreibungen auf das Nießbrauchobjekt nicht, wie im Falle des Nießbrauchs an Privatgrundstücken, verlorengehen, sondern vom Nießbraucher in Anspruch genommen werden können.

14. Durch die unentgeltliche Übertragung eines Betriebsgrundstücks unter Nießbrauchvorbehalt kann das betriebliche Abschreibungsvolumen u.U. erhöht werden.

C. Altverträge

1. Voraussetzungen

Die einschneidenden Änderungen in der steuerlichen Behandlung des Nießbrauchs erfordern auch die Überprüfung der wirtschaftlichen Folgen bestehender Nießbrauchverträge sowie solcher Verträge, die nach alter Rechtslage abgeschlossen wurden, aber erst durch spätere Ereignisse, wie z.B. Erbfolgen, ein Nießbrauchverhältnis entstehen lassen. Sollte sich herausstellen, daß die Konsequenzen der überprüften Nießbrauchverhältnisse mit den von den Nießbrauchbeteiligten verfolgten Zielen nicht mehr in Einklang zu bringen sind, ist eine Änderung oder Ablösung der Verträge in Erwägung zu ziehen.

Die Finanzverwaltung hat in Erwartung eines hohen Anpassungsbedarfs bereits im Nießbrauch-Erlaß Anpassungsregelungen getroffen, die bis zum 31.3.1985[1] (verlängert durch das BMF-Schreiben vom 21.3.1985[2] bis zum 30.9.1985) vertragliche Änderungen ermöglichten, ohne von der Vorschrift des § 12 Nr. 2 EStG berührt zu werden[3]. Nach dem Auslaufen der Anpassungsfrist ist die Anwendung des § 12 Nr. 2 EStG nur ausgeschlossen, wenn einer der Nießbrauchbeteiligten einen Anspruch auf Vertragsanpassung unter dem Gesichtspunkt des Wegfalls der Geschäftsgrundlage hat. Von einem Wegfall der Geschäftsgrundlage wäre - bei der Zulässigkeit

---

1) Vgl. Nießbrauch-Erlaß II, Tz. 60 ff.

2) Vgl. BMF-Schreiben vom 21.3.1985 betr. einkommensteuerrechtliche Behandlung des Nießbrauchs und anderer Nutzungsrechte bei Einkünften aus Vermietung und Verpachtung, hier: Verlängerung der Frist zur Anpassung von Nießbrauchverträgen und bei Ablösung von Vorbehalts- und Vermächtnisnießbrauch - IV B1 - S 2253 - 49/85, BStBl I 1985, S. 121.

3) Vgl. Nießbrauch-Erlaß II, Tz. 60 ff.

von Steuerklauseln - auszugehen, wenn die Nießbrauchbeteiligten die steuerrechtlichen Folgen der Gestaltung zum Vertragsinhalt gemacht hätten oder glaubhaft machen könnten, daß sie ihre Vereinbarung auf die positive Erwartung der unveränderten steuerlichen Rechtsgrundlage gegründet haben (Steuerklausel)[1].

Angesichts der relativ kurzen Anpassungsfristen dürften sowohl im Falle eines bestehenden Zuwendungsnießbrauchs als auch im Falle einer vor der Änderung der Rechtsprechung zum Nießbrauch vollzogenen Grundstücksübertragung unter Nießbrauchvorbehalt i.d.R. die Voraussetzungen für den Fortfall der Geschäftsgrundlage gegeben sein, wenn sie im Hinblick auf zu erwartende steuerliche Vorteile eine Ausgestaltung als Bruttonießbrauch erfahren haben[2]. Vertragsanpassungen bzw. -auflösungen könnten daher vorgenommen werden, ohne sich steuerschädlich auszuwirken.

Bei der Anpassung oder vorzeitigen Aufhebung bestehender Nießbrauchverträge sind, wie bei der Bestellung von Nießbrauchrechten, bürgerlich-rechtliche Wirksamkeitsvoraussetzungen zu beachten. Nach § 877 BGB gelten die bei der Begründung oder Aufhebung eines Rechts anzuwendenden Rechtsnormen (§§ 873, 874, 876 BGB) auch dann, wenn der Inhalt eines Rechts an einem Grundstück geändert werden soll. Die Änderung des Nießbrauchrechts, z.B. die Änderung hinsichtlich der Lastenverteilung, wird nur durch Eintragung ins Grundbuch bürgerlich-rechtlich wirksam. Die Eintragung erfordert eine notariell beglaubigte Eintragungsbewilligung (§§ 19, 29 GBO). Zur Beendigung oder Aufhebung eines Nießbrauchs an einem Grundstück ist nach § 875 die

---

1) Vgl. BFH-Urteil vom 23.1.1967 NJW 1967, S. 1081 (1082 f.) sowie BGH-Urteil vom 2.2.1951 VZR 15/50, NJW 1951, S. 517 (518).

2) Vgl. dazu H.B. BRANDENBERG: Problemfälle aus der Praxis, S. 181.

Aufgabeerklärung des Berechtigten und die Löschung im Grundbuch erforderlich. Die Aufgabeerklärung ist eine einseitige, empfangsbedürftige und formfreie Willenserklärung. Zur Löschung ist eine notariell beglaubigte Löschungsbewilligung erforderlich (§§ 19, 29 GBO).

Tritt der Eigentümer eines Grundstücks in einen zwischen dem Nießbraucher und einem Mieter geschlossenen Mietvertrag ein oder wird dem Eigentümer die Ausübung des Nießbrauchs gemäß § 1059 BGB überlassen, ändert dieses nicht den eingetragenen Nießbrauch. Bürgerlich-rechtlich besteht der eingetragene Nießbrauch nach wie vor fort[1].

Soweit eine Änderungsvereinbarung zwischen Eltern und minderjährigen Kindern erfolgen soll, erfordert dieses die Bestellung eines Ergänzungspflegers. Darüber hinaus bedarf die Verfügung eines Minderjährigen über ein dingliches Recht gemäß § 1821 Abs. 1 Nr. 1 BGB der vormundschaftlichen Genehmigung. Der unentgeltliche Verzicht auf den Nießbrauch oder die Aufgabe der Vermieterstellung seitens des Vertreters eines Minderjährigen ist unzulässig, da insoweit eine Schenkung aus dem Kindesvermögen stattfindet (§§ 1641, 1804 BGB). Etwas anderes gilt, wenn der minderjährige Nießbraucher eine angemessene, d.h. eine nach dem kapitalisierten Wert des Nießbrauchs berechnete Gegenleistung erhält. Bei der Änderung der Lastenverteilungsregelung sind dem Minderjährigen die dadurch entstehenden Nachteile zu ersetzen, wobei die Gegenleistung auch in einer Verlängerung der Nießbrauchdauer bestehen kann[2].

---

1) Vgl. S. SPIEGELBERGER: Formulierungsvorschläge, S. 5843 ff.

2) Vgl. ebenda.

2. Anpassung bestehender Verträge

a) Änderung der Lastenverteilung

Der finanzielle Erfolg des Nießbrauchs an Grundstücken ist in hohem Maße abhängig von der Verteilung der Grundstückslasten auf die Nießbrauchbeteiligten. Sind im Rahmen einer bestehenden Nießbrauchvereinbarung keine Abmachungen über die Lastentragung getroffen, greift die gesetzliche Regelung, derzufolge der Nießbraucher nach Maßgabe der §§ 1041, 1045, 1047 BGB zur Erhaltung des Nießbrauchobjekts die laufenden gewöhnlichen Unterhaltskosten, die Prämien für die Versicherung des Objekts sowie die auf dem Grundstück ruhenden öffentlichen und privaten Lasten zu tragen hat.

Da der Eigentümer (Nießbrauchbesteller) im Falle des unentgeltlichen Zuwendungsnießbrauchs und des Vorbehaltsnießbrauchs nach neuer Rechtslage mangels Einnahmenerzielung vom Werbungskostenabzug ausgeschlossen ist, ergibt sich aus finanzieller Sicht in den Fällen ein Anpassungsbedarf an die neue Rechtslage, in denen der Eigentümer gesetzlich oder vertraglich zur Lastentragung verpflichtet ist. Insbesondere sind Nießbrauchfälle betroffen, die aus steuerlichen Gründen abgeschlossen wurden und dementsprechend eine Ausgestaltung als Bruttonießbrauch erfahren haben.

Besteht ein unentgeltlicher bzw. teilentgeltlicher Zuwendungsnießbrauch, sollten dem Nießbraucher durch Vertragsänderung sämtliche Grundstückslasten auferlegt werden, um insoweit einen Werbungskostenleerlauf zu vermeiden. Die Absetzungen für Abnutzung auf das Nießbrauchobjekt sind jedoch steuerlich verloren. Im Fall eines bestehenden Bruttonießbrauchs, der regelmäßig aus steuerlichen Motiven eingeräumt wurde, ist die Weiterführung des Nießbrauchverhältnisses unter Änderung der Lastenverteilung überwiegend zu empfehlen. Die durchgeführten Berechnungen haben gezeigt, daß die Verlagerung der Einkünfte aus dem Nießbrauchobjekt ohne Berücksichtigung der Abschreibungen auf das nießbrauchbelastete Gebäude immer noch günstiger ist, als die Zuordnung der Einkünfte beim (hochbesteuerten) Eigentümer unter Berücksichtigung der Abschreibungen.

Besteht ein entgeltliches Nießbrauchverhältnis, ist eine Vertragsanpassung nur erforderlich, wenn der Nießbraucher das Gebäude für eigene Wohnzwecke nutzt. Da der Nießbraucher in diesem Fall einem Mieter gleichgestellt wird und mangels Einnahmenerzielung nicht zum Werbungskostenabzug berechtigt ist, sollten dem Eigentümer sämtliche Grundstückslasten auferlegt werden, um deren steuerliche Abzugsfähigkeit zu retten[1]. Dabei ist allerdings zu beachten, daß mit der Übernahme der Grundstückslasten der Wert des Nießbrauchs steigt. Dieses führt möglicherweise zur Annahme eines teilentgeltlichen Nießbrauchverhältnisses mit der Konsequenz, daß dem Eigentümer in Höhe des unentgeltlich bestellten Teils des Nießbrauchs der Werbungskostenabzug versagt bleibt. Der volle Werbungskostenabzug ist gewährleistet, wenn der Nießbraucher in Höhe der nicht mehr übernommenen Lasten ein zusätzliches Nießbrauchentgelt entrichtet.

Auch bei Bestehen eines Vorbehaltsnießbrauchs sollte sich der Nießbraucher zur Übernahme sämtlicher Grundstückslasten verpflichten, um deren steuerliche Abzugsfähigkeit zu sichern. Häufig wird der Vorbehaltsnießbrauch jedoch mit der Absicht gewählt, dem neuen Eigentümer die Grundstückslasten aufzuerlegen. Zur steuerlich wirksamen Belastung des Eigentümers in Höhe der Grundstückslasten bietet sich hier die Möglichkeit, dem Nießbraucher sämtliche Grundstückslasten aufzuerlegen und dadurch einen Ausgleich zu schaffen, daß der Eigentümer zu Bargeldleistungen an den Nießbraucher in Höhe der Grundstückslasten verpflichtet wird, die als dauernde Last im Rahmen der Sonderausgaben Berücksichtigung finden können.

---

1) Vgl. Nießbrauch-Erlaß II, Tz. 30.

b) Änderung des Entgeltverhältnisses

Eine weitere Anpassungsmöglichkeit zur Begegnung des Werbungskostenleerlaufs beim Nießbraucher und der daraus resultierenden finanziellen Nachteile stellt die Änderung der Entgeltvereinbarung dar. Erhält der Eigentümer aufgrund des Nießbrauchs Entgeltzahlungen, erfüllt er den Tatbestand der Einkunftserzielung und ist damit zum Werbungskostenabzug berechtigt. Die Änderung der Entgeltvereinbarung ist auf den Zuwendungsnießbrauch beschränkt und führt nur in bestimmten Fällen zum Erfolg. Eine Anpassung sollte stets unter Beachtung der Höhe der Grundstückserträge, die aus dem Nießbrauchobjekt fließen, vorgenommen werden.

Im Rahmen der Vorteilhaftigkeitsanalyse des Zuwendungsnießbrauchs an Grundstücken wurde deutlich, daß die Vereinbarung eines vollentgeltlichen Nießbrauchs nur bei sehr hohen Roherträgen zu empfehlen ist, während bei geringen Roherträgen auf die Vereinbarung eines Nießbrauchentgelts verzichtet werden sollte[1]. Es hat sich ferner gezeigt, daß die Gestaltungsparameter Entgeltverhältnis und Lastentragungsverhältnis hinsichtlich ihrer finanziellen Wirkungen auf die Vorteilhaftigkeit in einem Abhängigkeitsverhältnis stehen und keinesfalls losgelöst voneinander eine Festlegung erfahren sollten.

Für die Mehrzahl der bestehenden Zuwendungsnießbrauchverhältnisse an Grundstücken, die aus steuerlichen Motiven als (unentgeltlicher) Bruttonießbrauch ausgestaltet wurden, sind aus wirtschaftlicher Sicht folgende Anpassungsmaßnahmen zu empfehlen: *(Die Angaben in Klammern beziehen sich auf die im Rahmen dieser Arbeit untersuchten Fallgestaltungen)*[2]. Fließen geringe Roherträge aus dem Grundstück *(ca. 28.000 bis 50.000 DM)*, ist der unentgeltliche Zuwendungsnießbrauch beizubehalten. Die Grundstückslasten sind dem Nießbraucher aufzuerlegen. Bei mittleren Grund-

1) Vgl. Übersicht 13, Seite 181.

2) Vgl. ebenda.

stücksroherträgen *(ca. 60.000 bis 100.000 DM)*, ist ein Teilentgelt zu vereinbaren. Auch in diesem Fall sollte der Nießbraucher die Grundstückslasten tragen. Sind sehr hohe Roherträge aus dem Grundstück zu erwarten *(ab ca. 110.000 DM)*, ist ein vollentgeltliches Nießbrauchverhältnis zu vereinbaren[1]. Das Nießbrauchentgelt darf nicht dem vollen Wert des Nießbrauchs entsprechen, sondern ist um ein angemessenes Bewirtschaftungs- und Vermieterrisiko des Nießbrauchers zu mindern. Sämtliche Grundstückslasten sollten nun vom Nießbrauchbesteller übernommen werden[2].

Während die Änderung der Lastenverteilung in den überwiegenden Fällen als bloße Modifizierung unter dem Gesichtspunkt des Wegfalls der Geschäftsgrundlage begründet werden kann, stellt sich bei der Änderung des Entgeltverhältnisses die Frage, ob die bloße Modifizierung eines Vertrages nicht überschritten ist und von einer Umqualifizierung auszugehen ist mit der Rechtsfolge, daß von vornherein die steuerliche Anerkennung einer solchen Maßnahme versagt bliebe[3]. Sofern vor Durchführung einer derartigen Anpassungsmaßnahme keine eindeutige Klärung über die steuerlichen Folgen herbeigeführt werden kann, sollte aus Sicherheitsgründen eine Aufhebung des Altrechts und eine Neubestellung des Nießbrauchs mit dem entsprechend geänderten Inhalt vorgenommen werden.

c) Änderung der Vermieterstellung

Als weitere Maßnahme zur Anpassung bestehender Nießbrauchverträge kommt die Änderung der Vermieterstellung bzw. die Überlassung der Ausübung des Nießbrauchs in Betracht: Im Falle eines bestehenden Nießbrauchs an einem vermieteten

---

1) Vgl. Übersicht 13, Seite 181.

2) Im einzelnen vgl. dazu Abschnitt IV, Seite 170 ff.

3) Vgl. S. SPIEGELBERGER: Handbuch des Nießbrauchs, S. 317 f. sowie RICHTER/HdR: Fach 8.2.2, Rdnr. 138.

Grundstück rückt der Eigentümer des Grundstücks durch eine zivilrechtlich wirksame Vereinbarung zwischen Nießbraucher und Eigentümer unter Mitwirkung oder Zustimmung des Mieters in die Vermieterstellung ein[1]. Es erfolgt somit eine rechtsgeschäftliche Übernahme des Mietvertrages durch den Eigentümer (§§ 398, 414 BGB) oder eine Überlassung der Ausübung des Nießbrauchs an den Eigentümer (§ 1059 BGB), ohne daß sich der Inhalt des Nießbrauchvertrages ändert. Eine notarielle Beurkundung ist mithin zivilrechtlich nicht erforderlich. Als Gegenleistung hat der Eigentümer ein angemessenes Entgelt zu entrichten.

Die Änderung der Vermieterstellung bzw. Überlassung der Ausübung des Nießbrauchs gegen Entgelt ist als Rückvermietung an den Eigentümer zu behandeln[2]. Der Nießbraucher hat das vom Eigentümer gezahlte Entgelt, das an die Stelle der bisherigen Mieterträge tritt, als Einnahmen i.S. des § 21 Abs. 1 Nr. 1 EStG zu versteuern. Der Eigentümer erzielt seinerseits Einnahmen aus Vermietung und Verpachtung und kann daher das an den Nießbraucher gezahlte Entgelt und sonstige Aufwendungen, die er als Unter- oder Weitervermieter vertraglich übernommen hat, als Werbungskosten oder Betriebsausgaben[3] geltend machen. Ob der Eigentümer auch die Absetzungen für Abnutzung geltend machen kann, ist zweifelhaft.

Im Falle des Vorbehaltsnießbrauchs ist der Eigentümer nicht berechtigt, Abschreibungen vorzunehmen, weil diese dem Vorbehaltsnießbraucher zustehen. Im Falle des Zuwendungsnießbrauchs läßt sich dagegen die Auffassung vertre-

---

1) Vgl. BFH-Urteil vom 26.4.1983 VIII R 205/80, BStBl II 1983, S. 502 (503 f.).

2) Vgl. RICHTER/HdR: Fach 8.2.2., Rdnr. 139 a mit Hinweis auf die Verfügung der OFD Karlsruhe vom 27.3.1984 betr. Anpassung von Nießbrauchverträgen - bürgerlich-rechtliche Formerfordernisse S 2227/ S 2520 A-St 221, StEK EStG § 21 Nr. 144 sowie Verfügung der OFD Freiburg vom 29.3.1984 betr. Änderung und Beendigung von Nießbrauchverträgen S 2520 A - St 33, StEK EStG § 21 Nr. 156.

3) Vgl. BFH-Urteil vom 5.7.1984 IV R 57/82, BStBl II 1986, S. 322.

ten, daß der Eigentümer zur Vornahme der Abschreibungen berechtigt ist, weil er einerseits die Aufwendungen für das Grundstück getragen hat, andererseits Einnahmen daraus erzielt[1].

Die Übertragung der Vermieterstellung ist als Anpassungsmaßnahme weitaus komplizierter als die bloße Änderung der Lastenverteilung, wenngleich die daraus resultierenden finanziellen Vorteile höher einzuschätzen sind. Mit dem Einrücken des Eigentümers in die Vermieterstellung wird u.U. ermöglicht, daß sämtliche Aufwendungen, die mit dem Nießbrauchobjekt im Zusammenhang stehen, von diesem (als i.d.R. höherbesteuertem Nießbrauchbeteiligten) als Werbungskosten abgezogen werden können. Die bloße Umverteilung der Grundstückslasten auf den Nießbraucher kann dagegen nur den steuerlichen Leerlauf dieser Aufwendungen verhindern, indem die Lasten dem gering besteuerten Nießbraucher auferlegt werden. Ein weiterer finanzieller Vorteil der Übertragung der Vermieterstellung auf den Eigentümer ist darin zu sehen, daß diese Gestaltung keiner notariellen Beurkundung bedarf, während die Änderung der Lastenverteilung erst nach der Eintragung im Grundbuch dingliche Wirkung entfalten kann.

d) Umwandlung des Nießbrauchs

Die Anpassung bestehender Nießbrauchverhältnisse an die neue Rechtslage kann auch durch Umwandlung bestehender Nießbrauchrechte in vergleichbare Recht bzw. in Rechte, die zu vergleichbaren Wirkungen führen, erfolgen. Die Umwandlung eines bestehenden Nießbrauchs in ein grundbuchmäßig nicht gesichertes obligatorisches Nutzungsrecht ist

---

1) Anderer Ansicht: H.B. BRANDENBERG: Problemfälle aus der Praxis, S. 184; zweifelnd RICHTER/HdR: Fach 8.2.2., Rdnr. 139 a.

jederzeit vollziehbar, da es der Disposition der Nießbrauchbeteiligten obliegt, auf die Eintragung eines vereinbarten Rechts im Grundbuch zu verzichten bzw. eine grundbuchmäßige Eintragung löschen zu lassen, ohne den wirtschaftlichen Kern der zugrunde liegenden Vereinbarung zu berühren[1].

Nach derzeit gültiger Rechtslage sollte diese Anpassungsmöglichkeit jedoch nicht in Anspruch genommen werden. Die Umwandlung eines Zuwendungsnießbrauchs in ein zugewendetes obligatorisches Nutzungsrecht führt weder zu finanziellen Vorteilen noch zu finanziellen Nachteilen. Die Umwandlung eines im Rahmen einer Grundstücksübertragung vorbehaltenen Nießbrauchs in ein obligatorisches Nutzungsrecht hat den Verlust der Abschreibungen auf das Nießbrauchobjekt zur Folge[2].

Die Umwandlung bestehender Nießbrauchrechte in Renten oder rentenähnliche Leistungen stellt mehr als eine Modifizierung bestehender Nießbrauchverträge dar. Derartige Umwandlungsmaßnahmen erfordern zunächst die Löschung bzw. Aufhebung bestehender Nießbrauchverhältnisse, bevor diese durch neue Gestaltungen abgelöst werden. Entsprechende Gestaltungsempfehlungen werden im folgenden Gliederungspunkt mitbehandelt.

3. Vorzeitige Aufhebung gegen einmalige oder laufende Zahlungen

Führt die Änderung der Lastenverteilung oder des Entgeltverhältnisses nicht zu befriedigenden Ergebnissen - dieses kann z.B. der Fall sein, weil die steuerlich verlorengehenden Abschreibungen auf das Nießbrauchobjekt zu hoch sind

---

1) Vgl. S. SPIEGELBERGER: Formulierungsvorschläge, S. 5845.

2) Vgl. BFH-Urteil vom 7.8.1985, VIII R 71/81, FR 1985, S. 616.

oder das einkommensteuerliche Progressionsgefälle zwischen den Nießbrauchbeteiligten nicht ausreicht -, ist die vorzeitige Aufhebung bzw. Ablösung des Nießbrauchs in Betracht zu ziehen. Für die häufigsten Bedarfsfälle des unentgeltlichen Zuwendungsnießbrauchs und des Vorbehaltsnießbrauchs werden im folgenden mögliche Ablösungsmaßnahmen erörtert.

Die vorzeitige Aufhebung eines Nießbrauchs wird regelmäßig nicht ohne Gegenleistung erfolgen. Ist ein unentgeltlicher Zuwendungsnießbrauch wirksam bestellt worden und kommen die Nießbrauchbeteiligten zu dem Entschluß, das Nießbrauchverhältnis gegen Zahlungen bzw. Leistungen des Eigentümers an den Nießbraucher abzulösen, sind darin nach Ansicht der Finanzverwaltung Zuwendungen i.S. des § 12 Nr. 2 EStG zu erblicken[1]. Der (bisherige) Nießbraucher hat die Leistungen nicht als Einkünfte zu versteuern. Beim neuen Eigentümer liegen weder nachträgliche Anschaffungskosten noch Werbungskosten vor.

Die Auffassung der Finanzverwaltung findet in der Literatur allerdings nur z.T. Zustimmung. *Stephan* und *Brandenberg* halten Ausgleichszahlungen zur Ablösung eines unentgeltlichen Zuwendungsnießbrauchs beim Eigentümer als Werbungskosten für abzugsfähig, weil der Eigentümer die Vermögenswerte und daher die zu beachtende Rechtsposition des Nießbrauchers ablöse, um selbst wieder Einnahmen zu erzielen[2].

Dem tritt *Meyer* zutreffend entgegen, der die Ablösung nicht durch die beabsichtigte Einkunftserzielung, sondern durch den bisherigen Verzicht auf Einkunftserzielung veranlaßt sieht. Die Ablösung stelle nicht, wie Mietabfindungen durch den Vermieter, den letzten Akt bisheriger

---

1) Vgl. Nießbrauch-Erlaß II, Tz. 25.

2) Vgl. H.B. BRANDENBERG: Problemfälle aus der Praxis, S. 86 ff. sowie R. STEPHAN: Zweiter Nießbrauch-Erlaß, S. 10 f.

Einkunftserzielung dar, sondern lediglich den letzten Akt einer - bewußt auf Einkunftsverzicht angelegten - privat veranlaßten Maßnahme[1]. Ausgleichszahlungen zur Ablösung des unentgeltlichen Zuwendungsnießbrauchs sind, wie auch *Richter* betont, ebenso wie eventuelle Kreditzinsen zur Finanzierung der außerhalb der Einkunftsart Vermietung und Verpachtung liegenden Privatsphäre zuzuordnen und dementsprechend zu beurteilen[2].

Meyer und *Richter* erachten hingegen den Abzug von Ablösezahlungen als dauernde Last im Rahmen der Sonderausgaben gemäß § 10 Abs. 1 Nr. 1 a EStG unter bestimmten Voraussetzungen als zulässig, ohne daß § 12 Nr. 2 EStG dem entgegenstünde[3]. Es wird darauf hingewiesen, daß hierbei der Wert des abzulösenden Nießbrauchrechts einerseits nicht weniger als die Hälfte des Wertes der (für mindestens 10 Jahre) vereinbarten dauernden Last betragen darf, andererseits dem Wert der dauernden Last auch nicht voll entsprechen kann, da ansonsten ein nach kaufmännischen Gesichtspunkten ausgeglichener Leistungsaustausch zu unterstellen sei[4].

Der Bundesfinanzhof hat diesbezüglich - z.T. in Abweichung von der bisherigen Rechtslage[5] - im Urteil vom 13.8.1985 entschieden, daß entgeltlich im Austausch mit einer Gegenleistung übernommene dauernde Lasten nur insoweit als Sonderausgaben abgezogen werden können, als der Wert der

---

1) Vgl. B. MEYER: Ablösung von Nießbrauchrechten, S. 2217 mit Hinweis auf das BFH-Urteil vom 25.7.1972 VIII R 56/68, BStBl II 1972, S. 880.

2) Vgl. RICHTER/HdR: Fach 8.2.2., Rdnr. 123.

3) Vgl. ebenda sowie B. MEYER: Ablösung von Nießbrauchrechten, S. 2218.

4) Vgl. dazu das Beispiel bei B. MEYER: Ablösung von Nießbrauchrechten, S. 2218 sowie R. STEPHAN: Die Wertverrechnung bei privaten dauernden Lasten - Zugleich Besprechung des BFH-Urteils vom 13.8.1985 IX R 10/80, BStBl II 1985, S. 709 = DB 1985, S. 2594 -, DB 1986, S. 450 - 454 (451).

5) Vgl. BFH-Urteile vom 27.9.1973 VIII R 71/69, BStBl II 1974, S. 101 (102); vom 17.12.1965 VI 294/64 U, BStBl III 1966, S. 244; vom 16.9.1965 IV 67/61 S, BStBl III 1965, S. 706 sowie JANSEN/WREDE: Renten, S. 222 f.

wiederkehrenden Leistungen den Wert der Gegenleistung übersteigt[1]. Er begründet seine Auffassung damit, daß der Leistungsaustausch zunächst nicht zu einer Minderung der Leistungsfähigkeit des Steuerpflichtigen führt, der mit dem Abzug als dauernde Last nach § 10 Abs. 1 Nr. 1 a EStG Rechnung getragen werden soll, sondern nur zu einer Vermögensumschichtung[2].

Da die Leistungspflicht eines Steuerpflichtigen, der ein bestehendes Nießbrauchrecht gegen Vereinbarung einer rentenähnlichen Leistung ablöst, insoweit einer Minderung unterliegt, als der Wert der Leistung den (Rest-)Wert des Nießbrauchrechts übersteigt, kommt ein Abzug der rentenähnlichen Leistung als dauernde Last nach den Grundsätzen des Urteils vom 13.8.1985 folglich nur für den übersteigenden Teil der rentenähnlichen Leistung in Betracht. Die daraus resultierenden finanziellen Vorteile sind nicht von großer Bedeutung, wenn berücksichtigt wird, daß der (ehemalige) Nießbraucher in entsprechender Höhe Einkünfte nach § 22 Nr. 1 EStG zu versteuern hat. Bei entsprechender Ausgestaltung dürfte die Ablösung des unentgentlichen Zuwendungsnießbrauchs durch eine rentenähnliche Leistung unter Vorbehalt des § 323 ZPO von seiten der Finanzverwaltung keine Ablehnung erfahren.

Zahlungen zur Ablösung eines nach unentgeltlicher Grundstücksübertragung vorbehaltenen Nießbrauchrechts werden den Zahlungen zur Ablösung eines unentgeltlichen Zuwendungsnießbrauchs gleichgestellt und von der Finanzverwaltung als Zuwendungen i.S. des § 12 Nr. 2 EStG qualifiziert[3]. Ob die Finanzverwaltung die steuerliche Berück-

---

1) Vgl. BFH-Urteil vom 13.8.1985 IX R 10/80, BStBl II 1985, S. 709 (710), eingehend dazu: E. BIERGANS: Zur Saldierung entgeltlich begründeter privater dauernder Lasten mit dem Wert der Gegenleistung, DStR 1986, S. 141 - 144 sowie R. STEPHAN: Wertverrechnung, S. 450 ff.

2) Vgl. ebenda.

3) Vgl. Nießbrauch-Erlaß II, Tz. 43 a, 46 i.V.m. 25.

sichtigung von Ablösezahlungen, die als wiederkehrende Zahlungen geleistet werden, befürwortet oder darin ebenso unkritisch Zuwendungen i.S. des § 12 Nr. 2 EStG erblickt, ist nicht eindeutig geklärt[1].

Sofern die Finanzverwaltung in den Ablösezahlungen Zuwendungen i.S. des § 12 Nr. 2 EStG erblickt, ist diese Auffassung abzulehnen, da den Ablösezahlungen die Aufgabe des Nießbrauchrechts gegenübersteht. Erforderlich ist allerdings, daß der Wert des abgelösten Nießbrauchrechts mindestens 50 v.H. des Kapitalwerts der Ablösezahlungen beträgt.

Die Ablösung gegen eine rentenähnliche Leistung hat bspw. zur Folge, daß dem neuen Eigentümer nach Aufhebung des Nießbrauchs die Grundstückserträge, vermindert um Grundstückslasten sowie Absetzungen für Abnutzung auf das Nießbrauchobjekt, zufließen. Der neue Eigentümer ist gemäß § 11 d EStDV Rechtsnachfolger des Vorbehaltsnießbrauchers. Er kann allerdings auch hier die an den (ehemaligen) Vorbehaltsnießbraucher geleisteten Beträge nicht in voller Höhe als dauernde Last steuerlich geltend machen. Im Gegensatz zu einer rentenähnlichen Leistung, die im Zusammenhang mit einer Grundstücksschenkung (als Auflage) vereinbart wird, um den Übertragenden zu versorgen[2], stellen die Zahlungen zur Ablösung des Vorbehaltsnießbrauchs Leistungen dar, die im Austausch für die Einkünfte aus dem Nießbrauchobjekt erbracht werden[3]. Leistung und Gegenleistung sind daher zu verrechnen mit der Folge, daß lediglich der die Gegenleistung übersteigende Anteil der rentenähnlichen Leistung als dauernde Last abzugsfähig ist[4].

---

1) Vgl. dazu H.B. BRANDENBERG: Problemfälle aus der Praxis, S. 122 ff.

2) Vgl. oben, Seite 243 ff.

3) BFH-Urteil vom 13.8.1985 IX R 10/80, BStBl II 1985, S. 710.

4) Vgl. ebenda.

Erfolgt die Ablösung des Nießbrauchs gegen einen Einmalbetrag, ist wiederum zunächst im Hinblick auf die Anwendung des § 12 Nr. 2 EStG zu prüfen, ob die zwischen den Beteiligten getroffene Ablösevereinbarung auch unter Fremden in der Form getroffen worden wäre. Besteht für die Anwendung des § 12 Nr. 2 EStG kein Raum, sind die Abstandszahlungen als (nachträgliche) Anschaffungskosten des Grundstücks zu qualifizieren. Die Grundsätze des BFH-Urteils vom 21.12.1982, demzufolge Zahlungen zur Befreiung eines Grundstücks von einer dinglichen Belastung nachträgliche Anschaffungskosten des Grundstücks darstellen, können hier ungehindert Anwendung finden[1)]. Auf seiten des Nießbrauchers sind die in einem Einmalbetrag zugeflossenen Ablösezahlungen wegen seiner Stellung als Quasi-Eigentümer dem Vermögensbereich zuzuordnen[2)].

Da bei der Ablösung eines Nießbrauchs regelmäßig ein dem Verkehrswert des Nießbrauchs entsprechendes Entgelt vom verpflichteten Eigentümer des belasteten Vermögens gezahlt wird, löst ein derartiger Vorgang keine Schenkungsteuer aus[3)]. Weder der Nießbraucher, der den Ablösungsbetrag erhält, noch der zahlende Eigentümer, dem nunmehr das unbelastete Vermögen zusteht, erfährt durch den Ablösevorgang eine Bereicherung[4)].

D. Rechtliche und wirtschaftliche Folgen für die Nießbrauchbeteiligten

Die Anpassung bzw. Aufhebung bestehender Nießbrauchverhältnisse zur Beseitigung ihrer nachteiligen steuerlichen Wirkungen kann in vielen Fällen nur unter besonderer Berück-

---

1) Vgl. BFH-Urteil vom 21.12.1982 VIII R 215/78, BStBl II 1983, S. 410.

2) Vgl. H.B. BRANDENBERG: Problemfälle aus der Praxis, S. 126 f.

3) Vgl. Erlaß FinMin. NRW betr. Anpassung von Nießbrauchverträgen an die geänderte einkommensteuerliche Rechtslage S 3840 - 1 - V A 2, DB 1986, S. 1311.

4) Vgl. M. TROLL: Ende des Nießbrauchs bei der Erbschaft- und Schenkungsteuer, BB 1985, S. 2099 - 2104 (2102).

sichtigung der sonstigen wirtschaftlichen und rechtlichen Konsequenzen einzelner Maßnahmen erfolgen. Im Einzelfall ist zu überprüfen, ob und unter welchen Umständen die vorgesehenen vertraglichen Änderungen überhaupt durchsetzbar sind. Vielfach werden Interessenkonflikte zu bewältigen sein. Bei Nießbrauchbestellungen zugunsten Minderjähriger werden Schwierigkeiten mit den Vormundschaftsgerichten auftreten[1].

Wird die Umverteilung von Grundstückslasten auf den Nießbraucher erwogen, ist bspw. zu klären, ob die Lastenübernahme für den Nießbraucher wirtschaftlich noch tragbar ist. Die gleiche Frage ist zu stellen, wenn ein Nießbrauchentgelt vereinbart werden soll. Bei der vorzeitigen Aufhebung von Nießbrauchrechten ist möglicherweise sicherzustellen, daß die bisherige rechtliche und wirtschaftliche Stellung des Nießbrauchers nach Beendigung des Nießbrauchs durch Ausgleichszahlungen bzw. andere Maßnahmen erreicht wird.

Beachtet werden sollten auch zivilrechtliche Gefahren, die mit der Anpassung bestehender Nießbrauchrechte verbunden sein können. Verpflichtet sich der Nießbraucher notariell zur Übernahme sämtlicher Grundstückslasten, bleibt diese Verpflichtung im Falle der Veräußerung des Grundstücks gegenüber jedem neuen Eigentümer bestehen[2]. Wird nach Ablösung eines Nießbrauchs gegen Rente oder rentenähnliche Leistung ersatzweise ein Miet- oder Leihvertrag über das Nießbrauchobjekt geschlossen, ist die mindere Qualität eines derartigen obligatorischen Nutzungsrechts in Betracht zu ziehen. Die Gefahr der Kündigung wegen Eigenbedarf oder des Konkurses des Eigentümers dürfte in der Praxis als faktisches Hindernis für eine Aufhebung bzw. Ablösung des Nießbrauchs durchaus eine Rolle spielen[3].

---

1) Hierauf weist K. KORN (Nießbrauch-Erlaß, S. 5371) hin.

2) Vgl. W. ZENTHÖFER: Private Grundstücke, S. 145.

3) Vgl. ebenda, S. 146.

VI. SCHLUSSBETRACHTUNG UND AUSBLICK

Das Rechtsinstitut des Nießbrauchs ist im Hinblick auf die steuerlichen Zielsetzungen, deren Verwirklichung mit seiner Inanspruchnahme einst garantiert war, nicht mehr unumstritten. Dieser Zustand ist jedoch nicht neu. Während die bürgerlich-rechtliche Regelung des Nießbrauchs seit mehr als 80 Jahren in ihrem Kern unverändert geblieben ist[1], unterlag die steuerrechtliche Behandlung des Nießbrauchs (insbesondere des Nießbrauchs unter nahen Angehörigen) einem wiederholten Sinneswandel der Finanzrechtsprechung. Dem Nießbrauch unter nahen Angehörigen war zeitweilig die steuerrechtliche Anerkennung völlig untersagt[2].

Mit ihrer unsteten Rechtsauffassung zur Besteuerung des Nießbrauchs hat die Finanzrechtsprechung zwar bei allen mit der Vereinbarung oder Beurteilung von Nießbrauchrechten Befaßten - Steuerzahler, ihre Berater und die Finanzämter - erhebliche Rechtsunsicherheit und Ratlosigkeit verbreitet, dennoch sollte nicht verkannt werden, daß es der Rechtsprechung der letzten Jahre gelungen ist, durch die Herauslösung des Begriffs der Einkunftsquelle aus der Nießbrauchbesteuerung und die Klärung der Frage, ob und inwieweit die Regelung des § 12 Nr. 2 EStG bei der Einräumung dinglicher oder obligatorischer Nutzungsrechte zur Anwendung kommt, entscheidende Streitpunkte zu beseitigen.

Keinesfalls zufriedenstellend gelöst wurde allerdings die Frage des Werbungskostenabzugs[3] beim Nießbraucher und Nießbrauchbesteller. In erster Linie der von der Rechtsprechung des Bundesfinanzhofs bevorzugte *Teilungsgedanke*, demzufolge eine Berücksichtigung von Werbungskosten beim

---

1) Vgl. R. CHARLIER: Einkommensbesteuerung, S. 231.

2) Vgl. oben, Seite 27.

3) Für die Verrechnung von Betriebsausgaben bei Nießbrauchbestellungen im betrieblichen Bereich gilt grundsätzlich entsprechendes.

Nießbrauchbesteller nur in Höhe des Entgeltverhältnisses zulässig ist, hat zu einer Vielzahl unterschiedlicher Gestaltungsmöglichkeiten geführt, deren wirtschaftliche Folgewirkungen im Einzelfall nur schwer zu überblicken sind.

Die vorliegende Untersuchung bietet einen Ansatz, um die daraus für den Rechtsanwender resultierenden Entscheidungs- und Planungsprobleme zu lösen. Aufgrund der durchgeführten Berechnungen konnten die Folgewirkungen unterschiedlich ausgestalteter Nießbrauchverhältnisse transparent gemacht werden. Es wurden Handlungsempfehlungen abgeleitet, die im konkreten Einzelfall eine - im Hinblick auf das Ziel der Maximierung des Vermögens der Nießbrauchbeteiligten - optimale Ausgestaltung von Nießbrauchverhältnissen ermöglichen.

Als wesentliches Ergebnis der Analyse hat sich herausgestellt, daß der Zuwendungsnießbrauch an Grundstücken auch in Zukunft seinen Zweck als steuerpolitisches Gestaltungsinstrument erfüllen wird. Für die Höhe des Entgeltverhältnisses und die Aufteilung der Grundstückslasten auf die Nießbrauchbeteiligten konnten, in Abhängigkeit von der Höhe der Grundstückserträge, Vorteilhaftigkeitsbereiche festgelegt werden[1]. Die Analyse des Vorbehaltsnießbrauchs im Vergleich zu alternativen Sachverhaltsgestaltungen hat ergeben, daß an die Stelle einer Grundstücksübertragung unter Nießbrauchvorbehalt in Zukunft die Grundstücksübertragung gegen Rente oder rentenähnliche Leistung treten sollte.

Da für die unterschiedlichen Anwendungsfälle des Nießbrauchs jeweils im Anschluß an die betreffenden Analyseschritte ein Maßnahmenkatalog aufgestellt wurde und die darin enthaltenen Empfehlungen bereits für bestehende und neu zu bestellende Nießbrauchverhältnisse aufge-

---

1) Vgl. oben, Seite 179 ff.

arbeitet wurden, kann auf eine erneute Darlegung der Untersuchungsergebnisse an dieser Stelle verzichtet werden. Es wird auf die entsprechenden Ausführungen verwiesen[1].

An dieser Stelle sei noch einmal darauf hingewiesen, daß die im Rahmen der Untersuchung durchgeführten Berechnungen, abgesehen vom Ansatz des Bewirtschaftungs- und Vermieterrisikos beim Nießbraucher, streng dem Teilungsgedanken des Bundesfinanzhofs gefolgt sind. Von seiten der Finanzverwaltung liegen derzeit keine Anweisungen vor, die - aus Vereinfachungsgründen - ein Abweichen von dieser Regelung zulassen. Sollte sich die Finanzverwaltung jedoch zu einer Festlegung bestimmter Richtwerte entschließen, wird damit der Gestaltungsspielraum der Nießbrauchbeteiligten erhöht. Denkbar ist bspw., daß die Finanzverwaltung ein *Nießbrauchverhältnis* auch dann noch als vollentgeltlich anerkennt, wenn das Nießbrauchentgelt nur 50 v.H. des Werts des Nießbrauchs erreicht. In diesem Fall wäre der Nießbrauchbesteller trotzdem zum vollen Werbungskostenabzug (einschließlich der Abschreibungen auf das Nießbrauchobjekt) berechtigt.

Abschließend bleibt die Frage zu stellen, inwieweit die aufgezeigten wirtschaftlichen Folgen des Grundstücksnießbrauchs tatsächlich für langfristige Planungsüberlegungen herangezogen werden können. Es würde nicht verwundern, wenn der Bundesfinanzhof - nachdem nunmehr die wesentlichen Fallgestaltungen entschieden sind - seine

---

1) Vgl. insbesondere Seite 54 und 71 ff. (Leitlinien zur steuerrechtlichen Behandlung des Nießbrauchs); Seite 175 ff. (Entscheidungsregeln für den Zuwendungsnießbrauch); Seite 204 ff. (Entscheidungsregeln für den Vorbehaltsnießbrauch); Seite 231 ff. (Empfehlungen für den Nießbrauch an Grundstücken im betrieblichen Bereich); Seite 251 ff. (Allgemeine Gestaltungsempfehlungen für zukünftige Gestaltungen und Altverträge).

Rechtsprechung zum Nießbrauch noch einmal insgesamt überdenkt und dort korrigierend eingreift, wo die bisherigen Ergebnisse und Begründungen nicht voll befriedigen[1]. Einen Ansatzpunkt dafür bietet bereits das Urteil des Finanzgerichts Münster vom 23.10.1985[2]: In analoger Anwendung des § 11 d EStDV erhält ein Wohnberechtigter, dem unentgeltlich ein dingliches Wohnrecht vom Eigentümer eingeräumt wurde, die Befugnis, Absetzungen für Abnutzung auf das Gebäude vorzunehmen. Diese Lösungsmöglichkeit, dem unentgeltlich Nutzungsberechtigten die Abschreibungsbefugnis zuzuerkennen, wird in der Literatur bereits seit langem gefordert[3]. In ähnlicher Weise sollte im Falle des Vorbehaltsnießbrauchs verfahren werden. Der neue Grundstückseigentümer hat vom Zeitpunkt der Grundstücksübertragung unter Nießbrauchvorbehalt den Wertverzehr zu tragen, insofern sollte auch er zum Abzug der Absetzungen für Abnutzung berechtigt sein.

---

1) Vgl. W. DRENSECK: Anmerkung zum BFH-Urteil IX R 62/83 vom 24.9.1985, FR 1986, Seite 99.

2) Vgl. FG Münster - Urteil VII 2579/82 E (nrkr.), EFG 1986, S. 172.

3) Vgl. L. SCHMIDT: Anmerkung zum BFH-Urteil vom 7.8.1985, Seite 620 f.; M. GROH: Nutzungseinlagen, Seite 136 ff. und 140 ff.

A N H A N G 1: Formalisierung der finanziellen Folgewirkungen des Nießbrauchs an Privatgrundstücken und EDV-Programm[1)]

1) Die im folgenden verwandten Symbole wurden im Hinblick auf die Umsetzung der hergeleiteten Formeln in das EDV-Programm ausgewählt.

a) Grundlegende Bestimmungsfaktoren

Im folgenden werden die grundlegenden Bestimmungsfaktoren des Nießbrauchs an Privatgrundstücken durch Formeln und Beziehungsgleichungen erfaßt. Den Ausgangspunkt bildet die der *Makler-Methode* nachgebildete Beziehung zur Verkehrswertermittlung von Wohngrundstücken

$$VK = ET \cdot R.$$

Der Verkehrswert (VK) eines Grundstücks wird nach dieser Methode aus einem Vielfachen (R) des Grundstücksrohertrages (ET) ermittelt.

Da die Makler-Methode in der Praxis grundsätzlich nur zur Verkehrswertermittlung von Mehrfamilienhäusern herangezogen wird, sind für die übrigen der Untersuchung zugrunde liegenden Nießbrauchobjekte (Einfamilienhäuser, Zweifamilienhäuser, Reihenhäuser und Eigentumswohnungen) entsprechende Vervielfältiger mittels Durchschnittsbildung zu bestimmen. Grundlage dafür sind im wesentlichen die von verschiedenen Institutionen für das Jahr 1983 herausgegebenen Preisspiegel für bebaute Grundstücke und Mieten dreier unterschiedlich großer Städte (Berlin, Köln, Hagen)[1]. Die Berechnungen sind in der Übersicht 15 zusammengefaßt.

1) Vgl. Ring Deutscher Makler (RDM): RDM-Preisspiegel 1983 für Wohngrundstücke, RDM-Preisspiegel 1983 für Eigenheime und Eigentumswohnungen, RDM-Preisspiegel 1983 für Wohnungsmieten bei nicht öffentlich geförderten Objekten sowie LBS-Preisspiegel 1983 für Grundstücke, Eigenheime und Eigentumswohnungen im Lande NW, abgedruckt in: STANNIGEL/KREMER/WEYERS: Beleihungsgrundsätze, S. 689 ff.; Kölner Mießspiegel für nicht öffentlich geförderte Wohnungen, Stand: 15. Mai 1983; Vergleichsmiettabelle für die Stadt Hagen, Stand: 1.1.1983.

Objektart bei m^2-Nutzfläche	Eigentumswohnungen ca. 70 m^2 Berlin	Köln	Hagen	Reihenhäuser ca. 100 m^2 Berlin	Köln	Hagen	Einfamilienhäuser ca. 125 m^2 Berlin	Köln	Hagen	Zweifamilienhäuser ca. 200 m^2 Berlin	Köln	Hagen
Preis des Objekts bei mittlerem Wohnwert in DM (VK)	210.000	175.000	168.000	400.000	350.000	320.000	500.000	450.000	400.000	700.000	620.000	550.000
Wohnungsmiete DM/m^2	11	9	8	12	10	9	12	10	9	11,50	9,50	8,50
Jahresmiete DM (ET)	9.240	7.560	6.720	14.400	12.000	10.800	18.000	15.000	13.500	27.600	22.800	20.400
Vervielfältiger $R = \frac{VK}{ET}$	22,72	23,15	25,00	27,77	29,16	29,62	27,77	30,00	29,62	25,36	27,19	26,96

Übersicht 15: Berechnung von Rohertragsvervielfältigern aus Preisen und Roherträgen mittlerer Nießbrauchobjekte in unterschiedlichen Städten

Vervielfältiger (R) \ Roherträge DM (ET)		4.000	8.000	12.000	16.000	20.000	24.000	28.000	30.000	50.000	90.000	120.000	140.000
MFH	13							364.000	390.000	650.000	1.170.000	1.560.000	1.820.000
	14							392.000	420.000	700.000	1.260.000	1.680.000	1.960.000
	15							420.000	450.000	750.000	1.350.000	1.800.000	2.100.000
ZFH	26					520.000	624.000	728.000					
	26,5					530.000	636.000	742.000					
	27					540.000	548.000	756.000					
EFH/RH	28			336.000	448.000								
	29			343.000	464.000								
	30			360.000	480.000								
ETW	23	92.000	184.000										
	24	96.000	192.000										
	25	100.000	200.000										

Übersicht 16: Verkehrswertermittlung aus durchschnittlichen Rohertragsvervielfältigern und verschiedenen Roherträgen

Für neue Objekte können folgende Klassen von Vervielfältigern gebildet werden:

Mehrfamilienhäuser (MFH)[1]	....	13 - 15
Eigentumswohnungen (ETW)	....	23 - 25
Zweifamilienhäuser (ZFH)	....	26 - 27
Einfamilien- und Reihenhäuser (EFH/RH)	....	28 - 30

Angewandt auf konkrete Roherträge führen die Vervielfältiger zu den in Übersicht 16 beispielhaft ermittelten Verkehrswerten.

Die Preisbestimmung der Zweifamilienhäuser erfolgte mangels geeigneter Richtwerte, indem auf die Preise von Einfamilienhäusern ein pauschaler Zuschlag für eine zweite Wohnung vorgenommen wurde. Bezüglich der Mieten wurde festgestellt, daß die m^2-Miete von Einfamilien- und Reihenhäusern höher anzusetzen ist als die von Zweifamilienhäusern, und daß deren m^2-Miete über der m^2-Miete der Eigentumswohnungen liegt[2].

Als weitere Bestimmungsgrößen des Nießbrauchs sind die Gebäudeanschaffungs- bzw. Herstellungskosten, der Einheitswert, die Grundstückslasten und Abschreibungen näher zu spezifizieren. Die Gebäudeanschaffungs- bzw. Herstellungskosten (AK) dienen lediglich als Zwischengröße zur Bemessung der Abschreibungen. Es gelte die feste Beziehung

$$AK = 0{,}8 \cdot VK \, .$$

---

1) Die Vervielfältiger für Mehrfamilienhäuser basieren auf der Makler-Methode (vgl. STANNIGEL/KREMER/WEYERS: Beleihungsgrundsätze, S. 165 f. sowie oben Seite 101 f. dieser Arbeit.

2) Hierfür sind Faktoren wie Garten(mit)nutzung etc. ausschlaggebend.

Die Abschreibungen (AFAT) pro Periode ermitteln sich gemäß § 7 Abs. 4 EStG (linearer Abschreibungsverlauf) nach der Formel

$$AFAT = 0{,}02 \cdot AK$$ [1].

Hierbei betrage die Restabschreibungsdauer (TO) alternativ 10, 5 und 0 Jahre. Für die Bestimmung des Einheitswertes (EW) gelte das Verhältnis

$$EW = 0{,}2 \cdot AK$$ [2].

Die gewöhnlichen Grundstückslasten, wie z.B. Grundsteuern, Schönheitsreparaturen (AGT) sowie die außergewöhnlichen Grundstückslasten, z.B. größere Instandhaltungen (AAT), mögen vom Rohertrag abhängen. Sofern außergewöhnliche Grundstückslasten angefallen sind, wird unterstellt, daß sich diese auf die Nießbrauchdauer verteilen. Allgemein wird angenommen, AGT und AAT fallen jährlich jeweils in gleicher Höhe an bzw. sie seien gleichmäßig über die Nießbrauchdauer verteilt.

$$AGT = A \cdot ET$$

$$AAT = B \cdot ET$$

Wird nicht von der gesetzlich vorgesehenen Verteilung der Grundstückslasten auf Nießbraucher und Nießbrauchbesteller ausgegamgem, sondern von einer vereinbarten Lastentragung, habe der Nießbraucher einen Anteil N, der Nießbrauchbesteller einen Anteil 1-N der Lasten zu übernehmen.

---

1) Es wird eine Nutzungsdauer von 50 Jahren unterstellt.

2) Vgl. dazu die Ausführungen oben, Seite 103 f. mit den dort angegebenen Literaturstellen.

Zu den grundlegenden Bestimmungsfaktoren des Nießbrauchs ist im Falle des entgeltlichen bzw. teilentgeltlichen Nießbrauchs auch der Wert des Nießbrauchs und das vom Nießbraucher als Gegenleistung für das Nießbrauchrecht gezahlte Entgelt zu rechnen.

Der Wert des Nießbrauchs bestimmt sich nach den §§ 13 bis 15 BewG als Kapitalwert der Jahreswerte der Nutzungen über die Dauer des Nießbrauchs[1]. Der Jahreswert der Nutzungen (WNT) errechnet sich aus dem Rohertrag abzüglich der vom Nießbraucher zu tragenden Lasten.

Wurde gesetzliche Lastentragung vereinbart, gilt:

$$WNT = ET - AGT$$

bei vereinbarter Lastentragung gilt:

$$WNT = ET - N \cdot (AGT + AAT)$$

Der kapitalisierte Wert des Nießbrauchs (WN) bestimmt sich aus der Multiplikation des Jahreswertes mit einem Kapitalisierungsfaktor (FNO), der bei befristeter Nießbrauchdauer der Hilfstafel 2 zum BewG, bei lebenslänglich bestelltem Nießbrauch der Anlage 9 zum BewG zu entnehmen ist[2]:

$$WN = WNT \cdot FNO$$

Zwischen dem Wert der Leistung des Nießbrauchbestellers (Verkehrswert des Nießbrauchs) und der Gegenleistung des Nießbrauchers (Entgelt = AN) bestehe folgendes Verhältnis:

---

1) Zur Wertbestimmung des Nießbrauchs vgl. auch oben Seite 74 ff.

2) Vgl. Hilfstafel 2 zu § 13 Abs. 1 BewG und Anlage 9 zum BewG.

$$AN = WN \cdot Q \quad \text{mit } Q = 1 \text{ bei entgeltlichem Nießbrauch}$$
$$0 < Q < 1 \text{ bei teilentgeltlichem Nießbrauch}$$
$$Q = 0 \text{ bei unentgeltlichem Nießbrauch}$$

Die Zahlung des Nießbrauchentgelts (AN) durch den Nießbraucher führt beim Nießbrauchbesteller zu Einzahlungen (EN) in entsprechender Höhe:

$$AN = EN$$

Der *Nießbraucher* hat die Möglichkeit, das Entgelt in einem Einmalbetrag zu leisten oder jährlich über die Laufzeit des Nießbrauchs (NO). Im ersten Fall ist er berechtigt, Abschreibungen auf das entgeltlich bzw. teilentgeltlich erworbene Nießbrauchrecht vorzunehmen und steuerlich wirksam zu verbuchen:

$$STANT = \frac{AN}{NO} \quad \text{mit } T = 1 \ldots NO$$

Im Falle jährlich gleichmäßig laufender Zahlungen kann der Nießbraucher (aus Vereinfachungsgründen) die laufend gezahlten Beträge steuerlich wirksam als Werbungskosten absetzen[1]:

$$STANT = WNT \cdot Q = STENT \quad \text{mit } T = 1 \ldots NO$$

Die Beziehung gilt in entsprechender Weise, da der *Nießbrauchbesteller* bei laufender Zahlung des Nießbrauchentgelts die Zahlungen im Jahr des Zuflusses als steuerlich relevante Einnahmen (STENT) zu erfassen hat[2].

1) Vgl. Nießbrauch-Erlaß II, Tz. 31 und 35 a.

2) Vgl. Nießbrauch-Erlaß II, Tz. 28 und 35 a.

Leistet der Nießbraucher das Entgelt in einem Einmalbetrag, kann dieser Betrag (aus Billigkeitsgründen) beim Nießbrauchbesteller über die Laufzeit des Nießbrauchs, längstens jedoch über einen Zeitraum von 10 Jahren, erfolgswirksam verteilt werden[1]:

$$STENT = \frac{EN^{2)}}{10} \quad \text{mit } T = 1 \ldots 10$$

b) <u>Einkommensteuerliche Bemessungsgrundlagen</u>

Nach der Begründung eines Nießbrauchverhältnisses an privaten Wohngrundstücken erzielen Nießbraucher und Nießbrauchbesteller i.d.R. Einkünfte aus Vermietung und Verpachtung[3]. Zur Ermittlung der Einkünfte sind die tatsächlich getätigten Ausgaben gegenüberzustellen (Zu- und Abflußprinzip gemäß § 11 EStG).

Im Falle der *Unterlassung*, d.h. vor der Nießbrauchbestellung ist dem Vermögensinhaber aus dem (Nießbrauch-) Objekt ein steuerlich relevantes Einkommen (STEG) in Höhe des Rohertrages abzüglich von Grundstückslasten und Abschreibungen zuzurechnen:

$$STEG = ET - (AGT + AAT) - AFAT$$

Die Anlage freiwerdender Mittel (K) zum Kalkulationszinsfuß (P) jeweils bis zur nächsten Periode führt zu Zinseinnahmen in Höhe:

---

1) Vgl. Nießbrauch-Erlaß II, Tz. 32 und 35 a.

2) Den Berechnungen wird eine Nießbrauch-Mindestdauer von 10 Jahren zugrunde gelegt.

3) Der Nießbrauchbesteller bezieht nur im Falle des teilentgeltlichen und entgeltlichen Zuwendungsnießbrauchs Einkünfte.

$$STEZ = P \cdot K$$

Die Aufnahme von Mitteln zum Kalkulationszinsfuß bewirkt entsprechende Zinszahlungen[1].

Zusammen mit dem sonstigen zu versteuernden Einkommen des Vermögensinhabers (EO) bestimmt sich das zu versteuernde Einkommen im Falle der Unterlassung mit

$$STE = EO + STEG + STEZ$$ [2].

Die Differenzsteuerbelastung, die den Erträgen aus dem Nießbrauchobjekt im Falle der Unterlassung zuzuordnen ist (STG), ergibt sich aus der Steuerbelastung des Gesamteinkommens (Steuer auf STE = ST) abzüglich der Steuerbelastung (STO), die auf das sonstige zu versteuernde Einkommen (EO) entfällt:

$$STG = ST - STO$$

Für den Fall der *Handlungsalternative* (Zuwendungs- und Vorbehaltsnießbrauch) sind die steuerlichen Bemessungsgrundlagen- und Belastungsformeln nun in entsprechender Weise zu ermitteln.

Das steuerlich relevante Einkommen aus dem Nießbrauchobjekt setzt sich beim *Nießbraucher* (STEGN) grundsätzlich zusammen aus dem Rohertrag abzüglich getragener Grundstückslasten und Abschreibungen auf das Nießbrauchobjekt[3], abzüglich des gezahlten bzw. erfolgswirksam verteilten Nießbrauchentgelts (STANT).

---

1) STEZ fließt dann als negative Größe in die Berechnungen ein.

2) Sonderausgaben und außergewöhnliche Belastungen bleiben hier, wie im folgenden unberücksichtigt. Sonstige einkommensteuerliche Freibeträge gelten als verbraucht.

3) Letzteres nur bei Durchführung eines Vorbehaltsnießbrauchs.

Das steuerlich relevante Einkommen des *Nießbrauchbestellers* aus dem Nießbrauchobjekt (STEGB) ermittelt sich grundsätzlich aus dem erhaltenen bzw. verbuchten Nießbrauchentgelt (STENT), abzüglich getragener Lasten sowie Abschreibungen auf das Nießbrauchobjekt.

Im Falle der Durchführung eines teilentgeltlichen Zuwendungsnießbrauchs ist der Abzug von Werbungskosten beim Nießbrauchbesteller nur entsprechend dem Entgeltverhältnis

$$\frac{\text{Wert der Gegenleistung}}{\text{Wert des Nießbrauchs}} = \frac{AN}{WN} = Q$$

zulässig[1]. Als steuerliche Bemessungsgrundlagen für Nießbraucher und Nießbrauchbesteller ergeben sich:

$$STEGN = ET - N \cdot (AGT + AAT) - AFAT - STANT$$

$$STEGB = STENT - Q \cdot (1 - N) \cdot (AGT + AAT) - Q \cdot AFAT$$

Um nun die für eine konkrete Gestaltung richtigen Formeln zur Ermittlung des aufgrund der Nießbrauchbestellung den Nießbrauchbeteiligten zufließenden Einkommens zu erhalten, sind die Koeffizienten der Übersicht 17 auf die obigen Formeln anzuwenden[2].

Nach Berücksichtigung steuerlich relevanten Zinserträge bzw. Zinsaufwendungen beim Nießbraucher und Nießbrauchbesteller (STEZN, STEZB) aus der Anlage bzw. Aufnahme freiwerdenden bzw. benötigten Kapitals (KN, KB)

$$STEZN = P \cdot KN$$

$$STEZB = P \cdot KB$$

1) Vgl. dazu Nießbrauch-Erlaß II, Tz. 33 i.V.m. 35 a.

2) Vgl. Seite 290.

				Einnahmen		Werbungskosten			
				ET	STENT	AGT	AAT	AFAT	STANT
Zuwendungsnießbrauch	unentgeltlich	(1) gesetzliche Lastentragung	Nb	1		1			
			B						
		(2) vereinbarte Lastentragung	Nb	1		N	N		
			B						
	teilentgeltlich	(3) gesetzliche Lastentragung	Nb	1		1			1
			B		1		Q	Q	
		(4) vereinbarte Lastentragung	Nb	1		N	N		1
			B		1	Q(1-N)	Q(1-N)	Q	
	entgeltlich	(5) gesetzliche Lastentragung	Nb	1		1			1
			B		1		1	1	
		(6) vereinbarte Lastentragung	Nb	1		N	N		1
			B		1	1-N	1-N	1	
Vorbehaltsnießbrauch		(7) gesetzliche Lastentragung	Nb	1		1		1	
			B						
		(8) vereinbarte Lastentragung	Nb	1		N	N	1	
			B						

Übersicht 17: Koeffizienten zur Bestimmung der steuerlich relevanten Einkommen von Nießbraucher (Nb) und Nießbrauchbesteller (B)

und der sonstigen zu versteuernden Einkommen des Nießbrauchers und Nießbrauchbestellers (EON, EOB) ermittelt sich das zu versteuernde Einkommen der Nießbrauchbeteiligten im Falle der Handlung mit:

$$STEN = EON + STEGB + STEZN$$

$$STEB = EOB + STEGB + STEZB$$

Die Differenz-Steuerbelastung beträgt:

STGN = STN - STON

STGB = STB - STOB

c) Schenkungsteuerliche Bemessungsgrundlagen

Nachdem die einkommensteuerlichen Bemessungsgrundlagen formelmäßig erfaßt wurden, hat Entsprechendes nun für die schenkungsteuerlichen Bemessungsgrundlagen stattzufinden.

Sowohl im Falle der Bestellung eines Zuwendungsnießbrauchs als auch im Falle der Übertragung eines Grundstücks unter Nießbrauchvorbehalt, ist als Bereicherungstatbestand der damit u.U. erfolgten freigiebigen Zuwendung i.S. des § 7 Abs. 1 Nr. 1 ErbStG die bürgerlich-rechtliche Bereicherung des Bedachten anzusehen[1)].

Da der Wille zur freigiebigen Bereicherung des Bedachten nicht einen evtl. entgeltlichen Vertragsteil umfaßt[2)], ist das bei der Bestellung eines Zuwendungsnießbrauchs vom Nießbraucher gezahlte Entgelt ebenso in Abzug zu bringen, wie das als vermeintliche Gegenleistung eingeräumte Nießbrauchrecht bei der Schenkung eines Grundstücks unter Nießbrauchvorbehalt[3)].

1) Vgl. Gleichlautende Erlasse der obersten Finanzbehörden vom 10.2.1983, S. 238.

2) Vgl. ebenda mit den dort angegebenen Hinweisen auf die Rechtsprechung.

3) Vgl. Nießbrauch-Erlaß II, Tz. 38.

Der Steuerwert der freigiebigen Zuwendung ermittelt sich für beide Nießbraucharten nach der Formel[1]:

$$\text{Steuerwert der freigiebigen Zuwendung} = \text{Steuerwert der Leistung des Schenkers} \cdot \underbrace{\frac{\text{Verkehrswert der Leistung des Schenkers} - \text{Verkehrswert der Gegenleistung}}{\text{Verkehrswert der Leistungen des Schenkers}}}_{\text{Aufteilungsprozentsatz}}$$

Bezüglich des *Verkehrswertes* der Leistung des Schenkers kann im Falle des *Zunwendungsnießbrauchs* auf den bereits ermittelten (Verkehrs-)Wert des Nießbrauchs ($WN = WNT \cdot FNO$) zurückgegriffen werden[2]. Der Verkehrswert der Gegenleistung des Nießbrauchers entspricht dem vom Nießbraucher gezahlten Entgelt (AN).

Bei einem vollentgeltlich bestellten Nießbrauch stimmen WN und AN überein, so daß sich der Aufteilungsprozentsatz auflöst und keine Schenkungsteuer anfällt.

Der *Steuerwert* der Leistung des Nießbrauchbestellers (= Schenker) ermittelt sich nach den §§ 12 bis 16 BewG. Der Steuerwert von Grundstücken[3] beträgt gemäß § 121 a BewG das 1,4-fache des Einheitswertes (EW)[4]. Der unter

---

1) Vgl. zur Herleitung der Formel auch M. TROLL: Erbschaftsteuerliche Behandlung, S. 1290 und Gleichlautende Erlasse der obersten Finanzbehörden vom 10.2.1983, S. 239.

2) Vgl. oben Seite 285.

3) Bedeutsam wird dieser Wert für die Bestimmung des Steuerwerts der freiwilligen Zuwendung beim Vorbehaltsnießbrauch.

4) Im einzelnen vgl. dazu Seite 74 ff.

Beachtung der Höchstbetragsregelung[1] bestimmte Jahreswert des Nießbrauchs führt durch Multiplikation mit den entsprechenden Vervielfältigern (FNO)[2] zum Steuerwert der Leistung des Nießbrauchbestellers (WNX):

$$WNX = \begin{cases} \frac{1{,}4 \cdot EW}{18} \cdot FNO & \text{für } \frac{1{,}4 \cdot EW}{18} \leq WNT \\ WNT \cdot FNO & \text{für } \frac{1{,}4 \cdot EW}{18} > WNT \end{cases}$$ [3]

Der Steuerwert der freigiebigen Zuwendung (SCH) beträgt dann im Falle des *Zuwendungsnießbrauchs*:

$$SCH = WNX \cdot \frac{WN - AN}{WN}$$

$$= WNX \cdot (1 - Q)$$ [4]

Nach Klärung der Steuerklasse, der Höhe des Freibetrages (FB) und des Steuersatzes (ERBST) (§§ 15 bis 19 ErbStG) bestimmt sich die Schenkungsteuer des Nießbrauchers (STSCHN) nach der Formel:

$$STSCHN = ERBST\ (SCH - FB)$$ [5]

---

1) Vgl. § 16 BewG.

2) Vgl. Hilfstafel 2 zum BewG bei befristetem Nießbrauch und Anlage 9 zum BewG bei lebenslänglich bestelltem Nießbrauch.

3) Der Jahreswert des Nießbrauchs ermittelt sich mit WNT = ET-AGT im Falle gesetzlicher Lastentragung und mit WNT = ET-N(AGT+AAT) im Falle vereinbarter Lastentragung (vgl. Seite 285).

4) $Q = \frac{AN}{WN}$ (Entgeltverhältnis)

5) Der Steuerwert der freigiebigen Zuwendung ist als steuerpflichtiger Erwerb gemäß § 10 Abs. 1 ErbStG auf volle 100 Deutsche Mark nach unten abzurunden.

Wird vereinbart, daß der *Schenker* (Nießbrauchbesteller) die Schenkungsteuer tragen soll (§ 10 Abs. 2 ErbStG), ist zu beachten, daß die Schenkungsteuer zur freigiebigen Zuwendung hinzuzurechnen ist. Die Schenkungsteuer des Nießbrauchbestellers STSCHB beträgt dann:

$$STSCHB = ERBST\ (SCH + STSCHN - FB)$$

Durch Einsetzen ergibt sich:

$$STSCHB = ERBST\ (1 + ERBST)\ (SCH - FB)$$

Soll die Schenkungsteuer nicht, wie oben vorgesehen, in einem Einmalbetrag vom Kapitalwert des Nießbrauchs, sondern jährlich im voraus vom Jahreswert der Nutzungen durch den Nießbraucher entrichtet werden (Wahlrecht gemäß § 23 ErbStG), ist zu beachten, daß die Zahlung der Erbschaftsteuer erst in dem Jahr beginnt, in dem der Freibetrag (FB) von den bis zu diesem Zeitpunkt zusammengerechneten jährlich zugewendeten Nutzungen (SCHT)[1] aufgezehrt wurde.

Darüber hinaus ist zu beachten, daß die jährlich gezahlten Schenkungsteuerbeträge als *dauernde Lasten* Sonderausgaben i.S.d. § 10 Abs. 1 Nr. 1 a EStG darstellen und somit vom Gesamtbetrag der Einkünfte abgezogen werden können[2].

1) SCHT wird analog zu SCH, d.h. unter Abzug evtl. Entgeltkomponenten ermittelt.

2) Vgl. G. ROSE: Betrieb und Steuer, Drittes Buch: Die Substanzsteuern, 5. erneut überarb. Aufl., Wiesbaden 1984, S. 183 ff.; ausführlich dazu derselbe: Besteuerung nach Wahl - Probleme aus der Existenz steuerlicher Rechtswahlmöglichkeiten, Grundsätze für ihre Ausnutzung, StBJb 1979/80, S. 49-96 (78 ff.).

Der Steuerwert der jährlichen freigiebigen Zuwendung beträgt:

$$SCHT = WNTX \cdot (1 - Q)$$ [1]

In dem Jahr (KO), in dem die Schenkungsteuer (STSCHT) zum ersten Mal gezahlt wird, beläuft sie sich auf:

$$STSCHT = (KO \cdot SCHT - FB)\ ERBST$$

in den folgenden Jahren beträgt sie:

$$STSCHT = SCHT \cdot ERBST$$ [2]

Wegen der Abzugsfähigkeit der jährlichen Schenkungsteuerzahlungen als Sonderausgaben mindert sich das zu versteuernde Einkommen des Nießbrauchers (STEN) entsprechend:

$$STEN = EON + STEGN + STEZN - STSCHT$$

Im Falle des *Vorbehaltsnießbrauchs* liegt die Leistung des Schenkers in der unentgeltlichen Übertragung des Grundstücks. Der Steuerwert der freigiebigen Zuwendung bestimmt sich aufgrund der oben genannten allgemeinen Definition mit

$$SCH = 1{,}4\ EW \cdot \left(\frac{VK - WN}{VK}\right) .$$

---

1) WNTX = Jahreswert des Nießbrauchs unter Beachtung der Höchstbetragsregelung des § 16 BewG.

2) Bei der Jahresversteuerung ist nur der Gesamterwerb abzurunden und nicht der einzelne Jahreswert der Rente, von welchem die Jahressteuer berechnet wird (vgl. M. TROLL: Erbschaftsteuer- und Schenkungsteuergesetz. Kommentar, 3. neu bearb. Aufl., 5. Ergänzungslieferung, Stand: Dezember 1984, Rn. 4 zu § 23 ErbStG).

Der Verkehrswert des Nießbrauchs ist als Gegenleistung in Abzug zu bringen. Trägt der Beschenkte (Nießbrauchbesteller!) die Schenkungsteuer, ermittelt sich die Steuer mit

STSCHB = ERBST (SCH - FB).

Trägt der Schenker (Nießbraucher) die Schenkungsteuer, gilt die Beziehung

STSCHN = ERBST (1 + ERBST) (SCH - FB).

d) Entscheidungsrelevante Ein- und Auszahlungen und Zielgröße

Die aus der Handlungs- und Unterlassensalternative resultierenden Steuerzahlungen gehen als Entscheidungsvariable in den Kalkül ein. Sie bilden zusammen mit den nichtsteuerlichen Zahlungen den Bewertungsmaßstab für die im Einzelfall zu beurteilenden Gestaltungsalternativen. Im Hinblick auf das Ziel der Endvermögensmaximierung werden die periodischen Einzahlungsüberschüsse bzw. -fehlbeträge der Unterlassens- bzw. Handlungsalternative beim Nießbraucher und Nießbrauchbesteller zum Planungshorizont hin vergleichbar gemacht und anschließend zu einer Gesamtwirkungsziffer verdichtet.

Vor der Durchführung einer Nießbrauchgestaltung fließen dem Inhaber des Nießbrauchobjekts folgende Einzahlungsüberschüsse daraus zu:

EG = ET - (AGT + AAT)

Nach Abzug der auf die entsprechende Bemessungsgrundlage (STEG) entfallenden Differenz-Steuerbelastung (STG) kann am Ende der ersten Planungsperiode ein Betrag von $K_T = EG - STG$ zum Kalkulationszinsfuß (P) angelegt werden. In den Folgeperioden ergibt sich ein anlegbarer Überschuß in Höhe

$$K_{T+1} = EG + KT \cdot Z - STG \quad \text{mit } Z = 1+P \text{ (Aufzinsungsfaktor).}$$

Der pro Periode erzielte Zinsertrag $K_T \cdot P$ erhöht dabei die Steuerbelastung (STG) der einzelnen Perioden.

Im Falle der *Handlungsalternative* fließen Nießbraucher und Nießbrauchbesteller folgende Zahlungen (EGN, EGB) zu:

$$EGN = ET - N \cdot (AGT + AAT) - ANT$$

$$EGB = ENT - (1-N) \cdot (AGT + AAT)$$

Bei Einmalzahlung des Nießbrauchentgelts (ANT bzw. ENT) gilt:

$$ANT = AN \quad \text{für } JO = 0 \quad \text{und} \quad ANT = 0 \quad \text{für } JO > 0$$

$$ENT = EN \quad \text{für } JO = 0 \quad \text{und} \quad ENT = 0 \quad \text{für } JO > 0$$

Die im Einzelfall zutreffenden Formeln ermitteln sich, indem die Koeffizienten der Übersicht 18 auf die obigen Formeln angewendet werden[1].

Nach Abzug der auf die entsprechenden Steuerbemessungsgrundlagen entfallenden Differenz-Steuerzahlungen (STGN, STGB) und nach Berücksichtigung der zum Kalkulationszinsfuß angelegten bzw. aufgenommenen Beträge verbleiben folgende Periodenüberschüsse bzw. -fehlbeträge:

---

1) Vgl. Seite 298.

				Einzahlungen		Auszahlungen		
				ET	ENT	AGT	AAT	ANT
Zuwendungsnießbrauch	unentgeltlich	(1) gesetzliche Lastentragung	Nb	1		1		
			B				1	
		(2) vereinbarte Lastentragung	Nb	1		N	N	
			B			1-N	1-N	
	teilentgeltlich	(3) gesetzliche Lastentragung	Nb	1		1		1
			B		1		1	
		(4) vereinbarte Lastentragung	Nb	1		N	N	1
			B		1	1-N	1-N	
	entgeltlich	(5) gesetzliche Lastentragung	Nb	1		1		1
			B		1		1	
		(6) vereinbarte Lastentragung	Nb	1		N	N	1
			B		1	1-N	1-N	
Vorbehaltsnießbrauch		(7) gesetzliche Lastentragung	Nb	1		1		
			B				1	
		(8) vereinbarte Lastentragung	Nb	1		N	N	
			B			1-N	1-N	

Übersicht 18: Koeffizienten zur Bestimmung nichtsteuerlicher Zahlungen, die dem Nießbraucher (Nb) und Nießbrauchbesteller (B) aufgrund der Nießbrauchgestaltung zufließen bzw. von ihnen geleistet werden

$$KN\_T = EGN - STGN \;; \quad KN\_T{+}1 = EGN + KN\_T \cdot Z - STGN$$

$$KB\_T = EGB - STGB \;; \quad KB\_T{+}1 = EGB + KB\_T \cdot Z - STGB.$$

Im Falle der Einmalzahlung des Nießbrauchentgelts (bei entgeltlichem bzw. teilentgeltlichem Zuwendungsnießbrauch) ist zu beachten, daß der Nießbraucher mit der Bestellung des Nießbrauchs, also zu Beginn des Planungszeitraumes, das Nießbrauchentgelt (AN) entrichten soll. Es wird deshalb eine Kreditaufnahme erforderlich (KN)[1]. Der Nießbrauchbesteller wird das im gleichen Zeitpunkt erhaltene Entgelt (EN) anlegen (KB). Zu Beginn des Planungszeitraumes gelten die Beziehungen:

$$KN\_T{-}1 = -\,AN$$

$$KB\_T{-}1 = \;\; EN$$ [2]

Die Zahlung der Schenkungsteuer möge im Normalfall der Einmalzahlung (STSCHN, STSCHB) am Ende der ersten Periode des Planungszeitraumes erfolgen. Je nach Höhe der Schenkungsteuer (im Vergleich zu den übrigen Einzahlungen dieser Periode) kann eine Kreditaufnahme erforderlich werden. Die Periodenüberschüsse bzw. -fehlbeträge der ersten Periode betragen dann

$$KN\_T = EGN - STGN - STSCHN$$

$$KB\_T = EGB - STGB - STSCHB.$$

Bei laufender Zahlung der Schenkungsteuer durch den Nießbraucher (Option gemäß § 23 ErbStG; Zuwendungsnießbrauch)

---

1) Sofern Eigenkapital aufgewendet wurde, kommt ein mit dem Kalkulationszinsfuß bewerteter entgangener Nutzen zum Ansatz.

2) T-1 kennzeichnet den Beginn des Planungszeitraumes.

sind die Schenkungsteuerbeträge (STSCH) jährlich im voraus zu entrichten[1]. Rechnerisch erfolgt die Erfassung am Ende der jeweiligen Vorperiode, so daß zu Beginn der Folgeperiode ein um die Schenkungsteuerzahlung geminderter Betrag für Anlagezwecke zur Verfügung steht:

$$KN\_T{+}1 = EGN + KN\_T \cdot Z - STGN - STSCH$$

Die Zielgröße setzt sich schließlich aus den hergeleiteten Teilfunktionen zusammen. Auf die konkrete Formulierung einer Ziel*funktion* muß hier verzichtet werden, da die unterschiedlich gearteten Teilfunktionen die Ableitung einer übersichtlichen Funktion nicht zulassen und diese zudem für die Analyse nicht von Bedeutung ist.

Die Gesamtwirkungsziffer als Ausdruck der finanziellen Folgewirkungen einer Nießbrauchgestaltung über den Planungszeitraum (ERG) ermittelt sich aus der Differenz der Vermögensendwerte, die den Nießbrauchbeteiligten im Falle der Unterlassung (UEWB, UEWN) und der Handlung (HEWB, HEWN) am Ende des Planungszeitraums zuzurechnen sind:

$$ERG = (HEWB - UEWB) + (HEWN - UEWN)$$

e) EDV-Programm

```
C     NIESSBRAUCHGESTALTUNG (1-6: ZUWENDUNG, 7-8 VORBEHALT)
      INTEGER*4 SPLITN,SPLIT, ERBKL,MODELL,JO,TO,MOD1,LAUF,NO,VO, KO
     1          ,SPLITB,P32A1, ISCH         ,J     ,MOD2
C
      REAL*8    EOB,STOB, STSCHB, EGB,STB, STEGB,STGB, STEZB, STEB
     1          ,EON,STON, STSCHN, EGN,STN, STEGN,STGN, STEZN, STEN
     2          ,EO ,STO ,   SCH , EG ,ST , STEG ,STG , STEZ , STE
C
      REAL*8    EN,ENT,STENT, UEWB,HEWB,DEWB, KB, PX , STSCH
     A          ,AN,ANT,STANT, UEWN,HEWN,DEWN, KN     ,    SCHT
     B          ,WN,WNT,WNTX , EWT ,      ERG, K
     X
     C          ,R,AK,ET,VK,EW,AFAT, P1, P2, Q , N,A, AGT, FNO
     D          ,             AFAX, Q1, Q2, QQ,   B, AAT
C
C               SCHENKUNGSTEUER-FREIBETRAEGE (ERBST=1, 3)
      REAL*4    FB(4)
C
      COMMON /C2/ ET, AGT,AAT, QQ, N, AFAT
     3       /C3/   ENT,  ANT
     4       /C4/ STENT,STANT
     5       /C5/ PX
C
      REAL*8 STEUER, ERBST, STSCHT
      DATA     FB /90000.0, 0.0, 10000.0, 0.0/
C
C
C     ------- EKG  (  EGN,  EGB, MODELL)        EINKOMMEN AUS GRUNDSTUECK
C     ------- STEKG(STEGN,STEGB, MODELL,J,TO,LAUF,VO)
C                                        STEUERL. RELEV. EINK. AUS GRUNDST.
C     ------- STEUER(ST.PFL.EINKOMMEN,SPLITTING, §32A ESTG)
C     ------- ERBST (SCHENKUNG,ERB.ST.KLASSE, ERB.ST.SATZ)
C     ------- STSCHT(MOD2, MODELL,J,SCHT,FREIBETRAG, KO)
C
 1111 CONTINUE
      READ(5,*,END=9999) ET,R, EOB,SPLITB, EON,SPLITN,ERBKL, A,B,P1,FNO,
     1              MODELL, N,Q, JO,TO, MOD1,MOD2,  LAUF, NO, VO, P32A1
C
C         ET      ROH-MIETERTRAEGE AUS DEM GRUNDSTUECK
C         R       VERVIELFAELTIGER FUER VK:  VK=ET*R
C         EOB     SONST. ZU VERST. EINKOMMEN DES BESTELLERS (B)
C         SPLITB  STEUERSPLITTING BEI B  (0=NEIN, 1=JA)
C         EON     SONST. ZU VERST. EINKOMMEN DES NIESSBRAUCHERS (N)
C         SPLITN  STEUERSPLITTING BEI N  (0=NEIN, 1=JA)
C         ERBKL   ERBSCHAFTSTEUERKLASSE  (1=VATER->SOHN, 3=SOHN->VATER)
C         A <=1   FAKTOR FUER ALLG.GRUNDST.LASTEN: AGT= A * ET
C         B <=1     "     "   AUSSERGEW. " "     : AAT= B * ET
C         P1      ZINSSATZ DES KAPITALMARKTES (ANLAGE/AUFNAHME)
C         FNO     VERVIELFAELTIGER F. JAHRESWERT DER NUTZUNG
C                      GEM. ANL. 9  BZW. HILFSTAFEL 2 BEWG.
C         MODELL  MODELL-NR: (1-6) ZUWENDUNGS-NB, (7-8) VORBEHALTS-NB
C                 1 ZUWENDUNGS-NB, UNENTGELTLICH,  GESETZL. LASTENTRAGUNG
C                 2           "          "          VEREINBARTE   "
C                 3           "     TEIL-ENTGELTL., GESETZL.      "
C                 4           "          "          VEREINBARTE   "
C                 5           "     ENTGELTLICH,    GESETZL.      "
C                 6           "          "          VEREINBARTE   "
C                 7 VORBEHALTS-NIESSBRAUCH, ------  GESETZL. LASTENTRAGUNG
C                 8           "             ------  VEREINBARTE   "
C         N       ANTEIL DER GRUNDSTUECKSLASTEN DES N (MODELLE 2,4,6 8)
C         Q <=1   (WERT GEGENLEISTUNG)/(WERT NB) = EN/WN ( "    3,4     )
C         JO >1   JAHRE, UEBER DIE DER VERGLEICH GEHEN SOLL
C         TO >=0  JAHRE, FUER DIE ES NOCH AFA GIBT
C         MOD1    SCHENKER TRAEGT DIE SCHENKUNGSTEUER (0=NEIN, 1=JA)
C         MOD2    SCHENKUNGSTEUER WIRD JAEHRLICH (AM BEGINN EINER
C                     PERIODE) GEZAHLT. (0=NEIN, 1=JA) (MODELLE 1,2,3,4)
C                 FUER DIE MODELLE 3,4,5,6 (TEIL-/ ENTGELTLICHER NB):
```

```
C         LAUF   LAUFENDE ZAHLUNG DES ENTGELTS        (0=NEIN, 1=JA)
C         NO >1  JAHRE DER NIESSBRAUCHDAUER (MODELL 1-8)
C         VO<=10 JAHRE, AUF DIE DIE EINMALZAHLUNG EN BEI B STEUERLICH
C                    VERTEILT WERDEN SOLL (STENT=EN/VO), VO <= 10 JAHRE
C                    (MODELL 3-6)
C         P32A1  MODIFIKATION DES EST.TARIFS PAR. 32 A ABS. 1 ESTG
C                =1 FUER TARIFE BIS 1985
C                =2 FUER TARIFE VON 1986 BIS 1987
C                =3 FUER TARIFE AB  1988
C
C**** PLAUSIBILITAETSPRUEFUNGEN BZW. ZWANGS-SETZUNGEN
        IF (MODELL .LT. 1   .OR. MODELL .GT.  8  ) MODELL =  1
        IF (SPLITB .NE. 0  .AND. SPLITB .NE.  1  ) SPLITB =  0
        IF (SPLITN .NE. 0  .AND. SPLITN .NE.  1  ) SPLITN =  0
        IF (ERBKL  .NE. 1  .AND. ERBKL  .NE.  3  ) ERBKL  =  3
        IF (  A    .LT. 0.0 .OR.   A    .GT.  1.0)   A    =  0.15
        IF (  B    .LT. 0.0 .OR.   B    .GT.  1.0)   B    =  0.10
C
      GOTO (60,52, 60,52, 60,52, 60,52), MODELL
   52   IF (  N    .LT. 0.0 .OR.   N    .GT.  1.0)   N    =  0.50
C
   60 GOTO (70,70, 63,63, 70,70, 70,70), MODELL
   63   IF (  Q    .LT. 0.0 .OR.   Q    .GT.  1.0)   Q    =  0.50
C
   70   IF (  P1   .LE. 0.0 .OR.   P1   .GT.  2.0)   P1   =  0.08
        IF (  JO   .LT. 1   .OR.   JO   .GT. 50  )   JO   = 10
        IF (  TO   .LT. 0   .OR.   TO   .GT. 50  )   TO   = 50
        IF (  MOD1 .NE. 0  .AND.   MOD1 .NE.  1  )   MOD1 =  0
C
      GOTO (71,71, 71,71, 80,80, 80,80), MODELL
   71   IF (  MOD1 .EQ. 1 )                          MOD2 =  0
        IF (  MOD2 .NE. 0  .AND.   MOD2 .NE.  1  )   MOD2 =  0
C
   80 GOTO (90,90, 83,83, 83,83, 90,90), MODELL
   83   IF (  LAUF .NE. 0   .AND.  LAUF  .NE.  1 )   LAUF =  1
        IF (  LAUF .EQ. 1 )  GOTO  90
        IF (  VO   .LE. 0    .OR.  VO    .GT. 10 )   VO   = 10
   90   IF (  NO   .LT. 1    .OR.  NO    .GT. 60 )   NO   = 60
        IF (  JO   .GT. NO)                          JO   = NO
C
        IF ( P32A1 .LT. 1    .OR.  P32A1 .GT.  3 )  P32A1 = 1
      CONTINUE
C
C**** PROTOKOLL DER EINGABE (NACH PLAUSIBILITAETSKORREKTUR):
      WRITE (6,900) ET, R, EOB,SPLITB, EON,SPLITN,ERBKL, A,B, P1, FNO,
     1              MODELL, N,Q, JO,TO, MOD1,MOD2, LAUF, NO, VO, P32A1
  900 FORMAT(//  ' ET =',F12.2, 5X,  ' R =',F6.2,
     1       /   ' EOB=',F12.2, 5X,' SPLITB=',I2,
     2       /   ' EON=',F12.2, 5X,' SPLITN=',I2, 5X,' ERBKL =',I2,
     3       / 8X,' A =', F6.3, 4X,  ' B =',F6.3, 5X,' P1=',  F7.4,
     4                                       5X,' FNO=', F7.3,
     5       //  ' MODELL=',I2,12X,  ' N =',F6.3, 5X,' Q =',  F6.3,
     6       / 8X, ' JO=',  I3, 2X,    ' TO=',I3,
     7         2X, ' MOD1=',I2, 2X,  ' MOD2=',I2,
     8         3X, ' LAUF=',I2, 2X,    ' NO=',I3, 2X,' VO=',  I3,
     9         3X, 'P32A1=',I2                                   )
C****
C     ---- ALLGEMEINE GROESSEN -----------------------------
C         VK   VERKEHRSWERT     AFAT ABSCHREIBUNG P.A.
C         EW   EINHEITSWERT     AGT  ALLG. GRUNDSTUECKSLASTEN
C                               AAT  AUSSERGEWOEHN. GRUNDSTUECKSLASTEN
C         P1   ZINSSATZ FUER RENDITE AUF DEM KAPITALMARKT   -> Q1=1+P1
C         P2   ZINSSATZ FUER BARWERT NACH §13 ABS. 1 (5.5%) -> Q2=1+P2
C
C         WNT   WERT DES NB P.A.
C         ANT   N ZAHLT   LAUFENDES ENTGELT FUER NB AN  B
C         ENT   B ERHAELT LAUFENDES ENTGELT FUER NB VON N
C
```

```
                    Q1 = 1.0 + P1
                    P2 = 0.055
                    Q2 = 1.0 + P2
      VK  =  ET*R
      AK  =0.80*VK
      EW  =0.20*VK
      AFAT=0.02*AK
                    AGT = A * ET
                    AAT = B * ET
      IF (TO .EQ. 0)  AFAT=0.0
C
C     WERT DES NIESSBRAUCHS, ZUNAECHST  QQ ALS STEUERGROESSE
C     Q,QQ (WERT D. GEGENLEISTUNG)/(WERT DES NB) = EN/WN
C
      GOTO (101,101, 103,103, 105,105, 107,107), MODELL
C              ZUWENDUNGS-NB
  101 QQ=0.0
               GOTO 110
  103 QQ=Q
               GOTO 110
  105 QQ=1.0
               GOTO 110
C              VORBEHALTS-NB (QQ BEI MODELL 7,8 NICHT AUSGENUTZT)
  107 QQ=0.0
  110 CONTINUE
C     WERT DES NIESSBRAUCHS P.A.:
      GOTO (111,112, 111,112, 111,112, 111,112), MODELL
C                 GESETZLICH
  111 WNT =(ET - AGT)*0.8
                  GOTO 120
C                 VEREINBART
  112 WNT =(ET - N*(AGT+AAT))*0.8
  120 CONTINUE
C
C
C     ====== WERT DES NB UND SCHENKUNGSTEUER (STSCHN, STSCHB) ======
C                FNO=KAPITALWERT-FAKTOR NACH HILFSTAFEL 2 BEWG
C                FNO =( (Q2**NO - 1.0)/P2)  / Q2**(NO-1)
      WN  = WNT*FNO
      SCHT= 0.0
C
C           ============================================================
C
      GOTO (121,121, 121,121, 121,121, 127,127), MODELL
  121 CONTINUE
C ===== 1,2, 3,4, 5,6: ZUWENDUNGSNIESSBRAUCH (BESCHENKTER = N)
C          FUER 5,6: QQ=1 -> SCH=0 (SCHENKUNGSTEUERLICH NEUTRAL)
C
      WNTX  = 1.4*EW/18.0
               IF (WNT .LT. WNTX)  WNTX=WNT
      SCH   = WNTX * FNO * (1.0-QQ)
      ISCH  = SCH/100.0
      SCH   = ISCH*100.0
      STSCHN= ERBST (SCH-FB(ERBKL), ERBKL)
      STSCHB= 0.0
C
      IF (MOD1 .EQ. 0)  GOTO 122
C     --- MODIFIKATION 1: SCHENKER (B) TRAEGT SCHENKUNGSTEUER
          ISCH  = (SCH+STSCHN)/100.0
          SCH   = ISCH*100.0
          STSCHN= 0.0
          STSCHB= ERBST (SCH-FB(ERBKL), ERBKL)
                       GOTO 130
  122 GOTO (123,123, 123,123, 130,130, 130,130), MODELL
  123 IF (MOD2 .EQ. 0) GOTO 130
C          --- MODIFIKATION 2: SCH.STEUER WIRD LAUFEND GEZAHLT (MOD2=1):
               SCHT  = WNTX*(1.0-QQ)
               KO    = FB(ERBKL)/SCHT + 1
```

```
                STSCHN= 0.0
                STSCHB= 0.0
                        GOTO 130
C
C ====  7,8: VORBEHALTSNIESSBRAUCH (BESCHENKTER = B)
  127 SCH    = 1.4 * EW *(VK-WN)/VK
      ISCH   = SCH/100.0
      SCH    = ISCH*100
      STSCHN= 0.0
      STSCHB= ERBST (SCH-FB(ERBKL), ERBKL)
C
      IF (MOD1 .EQ. 0)  GOTO 130
C     --- MODIFIKATION 1: SCHENKER (N) TRAEGT SCHENKUNGSTEUER
         ISCH   = (SCH+STSCHB)/100.0
         SCH    = ISCH*100.0
         STSCHN= ERBST (SCH-FB(ERBKL), ERBKL)
         STSCHB= 0.0
C
  130 CONTINUE
C
C     --- DIE FOLGENDE BETRACHTUNG BETRIFFT NUR MODELLE 3,4, 5,6
C          INITIALISIERUNG:
      ANT   = 0.0
      STANT= 0.0
      AN    = 0.0
               ENT   = ANT
               STENT= STANT
               EN    = AN
      GOTO (140,140, 133,133, 133,133, 140,140), MODELL
  133 IF (LAUF .EQ. 0) GOTO 139
C
C          (3,4, 5,6)  N ZAHLT ENTGELT ANT LAUFEND (LAUF=1)
      ANT  =WNT*QQ
      ENT  =ANT
C              STEUERLICH WIRKSAME ANTEILE STANT(N),STENT(B):
      STANT=ANT
      STENT=ENT
               GOTO 140
  139 CONTINUE
C          (3,4, 5,6)  N ZAHLT ENTGELT AN EINMALIG IN J=0 (LAUF=0)
      AN=WN*QQ
      EN=AN
C         STEUERLICH WIRKSAME ANTEILE STANT(N),STENT(B):
C           BEI N VERTEILUNG AUF DIE JAHRE DER SCHENKUNG NO>=1
C           BEI B AUF GEWAEHLTE VO JAHRE   (MAXIMAL VO=10)
      STANT=AN/NO
      STENT=EN/VO
  140 CONTINUE
        WRITE(6,912) AGT,AAT, AFAT
C ---------------------------------------------------------------
C
C === VERMOGENSENDWERTE BEI UNTERLASSUNG ========================
      STOB=STEUER(EOB,SPLITB, P32A1)
      STON=STEUER(EON,SPLITN, P32A1)
C
      GOTO (141,141, 141,141, 141,141, 147,147), MODELL
C              ZUWENDUNGSNIESSBRAUCH
  141 EO   =EOB
      STO  =STOB
      SPLIT=SPLITB
              GOTO 150
C             VORBEHALTSNIESSBRAUCH:
  147 EO   =EON
      STO  =STON
      SPLIT=SPLITN
  150 CONTINUE
C                EG= EINKOMMEN AUS GRUNDSTUECK
C              STEG= STEUERLICH RELEVANTES EINK. AUS GRUNDSTUECK
```

```
C               STEZ= STEUERLICH RELEVANTES EINK. AUS ZINSEN
C                 K = KAPITAL FUER WIEDERANLAGE
C               STG = STEUERN AUF NIESSBRAUCHOBJEKT
C               STE = STEUERL. RELEVANTES EINKOMMEN
C
      EG=ET-(AGT+AAT)
C               PROTOKOLL UNTERLASSUNG
                WRITE(6,913) EG
      K=0.0
      DO 155  J=1,JO
              AFAX = AFAT
              IF (J .GT. TO)   AFAX=0.0
         STEG=ET - (AGT+AAT) - AFAX
         STEZ=P1*K
         STE =EO + STEG + STEZ
         ST  =STEUER(STE,SPLIT, P32A1)
         STG =ST - STO
         K   =EG + Q1*K - STG
         WRITE(6,914) J, K
  155    CONTINUE
      EWT=K
C
      GOTO (161,161, 161,161, 161,161, 167,167), MODELL
  161 UEWB=EWT
      UEWN=0.0
            GOTO 170
  167 UEWB=0.0
      UEWN=EWT
  170 CONTINUE
C
C
C ==== VERMÖGENSENDWERTE BEI HANDLUNG ===================================
C     DIE SCHENKUNGSTEUER WIRD AM KAPITALMARKT AUFGENOMMEN,
C     EINMALZAHLUNG (MODELLE 3-6) WIRD VON N AUFGENOMMEN UND
C                                       VON B ANGELEGT
C         (HAT EINFLUSS AUF STEUER AUS ZINSERTRAEGEN)
C*              PROTOKOLL HANDLUNG:
                          WRITE(6,941)
                          WRITE(6,942)    SCH, WN
                          WRITE(6,943)  STSCHB,STSCHN, PX
                          WRITE(6,944)    ENT, ANT
C              EINKOMMEN AUS GRUNDSTUECK:
      CALL EKG(EGN,EGB, MODELL)
                          WRITE(6,945)    EGB, EGN
      KN = -AN
      KB =  EN
         J=0
                          WRITE(6,947) J, KB,KN
C     == AUFZINSUNG FUER JO JAHRE
      DO 240 J=1,JO
C                   ST. REL. EINKOMMAN AUS GRUNDSTUECK
        CALL STEKG (STEGN,STEGB, MODELL,J,TO, LAUF,VO)
C                   (FALLS SCHENKUNGST. JAEHRLICH GEZAHLT WIRD)
        STSCH =STSCHT(MOD2, MODELL,J, SCHT,FB(ERBKL),KO)
               GOTO (181,181, 181,181,  190,190, 190,190), MODELL
  181          KN = KN - STSCH
  190   CONTINUE
C                   ST. REL. ZINSEINNAHMEN AUS KAPITAL
        STEZN= P1 * KN
        STEZB= P1 * KB
               GOTO (191,191, 200,200, 200,200, 191,191), MODELL
  191          STEZB = 0.0
  200   CONTINUE
C                   STEUERPFL. EINNAHMEN
        STEN = EON + STEGN + STEZN
        STEB = EOB + STEGB + STEZB
C                 (FALLS SCHENKUNGST. JAEHRLICH GEZAHLT WIRD)
               GOTO (202,202, 202,202,  210,210, 210,210), MODELL
```

```
  202          STEN = STEN - STSCH
  210     CONTINUE
C                  STEUERN
          STN  = STEUER(STEN,SPLITN, P32A1)
          STB  = STEUER(STEB,SPLITB, P32A1)
C                  DURCH DAS GRUNDSTUECK VERURSACHTE STEUERN
          STGN = STN - STON
          STGB = STB - STOB
C                  KAPITAL FUER WIEDERANLAGE
          KN   = EGN + Q1*KN - STGN
          KB   = EGB + Q1*KB - STGB
C                 (FALLS SCHENKUNGST. ALS EINMALBETRAG GEZAHLT WIRD)
          IF (J .NE. 1)  GOTO 230
               KN = KN - STSCHN
               KB = KB - STSCHB
  230     CONTINUE
          WRITE(6,948)  J, KB,KN,  STEGB,STEB,STB
  240 CONTINUE
C ---             ZUORDNUNG DER VERMÖGENSENDWERTE
      HEWB = KB
      HEWN = KN
C     ----------------------------------------------------------------
C               DIFFERENZ DER VERMÖGENSENDWERTE (HANDLUNG - UNTERL.)
      DEWB = (HEWB-UEWB)
      DEWN = (HEWN-UEWN)
C             SUMME DER VERMÖGENSENDWERTDIFFERENZEN B + N
      ERG  = DEWB + DEWN
C
      WRITE(6,949) UEWB,UEWN, HEWB,HEWN, DEWB,DEWN
C
      WRITE (6,950) J0,ERG
      GOTO 1111
 9999 STOP
C                                        FORMATE: NIESS PROG2
  912 FORMAT(/8X,'   AGT  =',F15.2,
     1        /8X,'   AAT  =',F15.2,
     2        /8X,'   AFAT =',F15.2)
  913 FORMAT(/ '       UNTERLASSUNG:',
     1        /8X,'   EG   =',F15.2 /)
  914 FORMAT( 5X,I3, 2X,' K     =',F15.2)
  941 FORMAT(/ '       HANDLUNG:')
  942 FORMAT(  8X,'    SCH =',F15.2, 3X,'    WN   =',F15.2)
  943 FORMAT(  8X,' STSCHB =',F15.2, 3X,' STSCHN =',F15.2,
     1                                3X,'ST.SATZ =', F6.3)
  944 FORMAT(/ 8X,'    ENT  =',F15.2, 3X,'    ANT  =',F15.2)
  945 FORMAT(  8X,'    EGB  =',F15.2, 3X,'    EGN  =',F15.2 /)
  947 FORMAT(     5X,I3, 2X,' KB   =',F15.2, 5X,' KN   =',F15.2)
  948 FORMAT(     5X,I3, 2X,' KB   =',F15.2, 5X,' KN   =',F15.2 ,
     1  5X,' STEGB=',F15.2, 2X,' STEB=',F15.2,2X,' STB=',F15.2)
  949 FORMAT(//10X,' UEWB =',F15.2, 5X,' UEWN =',F15.2,
     1       / 10X,' HEWB =',F15.2, 5X,' HEWN =',F15.2,
     2       / 11X,  21('-'),         6X,   21('-'),
     3       / 10X,' DEWB =',F15.2, 5X,' DEWN =',F15.2 )
  950 FORMAT (/'  VERMÖGENSZUNAHME/ABNAHME NACH ',I3,' JAHREN =',F15.2)
      END
C--------------------------------------------------------------------
      SUBROUTINE EKG (EGN,EGB, MODELL)
C     BERECHNUNG DES EINKOMMENS AUS GRUNDSTUECK FUER N (EGN) UND B (EGB)
C
      REAL*8  EGN,EGB, ET,AGT,AAT,QQ,N,AFAT, ENT,ANT
      INTEGER MODELL
C
      COMMON /C2/ ET,AGT,AAT,QQ,N,AFAT
     3       /C3/ ENT,ANT
C
C     ANT,ENT = 0 FUER MODELLE  1,2, 7,8
C             = 0  BEI MODELLEN 3,4, 5,6 FUER LAUF=0 (ENTGELT EINMALIG)
C
```

```
      GOTO (1,2, 1,2, 1,2, 1,2), MODELL
C
C           (1,3,5,7): GESETZLICHE LASTENTRAGUNG:
    1 EGN = ET - AGT - ANT
      EGB = ENT- AAT
      RETURN
C
C           (2,4,6,8): VEREINBARTE LASTENTRAGUNG:
    2 EGN = ET -        N*(AGT+AAT) - ANT
      EGB = ENT- (1.0-N)*(AGT+AAT)
      RETURN
      END
C------------------------------------------------------------------------
      SUBROUTINE STEKG (STEGN,STEGB, MODELL, J,TO, LAUF,VO)
C     BERECHNUNG DER STEUERLICH RELEVANT. EINKUENFTE AUS GR. FUER N,B
C                    J = AKTUELLES JAHR
C                    TO= NOCH AFA-JAHRE
C                    VO= JAHRE, AUF DIE B DAS STENT VERTEILT (<=10)
C
      REAL*8  STEGN,STEGB, ET, AGT,AAT, QQ,N, AFAT, AFAX, STENT,STANT
      INTEGER MODELL, J,TO,LAUF,VO
C
      COMMON /C2/ ET,AGT,AAT,QQ,N,AFAT
     4       /C4/ STENT,STANT
C
C     AFA NOCH TO JAHRE LANG MOEGLICH
                         AFAX = AFAT
          IF (J .GT. TO) AFAX =0.0
C     BEI EINMALZAHLUNG DES NIESBRAUCHENTGELTES KANN B DIESES BEI
C     DEN MODELLEN 3,4, 5,6 STEUERLICH AUF VO JAHRE VERTEILEN:
          GOTO (10,10, 3,3, 3,3, 10,10), MODELL
    3     IF (LAUF. EQ. 0  .AND.  J .GT. VO) STENT=0.0
   10 CONTINUE
C
      GOTO (11,12, 13,14, 13,14, 17,18), MODELL
C
C             (1) ZUWENDUNGSNIESSBRAUCH, UNENTGELTLICH, GESETZLICH
   11 STEGN = ET - AGT
      STEGB = 0.0
      RETURN
C             (2) ZUWENDUNGSNIESSBRAUCH, UNENTGELTLICH, VEREINBART
   12 STEGN = ET - N*(AGT+AAT)
      STEGB = 0.0
      RETURN
C             (3,5) ZUWENDUNGSNIESSBRAUCH, TEIL-ENTGELTLICH, GESETZLICH
   13 STEGN = ET    -    AGT       - STANT
      STEGB = STENT-        QQ*AAT          - QQ*AFAX
      RETURN
C             (4,6) ZUWENDUNGSNIESSBRAUCH, TEIL-ENTGELTLICH, VEREINBART
   14 STEGN = ET    -          N*(AGT+AAT)          -STANT
      STEGB = STENT-QQ*(1.0-N)*(AGT+AAT) - QQ*AFAX
      RETURN
C             (7) VORBEH. NIESSBR. GESETZLICH
   17 STEGN = ET - AGT - AFAX
      STEGB = 0.0
      RETURN
C           (8) VORBEH. NIESSBR. VEREINBART
   18 STEGN = ET - N*(AGT+AAT) - AFAX
      STEGB = 0.0
      RETURN
      END
C------------------------------------------------------------------------
      REAL FUNCTION STSCHT*8 (MOD2, MODELL,J, SCHT,FB, KO)
C           SCHENKUNGSTEUER WIRD JAEHRLICH GEZAHLT (MOD2=1)
      REAL*4  FB
      REAL*8  SCHT, PX
      INTEGER MOD2, MODELL,J, KO
      COMMON /C5/ PX
```

```
C                     PX: SCH.ST.SATZ (DER GESAMT-SCHENKUNG )
C                      J: LAUFENDES JAHR
C                     KO: JAHR, IN DEM SUMME(SCHENKUNG) >= FB
C
C                         INITIALISIERUNG:
      STSCHT = 0.0
      IF (MOD2 .EQ. 0) GOTO 30
C                         MODELLE 5,6 SIND SCH.STEUER-FREI
      GOTO (1,1, 1,1, 30,30, 30,30), MODELL
    1 IF (J-KO) 30,10,20
C                         KO=JAHR, MIT SCH.ST. WIRD Z. 1. MAL GEZ.
   10 STSCHT = (KO*SCHT - FB)*PX
                    GOTO 30
   20 STSCHT = SCHT*PX
C
   30 RETURN
      END
C-----------------------------------------------------------------------
      REAL FUNCTION STEUER*8 (VE,IS, P32A1)
C          BERECHNUNG DER EINKOMMENSTEUERTARIFE NACH §32 A ESTG ABS. 1
C                              (BIS AUF RUNDUNGSVORSCHRIFTEN GENAU)
C     VE: ZU VERSTEURENDES JAHRESEINKOMMEN
C     IS: VERANLAGUNG NACH GRUNDTABELLE     =0
C                         SPLITTINGTABELLE =1
C     ST: JAHRESSTEUER
C
C     P32A1  PARAGRAPH 32 A ABS. 1 FUER DIE JAHRE BIS 1985  =1
C                                  FUER 1986 - 1987         =2
C                                  FUER DIE JAHRE AB  1988  =3
C
      INTEGER IS, TEILER,X, P32A1
      REAL*8  VE, ST,VE2,Y,Z
C
      VE2=VE
C     BEHANDLUNG DES FALLES BEI SPLITTING:
      IF (IS .EQ. 1) VE2=VE2/2
C
C     JAHRESEINKOMMEN WIRD ABGERUNDET AUF EINEN BETRAG
C                         DER DURCH 54 TEILBAR IST:
      TEILER=VE2/54.0
      X = 54 * TEILER
C
      GOTO (100, 200, 300), P32A1
C ------                          --- BIS 1985 ---
  100 IF (VE2 .LT. 130000.0) GOTO 110
         ST=0.56*X-14837.0
         GOTO 500
  110 IF (VE2 .LT.  60000.0) GOTO 120
         Z = (X-60000.0)/10000.0
         ST=(((0.09*Z-5.45)*Z+88.13)*Z+5040.0)*Z+20018.0
         GOTO 500
  120 IF (VE2 .LT.  18001.0) GOTO 130
         Y = (X-18000.0)/10000.0
         ST=(((3.05*Y-73.76)*Y+695.0)*Y+2200.0)*Y+3034.0
         GOTO 500
  130 IF (VE2 .LT.   4213.0) GOTO 440
         ST=0.22*X-926.0
         GOTO 500
C ------                          --- 1986 - 1987 ---
  200 IF (VE2 .LT. 130032.0) GOTO 210
         ST=0.56*X-16433.0
         GOTO 500
  210 IF (VE2 .LT.  80028.0) GOTO 220
         Z = (X-80000.0)/10000.0
         ST=(42.0*Z+5180.0)*Z+29417.0
         GOTO 500
  220 IF (VE2 .LT.  18036.0) GOTO 230
         Y = (X-18000.0)/10000.0
```

```
      ST=(((2.10*Y-56.02)*Y+600.0)*Y+2200.0)*Y+2962.0
      GOTO 500
  230 IF (VE2 .LT.   4537.0) GOTO 440
      ST=0.22*X-998.0
      GOTO 500
C ------                          ---- AB 1988 ----
  300 IF (VE2 .LT. 130032.0) GOTO 310
      ST=0.56*X-18502.0
      GOTO 500
  310 IF (VE2 .LT.  80028.0) GOTO 320
      Z = (X-80000.0)/10000.0
      ST=(60.0*Z+5000.0)*Z+27798.0
      GOTO 500
  320 IF (VE2 .LT.  18036.0) GOTO 330
      Y = (X-18000.0)/10000.0
      ST=(((0.79*Y-30.82)*Y+452.0)*Y+2200.0)*Y+2962.0
      GOTO 500
  330 IF (VE2 .LT.   4537.0) GOTO 440
      ST=0.22*X-998.0
      GOTO 500
C
  440 ST=0.0
C                   BEHANDLUNG DES FALLES BEI SPLITTING:
  500 IF (IS .EQ. 1) ST=ST*2
C                   RUNDUNG DER STEUERN
      ISTEUR=ST
      STEUER=ISTEUR
      RETURN
      END
C-----------------------------------------------------------------------
      REAL FUNCTION ERBST*8 (STWERT,KLASSE)
C     BERECHNUNG DER ERBSCHAFTSTEUER
C         NACH DEM PAR. 19 ERBSTG / STEUERKLASSE "KLASSE"
C         (IMPLEMENTIERT FUER KLASSE=1  UND  KLASSE=3)
C     STWERT: WERT DES  ERWERBS (PAR. 10)
C         (PROGRAMM BERUECKSICHTIGT DIE FREIBETRAEGE LT. PAR.16;
C         BEREITS ABGEZOGEN WORDEN.)
C     PX   EBSCHAFTSTEUER-SATZ; WIRD AN AUFRUFENDES PROGR. UEBERGEBEN.
C
      REAL   PT(25,4),W(25)
      REAL*8 STWERT,WERT,P, PX
      COMMON /C5/  PX
C
      DATA PT /  3.,    3.5,   4.,    4.5,   5.,     5.5,   6.,   6.5,
     2     7.,    7.5,   8.,    8.5,   9.,     9.5,   10.,   11.,  12.,
     3    13.,   14.,   16.,   18.,   21.,    25.,   30.,   35., 25*0.,
     1           11.,   12.5,  14.,   15.5,   17.,   18.5,  20.,  21.5,
     2    23.,   24.5,  26.,   27.5,  29.,    30.5,  32.,   34.,  36.,
     3    38.,   40.,   43.,   46.,   50.,    55.,   60.,   65., 25*0./
C
      DATA W /   50.,   75.,  100.,  125.,  150.,   200.,  250., 300.,
     2  400.,  500.,  600.,  700.,  800.,  900.,  1000., 2000.,3000.,
     3 4000., 6000., 8000.,10000.,25000.,50000.,100000., 1000000.    /
C
      KS=KLASSE
C                          KORREKTUR BEI FEHLEINGABE
                           IF (KLASSE.LT. 1 .OR. KLASSE .GT. 4) KS=1
      WERT=STWERT/1000.0
      IF (WERT .GT. 0.0) GOTO  5
         PX   =0.0
         ERBST=0.0
         RETURN
C
    5 CONTINUE
      P=PT(1,KS)
      DO 10 L=1,24
         IF (WERT .LE. W(L)) GOTO 20
         P=PT(L+1,KS)
```

```
10    CONTINUE                                                    VER06120
20 CONTINUE                                                       VER06130
      PX    =P/100.0                                              VER06140
      ERBST=WERT * P * 10.0                                       VER06150
      RETURN                                                      VER06160
   END                                                            VER06170
```

A N H A N G 2: Notar- und Gerichtskosten für ausgewählte Fallbeispiele

Roherträge ET / Lastentragung	NOTAR- UND GERICHTSKOSTEN beim Zuwendungsnießbrauch (Wert 1) Vorbehaltsnießbrauch (Wert 2)								
	28.000	30.000	40.000	50.000	60.000	70.000	90.000	110.000	140.000
gesetzlich	400,-	424,-	518,-	636,-	730,-	824,-	1.036,-	1.225,-	1.531,-
	1.879,-	2.095,-	2.542,-	3.122,-	3.694,-	4.266,-	5.417,-	6.562,-	8.285,-
vereinbart mit N = 0	447,-	471,-	588,-	706,-	824,-	942,-	1.177,-	1.413,-	1.766,-
	1.894,-	2.110,-	2.564,-	3.144,-	3.724,-	4.303,-	5.184,-	6.622,-	8.360,-
vereinbart mit N = 0,5	424,-	447,-	542,-	636,-	754,-	848,-	1.060,-	1.272,-	1.578,-
	1.886,-	2.102,-	2.549,-	2.919,-	3.701,-	4.273,-	5.425,-	6.577,-	8.300,-
vereinbart mit N = 1,0	377,-	400,-	471,-	566,-	659,-	754,-	918,-	1.087,-	1.366,-
	1.872,-	2.087,-	2.527,-	3.099,-	3.671,-	4.243,-	4.996,-	6.224,-	8.233,-

Übersicht 14: Notar- und Gerichtskosten, bei Bestellung eines Zuwendungsnießbrauchs an Grundstücken (Wert 1) und Übertragung eines Grundstücks unter Nießbrauchvorbehalt (Wert 2) zwischen nahen Angehörigen

Erläuterung

Da ausschließlich von Nießbrauchverhältnissen zwischen nahen Angehörigen ausgegangen wird, beträgt der Geschäftswert des Nießbrauchs nach § 24 Abs. 3 KostO das Fünffache der einjährigen Nutzungen (Roherträge ET). Der Nießbraucher trägt entweder nur die gewöhnlichen Grundstückslasten (gesetzliche Lastentragung), oder einen Anteil (N) der gewöhnlichen und außergewöhnlichen Grundstückslasten. Die gewöhnlichen Grundstückslasten werden pro Periode mit 15 v.H., die außergewöhnlichen Grundstückslasten mit 10 v.H. der Roherträge (ET) angenommen. Hierbei handelt es sich um Durchschnittswerte (vgl. im einzelnen Seite 124). Der Geschäftswert des Grundstücks wird mit dem Verkehrswert gleichgesetzt; der Verkehrswert beträgt das 13-fache der Roherträge (ET). Die Notarkosten enthalten 14 v.H. Umsatzsteuer.

A N H A N G 3: Ergebnistabellen und -erläuterung

- Verzeichnis der Tabellen
- Erläuterung der Tabellen
- Tabellen zum Zuwendungs-nießbrauch (1 bis 35)
- Tabellen zum Vorbehalts-nießbrauch (36 bis 49)

VERZEICHNIS DER TABELLEN

TABELLENERLÄUTERUNG:

Der systematische Aufbau der Tabellen 1 bis 49 ist gleich.

Die in den *Feldern* der Tabellen enthaltenen Vermögensendwerte geben den finanziellen Vorteil bzw. Nachteil in DM an, der durch die Bestellung eines Nießbrauchrechts an einem vermieteten Privatgrundstück im Vergleich zur Unterlassensalternative während eines Zeitraumes von 10 Jahren erzielt werden kann. Grundsätzlich wird ein Kalkulationszinsfuß von 8 v.H. zugrundegelegt.

Der *Kopfzeile* einer Tabelle ist zu entnehmen, welche Art der Nießbrauchbestellung vorgenommen wurde (unentgeltlicher, teilentgeltlicher, vollentgeltlicher Zuwendungsnießbrauch[1]) oder (unentgeltlicher) Vorbehaltsnießbrauch) und welcher Rohertrag in DM aus dem der Bestellung zugrundeliegenden Grundstück fließt. Die *Kopfspalte* zeigt die Verteilung der Grundstückslasten auf Nießbraucher und Nießbrauchbesteller an. Die Höhe der Grundstückslasten hängt in bestimmter Weise von den Roherträgen des Grundstücks ab ("N = O" bedeutet: der Nießbraucher trägt keine Grundstückslasten, sämtliche Lasten trägt der Nießbrauchbesteller; "gesetzlich" bedeutet: es gilt die gesetzliche Regelung der Lastentragung nach dem BGB, d.h. der Nießbraucher trägt alle gewöhnlichen, der Nießbrauchbesteller alle außergewöhnlichen Grundstückslasten). Jeden Feld einer Tabelle kann somit ein bestimmtes Rohertrags- und Lastentragungsverhältnis zugeordnet werden.

Im jeweiligen *Textteil* der Tabellen ist angegeben, welche Gestaltungsgröße variiert wurde. Die in den Feldern der Tabellen enthaltenen 2, 3 oder 4 Vermögensendwerte spiegeln diese Variation wider.

---

1) Die Höhe des vom Nießbraucher für die Nießbrauchbestellung gezahlten Entgelts wird dabei durch das Entgeltverhältnis

$Q = \frac{\text{Wert der Gegenleistung}}{\text{Wert des Nießbrauchs}}$ festgelegt. Q = 0,5 bedeutet, daß

der Nießbraucher für die Nießbrauchbestellung ein Teilentgelt in Höhe von 50 % des Werts des Nießbrauchs entrichtet.

Lastentragung \ Roherträge ET	unentgeltlicher Zuwendungsnießbrauch mit Q = 0		teilentgeltlicher Zuwendungsnießbrauch mit Q = 0,5		entgeltlicher Zuwendungsnießbrauch mit Q = 1	
	4.000	8.000	4.000	8.000	4.000	8.000
gesetzlich	16.670 16.262 15.855	22.117 21.281 20.415	9.653 9.474 9.248	17.855 17.423 16.929	0 0 0	0 0 0
vereinbart mit N = 0	14.955 14.547 14.140	17.191 16.354 15.488	10.396 10.363 10.020	17.786 17.313 16.868	0 0 0	0 0 0
vereinbart mit N = 0,5	16.410 16.002 15.595	21.283 20.447 19.581	9.768 9.630 9.444	17.852 17.420 16.931	0 0 0	0 0 0
vereinbart mit N = 1,0	17.480 17.072 16.665	25.360 24.524 23.658	9.128 8.955 8.647	17.536 17.108 16.649	0 0 0	0 0 0

Tabelle 1: Vermögenszuwächse bei Bestellung eines Zuwendungsnießbrauchs an Eigentumswohnungen; Untersuchungsvariable: Höhe der Verkehrswerte.
Im vorliegenden Fall beruhen die unterschiedlichen 3 Vermögenszuwächse pro Feld auf 3 unterschiedlichen Verkehrswerten der nießbrauchbelasteten Eigentumswohnungen. Die Verkehrswerte bestimmen sich aus dem Produkt: Roherträge (ET) · Vervielfältiger, gemäß Übersicht 16 (Seite 282). Im ersten Feld sind dieses Verkehrswerte in Höhe von 92.000, 96.000 und 100.000 DM.

Für diese und die weiteren Tabellen gilt grundsätzlich folgendes: Die gewöhnlichen Grundstückslasten werden mit 15 v.H., die außergewöhnlichen Grundstückslasten mit 10 v.H. der Roherträge angenommen. Die Nießbrauchbestellung erfolgt durch einen Vater zugunsten seines Sohnes. Der Vater bezieht neben den Einkünften aus dem Nießbrauchobjekt ein sonstiges zu versteuerndes Einkommen von 130.000 DM. Das sonstige zu versteuernde Einkommen des Sohnes beträgt 0 DM. Für Vater und Sohn gilt der Grundtarif.

Lastentragung \ Roherträge ET	unentgeltlicher Zuwendungsnießbrauch mit Q = 0		teilentgeltlicher Zuwendungsnießbrauch mit Q = 0,5		entgeltlicher Zuwendungsnießbrauch mit Q = 1	
	12.000	16.000	12.000	16.000	12.000	16.000
gesetzlich	20.125 18.857 17.681	22.040 20.423 18.722	18.401 17.755 17.221	20.147 19.370 18.466	0 0 0	0 0 0
vereinbart mit N = 0	12.703 11.395 10.259	11.257 9.640 7.939	17.270 16.574 16.004	18.446 17.688 16.882	0 0 0	0 0 0
vereinbart mit N = 0,5	18.912 17.644 16.467	20.318 18.701 17.000	18.186 17.505 16.984	19.795 19.071 18.161	0 0 0	0 0 0
vereinbart mit N = 1,0	25.050 23.781 22.605	28.869 27.252 25.552	19.198 18.523 18.030	21.077 20.356 19.552	0 0 0	0 0 0

Tabelle 2: Vermögenszuwächse bei Bestellung eines Zuwendungsnießbrauchs an Einfamilien- und Reihenhäusern; Untersuchungsvariable: Höhe der Verkehrswerte.
Die unterschiedlichen 3 Vermögensendwerte pro Feld beruhen auf 3 unterschiedlichen Häusern mit Verkehrswerten von

12.000 · 28 = 336.000 DM und 16.000 · 28 = 448.000 DM
12.000 · 29 = 348.000 DM 16.000 · 29 = 464.000 DM
12.000 · 30 = 360.000 DM 16.000 · 30 = 480.000 DM.

Roherträge / ET — Lastentragung	unentgeltlicher Zuwendungs-nießbrauch mit Q = 0			teilentgeltlicher Zuwendungs-nießbrauch mit Q = 0,5			entgeltlicher Zuwendungs-nießbrauch mit Q = 1		
	20.000	24.000	28.000	20.000	24.000	28.000	20.000	24.000	28.000
gesetzlich	29.956 29.948 24.899	26.700 25.435 24.162	24.578 22.934 21.466	23.841 23.479 22.916	26.018 25.395 24.667	28.061 27.303 26.547	0 0 0	0 0 0	0 0 0
vereinbart mit N = 0	11.785 10.777 9.728	6.395 5.130 3.857	- 1.145 - 2.766 - 4.263	21.913 21.403 20.885	23.534 22.908 22.304	24.810 24.027 23.381	0 0 0	0 0 0	0 0 0
vereinbart mit N = 0,5	24.529 23.521 22.472	23.412 22.147 20.874	20.425 18.780 17.304	23.594 23.124 22.640	25.625 24.969 24.301	27.484 26.701 26.100	0 0 0	0 0 0	0 0 0
vereinbart mit N = 1,0	36.288 35.280 34.231	39.048 37.783 36.510	40.417 38.393 37.296	25.280 24.806 24.254	27.643 27.022 26.374	29.999 29.219 28.529	0 0 0	0 0 0	0 0 0

Tabelle 3: Vermögenszuwächse bei Bestellung eines Zuwendungsnießbrauchs an Zweifamilienhäusern; Untersuchungsvariable: Höhe der Verkehrswerte.
Die Verkehrswerte der jedem Feld zugrunde liegenden Zweifamilienhäuser betragen

20.000 · 26 = 520.000 DM	24.000 · 26 = 624.000 DM	28.000 · 26 = 728.000 DM
20.000 · 26,5 = 530.000 DM	24.000 · 26,5 = 636.000 DM	28.000 · 26,5 = 742.000 DM
20.000 · 27 = 540.000 DM	24.000 · 27 = 648.000 DM	28.000 · 27 = 756.000 DM.

Roherträge ET / Lastentragung	unentgeltlicher Zuwendungsnießbrauch mit Q = 0								
	28.000	30.000	40.000	50.000	60.000	70.000	90.000	110.000	140.000
gesetzlich	62.815 59.943 57.023	63.941 60.779 57.591	64.366 60.175 55.981	58.307 53.097 47.698	47.408 40.759 34.219	33.155 25.300 17.655	- 2.022 - 12.019 - 22.541	- 43.437 -560.503 - 68.923	-113.796 -130.804 -146.921
vereinbart mit N = 0	37.091 34.220 31.299	35.392 32.230 29.042	20.939 16.748 12.554	- 470 - 5.678 -11.032	-26.682 -33.280 -39.862	-56.106 -63.933 -71.623	-122.112 -132.042 -142.626	-194.641 -207.707 -220.100	-309.421 -326.441 -342.552
vereinbart mit N = 0,5	58.662 55.790 52.870	59.381 56.219 53.030	57.311 53.120 48.926	48.674 43.465 38.102	35.237 23.646 22.017	18.460 10.681 2.922	- 21.759 - 31.746 - 42.307	- 68.447 - 81.458 - 93.904	-146.380 -163.379 -179.466
vereinbart mit N = 1,0	78.654 75.782 72.862	81.597 78.435 75.246	91.568 87.377 83.183	95.649 90.440 85.052	94.915 88.341 81.765	90.832 83.057 75.287	75.980 65.998 55.428	55.352 42.307 29.863	15.702 - 1.342 - 17.446

Tabelle 4: Vermögenszuwächse bei Bestellung eines Zuwendungsnießbrauchs an Mehrfamilienhäusern; Untersuchungsvariable: Höhe der Verkehrswerte.
Die 3 Vermögensendwerte pro Feld beruhen auf 3 unterschiedlichen Mehrfamilienhäusern, deren Verkehrswerte sich wie folgt ermitteln:
Verkehrswert = Rohertrag (ET) · Vervielfältiger (R), mit R = 13; 14; 15.
Bei einem Rohertrag von 28.000 DM ergeben sich z.B. Verkehrswerte von

28.000 · 13 = 364.000 DM
28.000 · 14 = 392.000 DM
28.000 · 15 = 420.000 DM.

Roherträge ET / Lastentragung	teilentgeltlicher Zuwendungsnießbrauch mit Q = 0,5								
	28.000	30.000	40.000	50.000	60.000	70.000	90.000	110.000	140.000
gesetzlich	47.105 45.743 44.217	49.584 47.922 46.235	59.725 57.738 55.555	67.293 64.789 62.156	72.150 69.036 65.986	74.861 71.113 67.474	74.391 69.730 65.031	68.609 62.557 56.522	52.424 44.576 36.872
vereinbart mit N = 0	43.940 42.532 41.108	45.875 44.289 42.664	52.837 50.750 48.649	56.021 53.506 50.796	55.932 52.795 49.741	53.324 49.559 45.952	41.824 37.174 32.436	24.701 18.835 12.699	- 8.062 -15.868 -23.575
vereinbart mit N = 0,5	46.671 45.287 43.837	48.919 47.397 45.753	58.707 56.632 54.553	65.547 63.040 60.393	69.683 66.532 63.453	71.436 67.653 64.015	69.166 64.493 59.741	61.524 55.493 49.387	42.520 34.799 26.937
vereinbart mit N = 1,0	49.096 47.666 46.245	51.731 50.147 48.455	63.598 61.522 59.371	73.711 71.159 68.542	81.559 78.431 75.378	87.590 83.791 91.711	94.268 89.569 84.833	96.034 89.850 83.934	90.820 83.142 75.271

Tabelle 5: Vermögenszuwächse bei Bestellung eines Zuwendungsnießbrauchs an Mehrfamilienhäusern; Untersuchungsvariable: Höhe der Verkehrswerte.
Erläuterung s. Tabelle 4.

Lastentragung \ Roherträge ET	unentgeltlicher Zuwendungsnießbrauch mit Q = 0								
	28.000	30.000	40.000	50.000	60.000	70.000	90.000	110.000	140.000
gesetzlich	62.815 80.336 101.181	63.941 82.681 104.920	64.366 89.361 119.060	58.307 89.567 126.712	47.408 84.921 129.527	33.155 76.854 128.779	- 2.022 54.200 121.082	- 43.437 25.338 106.982	-113.796 - 26.350 77.642
vereinbart mit N = 0	37.091 54.612 75.457	35.392 54.132 76.371	20.939 45.934 75.633	- 470 30.790 67.936	-26.682 10.831 55.438	- 56.106 - 12.407 39.519	-122.112 - 65.890 993	-194.641 -125.866 - 44.222	-309.421 -221.975 -117.983
vereinbart mit N = 0,5	58.662 76.183 97.028	59.381 78.121 100.360	57.311 82.306 112.005	48.674 79.934 117.079	35.237 72.750 117.356	18.461 62.160 114.085	- 21.759 34.463 101.345	- 68.447 - 1.533 81.972	-146.380 - 58.935 45.058
vereinbart mit N = 1,0	78.654 96.175 117.020	81.597 100.337 122.575	91.568 116.563 146.262	95.649 126.910 164.055	94.915 132.428 177.034	90.832 134.530 186.456	75.980 132.202 199.084	55.352 124.127 205.771	15.702 103.148 207.140

Tabelle 6: Vermögenszuwächse bei Variation der Abschreibungen auf das Nießbrauchobjekt.
Der erste, zweite bzw. dritte Vermögensendwert pro Feld beruht darauf, daß c.p. noch 10, 5 bzw. 0 Jahre lang Abschreibungen auf das Nießbrauchobjekt vogenommen werden können.
Die Höhe der Verkehrswerte ermittelt sich nach der Makler-Methode mit Verkehrswert = Rohertrag (ET) • Vervielfältiger (R), wobei R = 13.

Lastentragung \ Roherträge ET	teilentgeltlicher Zuwendungsnießbrauch mit Q = 0,5								
	28.000	30.000	40.000	50.000	60.000	70.000	90.000	110.000	140.000
gesetzlich	47.105 55.900 66.324	49.584 58.949 69.981	59.725 72.207 87.176	67.293 82.960 101.571	72.150 90.963 113.230	74.861 96.710 122.660	74.391 102.465 135.962	68.609 103.047 143.731	52.424 96.091 148.111
vereinbart mit N = 0	43.940 52.694 63.191	45.875 55.245 66.307	52.837 65.323 80.191	56.021 71.653 90.266	55.932 74.703 96.976	53.324 75.169 101.117	41.824 69.965 103.465	24.701 59.142 99.935	- 8.062 35.646 87.673
vereinbart mit N = 0,5	46.671 55.458 65.864	48.919 58.285 69.380	58.707 71.216 86.058	65.547 81.214 99.777	69.683 88.496 110.720	71.436 93.256 119.148	69.166 97.244 130.719	61.524 95.977 136.737	42.520 86.189 138.224
vereinbart mit N = 1,0	49.096 57.851 68.374	51.731 61.133 72.196	63.598 76.073 90.970	73.711 89.349 107.992	81.559 100.332 122.699	87.590 109.432 135.322	94.268 122.373 155.811	96.034 130.431 171.189	90.820 134.567 186.634[1]

Tabelle 7: Vermögenszuwächse bei Variation der Abschreibungen auf das Nießbrauchobjekt.
Erläuterung s.o.

1) Der optimale Vermögensendwert ergibt sich bei einem Verkehrswert von 260.000 DM mit 207.920 DM.

Roherträge ET / Lastentragung	unentgeltlicher Zuwendungsnießbrauch mit Q = 0								
	28.000	30.000	40.000	50.000	60.000	70.000	90.000	110.000	140.000
gesetzlich	67.554 62.815 57.910	68.650 63.941 58.947	68.867 64.366 59.510	62.342 58.307 53.833	51.031 47.408 43.461	36.209 33.155 29.469	296 - 2.022 - 4.704	42.357 43.437 45.067	-113.791 -113.796 -114.184
vereinbart mit N = 0	50.154 37.091 24.109	49.336 35.392 21.384	39.616 20.939 2.268	22.804 - 470 -23.815	1.302 -26.682 -54.614	23.557 56.106 88.812	- 80.084 -122.112 -164.003	143.421 194.641 245.879	-244.235 -309.421 -374.701
vereinbart mit N = 0,5	67.554 58.662 49.833	68.647 59.381 49.933	68.867 57.311 45.695	62.342 48.674 34.962	51.031 35.237 19.475	36.209 18.461 449	296 - 21.759 - 43.914	42.357 68.447 94.674	-113.791 -146.380 -179.076
vereinbart mit N = 1,0	83.954 78.654 73.185	86.898 81.597 75.963	96.857 91.568 85.914	100.453 95.649 90.205	99.377 94.915 90.078	94.724 90.832 86.349	79.216 75.980 72.430	57.390 55.352 52.696	16.283 15.702 14.517

Tabelle 8: Vermögenszuwächse bei Variation der gewöhnlichen Grundstückslasten. Die jeweils 3 Vermögensendwerte pro Feld spiegeln den Einfluß der gewöhnlichen Grundstückslasten auf die Vorteilhaftigkeit bestimmter Nießbrauchgestaltungen wider. Die gewöhnlichen Grundstückslasten betragen alternativ 10 v.H., 15 v.H. und 20 v.H. der Roherträge (ET) bei konstantem Anteil der außergewöhnlichen Grundstückslasten in Höhe von 10 v.H. der Roherträge.

Roherträge ET / Lastentragung	teilentgeltlicher Zuwendungsnießbrauch mit Q = 0,5								
	28.000	30.000	40.000	50.000	60.000	70.000	90.000	110.000	140.000
gesetzlich	50.718 47.105 43.655	53.245 49.584 45.661	64.239 59.725 55.135	71.949 67.293 62.450	76.902 72.150 67.182	79.390 74.861 69.782	78.797 74.391 69.759	72.352 68.609 64.401	55.476 52.424 48.759
vereinbart mit N = 0	48.546 43.940 39.429	50.794 45.875 40.938	59.495 52.837 46.197	64.276 56.021 47.788	65.786 55.932 46.127	64.727 53.324 41.758	56.722 41.824 27.107	42.818 24.701 6.698	14.909 - 8.062 -31.139
vereinbart mit N = 0,5	50.718 46.671 42.599	53.245 48.919 44.555	64.239 58.707 53.202	71.949 65.547 59.096	76.902 69.683 62.343	79.390 71.436 63.258	78.797 69.166 59.660	72.352 61.524 50.515	55.476 42.520 29.345
vereinbart mit N = 1,0	52.805 49.096 45.544	55.528 51.731 47.756	68.430 63.598 58.703	78.927 73.711 68.268	86.957 81.559 76.010	92.775 87.590 81.731	99.466 94.268 88.770	100.467 96.034 90.817	94.800 90.820 86.469

Tabelle 9: Vermögenszuwächse bei Variation der gewöhnlichen Grundstückslasten. Erläuterung s.o.

Roherträge / ET — Lastentragung	unentgeltlicher Zuwendungsnießbrauch mit Q = 0								
	28.000	30.000	40.000	50.000	60.000	70.000	90.000	110.000	140.000
gesetzlich	75.877 62.815 49.833	77.885 63.941 49.933	83.042 64.366 45.695	81.581 58.307 34.962	75.391 47.408 19.475	65.704 33.155 449	40.006 - 2.022 -43.914	7.783 -43.437 -94.674	- 48.610 -113.796 -179.076

Tabelle 10: Vermögenszuwächse bei Variation der außergewöhnlichen Grundstückslasten. Die 3 Vermögensendwerte pro Feld spiegeln den Einfluß der außergewöhnlichen Grundstückslasten auf die Vorteilhaftigkeit des Grundstücksnießbrauchs wider. Unterstellt wird gesetzliche Lastentragung, d.h. der Nießbraucher trägt die gewöhnlichen, der Nießbrauchbesteller die außergewöhnlichen Grundstückslasten. Die außergewöhnlichen Grundstückslasten betragen alternativ 5 v.H., 10 v.H. und 15 v.H. der Roherträge bei konstantem Anteil der gewöhnlichen Grundstückslasten in Höhe von 15 v.H. der Roherträge.

Roherträge / ET — Lastentragung	teilentgeltlicher Zuwendungsnießbrauch mit Q = 0,5								
	28.000	30.000	40.000	50.000	60.000	70.000	90.000	110.000	140.000
gesetzlich	51.799 47.105 42.599	54.432 49.584 44.555	66.393 59.725 53.202	75.560 67.293 59.096	81.988 72.150 62.343	86.287 74.861 63.258	89.311 74.391 59.660	86.628 68.609 50.515	75.383 52.424 29.345

Tabelle 11: Vermögenszuwächse bei Variation der außergewöhnlichen Grundstückslasten. Erläuterung s.o.

Roherträge ET / Lastentragung	unentgeltlicher Zuwendungsnießbrauch mit Q = 0								
	28.000	30.000	40.000	50.000	60.000	70.000	90.000	110.000	140.000
gesetzlich	80.641 30.336 83.168	82.660 82.681 85.044	87.527 89.361 95.595	85.643 89.567 99.049	79.021 84.921 97.592	68.845 76.854 92.675	42.194 54.200 76.411	8.985 25.338 54.118	- 48.656 - 26.350 12.009
vereinbart mit N = 0	63.241 54.612 49.367	63.345 54.132 48.481	58.277 45.934 38.354	46.105 30.790 24.401	29.291 10.831 - 484	9.079 -12.407 -25.605	38.185 -65.890 -82.889	- 92.079 -125.866 -146.694	-179.100 -221.975 -248.509
vereinbart mit N = 0,5	76.362 76.183 79.195	77.948 78.121 81.543	80.299 82.306 88.667	75.831 79.934 89.728	66.708 72.750 85.645	54.060 62.160 78.223	22.314 34.463 56.810	- 16.180 328 29.413	- 81.217 - 58.935 - 20.447
vereinbart mit N = 1,0	88.964 96.175 105.584	91.894 100.337 111.045	101.703 116.563 134.502	104.882 126.910 152.842	103.381 132.428 166.709	98.339 134.530 177.149	81.904 132.202 191.292	59.125 124.127 199.760	16.525 103.148 204.315

Tabelle 12: Vermögenszuwächse bei sinkendem Rest-Abschreibungspotential und steigenden Grundstückslasten.
Die 3 Vermögensendwerte pro Feld spiegeln die Gesamtwirkung wider, die von den Abschreibungen auf das nießbrauchbelastete Grundstück und von den Grundstückslasten auf die Vorteilhaftigkeit ausgehen. Es wird unterstellt, mit abnehmendem Rest-Abschreibungszeitraum (d.h. mit zunehmendem Alter des Gebäudes) steigen die Grundstückslasten wie folgt:

Rest-Abschreibungszeitraum	gewöhnliche Grundstückslasten (in Abhängigkeit von den Roherträgen)	außergewöhnliche Grundstückslasten (in Abhängigkeit von den Roherträgen)
10 Jahre	10 v.H.	5 v.H.
5 Jahre	15 v.H.	10 v.H.
0 Jahre	20 v.H.	15 v.H.

Roherträge ET / Lastentragung	teilentgeltlicher Zuwendungsnießbrauch mit Q = 0,5								
	28.000	30.000	40.000	50.000	60.000	70.000	90.000	110.000	140.000
gesetzlich	55.400 55.900 58.221	58.218 58.949 61.283	70.800 72.207 75.950	80.209 82.960 88.526	86.812 90.963 98.396	90.865 96.710 106.298	93.528 102.465 116.422	90.535 103.047 121.529	78.368 96.091 121.438
vereinbart mit N = 0	53.261 52.694 53.993	55.680 55.245 56.560	66.068 65.323 67.016	72.475 71.653 73.966	75.683 74.703 77.343	76.290 75.169 78.231	71.473 69.965 73.805	60.884 59.142 63.806	37.813 35.646 41.561
vereinbart mit N = 0,5	54.845 55.458 57.679	57.675 58.285 60.748	69.711 71.216 75.013	78.303 81.214 86.827	84.148 88.496 95.986	87.306 93.256 103.108	88.124 97.244 111.446	83.191 95.977 114.657	68.412 86.189 111.785
vereinbart mit N = 1,0	56.374 57.851 61.057	59.437 61.133 64.464	72.978 76.073 81.109	83.727 89.349 96.997	91.923 100.332 111.028	97.845 109.432 123.647	104.052 122.373 144.219	104.778 130.431 160.399	98.279 134.567 177.048[1]

Tabelle 13: Vermögenszuwächse bei sinkendem Rest-Abschreibungspotential und steigenden Grundstückslasten.
Erläuterung s.o.

1) Der optimale Vermögensendwert ergibt sich bei einem Verkehrswert von 280.000 DM mit 204.391 DM.

Roherträge ET / Lastentragung	unentgeltlicher Zuwendungsnießbrauch mit Q = 0								
	28.000	30.000	40.000	50.000	60.000	70.000	90.000	110.000	140.000
vereinbart mit N = 1,0	83.954 47.818 -38.158	86.898 49.975 -40.905	96.857 58.329 -54.359	100.453 62.895 -67.942	99.377 63.916 -81.295	94.724 61.886 -94.811	79.216 51.446 -121.557	57.390 35.016 -148.033	16.283 2.590 -187.535

Tabelle 14: Vermögenszuwächse bei unterschiedlich hoch belastetem Grundstück. Es wird unterstellt, der Nießbraucher trage alle Grundstückslasten. Zu den gewöhnlichen Grundstückslasten gehören auch Zinsen für auf dem nießbrauchbelasteten Grundstück lastende Schulden. Die gewöhnlichen Grundstückslasten einschließlich der vom Nießbraucher zu tragenden Zinsen werden alternativ mit 10 v.H., 40 v.H. und 90 v.H. der Roherträge angenommen, während die außergewöhnlichen Grundstückslasten in allen Fällen 10 v.H. der Roherträge betragen.

Roherträge ET / Lastentragung	teilentgeltlicher Zuwendungsnießbrauch mit Q = 0,5								
	28.000	30.000	40.000	50.000	60.000	70.000	90.000	110.000	140.000
vereinbart mit N = 1,0	52.805 30.824 - 18.997	55.528 32.097 - 20.386	68.430 38.290 - 27.044	78.927 44.373 - 33.892	86.957 49.920 - 40.390	92.775 54.692 - 47.132	99.466 61.108 - 60.369	100.467 64.005 - 73.333	94.800 61.908 - 92.724

Tabelle 15: Vermögenszuwächse bei unterschiedlich hoch belastetem Grundstück. Erläuterung s.o.

Roherträge ET / Lastentragung	unentgeltlicher Zuwendungsnießbrauch mit Q = 0								
	28.000	30.000	40.000	50.000	60.000	70.000	90.000	110.000	140.000
gesetzlich	62.815 57.468 - 8.398 -13.745	63.941 58.356 - 10.525 - 16.110	64.366 58.316 -23.606 -29.656	58.307 52.123 - 38.909 - 49.093	47.408 41.285 - 56.255 - 62.378	33.155 26.898 - 75.224 - 81.481	- 2.022 - 8.217 -117.980 -124.175	- 43.437 - 49.623 -164.963 -171.149	-113.796 -120.036 -238.242 -244.482
vereinbart mit N = 0	37.091 31.774 -41.983 -47.330	35.392 29.807 - 46.834 - 52.419	20.939 14.889 -73.900 -79.950	- 470 - 6.653 -103.437 -109.620	- 26.682 - 32.805 -135.228 -141.351	- 56.106 - 62.363 -169.383 -175.640	-122.112 -128.306 -242.704 -248.898	-194.641 -200.827 -318.683 -324.869	-309.421 -315.661 -434.116 -440.356
vereinbart mit N = 0,5	58.662 53.315 -13.906 -19.252	59.381 53.796 - 16.571 - 22.156	57.311 51.261 -31.947 -37.997	48.674 42.490 - 49.601 - 55.785	35.237 29.114 - 69.233 - 75.357	18.460 12.204 - 90.697 - 96.954	- 21.759 - 27.954 -138.648 -144.843	- 68.447 - 74.633 -190.510 -196.696	-146.380 -152.620 -270.944 -277.184
vereinbart mit N = 1,0	78.654 73.307 13.454 8.107	81.597 76.012 13.115 7.530	91.568 85.518 9.343 3.292	95.649 89.466 3.384 - 2.800	94.915 88.791 - 4.321 - 10.444	90.832 84.575 - 13.601 - 19.858	75.980 69.785 - 36.122 - 42.316	55.352 49.166 - 62.937 - 69.123	15.702 9.462 -107.826 -114.067

Tabelle 16: Vermögenszuwächse bei unterschiedlicher Einkommenssituation der Nießbrauchbeteiligten. Überprüft wird der Einfluß unterschiedlicher zu versteuernder Einkommen der Nießbrauchbeteiligten auf die Vorteilhaftigkeit. Den 4 Vermögensendwerten pro Feld liegen folgende Wertkonstellationen für das sonstige (d.h. neben dem aufgrund der Nießbrauchbestellung sich ergebende) zu versteuernde Einkommen zugrunde:

Nießbrauchbesteller	Nießbraucher
- 130.000 DM	0 DM
- 100.000 DM	0 DM
- 130.000 DM	30.000 DM
- 100.000 DM	30.000 DM

Roherträge ET / Lastentragung	teilentgeltlicher Zuwendungsnießbrauch mit Q = 0,5								
	28.000	30.000	40.000	50.000	60.000	70.000	90.000	110.000	140.000
gesetzlich	47.105 45.026 6.040 3.960	49.584 47.388 6.050 3.854	59.725 58.012 4.373 2.660	67.293 66.094 1.518 319	72.150 71.495 - 2.316 - 2.971	74.861 74.422 - 7.038 - 7.477	74.391 74.347 -18.640 -18.684	68.609 68.638 -32.092 -32.063	52.424 52.310 - 55.954 - 56.069
vereinbart mit N = 0	43.940 41.551 - 3.169 - 5.558	45.875 43.404 - 4.083 - 6.554	52.837 50.822 -10.073 -12.088	56.021 54.587 -17.524 -18.957	55.932 55.078 -26.294 -27.148	53.324 52.777 -35.934 -36.481	41.824 41.828 -57.507 -57.502	24.701 24.780 -81.202 -81.122	- 8.062 - 8.113 -121.340 -121.391
vereinbart mit N = 0,5	46.671 44.444 4.572 2.345	48.919 46.786 4.296 2.164	58.707 56.964 1.984 240	65.547 64.299 - 1.551 - 2.799	69.683 69.005 - 6.269 - 6.947	71.436 70.936 -11.738 -12.238	69.166 69.153 -25.047 -25.061	61.524 61.598 -40.119 -40.046	42.520 42.463 - 66.637 - 66.694
vereinbart mit N = 1,0	49.096 47.157 11.979 10.040	51.731 49.703 12.496 10.468	63.598 61.972 13.641 12.014	73.711 72.683 13.864 12.836	81.559 81.021 13.077 12.539	87.590 87.181 11.638 11.229	94.268 14.176 6.576 6.483	96.034 96.003 - 88 - 119	90.820 90.837 - 13.612 - 13.595

Tabelle 17: Vermögenszuwächse bei unterschiedlicher Einkommenssituation der Nießbrauchbeteiligten. Erläuterung s.o.

Lastentragung \ Roherträge ET	unentgeltlicher Zuwendungsnießbrauch mit Q = 0								
	28.000	30.000	40.000	50.000	60.000	70.000	90.000	110.000	140.000
gesetzlich	62.815 56.685	63.941 57.297	64.366 54.031	58.307 45.255	47.408 30.146	33.155 11.451	- 2.022 - 31.400	- 43.437 - 81.194	-113.796 -163.373
vereinbart mit N = 0	37.091 31.028	35.392 28.863	20.939 10.819	- 470 -13.244	-26.682 -43.707	- 56.106 - 77.605	-122.112 -151.195	-194.641 -232.199	-309.421 -359.009
vereinbart mit N = 0,5	58.662 52.555	59.381 52.736	57.311 46.986	48.674 35.758	35.237 18.025	18.461 - 3.249	- 21.759 - 51.129	- 68.447 -106.185	-196.380 -195.939
vereinbart mit N = 1,0	78.654 72.418	81.597 74.867	91.568 81.050	95.649 82.389	94.915 77.495	90.832 68.884	75.980 46.289	55.352 17.175	15.702 - 34.096

Tabelle 18: Vermögenszuwächse bei wechselnder Richtung der Schenkung (Vater → Sohn; Sohn → Vater). Der erste Vermögensendwert pro Feld spiegelt die Zuwendung eines Nießbrauchrechts durch den Vater an seinen Sohn wider. Der zweite Vermögensendwert beruht auf einer Nießbrauchbestellung des Sohnes zugunsten seines Vaters. Der Einfluß der Schenkungsteuer führt hier z.T. zu erheblichen Abweichungen.

Lastentragung \ Roherträge ET	teilentgeltlicher Zuwendungsnießbrauch mit Q = 0,5								
	28.000	30.000	40.000	50.000	60.000	70.000	90.000	110.000	140.000
gesetzlich	47.105 44.762	49.584 46.910	59.725 55.651	67.293 61.886	72.150 65.506	74.861 66.964	74.391 62.701	68.609 52.554	52.242 30.720
vereinbart mit N = 0	43.940 41.539	45.875 43.238	52.837 48.819	56.021 50.717	55.932 49.403	53.324 45.617	41.824 30.341	24.701 8.920	- 8.062 - 29.561
vereinbart mit N = 0,5	46.671 44.331	48.919 46.291	58.707 54.628	65.547 60.186	69.683 63.039	71.436 63.586	69.166 57.542	61.524 45.464	42.520 20.810
vereinbart mit N = 1,0	49.096 46.735	51.731 49.071	63.598 59.490	73.711 68.226	81.559 74.830	87.590 79.569	94.268 82.406	96.034 79.697	90.820 68.872

Tabelle 19: Vermögenszuwächse bei wechselnder Richtung der Schenkung (Vater → Sohn; Sohn → Vater). Erläuterung s.o.

Lastentragung \ Roherträge ET	unentgeltlicher Zuwendungsnießbrauch mit Q = 0								
	28.000	30.000	40.000	50.000	60.000	70.000	90.000	110.000	140.000
gesetzlich	62.815 86.606 45.011 68.801	63.941 90.766 45.154 71.979	64.366 108.597 40.070 84.301	58.307 120.965 29.131 91.789	47.408 127.457 13.739 93.787	33.155 129.242 - 4.622 91.465	- 2.022 121.127 - 46.983 76.166	- 43.437 101.858 - 94.131 51.164	-113.796 58.531 -170.019 2.308
vereinbart mit N = 0	37.091 68.681 19.287 50.877	35.392 71.093 16.605 52.305	20.939 78.262 - 3.356 53.967	- 470 77.749 -29.646 48.573	-26.682 70.471 -60.351 36.801	- 56.106 57.545 -93.882 19.768	-122.112 19.109 -167.073 - 25.852	-194.641 - 30.950 -245.335 - 81.644	-309.421 -119.947 -365.644 -176.170
vereinbart mit N = 0,5	58.662 83.686 40.858 65.882	59.381 87.542 40.594 68.754	57.311 103.747 33.015 79.452	43.674 114.019 19.498 84.843	35.237 118.330 1.568 84.660	18.461 117.672 -19.316 79.895	- 21.759 104.538 - 66.720 59.576	- 68.447 80.158 119.131 29.465	-196.380 29.137 -202.603 - 27.086
vereinbart mit N = 1,0	78.654 98.207 60.850 80.403	81.597 103.382 62.809 84.595	91.568 127.269 67.273 102.379	95.649 147.484 66.473 118.308	94.915 162.864 61.245 129.195	90.832 173.988 53.055 136.211	75.980 185.552 31.019 140.591	55.352 186.710 4.658 136.016	15.702 173.839 - 40.521 117.616

Tabelle 20: Vermögenszuwächse bei unterschiedlichem Familienstand der Nießbrauchbeteiligten. Überprüft wird der Einfluß des Familienstandes der Nießbrauchbeteiligten (Grundtarif oder Splittingtarif bei der Einkommensteuer). Den 4 Vermögensendwerten pro Feld liegen folgende 4 Situationen zugrunde:

Nießbrauchbesteller	Nießbraucher
- ledig	- ledig
- ledig	- verheiratet
- verheiratet	- ledig
- verheiratet	- verheiratet

Die sonstigen zu versteuernden Einkommen betragen weiterhin: Nießbrauchbesteller 130.000 DM, Nießbraucher 0 DM.

Lastentragung \ Roherträge ET	teilentgeltlicher Zuwendungsnießbrauch mit Q = 0,5								
	28.000	30.000	40.000	50.000	60.000	70.000	90.000	110.000	140.000
gesetzlich	47.105 60.614 38.310 51.819	49.584 63.159 40.394 53.969	59.725 75.088 48.077 63.441	67.293 87.190 53.563 73.460	72.150 98.975 56.671 83.496	74.861 109.923 57.822 92.885	74.391 127.898 55.116 108.623	68.609 140.196 48.198 119.785	52.424 148.511 32.662 128.749
vereinbart mit N = 0	43.940 57.794 34.465 48.319	45.875 60.087 35.982 50.195	52.837 71.068 40.114 58.354	56.021 81.896 41.088 66.963	55.932 91.632 39.074 74.775	53.324 99.761 34.817 81.254	41.824 109.703 20.833 88.712	24.701 112.743 2.278 90.320	- 8.062 105.588 - 30.081 83.569
vereinbart mit N = 0,5	46.671 60.212 37.728 51.269	48.919 62.557 39.594 53.232	58.707 74.467 46.806 62.566	65.547 86.383 51.746 72.583	69.683 97.844 53.874 82.034	71.436 108.403 54.112 91.079	69.166 125.069 49.550 105.452	61.524 135.961 40.696 115.132	42.520 141.731 22.368 121.579
vereinbart mit N = 1,0	49.096 62.474 40.751 54.129	51.731 65.119 42.959 56.347	63.598 77.811 52.512 66.725	73.711 90.629 60.686 77.604	81.559 103.344 66.677 88.462	87.590 115.751 71.468 99.629	94.268 137.931 76.038 119.701	96.034 155.911 76.848 136.725	90.820 173.976 72.374 155.530

Tabelle 21: Vermögenszuwächse bei unterschiedlichem Familienstand der Nießbrauchbeteiligten. Erläuterung s.o.

Lastentragung \ Roherträge ET	unentgeltlicher Zuwendungsnießbrauch mit Q = 0								
	28.000	30.000	40.000	50.000	60.000	70.000	90.000	110.000	140.000
gesetzlich	614 1.597 2.680	767 1.891 2.900	1.818 3.460 4.897	2.869 4.859 6.534	4.522 6.936 9.112	6.462 9.365 12.122			
vereinbart mit N = 0	744 1.839 2.730	938 2.053 3.056	2.130 3.657 5.028	3.241					
vereinbart mit N = 0,5	624 1.668 2.671	762 1.899 2.950	1.829 3.538 4.928	2.910 4.857 6.556	2.631 6.990 9.140	6.529 9.510			
vereinbart mit N = 1,0	505 1.560 2.580	611 1.746 2.888	1.560 3.266 4.804	2.587 4.663 6.391	4.082 6.649 9.006	6.040 9.158 11.895	9.775 13.903 17.616	14.065 19.287 24.082	

Tabelle 22: Veränderung der Vermögenszuwächse bei laufender Entrichtung der Schenkungsteuer durch den Beschenkten im Vergleich zur Sofortentrichtung der Steuer durch den Beschenkten für unterschiedliche Kalkulationszinsfüße.
Die 3 Vermögensendwerte pro Feld geben die wertmäßigen Veränderungen (also Differenzen) der Vermögensendwerte wieder, die durch Nießbrauchgestaltungen mit laufender Zahlung der Schenkungsteuer im Vergleich zu Gestaltungen mit sofortiger Entrichtung der Schenkungsteuer bei Kalkulationszinsfüßen von alternativ 3 v.H.; 8 v.H.; 12 v.H. entstehen. Es wird unterstellt, daß der Sohn seinem Vater den Nießbrauch bestellt. Die gewöhnlichen Grundstückslasten betragen weiterhin 15 v.H., die außergewöhnlichen 10 v.H. der Roherträge. Die Verkehrswerte der Nießbrauchobjekte ermitteln sich weiterhin mit Verkehrswert = Rohertrag (ET) · Vervielfältiger (R), wobei der Vervielfältiger R = 13 beträgt.[1)]

Lastentragung \ Roherträge ET	teilentgeltlicher Zuwendungsnießbrauch mit Q = 0,5								
	28.000	30.000	40.000	50.000	60.000	70.000	90.000	110.000	140.000
gesetzlich	- 36 364 829	- 26 451 987	119 874 1.605	417 1.383 2.279	767 1.891 2.897	1.154 2.446 3.658	2.263 4.134 5.646	3.835 6.161 8.177	6.460 9.365 12.119
vereinbart mit N = 0	- 34 399 872	- 10 498 1.040	227 973 1.636	542 1.517 2.413	938 2.053 3.056	1.368 2.562 3.795	2.628 4.341 5.901	4.198 6.422 8.395	
vereinbart mit N = 0,5	- 49 367 854	- 40 433 993	83 887 1.686	577 1.379 2.254	762 1.899 2.950	1.194 2.532 3.624	2.273 4.142 5.773	3.891 6.247 8.280	6.528 9.510 12.178
vereinbart mit N = 1,0	- 53 379 826	- 26 392 959	110 800 1.571	302 1.271 2.220	610 1.744 2.888	978 2.318 3.506	2.038 3.911 5.587	3.522 5.915 8.062	6.042 9.158 11.895

Tabelle 23: Veränderung der Vermögenszuwächse bei laufender Entrichtung der Schenkungsteuer durch den Beschenkten im Vergleich zur Sofortentrichtung der Steuer durch den Beschenkten für unterschiedliche Kalkulationszinsfüße.
Erläuterung s.o.

1) Sofern einzelne Gestaltungen, unabhängig von der Zahlungsweise der Schenkungsteuer, bei bestimmten Wertkonstellationen zu negativen Vermögensendwerten führten - die Änderung der Vermögensendwerte aufgrund der Option somit lediglich im negativen Bereich stattfindet - wurde auf eine Aufnahme entsprechender Vermögensendwertdifferenzen in die Tabellen verzichtet.

Lastentragung \ Roherträge ET	unentgeltlicher Zuwendungsnießbrauch mit Q = 0								
	28.000	30.000	40.000	50.000	60.000	70.000	90.000	110.000	140.000
gesetzlich	56.685 54.283 150.774	57.297 54.617 148.629	54.031 49.123 122.653	42.555 36.170 80.145	30.146 20.101 25.947	- 11.451 - 2.541 - 36.438	- 31.400 - 57.608 -172.945	- 54.585 -111.736 -322.621	-163.373 -215.494 -557.767
vereinbart mit N = 0	31.028 28.559 45.550	28.863 26.069 28.092	10.819 5.697 - 50.893	- 13.244 - 22.607 -146.997	- 43.707 - 53.935 -255.132	- 77.605 - 91.818 -371.089	-151.195 -177.683 -613.128	-232.199 -263.004 -867.335	-359.009 -411.149 -1256.548
vereinbart mit N = 0,5	52.555 50.130 132.868	52.736 50.057 123.949	46.986 42.068 94.135	35.758 26.537 42.791	22.315 7.939 - 20.312	6.601 - 17.214 - 91.752	- 51.129 - 77.330 -245.924	-106.184 -136.760 -413.001	-195.939 -248.040 -674.118
vereinbart mit N = 1,0	72.418 70.122 220.454	74.867 72.273 225.294	81.050 76.326 234.095	82.389 73.513 227.028	77.495 67.729 208.721	68.884 55.140 182.167	46.289 20.459 116.757	17.175 - 12.880 37.315	- 34.096 - 85.988 - 93.815

Tabelle 24: Vermögenszuwächse bei Zahlung der Schenkungsteuer durch den Schenker (Werte 1 und 2); Vermögenszuwächse bei erneuter Nießbrauchbestellung nach 10 Jahren innerhalb eines Planungszeitraums von 20 Jahren (Wert 3).
Es wird unterstellt, daß der Sohn seinem Vater den Nießbrauch bestellt. Die ersten beiden Vermögensendwerte pro Feld geben die erreichbaren Vermögenszuwächse bzw. -minderungen an, wenn der Nießbraucher (Beschenkter; Wert 1) bzw. der Nießbrauchbesteller (Schenker; Wert 2) anfallende Schenkungsteuern zu zahlen hat. Der Kalkulationszinsfuß beträgt 8 v.H.
Der dritte Wert gibt die Vermögenszuwächse an, die - abweichend von der bisherigen Annahme - aufgrund einer Nießbrauchbestellung über 20 Jahre, während eines Planungszeitraumes von 20 Jahren erzielbar sind. Wert 1 und Wert 3 sind in der hier vorliegenden Form nicht vergleichbar (s. Seite 158 ff. dieser Arbeit).

Lastentragung \ Roherträge ET	teilentgeltlicher Zuwendungsnießbrauch mit Q = 0,5								
	28.000	30.000	40.000	50.000	60.000	70.000	90.000	110.000	140.000
gesetzlich	44.762 45.114 154.015	46.910 47.159 160.010	55.651 56.091 183.420	61.886 62.369 195.197	65.506 65.782 200.848	66.964 66.139 197.884	62.701 62.428 179.758	52.554 51.523 148.228	30.720 28.771 85.663
vereinbart mit N = 0	41.589 41.879 148.734	43.238 43.560 153.004	48.819 49.237 166.412	50.717 50.961 166.111	49.403 49.574 158.670	45.617 44.590 142.575	30.341 29.891 97.183	8.920 7.682 37.806	- 29.561 - 32.196 - 66.049
vereinbart mit N = 0,5	44.331 44.534 153.387	46.291 46.654 159.009	54.628 55.082 180.942	60.186 60.621 190.781	63.039 63.283 194.314	63.586 62.741 189.207	57.542 57.191 166.435	54.464 44.436 130.292	20.810 18.395 60.806
vereinbart mit N = 1,0	46.735 47.020 156.243	49.071 49.361 162.983	59.490 59.959 192.030	68.226 68.692 211.255	74.830 75.208 225.297	79.569 78.775 230.694	82.406 82.331 230.453	79.697 78.934 217.177	68.872 66.740 182.222

Tabelle 25: Vermögenszuwächse bei Zahlung der Schenkungsteuer durch den Schenker (Werte 1 und 2); Vermögenszuwächse bei erneuter Nießbrauchbestellung nach 10 Jahren innerhalb eines Planungszeitraums von 20 Jahren.
Erläuterung s.o.

Roherträge ET / Lastentragung	teilentgeltlicher Zuwendungsnießbrauch mit Q = 0,5								
	28.000	30.000	40.000	50.000	60.000	70.000	90.000	110.000	140.000
gesetzlich	3.160 -11.751 -31.863	3.391 -12.708 -33.512	4.093 -16.133 -41.220	4.474 -18.493 -46.709	4.642 -19.932 -50.622	4.631 -20.600 -52.787	4.340 -20.631 -54.415	3.933 -19.740 -54.025	3.273 -17.632 -51.131
vereinbart mit N = 0	3.696 -12.797 -36.093	3.846 -14.660 -37.968	4.416 -17.971 -42.264	4.645 -19.802 -50.166	4.647 -20.600 -52.909	4.458 -20.822 -54.180	4.064 -19.925 -54.130	3.422 -18.388 -52.158	
vereinbart mit N = 0,5	3.180 -12.158 -32.707	3.465 -12.871 -34.429	4.246 -16.500 -41.891	4.520 -18.876 -47.480	4.622 -20.171 -51.020	4.640 -20.622 -53.185	4.342 -20.529 -40.984	3.710 -19.552 -53.800	3.211 -17.359 -50.469
vereinbart mit N = 1,0	2.773 -10.406 -28.990	3.074 -11.185 -30.613	3.991 -14.555 -37.972	4.233 -17.286 -43.689	4.495 -19.040 -48.066	4.618 -20.104 -50.950	4.556 -20.788 -53.947	4.156 -20.436 -54.472	3.582 -18.726 -52.916

Tabelle 26: Veränderung der Vermögenszuwächse bei Zahlung des Nießbrauchentgelts in einem Einmalbetrag im Vergleich zur laufenden Zahlung des Nießbrauchentgelts für unterschiedliche Kalkulationszinsfüße.
Die 3 Vermögensendwerte pro Feld geben die Veränderungen an (es sind lediglich Differenzwerte angegeben), die durch die Einmalzahlung des Nießbrauchentgelts im Vergleich zur laufenden Zahlung bei alternativen Kalkulationszinsfüßen in Höhe von 3 v.H., 8 v.H., 12 v.H. verursacht werden. Die Bestellung des Nießbrauchs erfolgt durch den Vater zugunsten seines Sohnes.[1]

Roherträge ET / Lastentragung	entgeltlicher Zuwendungsnießbrauch mit Q = 1,0								
	28.000	30.000	40.000	50.000	60.000	70.000	90.000	110.000	140.000
gesetzlich	10.558 - 43.786 -122.021	11.184 - 46.853 -130.387	14.316 - 62.515 -174.457	17.114 - 78.120 -217.924	19.702 - 93.782 -261.591	22.124 -109.331 -305.191	26.912 -140.610 -392.286	31.488 -171.830 -479.542	38.096 -218.711 -610.310
vereinbart mit N = 0	12.263 - 51.490 -143.589	12.899 - 55.169 -153.784	16.410 73.539 -205.215	- 19.376 - 91.935 -256.436	22.190 -110.310 -307.779	25.077 -128.555 -359.059	30.436 -165.388 -461.525	35.776 -202.137 -564.203	43.189 -257.191 -717.954
vereinbart mit N = 0,5	10.915 - 45.106 -125.665	11.570 - 48.195 -134.661	14.711 - 64.411 -179.565	17.478 - 80.374 -222.413	20.084 - 96.540 - 269.247	22.525 -112.532 -314.170	27.493 -144.800 -403.827	32.167 -176.906 -493.579	38.965 -225.088 -628.201
vereinbart mit N = 1,0	9.347 - 38.635 -107.677	9.981 - 41.335 -115.410	12.931 - 55.208 -153.906	15.521 - 68.948 -192.270	17.856 - 82.768 -230.859	20.125 - 96.465 -269.219	24.394 -123.992 -346.123	28.508 -151.591 -423.140	34.500 -192.953 -538.494

Tabelle 27: Veränderung der Vermögenszuwächse bei Zahlung des Nießbrauchentgelts in einem Einmalbetrag im Vergleich zur laufenden Zahlung des Nießbrauchentgelts für unterschiedliche Kalkulationszinsfüße.
Erläuterung s.o.

---

1) Keine Angaben werden gemacht, sofern die Vermögensendwertveränderungen ausschließlich im negativen Bereich stattfinden; die entsprechenden Gestaltungen also bereits bei laufender Zahlung des Entgelts negative Vermögensendwerte aufweisen.

Roherträge / ET / Lastentragung	unentgeltlicher Zuwendungsnießbrauch mit Q = 0								
	28.000	30.000	40.000	50.000	60.000	70.000	90.000	110.000	140.000
gesetzlich	62.315	63.941	64.366	58.307	47.408	33.155	- 2.022	43.464	-113.796
	62.552	63.394	62.245	53.506	40.142	23.433	- 17.648	- 64.298	-141.739
vereinbart mit N = 0	37.091	35.392	20.939	- 470	- 26.682	- 56.106	-122.112	- 194.641	-309.421
	36.803	34.782	18.382	- 5.161	- 33.743	- 65.716	-137.520	-215.359	-337.171
vereinbart mit N = 0,5	58.662	59.381	57.311	48.674	35.237	18.461	- 21.759	- 68.447	-146.380
	58.426	58.784	55.198	43.962	28.040	8.767	- 37.402	- 89.305	-174.252
vereinbart mit N = 1,0	78.654	81.597	91.568	95.649	94.915	90.832	75.980	55.352	15.702
	78.382	81.005	89.442	90.762	87.643	81.063	60.213	34.327	- 12.321

Tabelle 28: Vermögenszuwächse bei Vereinbarung unterschiedlicher Nießbrauchzeiten und Schenkung in absteigender Linie.
Gegenübergestellt sind die Vermögensendwerte, die sich aufgrund der Durchführung eines Nießbrauchs über die Dauer von 10 Jahren ergeben (Wert 1) und die Vermögensendwerte, die aus einer lebenslänglichen Nießbrauchbestellung resultieren. Die Nießbrauchbestellung erfolgt in Richtung Vater → Sohn; der Kalkulationszinsfuß beträgt 8 v.H.

Roherträge / ET / Lastentragung	teilentgeltlicher Zuwendungsnießbrauch mit Q = 0,5								
	28.000	30.000	40.000	50.000	60.000	70.000	90.000	110.000	140.000
gesetzlich	47.105	49.584	59.725	67.293	72.150	74.861	74.391	68.609	52.424
	47.105	49.584	59.725	67.293	71.603	73.413	71.053	62.876	42.703
vereinbart mit N = 0	43.940	45.875	52.837	56.021	55.932	53.324	41.824	24.701	- 8.062
	43.940	45.875	52.837	56.021	55.322	51.972	38.468	19.122	-17.673
vereinbart mit N = 0,5	46.671	48.919	58.707	65.547	69.683	71.436	69.166	61.524	42.520
	46.671	48.919	58.707	65.547	69.087	70.025	65.811	55.840	32.826
vereinbart mit N = 1,0	49.096	51.731	63.598	73.711	81.559	87.590	94.268	96.034	90.820
	49.096	51.731	63.598	73.711	80.967	86.171	90.923	90.130	81.051

Tabelle 29: Vermögenszuwächse bei Vereinbarung unterschiedlicher Nießbrauchzeiten und Schenkung in absteigender Linie.
Erläuterung s.o.

Roherträge ET / Lastentragung	unentgeltlicher Zuwendungsnießbrauch mit Q = 0								
	28.000	30.000	40.000	50.000	60.000	70.000	90.000	110.000	140.000
gesetzlich	43.345 54.912 63.500	44.145 55.490 63.405	43.467 51.352 55.361	36.736 40.077 39.536	25.316 23.452 18.188	10.175 3.189 - 7.197	- 25.042 - 42.548 - 63.529	- 66.302 - 95.515 -127.506	-135.954 -182.354 -229.694
vereinbart mit N = 0	27.200 29.328 27.616	26.133 27.110 23.839	15.099 8.224 - 3.350	- 2.721 - 18.379 - 38.427	- 25.615 - 50.326 - 79.175	- 85.721 -124.112 - 78.561	-109.402 -162.115 -219.448	-173.764 -246.297 -321.879	-278.332 -377.898 -480.255
vereinbart mit N = 0,5	40.755 50.824 57.691	41.266 50.888 56.989	38.937 44.321 45.812	30.375 30.484 26.791	17.032 11.404 2.231	25 - 11.455 - 26.496	- 38.861 - 62.262 - 89.294	- 83.895 -120.427 -159.636	-159.595 -214.903 -271.341
vereinbart mit N = 1,0	53.139 70.616 85.818	55.129 72.970 88.130	60.908 78.316 92.487	61.324 77.106 89.558	57.433 70.708 81.003	49.862 60.499 68.447	29.582 35.034 38.286	3.177 2.759 155	- 42.312 - 53.231 - 63.652

Tabelle 30: Vermögenszuwächse bei laufender Zahlung des Nießbrauchentgelts, lebenslänglicher Nießbrauchdauer und Schenkung in aufsteigender Linie (Sohn → Vater) für unterschiedliche Kalkulationszinsfüße.
Unterstellt wird hier, daß der Sohn seinem Vater lebenslänglich ein Nießbrauchrecht bestellt. Die 3 Vermögensendwerte pro Feld spiegeln eine Variation des Kalkulationszinsfußes von 3 v.H. auf 8 v.H. bzw. 12 v.H. wider.

Roherträge ET / Lastentragung	teilentgeltlicher Zuwendungsnießbrauch mit Q = 0,5								
	28.000	30.000	40.000	50.000	60.000	70.000	90.000	110.000	140.000
gesetzlich	30.885 43.835 56.406	32.121 45.914 58.724	38.591 54.340 68.526	43.568 60.299 74.784	46.697 63.699 77.893	47.128 63.481 76.611	43.947 57.955 68.974	37.109 48.579 57.282	16.165 22.459 26.468
vereinbart mit N = 0	26.770 40.647 53.553	27.760 42.238 55.329	31.868 47.535 61.127	33.362 49.178 62.413	32.589 47.650 59.893	28.514 42.218 52.806	15.804 25.719 33.012	- 1.061 5.017 9.177	- 37.257 - 37.677 - 39.974
vereinbart mit N = 0,5	30.219 43.400 56.003	31.383 45.259 58.218	37.454 53.327 67.349	42.027 58.631 72.889	44.515 61.190 75.031	44.163 60.145 72.879	39.405 52.781 63.139	30.945 41.532 49.448	7.455 12.604 15.617
vereinbart mit N = 1,0	33.576 45.819 57.918	34.940 48.038 60.454	42.511 58.163 72.285	49.529 66.595 81.578	55.235 72.933 88.143	58.224 76.022 90.608	61.035 77.574 90.825	60.789 75.645 87.240	49.924 60.488 68.519

Tabelle 31: Vermögenszuwächse bei laufender Zahlung des Nießbrauchentgelts, lebenslänglicher Nießbrauchdauer und Schenkung in aufsteigender Linie (Sohn → Vater) für unterschiedliche Kalkulationszinsfüße.
Erläuterung s.o.

Roherträge ET / Lastentragung	teilentgeltlicher Zuwendungsnießbrauch mit Q = 0,5								
	28.000	30.000	40.000	50.000	60.000	70.000	90.000	110.000	140.000
gesetzlich	14.804 4.393 - 13.404	14.863 3.759 - 15.380	14.857 - 866 - 25.458	12.441 - 6.615 - 36.510	7.825 - 13.959 - 48.497	- 138 - 23.881 - 63.355	- 20.019 - 47.508 - 94.571	- 44.061 - 73.891 - 126.412	- 91.000 -124.838 -185.001
vereinbart mit N = 0	7.841 - 5.435 - 26.579	7.269 - 6.994 - 29.592	3.014 - 16.099 - 45.133	- 4.635 - 27.168 - 61.975	- 14.980 - 40.203 - 80.355	- 28.889 - 56.335 -101.658	- 61.849 - 93.190 -145.950	- 99.140 - 133.325 - 191.529	-165.495 -205.014 -271.126
vereinbart mit N = 0,5	13.648 2.836 - 15.614	13.636 1.974 - 17.693	13.003 - 3.367 - 28.677	9.671 - 10.015 - 40.727	4.125 - 18.148 - 53.789	- 4.612 - 29.155 - 69.644	- 26.790 - 54.871 -103.011	- 53.022 - 83.584 - 137.128	-103.248 -138.076 -199.154
vereinbart mit N = 1,0	19.399 10.992 - 4.890	19.821 10.732 - 6.107	22.106 8.928 - 12.666	22.827 6.329 - 19.854	21.816 2.667 - 27.911	17.897 - 3.472 - 38.575	6.182 - 18.604 - 61.224	- 9.213 - 35.999 - 83.965	- 43.032 - 73.306 -129.163

Tabelle 32: Vermögenszuwächse bei Einmalzahlung des Nießbrauchentgelts, lebenslänglicher Nießbrauchdauer und Schenkung in aufsteigender Linie (Sohn → Vater) für unterschiedliche Kalkulationszinsfüße.
Die 3 Vermögensendwerte pro Feld basieren auf Kalkulationszinsfüßen von 3 v.H., 8 v.H., 12 v.H.

Roherträge ET / Lastentragung	teilentgeltlicher Zuwendungsnießbrauch mit Q = 0,5								
	28.000	30.000	40.000	50.000	60.000	70.000	90.000	110.000	140.000
gesetzlich	47.105 59.194 35.354 49.849	49.584 62.065 36.876 52.155	59.725 74.162 43.592 62.298	62.293 82.325 48.800 69.590	72.150 87.099 52.219 74.170	74.861 89.399 54.260 76.501	74.391 87.581 53.760 75.560	68.609 80.213 48.864 69.371	52.424 61.942 34.792 52.842
vereinbart mit N = 0	43.940 57.134 30.143 46.605	45.875 59.548 31.214 48.423	52.837 67.627 34.366 55.117	56.021 71.032 36.218 58.024	55.932 70.480 35.332 57.559	53.324 67.200 32.502 54.496	41.824 53.811 21.898 42.705	24.701 35.091 6.314 25.381	- 8.062 - 454 -10.339 - 8.329
vereinbart mit N = 0,5	46.671 58.873 34.513 49.253	48.919 61.735 36.048 51.562	58.707 73.215 42.207 61.175	65.547 80.639 46.671 67.732	69.683 84.512 49.512 71.528	71.436 85.923 50.814 73.003	69.166 82.163 48.637 70.301	61.524 72.797 41.972 62.215	42.520 51.793 25.161 42.921
vereinbart mit N = 1,0	49.069 59.914 38.690 51.627	51.731 63.189 40.546 54.306	63.598 77.337 49.043 66.225	73.711 88.422 56.425 76.077	81.559 96.611 62.519 83.763	87.590 102.465 67.486 89.428	94.268 108.256 73.480 95.666	96.034 108.544 75.598 96.880	90.820 101.548 72.094 91.563

Tabelle 33: Vermögenszuwächse bei Vernachlässigung sowie Berücksichtigung des Bewirtschaftungs- und Vermieterrisikos und laufender Zahlung des Nießbrauchentgelts (Werte 1 und 2); Vermögenszuwächse bei Vernachlässigung sowie Berücksichtigung des Bewirtschaftungs- und Vermieterrisikos und Einmalzahlung des Nießbrauchentgelts (Werte 3 und 4).
Der Kalkulationszinsfuß beträgt 8 v.H. Die Nießbrauchbestellung erfolgt in Richtung Vater → Sohn. Das Bewirtschaftungs- und Vermieterrisiko wird 20 v.H. des Werts des Nießbrauchrechts angenommen.

Roherträge ET / Lastentragung	entgeltlicher Zuwendungsnießbrauch mit Q = 1,0								
	28.000	30.000	40.000	50.000	60.000	70.000	90.000	110.000	140.000
gesetzlich	30.272 38.188 46.202	31.564 40.093 48.435	38.358 48.952 59.293	45.217 57.868 70.287	52.016 66.674 80.981	58.836 75.560 91.340	72.469 92.400 110.452	85.591 107.736 127.236	102.937 127.397 148.135
vereinbart mit N = 0	33.636 42.603 51.679	35.134 44.853 54.207	43.233 55.182 67.013	51.132 65.621 79.722	59.221 75.969 91.885	67.209 86.210 103.365	82.964 104.742 123.986	97.138 120.837 141.256	115.353 140.768 162.034
vereinbart mit N = 0,5	30.793 38.959 47.114	32.148 40.857 49.389	39.164 49.987 60.581	46.200 59.120 71.852	53.226 68.238 82.870	60.240 77.360 93.414	74.195 94.490 122.871	87.517 110.013 129.684	105.125 129.674 150.683
vereinbart mit N = 1,0	27.845 35.160 42.420	29.095 36.909 44.488	35.166 44.782 54.135	41.246 52.636 63.844	47.178 60.461 73.487	53.224 68.339 82.859	65.217 83.627 100.641	77.175 98.084 116.690	93.729 117.119 137.250

Tabelle 34: Vermögenszuwächse bei Berücksichtigung des Bewirtschaftungs- und Vermieterrisikos und laufender Zahlung des Nießbrauchentgelts für unterschiedliche Kalkulationszinsfüße. Die Kalkulationszinsfüße betragen 3 v.H., 8 v.H. und 12 v.H. Das Bewirtschaftungs- und Vermieterrisiko des Nießbrauchers wird mit 20 v.H. des Werts des Nießbrauchrechts angenommen. Es wird folglich von einem vollentgeltlichen Nießbrauch ausgegangen, obwohl der Nießbraucher lediglich 80 v.H. des Werts des Nießbrauchrechts als Entgelt an den Nießbrauchbesteller entrichtet.

Roherträge ET / Lastentragung	entgeltlicher Zuwendungsnießbrauch mit Q = 1,0								
	28.000	30.000	40.000	50.000	60.000	70.000	90.000	110.000	140.000
gesetzlich	35.233 7.927 - 40.750	36.963 8.345 - 43.699	45.667 10.027 - 58.319	54.238 11.412 - 72.361	62.888 12.769 - 87.475	71.204 14.150 -102.026	86.876 16.200 -131.085	100.868 17.906 -160.295	118.716 19.678 -204.059
vereinbart mit N = 0	39.602 8.808 - 47.893	41.587 9.274 - 51.427	51.814 10.964 - 68.650	61.790 12.637 - 85.773	71.717 14.155 -102.873	81.110 15.419 -120.036	98.085 17.603 -154.226	112.901 19.110 -188.541	130.903 20.441 -240.000
vereinbart mit N = 0,5	36.046 8.117 - 42.015	37.778 8.508 - 44.955	46.754 10.248 - 60.021	55.478 11.655 -75.002	64.363 13.057 - 90.064	72.949 14.359 -105.019	88.850 16.462 -135.041	102.951 18.108 -164.999	120.922 19.916 -209.996
vereinbart mit N = 1,0	32.107 7.361 - 36.002	- 33.754 - 7.821 - 38.549	41.686 9.236 - 51.417	49.191 10.594 - 64.275	56.811 11.800 - 77.220	64.401 13.139 - 90.037	78.823 15.107 -115.704	92.045 16.859 -141.438	109.378 18.954 -180.044

Tabelle 35: Vermögenszuwächse bei Berücksichtigung des Bewirtschaftungs- und Vermieterrisikos und Einmalzahlung des Nießbrauchentgelts für unterschiedliche Kalkulationszinsfüße. Erläuterung s.o.

Lastentragung \ Roherträge ET	Vorbehaltsnießbrauch		Vorbehaltsnießbrauch		Vorbehaltsnießbrauch		
	4.000	8.000	12.000	16.000	20.000	24.000	28.000
gesetzlich	- 230 - 205 - 167	- 2.493 - 2.414 - 2.320	- 4.507 - 4.300 - 4.244	- 6.851 - 7.121 - 7.308	- 9.409 - 9.577 - 9.744	-12.648 -13.025 -13.171	- 17.094 - 17.353 - 17.557
vereinbart mit N = 0	- 1.032 - 979 - 910	- 7.044 - 6.889 - 6.729	- 11.833 - 11.693 - 11.566	- 16.486 - 16.740 - 16.891	-22.173 -22.295 -22.436	-29.254 -29.384 -29.472	- 37.507 - 37.702 - 37.882
vereinbart mit N = 0,5	- 315 - 280 - 255	- 3.175 - 3.078 - 2.994	- 5.690 - 5.550 - 5.403	- 8.425 - 8.664 - 8.901	-11.509 -11.622 -11.819	-15.488 -15.672 -15.767	- 20.402 - 20.560 - 20.811
vereinbart mit N = 1,0	0 0 0	0 0 0	0 0 0	- 522 - 792 - 1.055	- 1.331 - 1.499 - 1.667	- 2.675 - 2.879 - 3.589	- 4.688 - 4.968 - 5.240

Tabelle 36: Vermögenszuwächse bei Übertragung von Eigentumswohnungen, Einfamilien- und Reihenhäusern, Zweifamilienhäusern unter Nießbrauchvorbehalt;
Untersuchungsvariable: Höhe der Verkehrswerte.
Die 3 Vermögensendwerte pro Feld beruhen auf unterschiedlichen Verkehrswerten der Nießbrauchobjekte. Ermittlungsweise: Verkehrswert = Rohertrag (ET) · Vervielfältiger.
Die Vervielfältiger betragen
bei Eigentumswohnungen 23; 24 bzw. 25
bei Einfamilien- und Reihenhäusern 28; 29 bzw. 30
bei Zweifamilienhäusern 26; 26,5 bzw. 27.
Es wird davon ausgegangen, daß der Eigentümer des Nießbrauchobjekts verwitwet sei (Grundtarif) und kein sonstiges zu versteuerndes Einkommen beziehe. Er überträgt das Nießbrauchobjekt unter Nießbrauchvorbehalt auf seinen Sohn. Das sonstige zu versteuernde Einkommen des Sohnes beträgt 130.000 DM.

Lastentragung \ Roherträge ET	Vorbehaltsnießbrauch								
	28.000	30.000	40.000	50.000	60.000	70.000	90.000	110.000	140.000
gesetzlich	- 14.130 - 14.003 - 13.916	- 15.746 - 15.604 - 15.447	- 24.613 - 24.453 - 24.244	- 34.324 - 34.634 - 35.231	- 45.233 - 45.898 - 46.579	- 56.471 - 57.826 - 58.839	- 79.590 - 81.864 - 84.712	-104.594 -108.244 112.755	-143.263 -147.229 -153.584
vereinbart mit N = 0	- 37.562 - 37.265 - 36.963	- 41.827 - 41.461 - 41.128	- 64.823 - 64.390 - 63.817	- 89.632 - 88.929 - 88.827	-114.896 -114.883 -115.198	-140.781 -141.296 -141.797	-193.580 -194.961 -196.902	-247.358 -249.765 -254.209	-329.031 -331.332 -338.514
vereinbart mit N = 0,5	- 17.848 - 17.732 - 17.586	- 19.878 - 19.709 - 19.507	- 31.061 - 30.836 - 30.564	- 43.257 - 43.334 - 43.818	- 56.498 - 57.111 - 57.686	- 70.244 - 70.952 - 72.401	- 98.342 -100.544 -103.169	-127.346 -131.913 -136.156	-172.879 -178.208 -184.423
vereinbart mit N = 1,0	0 0 0	0 0 0	0 0 - 672	- 510 - 1.349 - 2.189	- 1.691 - 2.699 - 4.324	- 2.873 - 4.723 - 6.965	- 6.981 - 10.120 - 13.763	- 12.664 - 17.316 - 20.703	- 20.428 - 26.987 - 34.329

Tabelle 37: Vermögenszuwächse bei Übertragung von Mehrfamilienhäusern unter Nießbrauchvorbehalt;
Untersuchungsvariable: Höhe der Verkehrswerte.
Die Vervielfältiger zur Ermittlung der Verkehrswerte durch Multiplikation mit den Roherträgen betragen 13; 14 bzw. 15.

Lastentragung \ Roherträge ET	Vorbehaltsnießbrauch								
	28.000	30.000	40.000	50.000	60.000	70.000	90.000	110.000	140.000
gesetzlich	-14.130 -14.977 -15.839	-15.746 -16.640 -17.655	-24.613 -25.768 -27.203	-34.324 -35.591 -37.343	- 45.233 - 46.418 - 48.515	- 56.471 - 57.498 - 59.618	- 79.580 - 80.920 - 82.768	-104.594 -106.232 -108.050	-143.263 -143.604 -146.503
vereinbart mit N = 0	-37.562 -39.471 -41.563	-41.827 -43.891 -46.204	-64.823 -67.334 -70.629	-89.632 -92.184 -96.119	-114.896 -117.236 -121.682	-140.781 -143.028 -147.491	-193.580 -196.762 -200.373	-247.358 -249.969 -254.700	-329.031 -329.376 -334.858
vereinbart mit N = 0,5	-17.848 -18.858 -19.992	-19.878 -21.034 -22.216	-31.061 -32.461 -34.257	-43.257 -44.783 -46.975	- 56.498 - 57.917 - 60.479	- 70.244 - 71.490 - 74.057	- 98.342 - 99.996 -102.141	-127.346 -130.660 -131.556	-172.879 -173.220 -176.724
vereinbart mit N = 1,0	0 0 0	0 0 0	0 0 0	- 510 - 510 - 510	- 1.691 - 1.691 - 1.691	- 2.873 - 2.873 - 2.873	- 6.981 - 6.981 - 6.981	- 12.664 - 12.664 - 12.664	- 20.428 - 20.428 - 20.428

Tabelle 38: Vermögenszuwächse bei Variation der Abschreibungen auf das Nießbrauchobjekt.
Der erste, zweite bzw. dritte Vermögensendwert pro Feld beruht darauf, daß c.p. noch 10, 5 bzw. 0 Jahre lang Abschreibungen auf das Nießbrauchobjekt vorgenommen werden können.
Die Höhe der Verkehrswerte ermittelt sich nach der Makler-Methode mit Verkehrswert = Rohertrag (ET) · Vervielfältiger (R), wobei R = 13.

Lastentragung \ Roherträge ET	Vorbehaltsnießbrauch								
	28.000	30.000	40.000	50.000	60.000	70.000	90.000	110.000	140.000
gesetzlich	- 14.686 - 14.130 - 13.604	- 16.414 - 15.746 - 15.033	- 25.589 - 24.613 - 23.546	- 35.379 - 34.324 - 33.248	- 46.026 - 45.233 - 44.213	- 57.196 - 56.471 - 55.487	- 80.097 - 79.590 - 79.547	-103.921 -104.594 -104.150	-141.325 -143.263 -143.514
vereinbart mit N = 0	- 30.634 - 37.562 - 44.237	- 34.107 - 41.827 - 49.190	- 52.823 - 64.823 - 76.369	- 72.698 - 89.632 -105.772	- 93.080 -114.896 -136.004	-113.869 -140.780 -166.952	-156.464 -193.580 -229.838	-200.039 -247.358 -293.899	-266.216 -329.031 -391.017
vereinbart mit N = 0,5	- 14.686 - 17.848 - 20.805	- 16.414 - 19.878 - 23.109	- 25.589 - 31.061 - 36.159	- 35.879 - 43.257 - 50.463	- 46.026 - 56.497 - 66.341	- 57.196 - 70.244 - 82.642	- 80.097 - 98.342 -115.848	-103.921 -127.346 -151.135	-141.325 -172.879 -205.249
vereinbart mit N = 1,0	0 0 0	0 0 0	0 0 0	- 174 - 510 - 840	- 1.289 - 1.691 - 2.087	- 2.405 - 2.873 - 3.890	- 6.173 - 6.981 - 7.780	- 10.291 - 12.664 - 13.883	- 18.713 - 20.428 - 24.144

Tabelle 39: Vermögenszuwächse bei Variation der gewöhnlichen Grundstückslasten.
Die jeweils 3 Vermögensendwerte pro Feld spiegeln den Einfluß der gewöhnlichen Grundstückslasten auf die Vorteilhaftigkeit bestimmter Nießbrauchgestaltungen wider. Die gewöhnlichen Grundstückslasten betragen alternativ 10 v.H., 15 v.H. und 20 v.H. der Roherträge (ET) bei konstantem Anteil der außergewöhnlichen Grundstückslasten in Höhe von 10 v.H. der Roherträge.

Roherträge / ET / Lastentragung	Vorbehaltsnießbrauch								
	28.000	30.000	40.000	50.000	60.000	70.000	90.000	110.000	140.000
vereinbart mit N = 1,0	0 0 - 713	0 0 - 1.145	0 - 660 - 3.883	- 174 - 2.177 - 7.348	- 1.289 - 4.310 - 12.824	- 2.405 - 6.941 - 18.108	- 6.173 - 13.733 - 28.485	- 10.291 - 20.659 - 43.420	- 18.713 - 34.264 - 62.894

Tabelle 40: Vermögenszuwächse bei unterschiedlich hoch belastetem Grundstück. Es wird ein Grundstück unter Nießbrauchvorbehalt übertragen, auf dem erhebliche Belastungen, wie z.B. Hypothekenforderungen, ruhen. Der Nießbraucher hat alle gewöhnlichen (hierzu gehören auch Zinsen) sowie alle außergewöhnlichen Grundstückslasten zu tragen (N = 1). Die gewöhnlichen Lasten betragen 10 v.H., 40 v.H. bzw. 90 v.H., die außergewöhnlichen Grundstückslasten 10 v.H. der Roherträge.

Roherträge / ET / Lastentragung	Vorbehaltsnießbrauch								
	28.000	30.000	40.000	50.000	60.000	70.000	90.000	110.000	140.000
gesetzlich	- 7.201 - 14.130 - 20.805	- 8.026 - 15.746 - 23.109	- 12.612 - 24.613 - 36.159	- 17.388 - 34.324 - 50.463	- 23.417 - 45.233 - 66.341	- 29.560 - 56.471 - 82.642	- 42.474 - 79.590 -115.848	- 57.276 -104.594 -151.136	- 80.448 -143.263 -205.249
vereinbart mit N = 0	- 30.634 - 37.562 - 44.237	- 34.107 - 41.827 - 49.190	- 52.823 - 64.823 - 76.369	- 72.698 - 89.632 -105.772	- 93.080 -114.896 -136.004	-113.869 -140.780 -166.952	-156.464 -193.580 -229.838	-200.039 -247.358 -293.899	-266.216 -329.031 -391.017
vereinbart mit N = 0,5	- 14.686 - 17.848 - 20.805	- 16.414 - 19.878 - 23.109	- 25.589 - 31.061 - 36.159	- 35.379 - 43.257 - 50.463	- 46.026 - 56.497 - 66.341	- 57.196 - 70.244 - 82.642	- 80.097 - 98.342 -115.848	-103.921 -127.346 -151.136	-141.325 -172.879 -205.249
vereinbart mit N = 1,0	0 0 0	0 0 0	0 0 0	- 174 - 510 - 840	- 1.289 - 1.691 - 2.087	- 2.405 - 2.873 - 3.890	- 6.173 - 6.981 - 7.780	- 10.192 - 12.664 - 13.883	- 18.713 - 20.428 - 24.144

Tabelle 41: Vermögenszuwächse bei Variation der außergewöhnlichen Grundstückslasten. Die außergewöhnlichen Grundstückslasten betragen alternativ 5 v.H., 10 v.H. und 15 v.H. der Roherträge bei konstantem Anteil der gewöhnlichen Grundstückslasten in Höhe von 15 v.H. der Roherträge.

Lastentragung \ Roherträge ET	Vorbehaltsnießbrauch								
	28.000	30.000	40.000	50.000	60.000	70.000	90.000	110.000	140.000
gesetzlich	- 7.484 - 14.977 - 22.416	- 8.388 - 16.640 - 25.001	- 12.977 - 25.768 - 33.907	-17.990 -35.591 -53.967	- 23.496 - 46.418 - 70.372	- 29.593 - 57.498 - 86.897	- 42.325 - 80.920 -121.059	- 55.838 -106.232 -156.017	- 77.875 -143.604 -211.118
vereinbart mit N = 0	- 23.432 - 39.471 - 56.216	- 26.081 - 43.891 - 62.564	- 40.210 - 67.334 - 96.148	- 55.309 - 92.184 -131.441	- 70.550 -117.236 -167.217	- 86.247 -143.028 -203.354	-118.691 -196.762 -276.480	-151.957 -249.969 -351.211	-202.766 -329.376 -462.611
vereinbart mit N = 0,5	- 11.400 - 18.858 - 26.389	- 12.694 - 21.034 - 29.502	- 19.672 - 32.461 - 45.835	- 27.087 - 44.784 - 63.120	- 35.000 - 57.917 - 32.168	- 43.569 - 71.490 -101.188	- 61.375 - 99.996 -139.624	- 79.870 -129.200 -180.234	-109.203 -173.220 -242.622
vereinbart mit N = 1,0	0 0 0	0 0 0	0 0 0	0 - 510 - 1.175	- 888 - 1.691 - 2.489	- 1.937 - 2.873 - 4.436	- 4.702 - 6.981 - 9.652	- 9.193 - 12.664 - 16.624	- 16.998 - 20.428 - 26.015

Tabelle 42: Vermögenszuwächse bei sinkendem Rest-Abschreibungspotential und steigenden Grundstückslasten.
Die 3 Vermögensendwerte pro Feld spiegeln die Gesamtwirkung wider, die von den Abschreibungen auf das nießbrauchbelastete Grundstück und von den Grundstückslasten auf die Vorteilhaftigkeit ausgehen. Es wird unterstellt, mit abnehmendem Rest-Abschreibungszeitraum (d.h. mit zunehmendem Alter des Gebäudes) steigen die Grundstückslasten wie folgt:

Rest-Abschreibungszeitraum	gewöhnliche Grundstückslasten (in Abhängigkeit von den Roherträgen)	außergewöhnliche Grundstückslasten (in Abhängigkeit von den Roherträgen)
10 Jahre	10 v.H.	5 v.H.
5 Jahre	15 v.H.	10 v.H.
0 Jahre	20 v.H.	15 v.H.

Lastentragung \ Roherträge ET	Vorbehaltsnießbrauch								
	28.000	30.000	40.000	50.000	60.000	70.000	90.000	110.000	140.000
gesetzlich	- 14.130 - 14.130 - 21.163 - 21.163	- 15.746 - 15.746 - 22.924 - 22.924	- 24.613 - 24.613 - 31.947 - 31.947	- 34.324 - 34.324 - 41.289 - 41.289	-45.233 -45.233 -51.493 -51.493	- 56.471 - 56.471 - 62.079 - 62.079	- 79.590 - 79.590 - 84.548 - 84.548	-104.594 -104.594 -109.193 -109.193	-143.263 -143.263 -146.731 -146.731
vereinbart mit N = 0	- 37.562 - 37.562 - 53.838 - 53.838	- 41.827 - 41.827 - 58.260 - 58.260	- 64.323 - 64.823 - 81.131 - 81.131	- 89.632 - 89.632 -104.514 -104.514	-114.896 -114.396 -128.136 -128.136	-140.781 -140.781 -152.908 -152.908	-193.850 -193.850 -204.412 -204.412	-247.358 -247.358 -256.897 -256.897	-329.031 -329.031 -334.970 -334.970
vereinbart mit N = 0,5	- 17.848 - 17.848 - 26.522 - 26.522	- 19.878 - 19.878 - 28.756 - 28.756	- 31.061 - 31.061 - 40.083 - 40.083	- 43.257 - 43.257 - 51.660 - 51.660	- 56.498 - 56.498 - 64.148 - 64.148	- 70.244 - 70.244 - 77.107 - 77.107	- 98.342 - 98.342 -104.406 -104.406	-127.346 -127.346 -132.909 -132.909	-172.879 -172.879 -176.919 -176.919
vereinbart mit N = 1,0	0 0 0 0	0 0 0 0	0 0 0 0	- 510 - 510 - 510 - 510	- 1.691 - 1.691 - 1.691 - 1.691	- 2.873 - 2.873 - 2.873 - 2.873	- 6.981 - 6.981 - 6.981 - 6.981	- 12.664 - 12.664 - 12.664 - 12.664	- 20.428 - 20.428 - 20.428 - 20.428

Tabelle 43: Vermögenszuwächse bei unterschiedlicher Einkommenssituation der Nießbrauchbeteiligten.
Den 4 Vermögensendwerten pro Feld liegen folgende Wertkonstellationen für das sonstige (d.h. neben dem aufgrund der Nießbrauchbestellung sich ergebende) zu versteuernde Einkommen zugrunde:

Nießbrauchbesteller	Nießbraucher
- 130.000 DM	0 DM
- 100.000 DM	0 DM
- 130.000 DM	30.000 DM
- 100.000 DM	30.000 DM

Lastentragung \ ET (Roherträge)	Vorbehaltsnießbrauch 28.000	30.000	40.000	50.000	60.000	70.000	90.000	110.000	140.000
gesetzlich	-14.130 -22.684	-15.746 -25.069	-24.613 -39.555	-34.324 -55.957	-45.233 -70.876	-56.471 -89.329	-79.590 -124.912	-104.594 -162.781	-143.263 -220.059
vereinbart mit N = 0	-37.562 -44.049	-41.827 -48.951	-62.823 -75.048	-89.632 -104.775	-114.896 -133.586	-140.781 -265.126	-193.580 -227.663	-247.358 -292.193	-329.031 -388.786
vereinbart mit N = 0,5	-17.848 -26.050	-19.878 -28.827	-31.061 -45.454	-43.257 -61.873	-56.498 -81.415	-70.244 -102.128	- 98.342 -142.314	-127.346 -184.758	-172.879 -248.881
vereinbart mit N = 1,0	0 - 9.917	0 -10.797	0 -17.191	- 510 - 24.767	- 1.691 -33.525	- 2.873 - 43.464	- 6.981 - 61.870	- 12.664 - 82.639	- 20.428 -114.237

Tabelle 44: Vermögenszuwächse bei wechselnder Richtung der Schenkung (Vater → Sohn; Sohn → Vater). Der erste Vermögensendwert pro Feld spiegelt die Situation wider, in der der Vater seinem Sohn das Grundstück unter Nießbrauchvorbehalt schenkt. Der zweite Wert betrifft die Schenkung in umgekehrter Richtung.

Lastentragung \ ET (Roherträge)	Vorbehaltsnießbrauch 28.000	30.000	40.000	50.000	60.000	70.000	90.000	110.000	140.000
gesetzlich	-14.130 -11.488 -14.130 -11.488	-15.746 -12.311 -15.746 -12.311	-24.613 -17.448 -24.613 -17.448	-34.324 -23.832 -34.324 -23.832	- 45.233 - 32.377 - 45.233 - 32.377	- 56.471 - 42.065 - 56.471 - 42.065	- 79.590 - 63.464 - 79.590 - 63.464	-104.594 - 87.774 -104.594 - 87.774	-143.263 -126.063 -143.263 -126.063
vereinbart mit N = 0	-37.562 -28.885 -37.562 -28.885	-41.827 -31.288 -41.827 -31.288	-64.823 -45.457 -64.823 -45.457	-89.632 -63.000 -89.632 -63.000	-114.893 - 83.648 -114.896 - 83.648	-140.781 -106.637 -140.781 -106.637	-193.580 -156.441 -193.580 -156.441	-247.358 -208.847 -247.358 -208.847	-329.031 -290.185 -329.031 -290.185
vereinbart mit N = 0,5	-17.848 -14.286 -17.848 -14.286	-19.878 -15.366 -19.878 -15.366	-31.061 -27.888 -31.061 -27.888	-43.257 -30.045 -43.257 -30.045	- 56.498 - 40.439 - 56.498 - 40.439	- 70.244 - 52.420 - 70.244 - 52.420	- 98.342 - 78.410 - 98.342 - 78.410	-127.346 -106.560 -127.346 -106.560	-172.879 -151.752 -172.879 -151.752
vereinbart mit N = 1,0	0 0 0 0	0 0 0 0	0 0 0 0	- 510 - 510 - 510 - 510	- 1.691 - 1.691 - 1.691 - 1.691	- 2.873 - 2.873 - 2.873 - 2.873	- 6.981 - 6.981 - 6.981 - 6.981	- 12.664 - 12.664 - 12.664 - 12.664	- 20.428 - 20.428 - 20.428 - 20.428

Tabelle 45: Vermögenszuwächse bei unterschiedlichem Familienstand der Nießbrauchbeteiligten. Den 4 Vermögensendwerten liegen folgende Situationen zugrunde:

Nießbrauchbesteller	Nießbraucher
- ledig	- ledig
- verheiratet	- verheiratet
- ledig	- ledig
- verheiratet	- verheiratet

Das sonstige zu versteuernde Einkommen beträgt: Nießbrauchbesteller 130.000 DM, Nießbraucher 0 DM.

Roherträge ET / Lastentragung	Vorbehaltsnießbrauch								
	28.000	30.000	40.000	50.000	60.000	70.000	90.000	110.000	140.000
gesetzlich	- 22.684 - 21.918	- 25.069 - 24.119	- 39.555 - 37.743	- 55.957 - 53.019	- 70.876 - 69.073	- 89.329 - 86.601	-124.912 -120.228	-162.781 -155.805	-220.059 -209.685
vereinbart mit N = 0	- 44.049 - 43.233	- 48.951 - 38.084	- 75.048 - 74.627	-104.775 -102.158	-133.586 -131.977	- 165.126 - 162.708	-227.663 -223.562	-292.193 -286.336	-388.786 -380.190
vereinbart mit N = 0,5	- 26.050 - 25.294	- 28.827 - 27.897	- 45.454 - 43.627	- 61.873 - 60.948	- 81.415 - 79.610	- 102.128 - 99.340	-142.314 -137.601	-184.758 -177.869	-248.881 -238.658
vereinbart mit N = 1,0	- 9.917 - 9.176	- 10.797 - 11.299	- 17.191 - 17.254	- 24.767 - 24.234	- 33.525 - 29.300	- 43.464 - 37.709	- 61.870 - 52.963	- 82.639 - 70.296	-114.237 -103.450

Tabelle 46: Vermögenszuwächse bei Entrichtung der Schenkungsteuer durch den Schenker und Schenkung in aufsteigender Linie (Sohn → Vater).
Es wird unterstellt, daß der Sohn seinem Vater das Grundstück unter Nießbrauchvorbehalt überträgt. Der erste Wert pro Feld betrifft den Fall der Schenkungsteuerzahlung durch den Nießbrauchbesteller (Beschenkter), Wert 2 betrifft den Fall der Schenkungsteuerzahlung durch den Nießbraucher (Schenker).

Roherträge ET / Lastentragung	Vorbehaltsnießbrauch								
	28.000	30.000	40.000	50.000	60.000	70.000	90.000	110.000	140.000
gesetzlich	- 14.130 - 14.130	- 15.746 - 15.746	- 24.613 - 24.613	- 34.324 - 34.324	- 45.233 - 44.345	- 56.471 - 54.719	- 79.590 - 76.669	-104.594 - 99.340	-143.263 -133.958
vereinbart mit N = 0	- 37.562 - 37.562	- 41.827 - 41.827	- 64.823 - 64.823	- 89.632 - 89.632	-114.896 -114.896	-140.781 -140.246	-193.580 -191.349	-247.358 -243.466	-329.031 -321.679
vereinbart mit N = 0,5	- 17.848 - 17.848	- 19.878 - 19.878	- 31.061 - 31.061	- 43.257 - 43.257	- 56.498 - 55.807	- 70.244 - 68.541	- 98.342 - 95.406	-127.346 -122.597	-172.879 -169.139
vereinbart mit N = 1,0	0 0	0 0	0 0	- 510 0	- 1.691 - 366	- 2.873 - 1.325	- 6.981 - 3.785	- 12.664 - 6.893	- 20.428 - 13.413

Tabelle 47: Vermögenszuwächse bei Vereinbarung unterschiedlicher Nießbrauchzeiten und Schenkung in absteigender Linie (Vater → Sohn).
Gegenübergestellt sind die Vermögensendwerte, die nach einer Grundstücksübertragung unter Nießbrauchvorbehalt für 10 Jahre (Wert 1) und unter lebenslänglichem Nießbrauchvorbehalt (Wert 2) zu erzielen sind. Der Vater überträgt das Grundstück unter Vorbehalt des Nießbrauchs auf seinen Sohn.

Lastentragung \ Roherträge ET	Vorbehaltsnießbrauch								
	28.000	30.000	40.000	50.000	60.000	70.000	90.000	110.000	140.000
gesetzlich	- 8.306 - 14.130 - 20.752	- 9.249 - 15.746 - 23.064	- 14.931 - 24.613 - 35.021	- 21.512 - 34.324 - 47.625	- 28.502 - 44.345 - 60.394	- 36.024 - 54.719 - 73.569	- 52.245 - 76.669 -101.950	- 68.626 - 99.340 -130.903	- 93.353 -133.958 -174.297
vereinbart mit N = 0	- 22.310 - 37.562 - 54.673	- 24.969 - 41.827 - 60.501	- 40.099 - 64.823 - 91.154	- 57.104 - 89.632 -122.930	- 75.256 -114.896 -155.095	- 94.020 -140.246 -187.559	-131.827 -191.349 -252.941	-169.524 -243.466 -318.208	-227.256 -321.679 -415.454
vereinbart mit N = 0,5	- 10.507 - 17.348 - 26.245	- 11.738 - 19.878 - 29.047	- 18.915 - 31.061 - 44.127	- 27.117 - 43.257 - 59.818	- 35.966 - 55.808 - 75.918	- 45.259 - 68.541 - 91.991	- 65.128 - 95.406 -126.741	- 84.864 -122.597 -161.202	-115.406 -165.139 -214.517
vereinbart mit N = 1,0	0 0 0	0 0 0	0 0 0	0 0 0	- 239 - 366 - 507	- 865 - 1.325 - 1.839	- 2.471 - 3.785 - 5.251	- 4.499 - 6.893 - 9.562	- 8.755 - 13.413 - 18.607

Tabelle 48: Vermögenszuwächse bei lebenslänglicher Nießbrauchdauer und Schenkung in absteigender Linie (Vater → Sohn) für unterschiedliche Kalkulationszinsfüße.
Der Vater überträgt das Grundstück unter lebenslänglichem Nießbrauchvorbehalt auf seinen Sohn. Die 3 Vermögensendwerte pro Feld spiegeln Kalkulationszinsfüße von 3 v.H., 8 v.H. bzw. 12 v.H. wider.

Lastentragung \ Roherträge ET	Vorbehaltsnießbrauch								
	28.000	30.000	40.000	50.000	60.000	70.000	90.000	110.000	140.000
vereinbart mit N = 1,0	27.240 27.537 27.839	27.537 27.903 28.236	27.455 27.888 27.928	25.040 25.133 25.143	21.508 21:571 21.157	17.880 17.233 16.336	8.577 7.119 5.302	- 2.771 - 5.290 - 7.132	- 19.566 - 23.495 - 28.144

Tabelle 49: Vermögenszuwächse bei Vereinbarung einer dauernden Last zugunsten des Nießbrauchers in Höhe der von diesem zu tragenden Grundstückslasten für unterschiedliche Kalkulationszinsfüße.
Die Kalkulationszinsfüße betragen 3 v.H., 8 v.H. bzw. 12 v.H.

VERZEICHNIS DER ÜBERSICHTEN

Seite

L I T E R A T U R

ALBACH, Horst	Investition und Liquidität, Opladen 1962
ALBROD, Peter	Aktuelle Fragen der einkommensteuerlichen Behandlung des Nießbrauchs an Grundstücken, StWa 1979, Teil I und II, S. 26 - 30, 57 - 60
BAETGE, Jörg	Möglichkeiten der Objektivierung des Jahreserfolgs, Bd. 2, Schriftenreihe des Instituts für Revisionswesen der Westfälischen Wilhelms-Universität Münster, hrsg. von U. Leffson, Düsseldorf 1970
BAUER, Fritz	(Lehrbuch 1978) Lehrbuch des Sachenrechts, 10. neubearb. Aufl., München 1978
BAUER, Fritz	Lehrbuch des Sachenrechts, 9. Aufl., München 1977
BECKER, Enno	Die Behandlung von Nutznießung, Nießbrauch und Vorerbschaft, StuW 15. Jg. 1938, Sp. 293 - 310
BEINERT, Jörg	(Rechtstatsächliche Aspekte) Rechtstatsächliche Aspekte von Einkunftsquellen, in: Übertragung von Einkunftsquellen im Steuerrecht - Möglichkeiten und Grenzen der Einkommensverlagerung durch Nießbrauch, Beteiligung und Darlehn mit einem rechtsvergleichenden Teil, hrsg. im Auftrag der Deutschen Steuerjuristischen Gesellschaft e.V. von K. Tipke, 2. unveränderte Aufl., Köln 1979, S. 141 - 154

BEISSE, Heinrich
(Wirtschaftliche Betrachtungsweise)
Die wirtschaftliche Betrachtungsweise bei der Auslegung der Steuergesetze, StuW 58, (11.) Jg. 1981, S. 1 - 14

BIDLINGMAIER, Jochen
Zielkonflikte und Zielkompromisse im unternehmerischen Entscheidungsprozeß, Studienreihe Betrieb und Markt, Bd. 11, hrsg. von K.C. Behrens, Wiesbaden 1968

BIEG, Hartmut
Die Verfahren der Investitionsrechnung und ihre Verwendung in der Praxis. Das Steuerberater-Seminar, Betriebswirtschaftliche Steuerberatungspraxis in Einzeldarstellungen, Teil I. und II., Der Steuerberater, 36. Jg. 1985, S. 16 - 29, 60 - 77

BIERGANS, Enno
Zur Saldierung entgeltlich begründeter privater dauernder Lasten mit dem Wert der Gegenleistung, DStR 24. Jg. 1986, S. 141 - 144

BIERGANS, Enno
(Einkommensteuer)
Einkommensteuer und Steuerbilanz, 3. völlig neubearbeitete und stark erweiterte Auflage, München 1985

BIERGANS, Enno
STOTZINGEN, Albert von
(Wiederkehrende Zahlungen)
Raten, Renten, andere wiederkehrende Zahlungen in der Einkommensteuer, 2. ergänzte und aktualisierte Auflage, München - Wien 1984

BITZ, Michael
(Entscheidungstheorie)
Entscheidungstheorie. Hagener Universitätstexte, München 1981

BITZ, Michael
Zeithorizonte bei der Investitions- und Finanzplanung, ZfB, 48. Jg. 1978, S. 175 - 193

BITZ, Michael (Strukturierung) Strukturierung ökonomischer Entscheidungsmodelle, Wiesbaden 1977

BORDEWIN, Arno Zurechnung von Einkünften und AfA-Befugnis bei Nutzung fremder Wirtschaftsgüter, DStZ, 74. Jg. 1986, S. 55 - 62

BORDEWIN, Arno Aktuelle Steuerfragen, DStZ, 73. Jg. 1985, S. 11 - 17

BORDEWIN, Arno (Neue Aspekte) Nießbrauch im Steuerrecht: Neue Aspekte, FR 37. (64.) Jg. 1982, S. 140 f.

BORDEWIN, Arno Nießbrauch an Grundvermögen und Nießbrauch an Kapitalvermögen bei der Einkommensteuer, DStR, 19. Jg. 1981, S. 519 - 523

BÖKELMANN, Dieter Nutzungen und Gewinn beim Unternehmensnießbrauch. Juristische Studien, hrsg. von Mitgliedern des Fachbereichs Rechtswissenschaft der Universität Tübingen, Bd. 32, Tübingen 1971, S. 3

BRANDENBERG, Hermann Bernwart (Problemfälle aus der Praxis) Nießbrauch an Privatgrundstücken, Betriebsgrundstücken und Kapitalvermögen - Systematische Darstellung mit Problemfällen aus der Praxis, 2. Aufl., Herne - Berlin 1985

BÜLOW, Hans-Joachim Nießbrauch an Unternehmen und Unternehmensbeteiligungen, Heidelberger Musterverträge, Heft 53, Heidelberg 1982

CHARLIER, R. (Einkommensbesteuerung) Gesichertes und Ungesichertes bei der Einkommensbesteuerung des Nießbrauchs, StbJb 1982/83, hrsg. im Auftrag des Fachinstituts der Steuerberater, Köln 1983, S. 229 - 254

CHMIELEWICZ, Klaus — Wirtschaftsgut und Rechnungswesen, ZfbF, 39. Jg. 1969, S. 85 - 122

CHRISTOFFEL, Hans Günter — Vorsteuerkorrektur durch die Steuerfreistellung von dinglichen Nutzungsrechten an Grundstücken, DB, 38. Jg. 1985, S. 309 - 311

COSTEDE, Jürgen — Grundfragen der Absetzungsbefugnis wegen Abnutzung - betrachtet am Beispiel von Nutzungsrechten an Grundbesitz - StuW, 63. (15.) Jg. 1986, S. 44 - 52

DEUTSCHER STEUERBERATERVERBAND (Hrsg.) — (Steuerberater-Handbuch 1985) Steuerberater-Handbuch 1985, Bonn 1985

DIPPEL, Hermann — Der Nießbrauchvorbehalt bei der Übertragung des OHG-Anteils, Diss. Regensburg 1973

DÖLLERER, Georg — (Leitgedanken) Leitgedanken der Nießbrauchbesteuerung bei den Einkünften aus Vermietung und Verpachtung und aus Kapitalvermögen, StbJb 1984/85, Köln 1975, S. 55 - 79

DÖLLERER, Georg — Zur Bilanzierung dinglicher Rechtsverhältnisse, BB, 39. Jg. 1984, S. 2034 - 2039

DORNBUSCH, Hans Ludwig / JASPER, Lothar T. / PILTZ, Detlev — Steuervorteile durch privaten Haus- und Wohnbesitz - Anschaffung - Besitz - Veräußerung. Beck-Rechtsberater, 2. völlig überarbeitete Aufl., München 1984

DRENSECK, Walter — Anmerkung zum BFH-Urteil IX R 62/83 vom 24.9.1985, FR 41. (68.) Jg. 1986, S. 99

DRENSECK, Walter — Anmerkung zum BFH-Urteil VIII R 71/81 vom 30.7.1985, FR 41. (69.) Jg. 1986, S. 17

EGGENSIECKER, Fritz — Zur praktischen Handhabung der Teilsteuerrechnung, FR 27. (54.) Jg. 1972, S. 279 - 281

EGGENSIECKER, Fritz
EISENACH, Manfred
SCHÜRNER — (Steuerliche Gestaltungsmöglichkeiten)
Steuerliche Gestaltungsmöglichkeiten innerhalb der Familie durch Grundstücks-Nießbrauch, FR 36. (63.) Jg. 1981, S. 378 - 383

EHMCKE, T.
RICHTER, M. — (Der Grundstücksnießbrauch)
Der Grundstücksnießbrauch - Aufgabe der bisherigen ständigen Rechtsprechung? Inf. 33. Jg. 1979, S. 73 - 81

EISENACH, Manfred — (Entscheidungsorientierte Steuerplanung)
Entscheidungsorientierte Steuerplanung - Grundlagen, Instrumente und Konzept zur Planung der Steuerbelastung der Unternehmung mittels dynamischer Teilsteuerrechnung, Schriftenreihe Besteuerung der Unternehmung, hrsg. von G. Rose, Wiesbaden 1974

ELLINGER, Theodor — (Einführung)
Operations Research. Eine Einführung, Berlin ... 1984

ERMANN — (ERMANN/RONKE)
Handkommentar zum Bürgerlichen Gesetzbuch, bearbeitet von Maximilian Ronke u.a., Bd. 2, 7. neubearbeitete Aufl., Münster 1981

FELIX, Günther — Der Nießbrauch in der Besteuerungspraxis, StKongrRep 1975, München 1975, S. 405 - 442

FENDT, Hans Joachim — (Betriebswirtschaftliche und steuerrechtliche Sicht) Der Nießbrauch in betriebswirtschaftlicher und steuerrechtlicher Sicht, Diss., Lichtenfels 1966

FICHTELMANN, Helmar — (Nießbrauch an Unternehmen) Der Nießbrauch an Unternehmen und Beteiligungen, Teil I bis III, DStR, 12. Jg. 1974, S. 267 - 277, 299 - 310, 341 - 346

FISCHER, Lutz; SCHNEELOCH, Dieter; SIGLOCH, Jochen — (Steuerlehre) Betriebswirtschaftliche Steuerlehre und Steuerberatung - Gedanken zum 60jährigen "Jubiläum" der Betriebswirtschaftlichen Steuerlehre, DStR, 17. Jg. 1980, S. 699 - 700

FISHER, Gene H. — Kosten-Nutzen-Analyse und Programmbudget, Tübingen 1970

FLÖSSER, Rudolf — Die Zurechnung der Einkünfte beim Nießbrauch am Anteil einer Personengesellschaft, Bad Honnef 1979

FLORSCHÜTZ, G. — (Nießbrauch an Grundbesitz) Der "zurückbehaltene" Nießbrauch an Grundbesitz, Inf 1982, S. 78 - 81

FLUME, Werner — Allgemeiner Teil des Bürgerlichen Rechts, Bd. 1, Teil 1, Die Personengesellschaft, Berlin - Heidelberg - New York 1977

FREERICKS, Wolfgang — Bilanzierungsfähigkeit und Bilanzierungspflicht in Handels- und Steuerbilanz, Köln ... 1976

GERADY, Theo — (Grundstücksbewertung) Praxis der Grundstücksbewertung, München 1975

GRATZ, Kurt — (Individuelle und kollektive Steuerplanung) Grundprobleme individueller und kollektiver Steuerplanung - Anwendungsbereiche und Lösungsverfahren unternehmerischer Steuergestaltung, Betriebswirtschaftliche Studien, Bd. 43, Berlin 1982

GRATZ, Kurt — (Familienvermögen) Zur optimalen Verteilung des Familienvermögens aus steuerlicher Sicht, ZfB, 51. Jg. 1981, S. 780 - 795

GRAUER, Gerhard — (Nießbrauchgestaltung) Nießbrauchgestaltung - aus ertragsteuerlicher Sicht, StKongrRep 1983, München 1983, S. 313 - 342

GROH, Manfred — (Nutzungseinlagen) Nutzungseinlagen im Handels- und Steuerrecht, BB, 37. Jg. 1982, S. 133 - 142

GÜNTHER, Karl-Heinz — Unterschiedliche Behandlung von dinglichen und obligatorischen Nutzungsrechten? FR, 41. (68.) Jg. 1986, S. 406 f.

HABERSTOCK, Lothar — (Integrierung der Ertragsbesteuerung) Zur Integrierung der Ertragsbesteuerung in die simultane Produktions-, Investitions- und Finanzierungsplanung mit Hilfe der linearen Programmierung. Schriftenreihe Annales Universitatis Saraviensis, Rechts- und Wirtschaftswissenschaftliche Abteilung, Bd. 59, Köln ... 1981

HARTMANN, Bernhard — (Testamentsvollstreckung) Testamentsvollstreckung, Nießbrauch und Vorerbschaft zur Sicherung der Nachfolge des Einzelunternehmers in Zivil- und Steuerrecht, unter Mitarbeit von Bernd Aschfalk, 2. neubearbeitete und erw. Aufl., Köln 1983

HAX, Herbert	(Investitionstheorie) Investitionstheorie, 4. durchgesehene Aufl., Würzburg - Wien 1979
HAX, Herbert	Bewertungsprobleme bei der Formulierung von Zielfunktionen für Entscheidungsmodelle, ZfbF, 19. Jg. 1967, S. 741 - 761
HECK, Philip	Grundriß des Sachenrechts, 2. Neudruck der Ausgabe Tübingen 1930, Aalen 1970
HEINOLD, Michael	Betriebliche Steuerpolitik mit quantitativen Methoden, Schriftenreihe Wirtschaftswissenschaftliche Forschung und Entwicklung, hrsg. von C. Aschoff und P. Müller-Bader, Bd. 31, München 1979
HERRMANN, Carl HEUER, Gerhard RAUPACH, Arndt	(HERRMANN, HEUER, RAUPACH) Einkommensteuer- und Körperschaftsteuergesetz mit Nebengesetzen. Kommentar, Köln 1950/82, Rechtsstand 1986
HESSE, Helmut	Die Nutzen-Kosten-Analyse, Wirtschaftsdienst 1969, S. 45 - 51
HILGER, Engelbert	Die einkommensteuerliche Behandlung des Nießbrauchs, Diss. Brüggen/Erft 1967
HOYER, Jürgen	Ausgewählte ertragsteuerliche Fragen zum Nießbrauch, BB, 36. Jg. 1981, S. 1461 - 1468
HOYER, Jürgen	(Nießbrauch am Grundbesitz) Der Nießbrauch am Grundbesitz im Privatvermögen, BB, 36. Jg. 1981, S. 230 - 235
HOYER, Heinrich	Der Nießbrauch - Einige ertragsteuerliche Konsequenzen der jüngsten Rechtsprechung des Bundesfinanzhofs, StBp, 19. Jg. 1979, S. 175 - 178

HUTTER, Ulrich — Zur Zurechnung des Nutzungswerts einer unentgeltlich überlassenen Wohnung, die der Nutzungsberechtigte selbst bewohnt, DStR, 22. Jg. 1984, S. 409 - 413

HUTTER, Ulrich — Zur steuerlichen Behandlung von Nutzungsquellen an vermieteten Grundstücken - Zugleich eine Besprechung der BFH-Urteile vom 13. Mai 1980 VIII R 63/79, VIII R 75/79 und VIII R 128/78 - DStZ, 69. Jg. 1981, S. 47 - 53

INSTITUT "Steuern und Finanzen" — Brief 172: Die steuerliche Zurechnung von Einkünften beim Nießbrauch, Bonn 1972

JAHRMARKT, Manfred — (Steuervorteile) Steuervorteile durch Steuergestaltung, 5. vollständig überarbeitete Aufl., Freiburg i.Br. 1981

JAKOB, Wolfgang; JÜPTNER, Roland — Zur Problematik sogenannter Nichtanwendungsverfügungen im Steuerrecht - Ein Beitrag zum Verhältnis von Finanzgerichtsbarkeit und Finanzverwaltung, StuW, 60. (12.) Jg. 1983, S. 148 - 165

JANSEN, Martin; JANSEN, Rudolf — (Zivil- und Steuerrecht) Der Nießbrauch im Zivil- und Steuerrecht, 4. erneuerte Aufl., Herne - Berlin 1985

JANSEN, Rudolf; WREDE, Friedrich — (Renten) Renten, Raten, Dauernde Lasten. Systematik, Rechtsprechung und Praxis bei der Einkommensteuer, 9. geänderte und vermehrte Aufl., Herne - Berlin 1986

KAHRS, Werner — Steuerliche Behandlung typischer Nießbrauchfälle nach der neuen BFH-Rechtsprechung, DB, 34. Jg. 1981, S. 2196 - 2200

KAPP, Reinhard	Inkonsequente Rechtsprechung zur Stichtagsbewertung im Erbschaftsteuerrecht, DStR, 23. Jg. 1985, S. 174 - 176
KAUCHER, Edgar KLATTE, Rudi ULLRICH, Christian	Programmiersprachen im Griff, Bd. 1: FORTRAN, Mannheim 1980
KAUCHER, Edgar KLATTE, Rudi ULLRICH, Christian	Programmiersprachen im Griff, Bd. 7: Übungen und Tests in FORTRAN 77, Mannheim 1984
KNOBBE-KEUCK, Brigitte	Die steuerliche Behandlung von Nutzungsrechten, StuW, 56. (8.) Jg. 1979, S. 305 - 313
KOLLER, Horst	(Simulation) Simulation in der Betriebswirtschaftslehre, in: HWB, hrsg. von E. Grochla u. W. Wittmann, 4. völlig neu gestaltete Aufl., Bd. 3, Stuttgart 1976, Sp. 3536 - 3545
KORN, Klaus	(Nießbrauch-Erlaß) Nach dem Nießbraucherlaß: Anpassungsmaßnahmen bei unentgeltlichem Nießbrauch an privatem Grund- und Kapitalvermögen, KÖSDI, 17. Jg. 1984, S. 5370 - 5374
KORN, Klaus	Steuerplanung zum Jahreswechsel und zu Nießbrauchgestaltungen, KÖSDI, 16. Jg. 1983, S. 5214 - 5224
KORN, Klaus	Umsatz- und einkommensteuerliche Probleme bei Grundstücken und Baumaßnahmen, StKongrRep 1977, München 1977, S. 153 - 190
KRUSCHWITZ, Lutz FISCHER, Joachim	(Entscheidungen) Entscheidungen über Investitionsalternativen bei detaillierter Berücksichtigung von Gewinnsteuern, DBW, 39. Jg. 1979, S. 443 - 457

KRUSCHWITZ, Lutz FISCHER, Joachim	Untersuchung über Voraussetzungen, Wahrscheinlichkeit und Bedeutung von Konflikten zwischen den Zielsetzungen "Endwert- und Entnahmemaximierung" in der Investitionsplanung, Diskussionspapier 33, hrsg. vom Institut für Wirtschaftswissenschaften der Technischen Universität Berlin, 1977
KRUSE, Heinrich Wilhelm	Ende oder Anfang der wirtschaftlichen Betrachtungsweise? Anmerkungen zur Rechtsprechung des Bundesfinanzhofs, JbFStR 1975/76, Köln 1976, S. 35 - 51
KRUSE, Heinrich Wilhelm	Das Richterrecht als Quelle des innerstaatlichen Rechts, Tübingen 1971, S. 14
KUSSMAUL, Heinz	(Unternehmerkinder) Unternehmerkinder: ihre zivil- und steuerrechtliche Berücksichtigung in personenbezogenen, mittelständischen Familienunternehmen, Schriftenreihe Annales Universitatis Saraviensis, Rechts- und Wirtschaftswissenschaftliche Abteilung, Bd. 109, Köln ... 1983
LANGE, Heinrich	Schenkungen an beschränkt Geschäftsfähige und § 107 BGB, NJW, 8. Jg. 1955, S. 1339 - 1343
LAUX, Helmut	(Entscheidungstheorie-Grundlagen) Entscheidungstheorie-Grundlagen. Heidelberger Lehrtexte Wirtschaftswissenschaften, Berlin - Heidelberg - New York 1982
LAUX, Helmut FRANKE, G.	(Der Erfolg) Der Erfolg im betriebswirtschaftlichen Entscheidungsmodell, ZfB, 40. Jg. 1970, S. 31 - 52

LUCAS, Martin — Sachenrechtliches bzw. schuldrechtliches Nutzungsrecht sowie dessen einkommensteuerliche Behandlung, FR, 39. (68.) Jg. 1984, S. 575 - 582

MALITZKY, Heinz — Umsatzbesteuerung anläßlich der Überlassung dinglicher Nutzungsrechte an Grundstücken, UStR, 21. Jg. 1972, S. 6 - 11

MARTIN, Suse — Zusammentreffen von § 25 und § 23 ErbStG, Inf, 35. Jg. 1981, S. 157 - 159

MASSMANN, Michael — Gestaltungsfreiheit und Gestaltungsprivilegien in der Besteuerung und die Grundsätze gerechter und ökonomisch rationaler Steuerpolitik, Diss. Münster 1980, S. 7

MEGOW, Heinrich
MICHEL, Theodor — (MEGOW/MICHEL) Erbschaftsteuer- und Schenkungsteuergesetz. Kommentar, 6. völlig neubearbeitete und erw. Aufl., München 1974

MELCHER, Herbert Günther — (Planungskonzepte) Planungskonzepte für die betriebliche Steuerpolitik, DB, 24. Jg. 1971, S. 108 - 111

MELLEROWICZ, Konrad — Planung und Plankostenrechnung, Band I: Betriebliche Planung, 2. Aufl., Freiburg i.Br. 1970

MENGES, Günter — Grundmodelle wirtschaftlicher Entscheidungen. Einführung in moderne Entscheidungstheorien, 2. erweiterte Auflage, Opladen 1974

MERTENS, Alfred
LANG, Hans-Ulrich
WEILER, Heinrich — (MERTENS/LANG/WEILER) Steuerlich anerkannte Nießbrauchgestaltungen - Neue Möglichkeiten der Steuerersparnis durch Umschichtung von Einkünften. Kissing ... 1982, Rechtsstand: 1986

METZ, Hans Joachim — Entscheidungsorientierte Wertermittlung von Grundstücken, Diss. Berlin 1979, S. 34

MEYER, Bernd — Zum Kriterium der gesicherten Rechtsposition bei unentgeltlicher Wohnungsüberlassung, insbesondere zugunsten naher Angehöriger, DB, 39. Jg. 1986, S. 80 - 82

MEYER, Bernd — Gewinnrealisierung und Gewinnverlagerung durch Übertragung von Betriebsgrundstücken unter Vorbehalt des Nießbrauchs, DB, 40. Jg. 1985, S. 2230 - 2236

MEYER, Bernd — (Ablösung von Nießbrauchrechten) Die einkommensteuerrechtliche Behandlung der Ablösung von Nießbrauchrechten, Teil I. und II., DB, 37. Jg. 1984, S. 2214 - 2219, 2265 - 2271

MEYER, Bernd — Werbungskosten bei unentgeltlicher Überlassung einer Wohnung im eigenen Haus - Anmerkungen zum BFH-Urteil vom 29.11.1983 VIII R 184/83, DStR, 22. Jg. 1984, S. 423 f.

MEYER, Bernd — Die Rechtsprechung des BFH zum Vorbehaltsnießbrauch und ihre Nichtanwendung durch die Verwaltung, DB, 36. Jg. 1983, S. 1118 - 1123

MEYER, Bernd — Nochmals: Zur "Abschaffung" des Nießbrauches, FR, 38. (65.) Jg. 1983, S. 451 - 453

MEYER, Bernd — Verteilung des Erhaltungsaufwandes bei Nießbrauchbestellungen, BB, 37. Jg. 1982, S. 854 - 859

MEYER, Bernd — Zur Behandlung von Grundstücksaufwendungen des Eigentümers eines nießbrauchbelasteten Grundstücks nach der Übergangsregelung, FR, 37. (64.) Jg. 1982, S. 473 - 479

MEYER, Dirk (Nießbrauch und Nutzungsüberlassungen) Einkommensteuerliche Behandlung des Nießbrauchs und anderer Nutzungsüberlassungen, Herne - Berlin 1984

MEYER, Dirk (Einlagefähigkeit) Zur Einlagefähigkeit unentgeltlich eingeräumter Nutzungsrechte, DB, 37. Jg. 1984, S. 2429 - 2433

MEYER, Dirk (Nutzungsüberlassung) Zur AfA-Berechtigung bei unentgeltlicher Nutzungsüberlassung, DStR, 22. Jg. 1984, S. 639 - 641

MEYER, Rolf W. Ist der Vorbehaltsnießbraucher uneingeschränkt AfA-befugt? Eine kritische Anmerkung zum Urteil des BFH vom 27.12.1982 VIII R 153/81, FR, 38. (65.) Jg. 1983, S. 604 - 607

MIHATSCH, Günther Der Nießbrauch an Grundbesitz und an Kapitalvermögen, FR, 34. (61.) Jg. 1979, S. 601 - 607

MITTELBACH, Rolf
RICHTER, Heinz (Nießbrauch) Nießbrauch - Zivilrecht, Steuerrecht, 8. Aufl., Köln 1986

MITTELBACH, Rolf Nießbrauch - Zivilrecht, Steuerrecht, 4. überarbeitete und erweiterte Aufl., Köln 1980

MITTELBACH, Rolf (Neue Grundsätze) Neue Grundsätze zur ertragsteuerlichen Behandlung des Nießbrauchs, StBp, Jg. 1984, S. 199 - 205

MITTELBACH, Rolf Nießbrauchgestaltung - Zivil- und steuerrechtliche Gestaltungsvorschläge, StKongrRep 1983, München 1983, S. 291 - 311

MOENCH, Dietmar — Die Jahres-Erbschaftsteuer beim Erwerb von Renten und Nießbrauchrechten, DStR, 23. Jg. 1985, S. 259 - 262

MÜLLER, Karlheinz — Steuerliche Behandlung des Nießbrauchs an Grundstücken im Privatvermögen, DB, 36. Jg. 1983, S. 1463 - 1466

MÜNCHENER KOMMENTAR — (MÜNCHENER KOMMENTAR/...) Kommentar zum bürgerlichen Gesetzbuch, bearbeitet von Rolf Petzold u.a., Band 4, München 1986

NIESWANDT, Aribert — (Operations Research) Operations Research, Herne - Berlin 1977

NOLTE, Karl Heinz — (Interessengleichlauf) Zum Problemkreis: Besteuerung bei Interessengleichlauf, DB, 34. Jg. 1981, S. 908 - 913

NÜSING, Konrad — (Verkehrswertermittlung) Die Ermittlung des Verkehrswertes von Mietwohngrundstücken, Wpg, 31. Jg. 1978, S. 508 - 517

PALANDT — (PALANDT/...) Bürgerliches Gesetzbuch. Kommentar, bearb. von Peter Bassenge u.a., Band 7, 45. neubearbeitete Aufl., München 1986

PAULICK, Heinz — Das Steuerrecht als Teil der Gesamtrechtsordnung und die Rechtsprechung des Bundesfinanzhofs, DStR, 13. Jg. 1975, S. 564 - 577

PETZOLD, Rolf — (Grundstücksübertragung) Grundstücksübertragung unter Nießbrauchsvorbehalt, Heidelberger Musterverträge, Heft 48, Heidelberg 1983

PHILIPOWSKI, Rüdiger	Möglichkeiten und Grenzen der Einkunftsverlagerung durch Bestellung eines Nießbrauchs an vermieteten Sachen, verzinslichen Forderungen und Wertpapieren, StuW, 56. (8.) Jg. 1979, S. 113 - 128
PIKARSKI, Julius von WOSNITZKA, Michael	Der neue Einkommensteuertarif - Reale Entlastung oder Erhöhung? BB, 40. Jg. 1985, S. 517 - 522
PLÜCKEBAUM, Rudolf	Absetzungen für Abnutzung in Fällen unentgeltlich erlangter Nutzungsrechte durch den Nutzungsberechtigten - Eine Bestandsaufnahme nach Ergehen des Urteils vom 30.7.1985 VIII R 71/81, FR, 41. (68.) Jg. 1986, S. 53 - 56
PLÜCKEBAUM, Rudolf	Gleiche bzw. unterschiedliche einkommensteuerliche Rechtsfolgen bei obligatorischen Nutzungsrechten an Grundstücken, FR, 39. (66.) Jg. 1984, S. 496 - 498
PLÜCKEBAUM, Konrad MALITZKY, Heinz	Umsatzsteuergesetz (Mehrwertsteuer) mit Nebengesetzen und Verordnungen. Kommentar ..., 10. völlig neubearbeitete Aufl., Köln ... 1967/78, Rechtsstand 1986
POHLMANN, Hans Richard	Erbschaft- und Schenkungsteuer, Sammlung Der Steuersparer, Bd. 19, hrsg. von H.R. Pohlmann, 3. Aufl., Bonn 1984
PREISSER, Michael	(Betriebliche Nutzung) Die betriebliche Nutzung von Wirtschaftsgütern des Nicht-Unternehmer-Ehegatten (Angehörigen), insbesondere die sog. Nutzungseinlage, DStR, 23. Jg. 1985, S. 498 - 505

PRINZ, Ulrich	Werbungskosten bei den Einkünften aus Vermietung und Verpachtung - Systematische steuerliche Analyse unter besonderer Berücksichtigung von Bauherren- und Erwerbermodellen, Betriebswirtschaftliche Schriften zur Unternehmensführung, Bd. 44: Betriebliche Steuerlehre, Gelsenkirchen 1984
RICHTER, Heinz	(RICHTER/HdR) Handbuch der Rentenbesteuerung - Renten, Raten, Wiederkehrende Bezüge, Nießbrauch, Nutzungsrechte. Unter Mitarbeit von K.-H. Boveleth, Köln 1985, Rechtsstand 1986
RICHTER, Heinz BOVELETH, Karl-Heinz	(Neuer Nießbrauch-Erlaß) Der neue Nießbrauch-Erlaß, Steuer-Telex Sonderinformation, 3. Aufl., Köln 1985
RÖSSLER, Gerhard	Nießbrauch und Tatbestand der Einkunftserzielung - Eine Erwiderung auf die Ausführungen Hutters in DStZ 1981, S. 47 zu den BFH-Urteilen vom 13.5.1980 VIII R 63/79; VIII R 75/79 und VIII R 128/78, DStZ, 69. Jg. 1981, S. 274 - 278
ROHNER, Kurt	Die unentgeltliche Übertragung von Betriebsgrundstücken unter Nießbrauchvorbehalt als Entnahme, FR, 35. (62.) Jg. 1975, S. 437 - 439
ROSE, Gerd	(Der Bundesfinanzhof) Der Bundesfinanzhof und die betriebswirtschaftliche Steuerplanung, in: Der Bundesfinanzhof und seine Rechtsprechung. Grundfragen - Grundlagen. Festschrift für Hugo von Wallis, hrsg. von F. Klein und K. Vogel, Bonn 1985, S. 274 - 289

ROSE, Gerd (Substanzsteuern)
Betrieb und Steuer, Grundlagen zur Betriebswirtschaftlichen Steuerlehre, Drittes Buch: Die Substanzsteuern, 5. erneut überarbeitete Aufl., Wiesbaden 1984

ROSE, Gerd (Besteuerung nach Wahl)
Besteuerung nach Wahl - Probleme aus der Existenz steuerlicher Rechtswahlmöglichkeiten. Grundsätze für ihre Ausnutzung, StbJb 1979/80, Köln 1980, S. 49 - 96

ROSE, Gerd
Einführung in die Teilsteuerrechnung, BFuP, 31. Jg. 1979, S. 293 - 308

ROSE, Gerd (Die Steuerbelastung)
Die Steuerbelastung der Unternehmung - Grundzüge der Teilsteuerrechnung, Schriftenreihe Besteuerung der Unternehmung, Bd. 1, hrsg. von G. Rose, Wiesbaden 1973

ROSE, Gerd
Steuerberatung und Wissenschaft - Gedanken anläßlich des 50jährigen Bestehens der Betriebswirtschaftlichen Steuerlehre, StbJb 1969/70, Köln 1970, S. 31 - 70

ROSENAU, Heinz (Der Nießbrauch)
Der Nießbrauch in rechtlicher und steuerrechtlicher Sicht, DB, 22. Jg. 1969, Beilage Nr. 3, S. 1 - 16

RÜCKLE, Dieter
Normative Theorie der Steuerbilanzpolitik. Österreichische Akademie der Wissenschaften, Philosophisch-historische Klasse, Sitzungsberichte, Bd. 11, Veröffentlichungen der Kommission für Sozial- und Wirtschaftswissenschaften Nr. 18, Wien 1983

RUPPE, Hans Georg	Möglichkeiten und Grenzen der Übertragung von Einkunftsquellen als Problem der Zurechnung, in: Übertragung von Einkunftsquellen im Steuerrecht - Möglichkeiten und Grenzen der Einkommensverlagerung durch Nießbrauch, Beteiligung und Darlehn mit einem rechtsvergleichenden Teil, hrsg. im Auftrag der Deutschen Steuerjuristischen Gesellschaft e.V. von K. Tipke, 2. unveränderte Aufl., Köln 1979, S. 7 - 40
SCHÄRF, Julius	FORTRAN für Anfänger, 3. verbesserte Aufl., München - Wien 1980
SCHARFF, Christian R.	Der Nießbrauch an Aktien im Zivil- und Steuerrecht, Köln 1982
SCHELLENBERGER, Heinz	(Standortbestimmung) Nießbrauch im Steuerrecht - eine Standortbestimmung, DStR, 19. Jg. 1981, S. 395 - 403
SCHELLENBERGER, Heinz	(Streitfragen) Streitfragen bei Abschreibungen und Absetzungen, FR, 35. (62.) Jg. 1980, S. 25 - 34
SCHILD, Claus	Erbschaftsteuer und Erbschaftsteuerpolitik bei der Unternehmensnachfolge. Reihe Wissenschaften, Bd. 201, Thun/Frankfurt 1980
SCHMIDT, Harald	Nießbrauch zwischen Eltern und Kindern. Inf 37. Jg. 1983, S. 583 - 586
SCHMIDT, Harald	Einkommensteuerliche Behandlung eines einem gesetzlich unterhaltsberechtigten Angehörigen eingeräumten Nießbrauchs an einer Wohnung, DStR, 18. Jg. 1980, S. 226 - 228.

SCHMIDT, Ludwig — (SCHMIDT/...)
Einkommensteuergesetz.
Kommentar, erläutert von
L. Schmidt, W. Drenseck,
W. Heinicke und S. Seeger,
5. völlig neubearbeitete
Aufl., München 1986

SCHMIDT, Ludwig — Anmerkung zum BFH-Urteil
IX R 2/84 vom 30.12.1984,
DStR, 23. Jg. 1985, S. 421

SCHMIDT, Ludwig — Anmerkung zum BFH-Urteil
vom 7.8.1985)
Anmerkung zum BFH-Urteil
VIII R 71/81 vom 7.8.1985,
FR, 40. (67.) Jg. 1985,
S. 620

SCHMIDT, Ludwig — (Anmerkung zum BFH-Urteil
vom 2.8.1983)
Anmerkung zum BFH-Urteil
VIII R 170/78 vom 2.8.1983,
FR, 38. (65.) Jg. 1983,
S. 618

SCHMIDT, Ludwig — Anmerkung zum BFH-Urteil
VIII R 166/80 vom 7.12.1982,
FR, 38. (65.) Jg. 1983,
S. 510 f.

SCHMIDT, Ludwig — Subjektive Zurechnung von
Einkünften, StbJb 1980/81,
Köln 1981, S. 115 - 166

SCHMIDT, Ludwig — Anmerkung zu den BFH-Urteilen VIII R 137/74 und VIII
R 170/74 vom 3.11.1976, FR,
32. (59.) Jg. 1977, S. 74 f.

SCHMIDT-LIEBIG, Axel — Nießbrauch, wirtschaftliches
Eigentum und Gebäudeabschreibung, FR, 33. (60.) Jg. 1978,
S. 77 - 83

SCHNEELOCH, Dieter — (Besteuerung)
Besteuerung und betriebliche
Steuerpolitik, Band 1: Besteuerung, Hagener Universitätstexte, München 1986

SCHNEELOCH, Dieter (Steuerbelastungsvergleiche) Steuerbelastungsvergleiche - Einzelwirtschaftliche Analysen ausgewählter Steuergestaltungsmöglichkeiten im Einpersonen- und im Ehegattenfall; als Manuskript vervielfältigte Habilitationsschrift, Berlin 1975

SCHNEELOCH, Dieter Besteuerung und Investitionsfinanzierung - Eine Analyse bei geplanten Realinvestitionen von Kapitalgesellschaften, Berlin 1972

SCHNEEWEISS, H. Entscheidungskriterien bei Risiko, Berlin - Heidelberg - New York 1967

SCHNEIDER, Dieter (Investition und Finanzierung) Investition und Finanzierung, 5. neubearbeitete Aufl., Wiesbaden 1980

SCHNEIDER, Dieter Steuerbilanzen - Rechnungslegung als Messung steuerlicher Leistungsfähigkeit, Wiesbaden 1980

SCHNEIDER, Dieter Steuerbilanzen - Rechnungslegung als Messung steuerlicher Leistungsfähigkeit, Wiesbaden 1978

SCHNEIDER, Dieter Gewinnermittlung und steuerliche Leistungsfähigkeit, ZfBF, 71. Jg. 1971, S. 352 - 394

SCHOLTZ, Rolf-Detlev (Nießbrauch aus der Sicht des Bundesfinanzhofs) Die einkommensteuerrechtliche Behandlung des Nießbrauchs aus der Sicht des Bundesfinanzhofs, FR, 38. (65.) Jg. 1983, S. 573 - 580

SCHULT, Eberhard (Teilsteuersätze und Veranlagungssimulation) Teilsteuersätze durch Veranlagungssimulation - ein BASIC-Programm -, hrsg. von E. Schult und T. Siegel, Essen 1985

SCHULZE ZUR WIESCHE, Dieter	Vereinbarungen unter Familienangehörigen und ihre steuerlichen Folgen, 4. erneuerte Aufl., Köln 1984
SCHULZE ZUR WIESCHE, Dieter	Teilentgeltliche Rechtsgeschäfte im Ertragsteuerrecht, FR, 39. (66.) Jg. 1984, S. 213 - 223
SCHULZE ZUR WIESCHE, Dieter	(Betriebsvermögen) Der Nießbrauch am Betriebsvermögen, FR, 34. (61.) Jg. 1979, S. 273 - 279
SCHULZE ZUR WIESCHE, Dieter	(Betriebsgrundstücke) Nießbrauchbestellung und Nießbrauchvorbehalt an Betriebsgrundstücken als Entnahmetatbestand, DB, 28. Jg. 1975, S. 612 - 614
SEITHEL, Rolf	(Einkommensteuerrechtliche Behandlung) Einkommensteuerrechtliche Behandlung des Nießbrauchs und anderer Nutzungsrechte bei den Einkünften aus Vermietung und Verpachtung und aus Kapitalvermögen. Sonderveröffentlichung des Betriebs-Beraters, 3. Aufl., Heidelberg 1985
SEITHEL, Rolf	Einkommensteuerrechtliche Behandlung des Nießbrauchs und obligatorischer Nutzungsrechte bei den Einkünften aus Vermietung und Verpachtung, BB, Jg. 1985, S. 182 - 184
SEITHEL, Rudolf	Anmerkung zum BFH-Urteil VIII R 71/81 vom 30.7.1985, DB 1985, S. 2541
SIEGEL, Theodor	Steuerwirkungen und Steuerpolitik in der Unternehmung. Würzburg - Wien 1982
SIGLOCH, Jochen MAYR, Karl	Die Behandlung der Zuwendungen unter Nießbrauchvorbehalt im Erbschaft- bzw. Schenkungsteuerrecht, FR, Jg. 1974, S. 569 - 574, 595 - 599

SIGLOCH, Jochen
MAYR, Karl
Die Behandlung der Zuwendungen unter Nießbrauchvorbehalt im Erbschaftsteuer- und Schenkungsteuerrecht, Teil I und II, FR, 29. (56.) Jg. 1974

SÖFFING, Günther
Der Nießbrauch - eine selbständige Einkunftsquelle? DStZ 1981, S. 199 - 203

SÖFFING, Günther
(Einkommensteuerliche Behandlung)
Zur einkommensteuerlichen Behandlung des Nießbrauchs, Teil I. und II. FR, 30. (57.) Jg. 1975, S. 361 - 368, 414 - 420

SOERGEL
(SOERGEL/BAUR)
Kommentar zum Bürgerlichen Gesetzbuch, bearbeitet von Fritz Baur u.a., Bd. 5, 11. neubearbeitete Aufl., Stuttgart ... 1978

SPIEGELBERGER, Sebastian
(Formulierungsvorschläge)
Hinweise und Formulierungsvorschläge für Nießbrauchanpassungen, KÖSDI, 18. Jg. 1985, S. 5843 - 5850

SPIEGELBERGER, Sebastian
(Handbuch)
Nießbrauch, Reallast und andere Rechte in Abt. II des Grundbuchs, Praktikerlehrgang für Notare, Deutsches Anwaltsinstitut e.V. - Fachinstitut für Notare - Darmstadt 1984

STADIE, Holger
Anmerkung zum BFH-Urteil VIII R 71/81 vom 30.7.1985, FR, 40. (67.) Jg. 1986, S. 42

STADIE, Holger
Der Nutzungswert der unentgeltlich überlassenen Wohnung - Zugleich Anmerkungen zu den BFH-Urteilen vom 29.11.1983 VIII R 215/79 und VIII R 184/83, FR, 40. (67.) Jg. 1985, S. 171 - 178

STADIE, Holger — (Nutzungsrechte) Zur Einlage von Nutzungsrechten in das Betriebsvermögen, DB, 37. Jg. 1984, S. 578 - 582

STATISTISCHES BUNDESAMT (Hrsg.) — Statistisches Jahrbuch 1984 für die Bundesrepublik Deutschland, Wiesbaden 1984

STAUDINGER — (STAUDINGER/...) Kommentar zum Bürgerlichen Gesetzbuch mit Einführungsgesetz und Nebengesetz, bearbeitet von Günther Promberger u.a., Bd. 3, 12. neubearbeitete Aufl., Berlin 1981

STANNIGEL, Helmut
KREMER, Eduard
WEYERS, Gustav — (Beleihungsgrundsätze) Beleihungsgrundsätze für Sparkassen. Kommentar und Handbuch für die Beleihungspraxis, begründet von K. Michaelis, Stuttgart 1984

STEINHAUER, Heinz — Steuerpolitik bei der Nachfolgeplanung gewerblicher Einzelunternehmer, Krefeld 1983

STEPHAN, Rudolf — (Wertverrechnung) Die Wertverrechnung bei privaten dauernden Lasten - Zugleich Besprechung des BFH-Urteils vom 13.8.1985 IX R 10/80, BStBl II 1985, S. 709 - DB 1985, S. 2594 - DB, 39. Jg. 1986, S. 450 - 454

STEPHAN, Rudolf — Die steuerliche Behandlung des Nießbrauchs bei entgeltlichem Erwerb des nutzungsrechtbelasteten Grundstücks - Zugleich Besprechung des Urteils des Finanzgerichts Baden-Württemberg vom 23.10.1984, DB, 38. Jg. 1985, S. 2218 - 2221

STEPHAN, Rudolf — Der Gesetzentwurf zur Besteuerung selbstgenutzter Wohnungen und seine steuerlichen Folgen für Nutzungsrechte an privatem Grundvermögen, DB, 38. Jg. 1985, S. 1364 - 1367

STEPHAN, Rudolf — (Zweiter Nießbrauch-Erlaß) Der zweite Nießbrauch-Erlaß, DB, 38. Jg. 1985, Beilage Nr. 3/85 zu Heft Nr. 6

STEPHAN, Rudolf — Die ertragsteuerliche Behandlung des Nießbrauchs an den Grundstücken des Privatvermögens nach dem Nießbrauch-Erlaß vom 23.11.1983, DB, 37. Jg. 1984, Beilage Nr. 3/84 zu Heft Nr. 5

STOCKINGER, Roland — (Einkommensteuerliche und bilanzielle Behandlung) Einkommensteuerliche und bilanzielle Behandlung des Nießbrauchs an einzelnen Wirtschaftsgütern des Privat- und Betriebsvermögens - Ein Beitrag zur Übertragung von Einkunftsquellen, München 1978

STUHRMANN, Gerd — Einkommensteuerrechtliche Behandlung des Nießbrauchs und obligatorischen Nutzungsrecht bei den Einkünften aus Vermietung und Verpachtung, DStR, 22. Jg. 1984, S. 741 - 745

STUHRMANN, Gerd — Nießbrauch: Einkommensteuerrechtliche Behandlung bei den Einkünften aus Vermietung und Verpachtung, DStR, 22. Jg. 1984, S. 3 - 11

STUHRMANN, Gerd — Zum Werbungskostenabzug bei unentgeltlich eingeräumten Nießbrauch, FR, 38. (65.) Jg. 1983, S. 41 f.

SWOBODA, Peter — Investition und Finanzierung, Göttingen 1971

TIEDKE, Klaus — Entnahme und Entnahmegewinn bei der Schenkung eines Betriebsgrundstücks unter Vorbehalt des Nießbrauchs, BB, 39. Jg. 1984, S. 759 - 763

TIPKE, Klaus — (Steuerrecht) Steuerrecht - Ein systematischer Grundriß, 10. völlig überarbeitete Aufl., Köln 1985

TIPKE, Klaus — Über "erwirtschaftete" Einkünfte und Einkünfteerzielungsabsicht, FR, 38. (65.) Jg. 1983, S. 580 - 582

TIPKE, Klaus — (Einkunftsquellen) Übertragung von Einkunftsquellen. Zum Thema der Münchener Tagung der Deutschen Steuerjuristischen Gesellschaft, StuW, 54. (6.) Jg. 1977, S. 293 - 301

TIPKE, Klaus
KRUSE, Heinrich Wilhelm — (TIPKE/KRUSE) Abgabenordnung, Finanzgerichtsordnung, Kommentar zur AO 1977 und FGO (ohne Steuerstrafrecht), 11. Aufl., Köln 1965/83, Rechtsstand: 1986

TRZASKALIK, Christoph — Nutzungsrechte im Einkommensteuerrecht, StuW, 60. (12.) Jg. 1983, S. 126 - 135

TROLL, Max — Ende eines Nießbrauchs bei der Erbschaft- und Schenkungsteuer, BB, 40. Jg. 1985, S. 2099 - 2104

TROLL, Max — (Erbschaftsteuerliche Behandlung) Zum Unterschied zwischen der einkommensteuer-, vermögensteuer- und erbschaftsteuerlichen Behandlung des Nießbrauchs am Grundbesitz, BB, 39. Jg. 1984, S. 1288 - 1293

TROLL, Max (TROLL)
Erbschaftsteuer- und Schenkungsteuergesetz, Kommentar, 3. neubearbeitete Aufl., 5. Ergänzungslieferung, Stand: Dezember 1984

TROLL, Max (Einheitswertbescheide)
Zur Aussetzung der Vollziehung von Einheitswertbescheiden, DStR, 19. Jg. 1981, S. 123 - 131

TROLL, Max (Renten und Nießbrauch)
Renten und Nießbrauch im Steuerrecht - Ein Leitfaden durch das neue Recht, Stuttgart - Wiesbaden 1980

TROLL, Max
SIMON, Jürgen
Wertermittlung bei Geschäfts- und Fabrikgrundstücken, München 1980

UELNER, Adalbert (Wertermittlung)
Die Problematik der Einheitsbewertung, in: Werte und Wertermittlung im Steuerrecht: Steuerbilanz, Einheitsbewertung, Einzelsteuern und Unternehmensbewertung, hrsg. im Auftrag der Deutschen Steuerjuristischen Gesellschaft e.V. von A. Raupach, Köln 1984, S. 275 - 292

UELNER, Adalbert
Aktuelle Fragen des Einkommensteuerrechts, StbJb 1980/81, Köln 1981, S. 385 - 422

UELNER, Adalbert
Aktuelle Fragen aus dem Ertragsteuerrecht unter besonderer Berücksichtigung der steuerlichen Probleme des Nießbrauchs, StKongrRep 1979, München 1979, S. 99 - 127

VOGELS, Manfred — (Bewertung) Grundstücks- und Gebäudebewertung - marktgerecht, mit Formeln, Rechenverfahren, Diagrammen, Tabellen und Rechner-Programmierung, 2. neubearbeitete und erw. Aufl., Wiesbaden - Berlin 1982

WAGNER, Franz W. — Das Grundmodell der Ertragsteuerwirkungen auf die Investitionsentscheidung, WiSt, 8. Jg. 1979, S. 67 - 72

WAGNER, Franz W. — Zum gegenwärtigen Forschungsprogramm der betriebswirtschaftlichen Steuerlehre, DB, 27. Jg. 1974, S. 393 - 398

WAGNER, Franz W.
DIRRIGL, Hans — (Steuerplanung) Die Steuerplanung der Unternehmung. Grundwissen der Ökonomik - Betriebswirtschaftslehre, hrsg. von F.X. Bea, E. Dichtl, M. Schweitzer, Stuttgart - New York 1980

WALDEN, Peter — Zur Betriebswirtschaftlichen Steuerlehre als einer angewandten Wissenschaftsdisziplin, DB, 37. Jg. 1984, S. 413 - 416

WASSERMANN, Bernd — (Zinsfuß) Der Zinsfuß als Bewertungsfaktor in der Ertragsteuerbilanz - Ein systematischer Ansatz zur Lösung praktischer Bewertungsprobleme auf der Grundlage des geltenden Bilanz-Steuerrechts, unter besonderer Berücksichtigung der höchstrichterlichen Finanzrechtsprechung. Steuerwissenschaft, Bd. 6, hrsg. von H. Mösbauer und W. Freericks, Köln 1979

WASSERMEYER, Franz (Nießbrauch im Einkommensteuerrecht)
Der Nießbrauch im Einkommensteuerrecht, FR, 38. (65.) Jg. 1983, S. 157 - 164

WASSERMEYER, Franz (Übertragung von Einkunftsquellen)
Die Übertragung von Einkunftsquellen zwischen nahestehenden Personen - Ein Beitrag zu den Sachgesetzlichkeiten im Steuerrecht, StuW, 56. (8.) Jg. 1979, S. 209 - 218

WEHMEYER, Jochen Die steuerliche Planung der Unternehmung, Düsseldorf 1967

WESTERMANN, Harry (Sachenrecht)
Sachenrecht, 5. Aufl., Karlsruhe 1969

WEYERS, Gustav (Verkehrswert)
Verkehrswert und Beleihungswert - Gegensatz und Synthese? Der langfristige Kredit, Heft 2, 1981, S. 44 - 46

WICHMANN, Gerd Herstellung von Rechten - dargestellt am Beispiel des Nießbrauchs und der GmbH-Anteile, BB, 41. Jg. 1986, S. 28 - 33

WIECOREK, Bernhard Zivilprozeßordnung und Nebengesetze, 2. neubearbeitete Aufl. 1981

WINKELJOHANN, Norbert (Rechtsfortbildung)
Zur Rechtsfortbildung im Steuerrecht am Beispiel des Nießbrauchs, DB, 38. Jg. 1985, S. 1258 - 1263

WINKELJOHANN, Norbert Der Nießbrauch an Grundstücken im betrieblichen Bereich, DStR, 23. Jg. 1985, S. 227 - 232

WINKELJOHANN, Norbert	(Gesicherte Rechtsposition) Zur Erhaltung der vollen Absetzungen für Abnutzung bei Gebäuden - Einräumung eines Nutzungsrechtes aufgrund gesicherter Rechtsposition, BB, 39. Jg. 1984, S. 1545 - 1549
WÖHE, Günter	Betriebswirtschaftliche Steuerlehre, Bd. 1. Grundlagen - Der Einfluß der Besteuerung auf das Rechnungswesen des Betriebes, 5. überarbeitete Aufl., München 1978
WÖHE, Günter BIEG, Hartmut	Grundzüge der Betriebswirtschaftlichen Steuerlehre. Lernbücher für Wirtschaft und Recht, hrsg. von G. Wöhe und R. Lüke, 2. neubearbeitete Aufl., München 1984
WOLF, Manfred	(Sachenrecht) Sachenrecht, 3. Aufl., München 1980
WOLFF-DIEPENBROCK, Johannes	(AfA-Berechtigung) Zur AfA-Berechtigung bei unentgeltlichem Nießbrauch. Die Urteile des Bundesfinanzhofs vom 28. Juli 1981, DStZ, 70. Jg. 1982, S. 331 - 339
WOLFF-DIEPENBROCK, Johannes	(Vorbehaltsnießbrauch) Der Vorbehaltsnießbrauch in der neuen Rechtsprechung des BFH, Teil I und II, DStR 1983, S. 250 - 255, 291 - 298
ZENK, Christoph	(Betriebliche Steuerpolitik) Die Übertragung von Einkunftsquellen als Instrument betrieblicher Steuerpolitik - dargestellt am Beispiel des Nießbrauchs, Diss. Ingolstadt 1982

ZENTHÖFER, Wolfgang (Private Grundstücke) Nießbrauch, Wohnrecht und obligatorische Nutzungsrechte an privaten Grundstücken, Teil I und II, FR, 40. (67.) Jg. 1985, S. 113 - 123, 141 - 149

ZIMMERMANN, Werner Die Änderung des UStG durch das Steuerbereinigungsgesetz 1985, DB, 38. Jg. 1985, S. 195 f.

ZWEHL, Wolfgang von Wirtschaftlichkeitsrechnung bei öffentlichen Investitionen: Verfahren und Beispiel zur Kosten-Nutzen-Analyse im Bibliotheksbereich, Wiesbaden 1981

R E C H T S Q U E L L E N

Abgabenordnung vom 16.3.1976 (BGBl I 1976, S. 613) mit den Änderungen bis zum 19.12.1985	AO
Bundesbaugesetz i.d.F. 10.8.1978 (BGBl I 1978, S. 2256)	BBauG
Bürgerliches Gesetzbuch vom 18.8.1896 (RGBl I 1896, S. 195) mit den Änderungen bis zum 20.12.1982	BGB
Bewertungsgesetz i.d.F. vom 30.05.1985 (BGBl I 1985, S. 846) mit den Änderungen bis zum 19.12.1985	BewG
Verordnung über wohnwirtschaftliche Berechnungen (Zweite Berechnungsverordnung - II BV) i.d.F. vom 5.4.1984 (BGBl I 1984, S. 553)	BV
Einkommensteuergesetz 1983 i.d.F. vom 24.1.1984 (BGBl I 1984, S. 113)	EStG 1983
Einkommensteuergesetz 1985 i.d.F. vom 12.6.1985 (BGBl I 1985, S. 977) mit den Änderungen bis zum 18.2.1986	EStG 1985
Erbschaft- und Schenkungsteuergesetz i.d.F. vom 17.4.1974 (BGBl I 1974, S. 933) mit den Änderungen bis zum 22.12.1983	ErbStG
Gewerbesteuergesetz i.d.F. vom 14.5.1984 (BGBl I 1984, S. 657) mit den Änderungen bis zum 20.02.1986	GewStG 1984

Grundbuchordnung i.d.F. vom 5.3.1935 (RGBl I 1935, S. 1073)	GBO
Grunderwerbsteuergesetz vom 17.12.1982 (BStBl I 1982, S. 955)	GrEStG 1983
Handelsgesetzbuch i.d.F. vom 10.5.1897 (RGBl S. 219) mit den Änderungen bis zum 1.1.1986	HGB
Gesetz über die Kosten in Angelegenheiten der freiwilligen Gerichtsbarkeit (Kostenordnung) i.d.F. vom 26.7.1957 (BGBl I 1957, S. 960)	KostO
Steuerbereinigungsgesetz 1985 vom 14.12.1984 (BGBl I 1984, S. 1493)	Steuerbereinigungsgesetz 1985
Umsatzsteuergesetz vom 26.11.1979 (BGBl I 1979, S. 1953) mit den Änderungen bis zum 19.12.1985	UStG 1980
Vermögensteuergesetz i.d.F. vom 14.3.1985 (BGBl I 1985, S. 558) mit den Änderungen bis zum 20.02.1986	VStG
Verordnung über Grundsätze für die Ermittlung des Verkehrswertes von Grundstücken (Wertermittlungsverordnung 1972, WertV 72) i.d.F. vom 15.8.1972 (BGBl I, S. 1409 ff.)	WertV

URTEILE

Datum	Aktenzeichen	Fundstelle
1. Reichsfinanzhof		
16.01.1935	VI A 288	StuW 1935, Sp. 329
14.08.1935	VI A 582/35	RStBl 1935, S. 1496
13.07.1939	IV 125	StuW 1939, Sp. 831
31.07.1941	IV 130/41	RStBl 1941, S. 861
21.08.1941	IV 119/41	RStBl 1941, S. 862
14.04.1943	IV 422/42	RStBl 1943, S. 516
20.01.1944	III 38/43	RStBl 1944, S. 435
2. Oberster Finanzgerichtshof		
09.03.1948	III (IV) 26/47 S	StuW 1948, Sp. 45
3. Bundesfinanzhof		
02.03.1951	IV 149/50 U	BStBl III 1951, S. 87
22.08.1951	IV 246/50 S	BStBl III 1951, S. 181
11.01.1957	VI 5/54 U	BStBl III 1957, S. 68
08.02.1957	VI 27/56 U	BStBl III 1957, S. 207
05.07.1957	VI 74/55 U	BStBl III 1957, S. 393
15.11.1957	VI 79/55 U	BStBl III 1958, S. 103
08.01.1958	I 131/57 U	BStBl III 1958, S. 97
07.08.1958	VI 284/58 U	BStBl III 1959, S. 463
02.10.1958	VI 64/57 U	BStBl III 1960, S. 36

Datum	Aktenzeichen	Fundstelle
30.08.1963	VI 216/62 U	BStBl III 1964, S. 59
10.10.1963	VI 12/62 U	BStBl III 1963, S. 563
31.01.1964	VI R 337/625	BStBl III 1964, S. 240
07.08.1964	VI 165/63 U	BStBl III 1964, S. 576
03.12.1964	VI 99/62 U	BStBl III 1965, S. 166
05.04.1965	VI 339/63 U	BStBl III 1965, S. 360
16.09.1965	VI 67/61 S	BStBl III 1965, S. 706
17.12.1965	VI 294/64 U	BStBl III 1966, S. 244
06.07.1966	VI 124/65	BStBl III 1966, S. 584
06.07.1966	VI 148/65	BStBl III 1966, S. 622
06.07.1966	VI 111/65	BFHE 86 S. 674
21.02.1967	VI 263/65	BStBl III 1967, S. 311
21.02.1967	IX 263/65	BStBl III 1967, S. 585
14.04.1967	VI 9/65	BStBl II 1967, S. 311
23.11.1967	VI R 143/67	BStBl II 1968, S. 269
24.11.1967	VI R 274/66	BStBl III 1968, S. 260
08.08.1969	VI R 299/67	BStBl II 1969, S. 683
12.09.1969	VI R 333/67	BStBl II 1969, S. 706
12.09.1969	VI R 336/67	BStBl II 1969, S. 727
26.03.1971	VI R 131-135/68	BStBl II 1971, S. 478
15.09.1971	I R 166/68	BStBl II 1972, S. 174
16.12.1971	V R 41/68	BStBl II 1972, S. 238
01.02.1972	VIII R 118/71	BStBl II 1972, S. 347
25.07.1972	VIII R 56/68	BStBl II 1972, S. 880
07.02.1973	I R 215/72	BStBl II 1973, S. 493
27.09.1973	VIII R 71/69	BStBl II 1974, S. 101
28.02.1974	IV R 60/69	BStBl II 1974, S. 481
13.03.1974	V R 180/72	BStBl II 1974, S. 423
26.03.1974	VIII R 210/72	BStBl II 1975, S. 6
09.05.1974	VIII R 42/68	BStBl II 1975, S. 8
28.08.1974	I R 18/73	BStBl II 1975, S. 166
19.09.1974	IV R 95/73	BStBl II 1975, S. 141
17.01.1975	III R 114/73	BStBl II 1975, S. 402

Datum	Aktenzeichen	Fundstelle
17.09.1975	II R 42/72	BStBl III 1976, S. 126
29.01.1976	IV R 102/73	BStBl II 1976, S. 328
11.03.1976	IV R 119/72	BStBl II 1976, S. 421
11.03.1976	VIII R 225/71	BStBl II 1976, S. 613
24.03.1976	I R 138/73	BStBl II 1976, S. 537
19.10.1976	VIII R 65/73	BStBl II 1977, S. 72
14.12.1976	VIII R 146/73	BStBl II 1977, S. 115
20.04.1977	II R 48/76	BStBl II 1977, S. 676
22.06.1977	I R 185/75	BStBl II 1977, S. 836
16.11.1977	I R 83/75	BStBl II 1978, S. 386
11.04.1978	VIII R 164/77	BStBl II 1978, S. 493
27.06.1978	VIII R 12/72	BStBl II 1979, S. 38
27.06.1978	VIII R 54/74	BStBl II 1979, S. 332
08.08.1978	VII R 125/74	BStBl II 1978, S. 663
19.10.1978	VIII R 9/77	BStBl II 1979, S. 133
31.10.1978	VIII R 196/77	BStBl II 1979, S. 401
25.01.1979	IV R 21/75	BStBl II 1979, S. 369
14.11.1979	I R 123/76	BStBl II 1980, S. 432
19.12.1979	I R 176/77	BStBl II 1980, S. 242
22.01.1980	VIII R 74/77	BStBl II 1980, S. 244
17.04.1980	IV R 107/75	BStBl II 1980, S. 639
13.05.1980	VIII R 63/79	BStBl II 1981, S. 295
13.05.1980	VIII R 75/79	BStBl II 1981, S. 297
13.05.1980	VIII R 128/78	BStBl II 1981, S. 299
20.05.1980	VI R 108/77	BStBl II 1980, S. 573
04.06.1980	II R 22/78	BStBl II 1980, S. 608
22.07.1980	VIII R 114/78	BStBl II 1981, S. 101
19.09.1980	VI R 161/77	BStBl II 1981, S. 26
04.11.1980	VIII R 55/77	BStBl II 1981, S. 396
20.11.1980	IV R 117/79	BStBl II 1981, S. 68
20.11.1980	IV R 126/78	BStBl II 1981, S. 398

Datum	Aktenzeichen	Fundstelle
08.07.1981	VIII R 141/77	BStBl II 1982, S. 454
28.07.1981	VIII R 124/76	BStBl II 1982, S. 378
28.07.1981	VIII R 35/79	BStBl II 1982, S. 380
28.07.1981	VIII R 141/77	BStBl II 1982, S. 454
21.10.1981	II R 176/78	BStBl II 1982, S. 83
14.07.1982	II R 125/79	BStBl II 1982, S. 714
27.07.1982	VIII R 176/80	BStBl II 1983, S. 6
07.12.1982	VIII R 153/81	BStBl II 1983, S. 627
07.12.1982	VIII R 166/80	BStBl II 1983, S. 660
21.12.1982	VIII R 215/78	BStBl II 1983, S. 410
20.01.1983	IV R 158/80	BStBl II 1983, S. 413
26.04.1983	VIII R 205/80	BStBl II 1983, S. 502
21.07.1983	II R 221/81	BStBl II 1983, S. 740
27.07.1983	IV R 174/80	BStBl II 1984, S. 97
02.08.1983	VIII R 170/78	BStBl II 1983, S. 735
02.08.1983	VIII R 15/80	BStBl II 1983, S. 736
02.08.1983	VIII R 57/80	BStBl II 1983, S. 739
11.10.1983	VIII R 61/81	BStBl II 1984, S. 267
29.11.1983	VIII R 215/79	BStBl II 1984, S. 366
29.11.1983	VIII R 184/83	BStBl II 1984, S. 371
08.12.1983	IV R 20/82	BStBl II 1984, S. 202
05.07.1984	IV R 57/82	BStBl II 1986, S. 322
16.10.1984	IX R 81/82	BStBl II 1985, S. 390
23.10.1984	IX R 48/80	BStBl II 1985, S. 453
30.10.1984	IX R 2/84	BStBl II 1985, S. 610
23.04.1985	IX R 39/81	BStBl II 1985, S. 720
30.07.1985	VIII R 71/81	BStBl II 1986, S. 327
13.08.1985	IX R 10/80	BStBl II 1985, S. 709
24.09.1985	IX R 62/83	BStBl II 1986, S. 12
15.04.1986	IX R 52/83	BStBl II 1986, S. 605
15.05.1986	III R 190/82	BStBl II 1986, S. 714
04.06.1986	IX R 80/85	DStR 1986, S. 763

Datum	Aktenzeichen	Fundstelle

4. Finanzgericht

Datum	Aktenzeichen	Fundstelle
FG Münster 24.07.1974	VII 2143/73 E	EFG 1975, S. 67
FG Düsseldorf 26.04.1976	VIII (VII) 84/70 F	EFG 1976, S. 555
FG Düsseldorf 28.02.1980	III 403/77 E	EFG 1980, S. 439
FG München 26.05.1982	IX 317/80 F	EFG 1983, S. 24
FG Baden-Württemb. 23.10.1984	I 378/82 (rkr.)	EFG 1985, S. 284
FG Hessen 09.07.1985	II 155/81 (nrkr.)	EFG 1985, S. 611
FG Münster 23.10.1985	VII 2579/82 E (nrkr.)	EFG 1986, S. 172

5. Bundesverfassungsgericht

Datum	Aktenzeichen	Fundstelle
14.04.1959	1 BvL 23/57; 1 BvL 34/57	BStBl I 1959, S. 204
24.01.1962	1 BvL 32/57	BStBl I 1962, S. 492
30.06.1964	1 BvL 16 - 25/62	BStBl I 1964, S. 488

6. Reichsgericht

Datum	Aktenzeichen	Fundstelle
30.10.1936	IV 126/36	RGZ Bd. 153, S. 29

Datum	Aktenzeichen	Fundstelle

7. Bundesgerichtshof

Datum	Aktenzeichen	Fundstelle
02.02.1951	V ZR 15/50	NJW 1951, S. 517
23.01.1967	II ZR 166/65	NJW 1967, S. 1081
01.06.1967	II ZR 150/66	BGHZ Bd. 48, S. 214
05.02.1971	V ZR 91/68	LM Nr. 7 zu § 107 BGB
21.12.1973	V ZR 157/72	NJW 1974, S. 641
11.12.1981	V ZR 222/80	NJW 1982, S. 2381
27.10.1982	V ZR 177/81	NJW 1983, S. 1780
21.06.1985	V ZR 37/84	BB 1985, S. 1883

8. Oberlandesgericht

Datum	Aktenzeichen	Fundstelle
Bayrisches OLG 29.11.1972	2 Z 61/72	Rpflg 1973, S. 55
Bayrisches OLG 29.03.1977	2 Z 25/76	Rpflg 1977, S. 251
Bayrisches OLG 15.02.1979	2 Z 29/78	Rpflg 1979, S. 179
Bayrisches OLG 07.08.1979	2 Z 5/79	Bay OblGZ 1979, S. 273

9. Landgericht

Datum	Aktenzeichen	Fundstelle
LG Hamburg 31.10.1960	I 100/60 Baul	BBauBl 1961, S. 376

V E R W A L T U N G S A N W E I S U N G E N

Datum	Aktenzeichen	Fundstelle
BMF-Schreiben 21.07.1978	IV B 4 - S 2252 - 112/78	BStBl I 1978, S. 315
BMF-Schreiben 25.05.1981	IV B 4 - S 2119 - 28/81	BStBl I 1981, S. 335
Verfügung OFD'en Freiburg, Karlsruhe, Stuttgart 14.10.1981		Inf 1982, S. 28
Gleichlautende Erlasse der obersten Finanzbehörden der Länder 10.02.1983	IV 242	BStBl I 1983, S. 238
BMF-Schreiben 22.06.1982	IV B 1 - S 2253 - 72/82	BStBl I 1982, S. 629
BMF-Schreiben 31.01.1983	IV B 1 - S 2253 - 11/83	BStBl I 1983, S. 100
BMF-Schreiben 23.11.1983 Nießbrauch-Erlaß I	IV B 1 - S 2253 - 90/83	BStBl I 1983, S. 508
Verfügung OFD Karlsruhe 27.03.1984	S 2227/S 2520 A - St 221	StEK EStG § 21 Nr. 144
Verfügung OFD Freiburg 29.03.1984	S 2520 A - St 33	StEK EStG § 21 Nr. 156
BMF-Schreiben 10.07.1984	IV B 2 - S 2178 - 1/84	BStBl I 1984, S. 460
BMF-Schreiben 15.11.1984 Nießbrauch-Erlaß II	IV B 1 - S 2253 - 139/84	BStBl I 1984 S. 561
BMF-Schreiben 04.03.1985	IV A 3 - S 7168 - 2/85	BStBl I 1985, S. 108

Datum	Aktenzeichen	Fundstelle
BMF-Schreiben 21.03.1985	IV B 1 - S 2253 - 49/85	BStBl I 1985, S. 121
Erlaß Hessischer Minister der Finanzen 14.08.1985	38 - II B 32	DStR 1985, S. 601
Erlaß Minister der Finanzen NRW 26.05.1986	S 3840 - 1 - VA2	DB 1986, S. 1311

A B K Ü R Z U N G E N

a.A., A.A.	anderer Ansicht
Abs.	Absatz
Abschn.	Abschnitt
AfA	Absetzung für Abnutzung
Anm.	Anmerkung
AO	Abgabenordnung
Art.	Artikel
B	Nießbrauchbesteller
BB	Betriebs-Berater (Zeitschrift)
BBauBl	Bundesbaublatt (Zeitschrift)
BBauG	Bundesbaugesetz
BayObLG	Bayrisches Oberstes Landesgericht
Bd.	Band
betr.	betrifft (betreffend)
BewG	Bewertungsgesetz
BFH	Bundesfinanzhof
BFHE	Sammlung der Entscheidungen des Bundesfinanzhofs
BFuP	Betriebswirtschaftliche Forschung und Praxis (Zeitschrift)
BGB	Bürgerliches Gesetzbuch
BGBl	Bundesgesetzblatt
BGH	Bundesgerichtshof
BGHZ	Sammlung der Entscheidungen des Bundesfinanzhofs in Zivilsachen
BMF	Bundesministerium für Finanzen

bspw.	beispielsweise
BStBl	Bundessteuerblatt
BV	Berechnungsverordnung
BVerfG	Bundesverfassungsgericht
bzw.	beziehungsweise
c.p.	ceteris paribus
DB	Der Betrieb (Zeitschrift)
DBW	Die Betriebswirtschaft (Zeitschrift)
d.h.	das heißt
Diss.	Dissertation
DNotZ	Deutsche Notar-Zeitschrift
DStR	Deutsches Steuerrecht (Zeitschrift)
DStZ	Deutsche Steuerzeitung
EDV	Elektronische Datenverarbeitung
EFG	Entscheidungen der Finanzgerichte
EFH	Einfamilienhäuser (-haus)
ErbStG	Erbschaft- und Schenkungsteuergesetz
Erl.	Erlaß
EStDV	Einkommensteuer-Durchführungsverordnung
EStG	Einkommensteuergesetz
EStR	Einkommensteuer-Richtlinien
etc.	et cetera
ETW	Eigentumswohnungen (-wohnung)
evtl.	eventuell

f.	folgende (Seite)
ff.	fortfolgende (Seiten)
FlurbG	Flurbereinigungsgesetz
FG	Finanzgericht
Fn.	Fußnote
FR	Finanz-Rundschau (Zeitschrift)
GBO	Grundbuchordnung
GewStG	Gewerbesteuergesetz
ggf.	gegebenenfalls
GrEStG	Grunderwerbsteuergesetz
HGB	Handelsgesetzbuch
Hlbs.	Halbsatz
h.M.	herrschende Meinung
hrsg.	herausgegeben
Hrsg.	Herausgeber
HWB	Handwörterbuch der Betriebswirtschaft
i.d.F.	in der Fassung
i.d.R.	in der Regel
i.w.S.	im weiteren Sinne
Inf	Die Information über Steuer und Wirtschaft (Zeitschrift)
i.S.d.	im Sinne des (der)
i.V.m.	in Verbindung mit
JbFSt	Jahrbuch der Fachanwälte für Steuerrecht

KÖSDI	Kölner Steuer Dialog (Zeitschrift)
KostO	Kostenordnung (für Notare)
KStG	Körperschaftsteuergesetz
LBS	Landesbausparkasse
LG	Landgericht
LM	Lindmaier-Möhrig (Nachschlagewerk des BGH in Zivilsachen)
m	Meter
max.	maximal
MFH	Mehrfamilienhäuser (-haus)
m.w.N.	mit weiteren Nachweisen
Nb	Nießbraucher
n.F.	neue Fassung
NJW	Neue Juristische Wochenschrift
Nr.	Nummer
nrkr.	nicht rechtskräftig
NW	Nordrhein-Westfalen
NWB	Neue Wirtschaftsbriefe
OFD	Oberfinanzdirektion
OFH	Oberster Finanzgerichtshof
o.g.	obengenannt
OLG	Oberlandesgericht
p.a.	per annum
RDM	Ring Deutscher Makler
RFH	Reichsfinanzhof
RGBl	Reichsgesetzblatt

RGZ	Entscheidungen des Reichsgerichts in Zivilsachen
RH	Reihenhäuser (-haus)
rkr.	rechtskräftig
Rn., Rnr.	Randnummer
Rpfl.	Der Deutsche Rechtspfleger (Zeitschrift)
RStBl.	Reichssteuerblatt
Rz.	Randziffer
S.	Seite
sog.	sogenannt(e, es, er, en)
Sp.	Spalte
StbJb	Steuerberater-Jahrbuch
StBp	Die steuerliche Betriebsprüfung (Zeitschrift)
StEK	Steuererlasse in Karteiform
StKongrRep	Steuer-Kongreß-Report
StuW	Steuer und Wirtschaft (Zeitschrift)
StWa	Die Steuer-Warte (Zeitschrift)
Tz.	Textziffer(n)
u.	und
U.	Urteil
UStG	Umsatzsteuergesetz
UStR	Umsatzsteuer-Rundschau (Zeitschrift)
u.U.	unter Umständen
v.	vom
Vfg.	Verfügung

vgl., Vgl.	vergleiche
v.H.	vom Hundert
VStG	Vermögensteuergesetz
VWGO	Verwaltungsgerichtsordnung
WertV	Wertermittlungsverordnung
WiSt	Wirtschaftswissenschaftliches Studium (Zeitschrift)
Wpg	Die Wirtschaftsprüfung (Zeitschrift)
z.B.	zum Beispiel
ZfB	Zeitschrift für Betriebswirtschaft
ZfbF	Zeitschrift für betriebswirtschaftliche Forschung
ZFH	Zweifamilienhäuser (-haus)
Ziff.	Ziffer
z.T.	zum Teil
ZVG	Zwangsversteigerungsgesetz

S Y M B O L E

A	Anteil der gewöhnlichen Grundstückslasten am Grundstücksrohertrag
AAT	Außergewöhnliche Grundstückslasten pro Periode T (AAT = ET • B)
AFAT	Absetzungen für Abnutzung pro Periode T auf den Gebäudeteil des Grundstücks
AGT	Gewöhnliche Grundstückslasten pro Periode T (AGT = ET • A)
AK	Anschaffungskosten (Gebäude)
AN	Nießbrauchentgelt bei Einmalzahlung
ANT	Nießbrauchentgelt bei laufender Zahlung pro Periode T; verausgabt
B	Nießbrauchbesteller bzw. Anteil der außergewöhnlichen Grundstückslasten am Grundstücksrohertrag
DEWB	Vermögensendwertveränderung beim Nießbrauchbesteller aufgrund des Nießbrauchs
DEWN	Vermögensendwertveränderung beim Nießbraucher aufgrund des Nießbrauchs
EG	Zahlungszufluß aus dem Nießbrauchobjekt im Falle der Unterlassung
EGB	Zahlungszufluß beim Nießbrauchbesteller im Falle der Handlung aufgrund des Nießbrauchs
EGN	Zahlungszufluß beim Nießbraucher im Falle der Handlung aufgrund des Nießbrauchs
EN	Nießbrauchentgelt (vereinnahmtes) bei Einmalzahlung
ENT	Nießbrauchentgelt bei laufender Zahlung pro Periode T; vereinnahmt

EO	Sonstiges zu versteuerndes Einkommen
EOB	Sonstiges zu versteuerndes Einkommen des Nießbrauchbestellers
EON	Sonstiges zu versteuerndes Einkommen des Nießbrauchers
ERBKL	Erbschaftsteuerklasse nach § 15 ErbStG
ERBST	Steuersatz gemäß § 19 ErbStG
ERG	Vermögensendwert
ET	Grundstücksrohertrag
EW	Einheitswert
FNO	Kapitalisierungsfaktor gem. Anlage 9 bzw. Hilfstafel 2 zum BewG
FB	Schenkungsteuerlicher Freibetrag gemäß § 16 ErbStG
HEWB	Vermögensendwert des Nießbrauchbestellers im Falle der Handlung
HEWN	Vermögensendwert des Nießbrauchers im Falle der Handlung
JO	Planungszeitraum in Jahren
K	Kapital für Anlagezwecke
KB	Kapital für Anlagezwecke beim Nießbrauchbesteller zu Beginn des Planungszeitraumes (T = 0)
KB_T	Kapital für Anlagezwecke beim Nießbrauchbesteller in der Periode T
KN	Kapital für Anlagezwecke beim Nießbraucher zu Beginn des Planungszeitraumes (T = 0)
KN_T	Kapital für Anlagezwecke beim Nießbraucher in der Periode T

KO	Periode, in der erstmalig Schenkungsteuer gezahlt wird (Anzahl der Jahre)
K_T	Kapital für Anlagezwecke pro Periode T
LAUF	Laufende Zahlung des Nießbrauchentgelts (0 = laufende Zahlung/1 = Einmalzahlung zu Beginn des Nießbrauchs)
MOD1	Modifikation 1 (0 = Beschenkter trägt die Schenkungsteuer/1 = Schenker trägt die Schenkungsteuer)
MOD2	Modifikation 2 (0 = Einmalzahlung der Schenkungsteuer zu Beginn des Nießbrauchs/1 = laufende Zahlung der Schenkungsteuer)
MODELL	Modell Nr.; das Programm sieht 8 Nießbrauchmodelle vor (vgl. Übersichten 17 und 18, Seite 290 und 298)
N	Anteil der vom Nießbraucher zu tragenden Grundstückslasten
Nb	Nießbraucher
NO	Nießbrauchdauer
P, P1	Brutto-Kalkulationszinsfuß
P32A1	§ 32 Abs. 1 EStG (1 = Tarif bis 31.12.1985/ 2 = Tarif 1985/1986 / 3 = Tarif 1988)
P_{net}	Netto-Kalkulationszinsfuß
Q	Entgeltsverhältnis (Wert der Gegenleistung : Wert des Nießbrauchs)
R	Rohertragsvervielfältiger
s	Einkommensteuersatz
SCH	Steuerwert der Schenkung
SCHT	Steuerwert der jährlichen Schenkung

SPLITN — Grundtarif, Splittingtarif beim Nießbraucher (0 = Grundtarif/1 = Splittingtarif)

SPLITB — Grundtarif, Splittingtarif beim Nießbrauchbesteller (0 = Grundtarif/ 1 = Splittingstarif)

ST — Steuerbelastung des Gesamteinkommens

STANT — Abschreibungen auf das Nießbrauchrecht bzw. steuerlich abzugsfähiger Betrag bei laufender Zahlung des Nießbrauchentgelts

STB — Differenzsteuerbelastung auf Erträge des Nießbrauchbestellers aus dem Nießbrauchobjekt im Falle der Handlung

STE — zu versteuerndes Gesamteinkommen im Falle der Unterlassung

STEB — steuerlich relevantes Gesamteinkommen des Nießbrauchbestellers im Falle der Handlung

STEG — steuerlich relevantes Einkommen aus dem Nießbrauchobjekt im Falle der Unterlassung

STEGB — steuerlich relevantes Einkommen des Nießbrauchbestellers aus dem Nießbrauchobjekt

STEGN — steuerlich relevantes Einkommen des Nießbrauchers aus dem Nießbrauchobjekt

STEN — steuerlich relevantes Gesamteinkommen des Nießbrauchers im Falle der Handlung

STENT — erfolgswirksam vereinnahmtes bzw. verrechnetes Nießbrauchentgelt

STEZ — steuerlich relevante Zinserträge

STEZB — steuerlich relevante Zinserträge des Nießbrauchbestellers

STEZN — steuerlich relevante Zinserträge des Nießbrauchers

STG	Differenzsteuerbelastung auf Erträge aus dem Nießbrauchobjekt im Falle der Unterlassung
STGB	Differenzsteuerbelastung auf Erträge des Nießbrauchbestellers aus dem Nießbrauchobjekt im Falle der Handlung
STGN	Differenzsteuerbelastung auf Erträge des Nießbrauchers aus dem Nießbrauchobjekt im Falle der Handlung
STO	Steuer auf das sonstige zu versteuernde Einkommen
STOB	Steuer auf das sonstige zu versteuernde Einkommen des Nießbrauchbestellers
STON	Steuer auf das sonstige zu versteuernde Einkommen des Nießbrauchers
STSCHB	Schenkungsteuer des Nießbrauchbestellers
STSCHN	Schenkungsteuer des Nießbrauchers
STSCHT	jährliche Schenkungsteuer
T	Periodenindex
TA1	Einkommensteuertarif gemäß § 32 a EStG ab Veranlagungszeitraum 1988
TO	Restabschreibungsdauer des auf dem nießbrauchbelasteten Grundstück stehenden Gebäudes
UEWB	Vermögensendwert des Nießbrauchbestellers im Falle der Unterlassung
UEWN	Vermögensendwert des Nießbrauchers im Falle der Unterlassung
VK	Verkehrswert des Nießbrauchobjekts
VO	Verteilzeitraum für erhaltenes Nießbrauchentgelt (max. 10 Jahre gemäß Tz. 32 Nießbrauch-Erlaß II)

WN	Kapitalisierter (Verkehrs-)Wert des Nießbrauchrechts
WNT	Jahreswert der Nutzungen pro Periode T
WNTX	Jahreswert der Nutzungen pro Periode T gemäß § 16 BewG
WNX	Wert des Nießbrauchrechts nach dem Bewertungsgesetz
Z	Aufzinsungsfaktor

Made in the USA
Monee, IL
22 October 2026

66036556R10230